21세기 전략경영을 위한

기업과 사회

신철우 · 전용진 · 박하진

BUSINESS AND SOCIETY

탑북스

머 리 말

21세기는 경제 세계화의 생존경쟁에서 살아남기 위한 전략경영의 시대이다. 현대사회의 기업들은 정보화·세계화가 급속도로 진행하는 난기류(turbulent)의 경영환경에 대비하여 기업의 성공과 경영의 목표를 성취하기 위해서 경영전략을 계획하고 응용해야 한다.

첨단의 정보통신기술 개발을 위해 각축을 벌이는 기술경쟁, WTO 체제의 출범으로 경제 국경이 사라진 세계화의 시장경쟁, 정치사회 민주주의의 진전으로 다양한 이해관계자가 난무하는 이해관계 경쟁의 시대가 도래하면서 기업들은 생존과 번영을 위한 경영목표와 행동방향의 결정에 있어 경영환경의 변화에 따라 전략적으로 사고하고, 결정하며, 행동해야 하는 전략적 경영을 전개하여야 한다.

기업은 동태적인 경영환경에서 다양한 이해관계집단과 상호작용하면서 국민경제 성장과 사회발전에 공헌해야 하는 생산실체로서 이해관계집단의 요구와 기대에 부응하면서 경제적 목표달성과 사회적 역할 수행의 균형을 유지해야 한다.

경영자는 세계화 경쟁의 소용돌이에서 다원화 사회의 다양한 이해관계집단의 이해관계를 조정하고 협력을 유도하여 조직의 이윤을 극대화하기 위해서 기업이 위치한 지역사회의 정치법률적, 경제적, 기술적, 사회문화적, 윤리적 환경을 분석·파악하고 그들의 요구와 기대에 부응하면서 경영전략을 실천해 나아가야 한다.

사회환경의 변화는 기업의 경영철학이나 이념의 전환과 경영자의 사고와 행동의 혁신을 요구한다. 경영자들은 변화하는 사회환경이 새로운 방식으로 접근하여 경영목표달성을 위한 경영전략을 혁신적으로 의사결정해야 한다. 다시 말하면 경영자는 종업원, 소비자, 주주, 채권자, 공급업자, 유통업자 등 이해관계자들의 요구에 적절하게 대응하고, 기업이 활동하는 지역사회의 정부기관, 주민, 환경단체, 인권단체, 사회단체, 언론매체, 비정부조직(NGO) 등의 비판이나 규제를 회피하기 위하여 경영윤리와 사회적 책임을 준수하려는 노력을 기울여야 한다.

따라서 이 책의 주제인 〈21세기 전략경영을 위한〉『**기업과 사회**』는 21세기 다원화 사회에서 세계화 경영을 이끌어 갈 경영자들이나 미래 경영자인 경영학도들이 변화하는 사회환경에서 기업과 사회의 현실적인 상호관계를 이해하고 대응할 수 있는 지식과 아이디어를 제공하고자 집필하였다. 그러한 맥락에서 본서의 특징을 다음과 같이 집약할 수 있다.

첫째, 기업과 사회의 연구는 기업과 사회의 상호관계・상호작용에 초점을 두고, 기업의 사회에 대한 영향과 사회의 기업에 대한 기대의 균형을 유지하기 위한 경영자의 전략결정에 초점을 두고 있다.

둘째, 기업의 특성과 사회현상의 변화에 초점을 두고, 다원화 시대의 다양한 이해관계집단이나 사회공동체들이 기대하고 비판하는 사회적 이슈에 대하여 기업이 대응하기 위한 사회적 정당성 관리를 강조하고 있다.

셋째, 경영자의 의사결정에 절대적인 영향을 미치는 사회적 환경요소인 이해관계자를 기업조직의 경계를 기준으로 내부적 이해관계자와 외부적 이해관계자로 구분하여 각 이해관계자들의 역할수행을 규명하고 그들의 요구와 기대를 분석하여 대응방안을 제시하였다.

넷째, 기업과 사회의 관계에서 빈번하게 일어나는 기업의 법률적・사회적 이슈에 대하여 경영자가 사전행동적으로 대응하는 보편적인 방법으로서 기업의 윤리적 행동과 사회적 책임의 이행에 관하여 심도있게 서술하였다.

다섯째, 기업이 경영 세계화 시대의 난기류 경영환경에 적극적・사전행동적으로 대응하기 위한 경영전략과 경영혁신 방법을 제시하고, 세계화 기업이 도전해야 할 사회적 이슈에 대응하기 위한 경영윤리와 사회적 책임의 실천방법을 제시하였다.

여섯째, 기업과 거래관계가 없으면서 경영의사결정에 영향력을 행사하는 사회집단으로서 일반환경의 영향과 상호작용, 경영자의 자연환경 보호의 책임, 그리고 사회환경 대응전략을 집중적으로 다루었다.

이 책『**기업과 사회**』는 5부 14장으로 편성하여 집필하였다.

제1부(1~3장)는 기업과 사회의 특징을 조명하고 기업과 사회의 상관성을 설명하며, 사람의 본질적 사회성, 기업에 대한 사회의 기대와 기업의 정당성 행동을 소개하였다.

제2부(4~6장)는 기업경영의 주체인 경영자 역할의 핵심과제로서 경영전략과 경영혁신 기법들을 소개하였고, 경영 세계화의 도전가치를 설명하였다.

제3부(7~8장)는 기업의 이해관계를 기업의 조직경계를 중심으로 기업의 내부에서 영향을 미치는 내부 이해관계자와 기업의 경계 밖에서 영향력을 행사하는 외부 이해관계자로 구분하여 그들의 요구와 기대에 대한 대응방법을 살펴보았다.

제4부(9~11장)는 사회가 기업에 대하여 기대하고 요구하는 경영의 윤리성과 사회적 책임을 집중적으로 연구하고 특히 세계화 경영의 윤리기준과 대응방향을 제시하였다.

제5부(12~14장)는 민주화·다원화 시대의 도래와 함께 기업과 직접적인 거래관계는 없으면서 기업경영에 강력한 영향력을 행사하는 환경으로서 모든 기업에 보편적으로 영향을 미치는 일반환경의 이해관계, 지역사회의 환경단체, 시민단체, 공중단체들이 주장하는 자연환경 보호책임, 기업이 사회환경의 영향력 행사에 대응하는 전략을 논의하였다.

끝으로 이 책을 집필하도록 동기를 부여해 주고 간행할 수 있도록 출판을 맡아주신 「도서출판 **탑북스**」의 김광식 사장님을 비롯한 임직원 여러분의 노고에 깊이 감사드린다.

2016년 8월 10일

서초동 서재에서

저자 씀

차 례

제1부 사회에 생존하는 기업

제1장 기업과 사회의 상호관계

제2장 사람의 본질과 사회관계

제3장 기업의 사회적 기대와 정당성

제2부 기업과 경영관리

제4장 경영관리와 경영자

제5장 경영전략과 경영혁신

제6장 경영 세계화의 도전

제3부 기업의 이해관계자

제7장 기업의 내부 이해관계자

제8장 기업의 외부 이해관계자

제4부 경영윤리와 사회적 책임

제9장 기업의 경영윤리

제10장 기업의 사회적 책임

제11장 세계화 경영의 윤리행동

제5부 기업의 환경경영

제12장 기업의 일반환경

제13장 기업의 자연환경 보호

제14장 기업의 사회환경 대응

제 1 부

사회에 생존하는 기업

c/h/a/p/t/e/r

01

제1부 사회에 생존하는 기업

기업과 사회의 상호관계

기업은 사회에 있어서 많은 개인이나 기관 그리고 조직들과 복합적인 상호관계를 갖는다. 기업은 생산활동 과정에서 사회에 영향력을 행사하고 영향을 받으면서 현대사회의 경제를 이끌어가는 중추적 기관이다. 다시 말하면 기업은 사회가 필요로 하는 재화와 서비스를 생산하여 공급함으로써 인류에게 삶의 편의를 제공하고 국민경제의 부(富)를 창출함으로써 경제성장을 주도하는 역할을 하고 있다. 기업은 이렇게 중요한 경제적 역할을 수행하고 있음에도 불구하고 기업의 사회적 역할을 강조하는 사회의 목소리는 점점 높아가고 있다.

오늘날 신문, 잡지, 텔레비전, 인터넷 뉴스의 헤드라인은 기업의 경영관행이나 경영자의 의사결정을 비판하는 기업의 사회적 · 윤리적 문제에 관한 화제가 하이라이트(highlight)로 등장하고 있다. 예를 들면 불량식품의 제조 및 유통, 결함 있는 자동차 제품이나 부품의 유통, 인체에 유해한 담배 및 마약의 생산 · 판매, 직장 내의 성희롱, 주가조작 및 내부자 거래, 뇌물제공 및 정치인 매수, 불공정 담합입찰 행위 등은 기업과 사회의 관계에서 일어나는 사회적 · 윤리적 문제로서 신문 · 방송에서 빈번하게 다루고 있는 전형적인 사건들이다.

여기에서 우리는 현대사회에서 요구하는 기업의 역할에 관하여 많은 것을 논의하게 된다. 즉, 기업은 어떠한 사회적 책임을 이행하여야 하고, 경영자는 어떻게 윤리적 정당성 행동을 수행하여야 하는가에 관하여 다루고, 21세기 새로운 세계화 경영시대에 접어들면서 기업과 사회에 관한 경제적 · 사회적 · 법률적 · 윤리적 · 기술적 문제들에 관하여 이해하고, 특히 기업이 경제, 사회, 기술 세계화의 측면에서 격변하는 환경에 대하여 어떻게 대응하여야 할 것인가에 관하여 논의하게 된다.

제1절 기업의 기본특성 이해

기업과 사회의 연구에 있어서 핵심주제는 기업의 목적이 무엇이고, 기업의 책임은 무엇이며, 기업과 사회의 관계는 어떤 것인가에 집중하게 된다. 소유권 또는 재산권 측면에서 기업은 주주의 사유재산이므로 기업의 기본목적은 이익을 창출하여 장기적으로 주주의 재산가치를 극대화하는 것이며, 소유자의 이익은 다른 어떤 사람의 이익보다 가장 우선하여야 한다.

한편 이해관계자 측면에서 기업의 목적은 사회를 위하여 가치를 창출하여 광범위한 공중의 이익에 공헌해야 하는 실체이다. 다시 말하면 기업은 사회의 다양한 이해관계자들과 상호작용을 통하여 서로 영향을 주고받으면서 이윤을 창출하고 성장·발전하는 당사자이므로, 기업은 주주에게 장기적으로 이윤을 안겨주기 위하여 생존과 번영을 이룩해야 할 책임이 있는 동시에, 한편으로 기업은 종업원들을 전문가로 개발하고, 고객을 위해 신제품·신기술을 혁신하며, 이해관계자들의 이익을 보호해야 할 책무가 있다. 따라서 기업은 소유자인 주주의 이익과 사회환경인 이해관계자 이익의 균형을 고려하여 의사결정하고 행동해야 하는 복합적인 특성을 지니고 있다.

1 기업의 개념

1) 기업의 정의

일반적으로 기업(enterprise)은 문자 그대로 "사업(事業)을 기도(企圖)한다"의 준말이며, 사회적 용어로는 '경제사업체'를 의미한다. "기업이란 자본주의사회의 시장경제체제에서 영리추구를 목적으로 생산수단을 소유하고 노동력을 고용하며 재화와 서비스를 생산하여 사회에 공급하는 경제단위이다."[1] 캐롤(A. B. Carroll)[2] 등에 따르면 "기업(business)이란 사적(私的)으로 자금을 출자하여 상업성을 지향하는(이윤지향성) 조직체로서, 규모에 있어서 소규모 개인기업(예: 식당, 의류점)으로부터 거대한 기업집단(예: Microsoft, Coca-Cola)에 이르기까지 다양한 형태를 갖는다"고 정의하고 있다. 한편 로렌스와 베버(A. T. Lawrence / J. Weber)에 의하면 "기업이란 이윤을 창출하기 위하여 제품을 생산하고 서비스를 제공하는 일에 종사하는 조직으로서 현대사회의 지배적인 기관이다"라고 정의하고 있다.[3]

이와 같이 기업은 재화와 서비스를 생산하여 공급하는 조직체로서 생산활동을 통하여 부가가치를 증대시키고 경제적 부(富)를 축적하며 고용을 창출하여 국민경제

1) 신철우, 경영학원론, 제3판, 삼영사, 2008, p. 107.
2) A. B. Carroll and A. K. Buchholtz(2003), *Business & Society: Ethics and Stakeholder Management*, 5th ed., South-Western, Ohio, p. 5.
3) A. T. Lawrence / James Weber(2014), *Business and Society: Stakeholder, Ethics, Public Policy*, 14th, McGraw-Hill, p. 4.

의 성장을 촉진하는 중추적 역할을 수행한다.

오늘날 기업은 소비자 생활에 필요한 제품과 서비스를 공급할 뿐만 아니라 국민 경제의 성장과 사회의 발전에 기여하는 중심적 실체로서 역할을 하고 있다는 인식에서 기업에 대한 사회의 기대가 점차 확대되고 있다.

우리는 일상생활에서 흔히 기업과 경영의 의미를 혼동하여 사용하는 경우가 있으나 기업과 경영의 본질을 비교하면 다음과 같은 차이에서 이해할 수 있다.

① 기업은 경영의 소유단위이고, 경영은 기업의 작업단위이다.
② 기업은 수익성 · 영리성을 추구하고 있으나, 경영은 경제성 · 생산성에 초점을 둔다.
③ 기업은 목표설정의 단위이며 경영은 목표실현의 단위로서, 기업은 목표를 중시하고 경영은 수단을 중시한다.
④ 기업은 법률적 · 경제적 · 조직적 · 재무적 단위이나, 경영은 기술적 · 관리적 · 의사결정의 단위이다.
⑤ 모든 기업은 경영원리를 적용하고 있으나, 경영원리는 기업에만 적용되는 것이 아니다. 즉, 모든 조직에 경영원리가 적용된다.

사회적 경영사례

e-Commerce의 윤리원칙

모든 산업의 기업들은 전자상거래 운영에 있어서 이 윤리원칙을 적용하고 실천하도록 장려되고 있다. 전자상거래의 윤리원칙을 인정하는 기업들은 다음 사항을 약속해야 한다.

1. 기업의 연간산업보고서 같은 간행물이나 인터넷을 통하여 이들 원칙을 지지한다는 사실을 공식적으로 알린다.
2. 전자상거래 윤리원칙의 준수를 위한 기업의 정책이나 절차를 개발하고 실천한다.
3. 전자상거래 윤리원칙의 준수를 확실히 하기 위해서 만든 조직의 정책과 절차를 지키도록 종업원들을 훈련한다. 그리고 라인기능의 종업원들이 기업의 정책과 절차를 준수하도록 계속해서 지원할 것을 공약한다.
4. 전자상거래 윤리원칙의 정신에서 창안된 기업의 정책과 절차를 위반한 사실이 발견된 종업원에 대하여 적절한 징계를 실시한다.
5. 명확하게 설명된 기록유지절차, 데이터베이스 통제를 일관성 있게 지키고, 정보에 대한 합리적 주장을 하고 있는 상대방에 대하여 유용한 자료를 만들어준다.
6. 조직이 기록유지절차와 데이터베이스 통제의 준수를 지속시키고 조직내부의 이러한 시스템 불이행을 탐색하기 위해서 내부감사시스템을 만든다.

7. 전자시장에 있어서 윤리분위기를 촉진하기 위한 조직의 윤리준수 메커니즘 창출에 노력하면서, 전자상거래 윤리원칙에서 설명하고 있는 윤리문제에 관한 전자상거래 운영명세서를 매년 보고한다.
8. 조직은 사회적·윤리적 책임을 경영목표로 하고 있는 조직들을 지원할 것을 공약하고 있는 Accountalility회사와 같은 공인된 감사전문기관에 의하여 매년 공개감사를 받는다.

자료: Based on A. G. Peace, J. Weber, K. Hartzel & J. Nightingale, "Ethical Issues in eBusiness: A Proposal for Creating the eBusiness Principles", working paper, Duquesne University.

2) 기업의 특성

기업은 사회와 상호작용을 통하여 생존과 발전을 도모하고, 특히 변화하는 환경(사회)에 적응하고 대처하면서 이익극대화를 추구하는 조직체로서, 국민경제 발전에 중추적 역할을 수행하는 한편 기업의 생존과 발전을 위하여 이윤극대화를 추구하는 영리조직의 특성을 갖는다.

기업은 조직 내부의 조직구성원과 외부의 이해관계자들의 공통목표를 달성하기 위해서 협력을 필요로 하는 협동시스템으로서, 내적으로는 조직구성원의 역량을 개발하고 자발적 협력을 유도하며, 외적으로는 이해관계집단의 이해를 조정하여 협력체제를 굳건히 함으로써 기업의 경쟁력 극대화를 통한 성공을 성취하는 사회시스템 내의 적극적인 경제활동 주체이다.

현대사회에서 활동하는 기업의 공통된 특징은 다음과 같다.

(1) 효용가치의 창출

기업은 효용가치를 창출하는 생산기능을 수행한다. 기업은 사회가 필요로 하는 재화와 서비스를 산출함으로써 인간사회의 복지향상에 기여한다. 기업은 제조과정을 통하여 제품이나 서비스를 생산하고, 생산된 재화는 거래과정을 거치면서 유통되며, 소유와 장소를 이동하면서 효용가치를 창출한다.

(2) 협동시스템

기업은 조직내부의 구성원과 외브의 이해관계집단이 공동목표를 달성하기 위하여 상호 의존하고 협력하는 협동시스템(cooperative system)이다. 기업은 내부 종업원과 외부 이해관계집단의 협력관계를 바탕으로 공동의 목표달성을 실현한다.

(3) 독립적 유기체

기업은 환경과 상호작용하는 생명을 지닌 독립적 유기체이다. 기업은 다양한 환경과 상호작용을 유지하면서 이익을 창출하며 확대재생산을 추구하는 독립적 경영실체(entity)로서 영속성을 갖는 계속기업(going concern)으로서의 사회경제적 기관이다.

이와 같이 기업은 생산적·협동적·독립적 특징을 갖는 실체로서 영리추구를 목적으로 하면서 생산기능, 가치창출기능, 고용기능, 국가발전기능을 수행한다.

2 기업의 기능과 역할

1) 기업의 사회적 기능

(1) 생산기능

기업은 국민경제에 있어서 인류가 필요로 하는 제품과 서비스를 생산하여 공급하는 기능을 수행한다. 기업은 값싸고 우수한 품질의 제품과 서비스를 산출하기 위해서 가능한 한 경제적·합리적으로 생산활동을 수행한다. 기업은 생산기능을 효율적으로 수행함으로써 사회의 발전을 도모하고 인간생활의 편의를 제공하게 된다.

(2) 가치창출 기능

기업은 이익극대화를 추구함으로써 가치를 창출한다. 기업은 가치있는 이익창출을 통하여 국가와 지역사회에 기여하고, 주주에게 이익을 배당하며, 종업원에게 임금을 보장할 수 있어야 한다. 이와 같이 기업은 경제적 기능을 성실히 수행함으로써 기업의 생존과 국민경제의 안정에 기여하게 된다. 반면에 기업이 가치창출 능력을 상실하여 경제적 손실을 초래하게 되면 기업은 도산하게 되고 국민경제는 위축된다.

(3) 고용기능

기업은 경영자나 종업원 등 많은 사람들이 일할 수 있는 취업기회와 생활기반이 되는 직장을 제공한다. 직장은 사람들의 경제적 풍요와 삶의 질을 개선하는 바탕이 된다.

경기가 침체하여 기업이 불황을 맞아 근로자들이 일자리를 잃게 되면 실업률이 상승하고 사회불안이 가중되어 국가, 사회, 기업, 근로자 등 모두에게 총체적인 사회문제를 일으키게 된다.

[그림 1-1] 기업의 사회적 기능

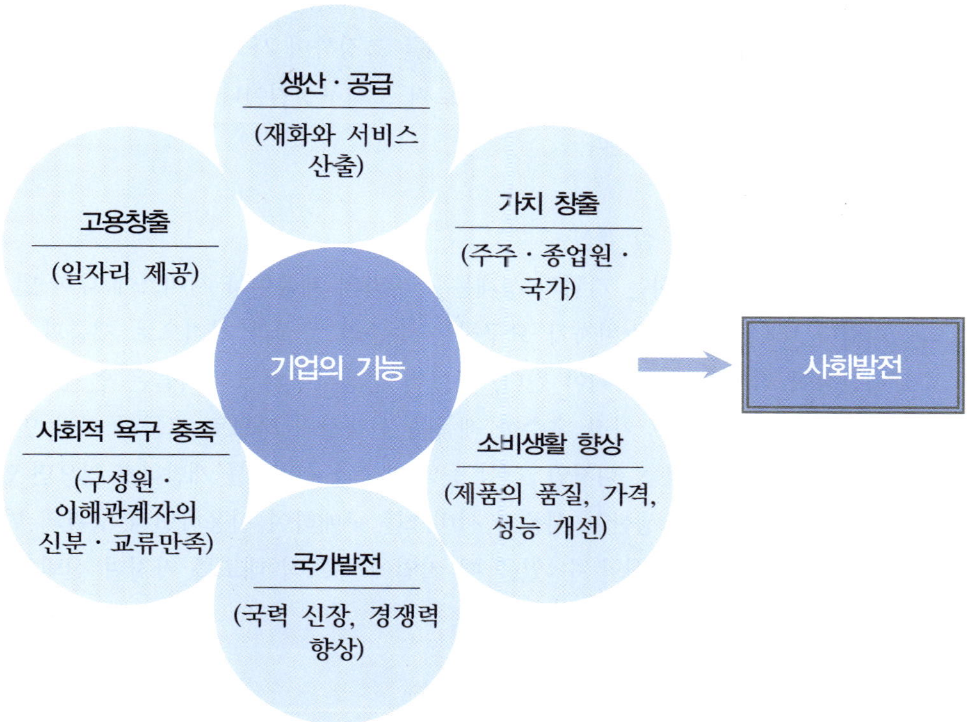

(4) 국가발전 기능

기업은 국민경제의 생산기능을 담당하는 중추적인 기관으로서 국가 경제력의 원천이다. 기업은 정부에 조세를 납부하고 종업원에게 임금을 지급하며 기술을 개발하여 국가경쟁력을 신장시킨다. 국가경제력이 바로 국력을 나타내는 지표이며, 기업의 우수성 정도는 국력을 평가하는 기준이 된다.

성공적인 기업들은 신제품 생산, 신기술 개발, 서비스 개선 등을 통하여 경제성장과 국가발전에 기여하며, 국부(國富)의 형성으로 국민의 생활수준과 복지향상에 공헌한다.

(5) 사회적 욕구충족 기능

기업은 근로자들에게 일자리를 제공함으로써 그들이 경제적 · 사회적 욕구를 충족할 수 있는 기회를 제공한다. 또한 기업은 구성원이나 이해관계집단에게 그들의 공헌 정도에 따라 이익을 배분하고 이해를 조정하며 사회적 욕구를 충족시켜 준다. 또한 기업은 사회적 책임을 이행함으로써 조직구성원이나 이해관계자들의 삶의 질을 향상시키는데 기여한다.

(6) 소비자의 삶의 질 개선

생산기능을 담당하는 기업의 성패는 소비자의 제품이나 서비스에 대한 만족에 달려있다. 생산기업은 소비자가 요구하는 수준의 품질과 가격으로 제품과 서비스를 생산하여 적기에 공급하여야 한다. 글로벌 경쟁시대의 소비자들은 언제나 세계적인 정보를 접할 수 있고 가장 우수한 제품을 선택하려 하므로 그들이 가장 만족할 수 있는 품질, 가격, 성능, 디자인, 색상 등의 제품과 서비스를 개발하지 않으면 안 된다.

소비자는 기업이 생산한 제품과 서비스를 구매하여 사용하면서 생활의 편리성과 삶의 질의 개선을 인식할 수 있을 때 기업에 우호적 태도를 가지며 신뢰하게 되어 계속구매 행동을 반복하게 된다.

2) 기업의 경제적 · 사회적 역할

기업은 사회에 있어서 다양한 역할을 수행하고 있다. 이를 대별하면 경제적 역할과 사회적 역할로 구분할 수 있다. 즉, 기업은 전통적으로 생산성 원칙을 바탕으로 하여 재화의 효율적 생산을 추구하는 경제적 역할을 수행하고 있으며, 또한 기업은 사회적 협동시스템으로서 이해관계자의 이익을 조정하고 그 외에 사회의 기대에 부응하는 여러 가지 사회적 역할을 수행하고 있다

(1) 기업의 경제적 역할

기업은 본질적으로 사회가 필요로 하는 우수한 재화와 서비스를 생산 · 공급함으로써 경제적 이익을 실현하고 있다. 자유시장경제체제에 있어서 기업이 이윤극대화를 성공적으로 실현할 경우 경제적 역할이 효율적으로 수행되었다고 가정하고 있다. 기업의 이윤극대화는 주어진 상황에서 가능한 최대의 이윤을 추구하는 것을 의

미한다. 여기에서 이윤이란 통상적으로 이윤(profit)=수익(revenue)−비용(cost)의 산식으로 계산된다.

기업의 이윤극대화(profit maximizaton)는 기업의 경제적 역할이 추구하는 기본목표로서, 기업의 출자자나 주주에게 개인적 부(富)를 증대시키는 기회가 되고, 기업에게는 자본충실화와 기업성장의 기초가 되며, 정부에게는 세금징수의 원천이 된다. 또한 종업원들에게는 임금인상의 구실이 되며, 국민경제 성장의 기틀이 된다. 따라서 기업의 경제적 역할은 기업이 사회가 필요로 하는 재화를 산출하는 과정에서 기업이 이윤을 창출하고, 주주에게 배당을 증대시키며, 국민경제의 성장에 기여하게 된다.

(2) 기업의 사회적 역할

기업의 사회적 역할은 기업이 사회가 기대하는 역할을 수행하는 것을 말한다. 사회적 역할은 기업과 사회의 관계에서 외부의 압력에 의해서, 또는 기업의 자발적인 의사에 따라 수행되는 것을 '사회적 책임', '기업윤리' 또는 '사회적 대응'이라는 용어로 사용되기도 한다.

기업의 사회적 역할은 경제적 역할의 범위를 넘어서 주주, 종업원, 노동조합, 공급업자, 정부, 지역사회 등 여러 이해관계자의 이익을 보호하고 증대시키며, 전체 사회의 보편적 가치의 실현에 공헌하는 것을 의미한다. 이러한 사회적 역할의 수행은 기업의 사회적 정당성을 한층 높이게 된다.

산업사회의 발전과정에서 기업의 성장과 발전은 경영환경으로서의 사회에 크게 의존하고 있다는 인식이 확산되면서 기업의 사회적 역할의 중요성이 크게 부각되고 있다. 한편 기업들도 사회적 역할의 수행이 단기적으로는 경제적 비용을 수반하지만, 장기적으로는 기업의 이익으로 나타나게 될 것으로 기대하고 있다.

따라서 현대의 기업들은 사회적 요구를 명확하게 인식하고 기업의 장기적 이익과 발전을 위하여 사회가 요구하는 역할을 자발적으로 수행하고, 사회적 가치에 부응하는 행동을 주체적으로 결정하여 실천해 나아가야 할 것이다.

3 기업의 기능부문 활동

기업은 기본적으로 영리를 추구하는 사회의 경제활동기관으로서 생산성 · 수익성을 향상시키기 위해서 필연적으로 생산, 마케팅, 인적자원, 재무, 회계 그리고 연구개발기능을 합리적 · 효율적으로 수행함으로써 주주의 배당을 증대시키며, 소비생활의 풍요화를 실현하고, 국민경제의 성장에 기여하게 된다.

[그림 1-2] 기업의 경영관리와 기능부문 활동

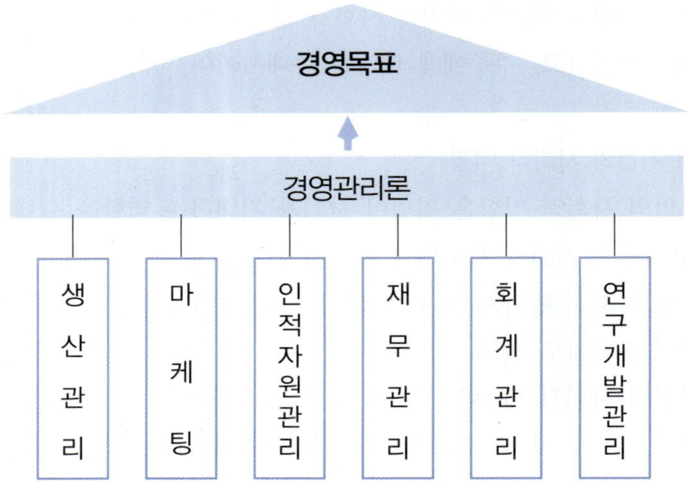

1) 생산관리 활동

(1) 생산관리의 정의

소비자들은 언제나 값싸고 우량한 품질의 제품이나 서비스의 공급을 바라고 있으며, 기업의 생산기능은 고객들의 욕구를 충족시키기 위해서 제품이나 서비스를 산출하려는 노력을 기울이고 있다. 생산시스템은 원자재, 노동력, 자본, 에너지, 정보 등의 자원을 투입(input)하여 제품이나 서비스 같은 산출물(outputs)로 변형시키는 기능을 수행하는 일련의 지식 · 기술 · 작업시스템을 말한다.

생산관리(production management)의 목표는 원가 · 품질 · 납품 · 유연성 등 네 가지로 집약된다. 생산원가는 제품의 생산에 투입되는 재료비, 노무비, 경비로 구성되는데 생산관리의 가장 우선적인 목표는 원가를 최소화하는 것이다. 품질은 제품이나 서비스의 가치, 우수성, 규격일치성, 고객의 지각된 유용성 등으로 정의할 수 있다.

품질은 흔히 고객만족도, 불량률, 폐기율 등으로 측정되므로 생산관리는 높은 고객만족과 낮은 불량률을 추구하고 있다. 납품이란 고객이 원하는 시간과 장소에 제품이나 서비스를 인도할 수 있는 능력을 말하는 것으로서, 고객들은 언제나 주문한 제품을 빨리 받기를 원한다. 유연성은 수요의 양적·질적 변화에 신속하게 대응할 수 있는 능력을 말하는 것으로서, 기업은 수요의 변동에 따라 신속하게 생산수량을 조절할 수 있어야 한다.

(2) 생산관리기능의 과제

생산관리기능의 핵심적 과제는 생산관리의 목표를 효율적으로 달성하기 위한 제품설계, 공정설계, 재고관리, 품질경영으로 집약된다.

① 제품설계

신제품설계는 기업이 기존제품의 수명주기(life cycle)가 끝나는 제품을 대체하거나 신제품을 개발하여 기업의 성장·발전을 추구하기 위해서 신제품을 설계한다. 현대 경영자들은 신제품개발 비용을 줄이고 시간을 단축하기 위해서 컴퓨터지원설계(computer-aided design: CAD)를 이용하고 있으며, 표적시장에 있어서도 국내시장보다는 세계시장을 겨냥한 글로컬 제품설계를 지향하고 있다.

② 공정설계

공정설계는 자원을 투입하여 산출로 변형시키는 일련의 생산공정(process)을 설계하는 것으로서, 변형공정에 필요한 기계시설을 배치하고, 인력·자원·시설을 통합하는 의사결정과정이다. 공정설계의 의사결정요인으로는 시장상황(고객욕구), 소요자본, 노동력, 원자재, 기술 등이 포함된다.

③ 재고관리

재고(inventory)는 생산을 위해 보유하는 자원이나, 고객에게 판매를 위해 보유하고 있는 제품을 말하는 것으로서, 원자재, 재공품, 제품, 소모품 등이 포함된다. 공장의 생산중단에 대비하고 고객에게 납기준수를 위해서 어느 정도의 재고량이 필요하다. 그러나 너무 많은 재고는 보관비용, 화재·도난의 위험이 따른다. 따라서 적정재고를 보유하는 것이 중요하다. 재고관리는 재고수준에 따라 생산시기 결정, 생산량 결정, 생산설비 결정, 수요예측을 고려하게 된다.

④ 품질관리

글로벌시대의 기업경쟁력은 제품의 품질에 달려있으며, 품질제일주의(quality first)는 고객중심의 시장에서 경쟁력을 유지하기 위한 가장 중요한 전략이며 패러다임이다. 품질관리(quality management)는 수요자의 요구에 적합한 물품이나 서비스를 경제적으로 만들어 내기 위한 수단의 체계라고 정의할 수 있다. 최근에 품질관리는 총체적 품질경영(total quality management: TQM)으로 발전하였으며, TQM은 국제경쟁력을 확보하기 위해서 최고경영층의 방침에 따라 제품의 품질을 전체 종업원이 참여하여 제품과 생산공정을 지속적으로 개선함으로써 고객만족을 극대화시키기 위한 총체적인 전략이다.

2) 마케팅 활동

(1) 마케팅의 정의

기업의 성공은 거대한 이해관계집단인 소비자의 욕구를 충족시킬 수 있는 마케팅에 의하여 좌우된다. 따라서 기업은 소비자 욕구의 본질을 이해하고 그들의 욕구충족을 극대화할 수 있는 마케팅 활동을 전개해야 한다.

마케팅(marketing)이란 소비자의 욕구를 충족시키고 기업의 이익을 증대시키기 위해서 제품·가격·유통·촉진활동을 계획, 조직, 지휘, 통제하는 일련의 과정을 말한다. 다시 말하면 마케팅 관리의 특성은 ① 소비자지향적 마케팅 활동을 통하여, ② 기업의 이윤극대화를 추구하고, ③ 마케팅 믹스(marketing mix)인 4P, 즉 제품(product), 가격(price), 유통(place), 촉진(promotion)을 수단으로 하며, ④ 마케팅 믹스를 효율적으로 실천할 수 있도록 마케팅 활동을 계획하고 조직하며 지휘하고 통제하는 일련의 전략적 활동이다.

(2) 마케팅의 기능

마케팅 기능의 핵심은 마케팅 경영자가 통제가능한 요소인 제품 믹스를 최적의 상태로 결합하는 것이다. 여기서 마케팅 믹스의 네 가지 요소를 살펴보기로 한다.

① 제품계획

제품은 소비자의 욕구를 충족시키기 위해서 제공되는 재화, 서비스, 아이디어를 포괄하는 개념으로서, 마케터는 제품 계획과 개발을 통하여 기존제품을 개량하고 새로운 용도를 개발하여 지속적으로 소비자 욕구에 적응해 나아가야 하고, 소비자의 욕구변화에 대응하기 위해서 신제품을 개발하여 최적의 제품 믹스(product mix)를 유지하며, 또한 상표, 포장, 표준화, 판매 서비스 등에 대한 개선도 제품계획에 포함하여야 한다.

② 가격결정

가격은 고객이 제품을 구입하고 지급하는 반대급부로서, 가격은 제품에 대한 시장수요를 결정하는 중요한 요소이다. 가격결정은 시장에서 경쟁적 위치와 시장점유율에 영향을 미치게 되므로 소비자가 구매하기에 적정하고, 생산자(판매자)에게 적정한 이익이 보장되는 가격이어야 한다. 다시 말하면 소비자가 구매하기 쉽고, 기업의 이윤이 확보되며, 수요자의 욕구를 충족시킬 수 있는 수준에서 가격이 결정되어야 한다.

③ 유통경로

유통경로는 제품이나 서비스가 생산자로부터 최종 소비자에게 전달되는 과정을 말하는 것으로서, 도매상, 소매상, 대리점을 포함한다. 제품이나 서비스가 생산자로부터 소비자에게 전달되는 유통경르는 제품이나 시장의 특성에 따라 차이가 있으나 대체로 생산자 → 대리상(또는 도매상) → 소매상 → 소비자의 과정을 거치게 되는데, 중간상들은 소비자에게 시간효용(소비자가 원하는 시기에 따른 구매편의 제공), 장소효용(소비자가 원하는 장소에 따른 구매편의 제공), 소유효용(소비자가 상품을 소유할 수 있는 편의제공), 형태효용(소비자에게 매력적으로 보이도록 형태변경) 등을 창출한다.

④ 판매촉진

판매촉진은 제품의 수요를 자극하기 위해서 현재 또는 잠재고객들에게 정보를 제공하고 그들을 설득하는 노력을 말한다. 판매촉진 수단으로 광고, 홍보, 인적판매, 기타 판매촉진이 포함된다. 마케터들은 촉진효과를 극대화하기 위하여 위의 네 가지 촉진수단을 적절하게 결합하여 실시하고 있는데, 이를 촉진 믹스(promotion mix)라고 부른다.

3) 인적자원관리 활동

(1) 인적자원관리의 정의

기업은 사람들로 구성되어 있으며, 사람들에 의하여 운영된다. 이와 같이 기업의 주체는 사람이기 때문에 사람들의 행동여하에 따라 조직이 성공할 수도 있고 실패할 수도 있다. 따라서 기업이 도전해야 할 가장 중요한 과제는 사람, 즉 인적자원을 효율적으로 관리하는 것이다.

인적자원관리(human resource management)란 "개인의 욕구와 조직의 목표를 효율적으로 달성하기 위해서 필요한 인적자원을 조달하고 개발하며 유지하기 위한 활동을 계획 · 조직 · 지휘 · 통제하는 일련의 과정"이라고 정의할 수 있다. 인적자원관리는 기업의 목표를 능률적으로 달성하기 위해서 기업의 가장 밀접한 내부 이해관계자인 유능한 인적자원을 선발하고 능력을 개발하며 자발적 · 의욕적으로 일할 수 있도록 동기부여하는 것이 매우 중요하다.

현대기업은 글로벌경쟁의 심화, 다원화 사회의 환경변화, 다양한 근로자의 의식변화 같은 경영환경 변화에 효율적으로 대응하고 적극적으로 도전할 수 있는 인적자원관리 시스템을 구축하여야 한다. 인적자원관리 활동은 크게 충원기능, 개발기능, 동기부여기능, 유지기능으로 범주화할 수 있다.

(2) 인적자원관리의 기능

① 충원기능

충원기능(staffing)은 인적자원관리 활동의 시발점으로서, 기업의 전략적 계획과 목표를 성취하기 위해서 먼저 직무분석을 실시하고 직무수행에 적합한 가장 유능하고 적격한 인재를 모집 · 선발 · 배치 · 이동하는 기능이다.

② 개발기능

개발기능(development)은 기업이 신속한 기술변화, 복잡한 지식변화, 다양한 사회변화에 신속하게 대응하기 위해서 종업들의 직무수행에 적합한 지식 · 기술 · 행동의 변화를 통한 능력 재구축을 실현하는 것을 말한다. 이러한 능력 재구축을 성취하기 위한 접근방법으로 종업원 훈련, 경력개발, 조직개발 등이 포함된다.

③ **동기부여기능**

동기부여기능(motivation)은 기업의 목표달성을 위해서 종업들의 지속적인 노력을 효과적으로 발동시키는 것을 말하는 것으로서, 특히 종업원이 기업의 목표달성을 위해서 자발적으로 노력하도록 유도하는 것을 일컫는다.

종업원들이 자신의 능력을 최대로 발휘하도록(동기부여) 하기 위해서는 직무가 근로자의 능력에 적합하도록 설계되어야 하고, 성과평가기준을 합리적으로 설계하며, 공정하게 실시한 성과평가 결과를 보상에 연계시킴으로써 그들의 자발적인 직무의욕을 유발하도록 해야 한다.

④ **유지기능**

유지기능(maintenance)은 종업원들이 생산활동에 있어서 계속해서 높은 수준의 기술·지식·능력 그리고 직무의욕을 유지하도록 하는 것을 말한다. 유지기능은 기업의 생산성이나 능률 저하를 방어하기 위해서 종업원들의 안전과 건강을 유지할 수 있는 보건 및 근로조건 관리, 직장 또는 개인생활에 있어서의 정신적 건강을 유지할 수 있는 스트레스 관리, 종업원들의 충성심, 직무의욕, 조직몰입을 유지할 수 있는 복리후생관리, 종업원들의 사기와 직무만족을 유지할 수 있는 인간관계·노사관계관리 등이 포함된다.

이와 같이 조직의 주체인 인적자원을 합리적·효율적으로 관리하여 기업의 목표와 개인의 욕구를 충족시킴으로써 기업의 경제적 목적을 달성하고 종업원에 대한 사회적 책임을 충실히 이행하게 되는 것이다.

4) 재무관리 활동

(1) 재무관리의 의미

기업이 영리를 추구하기 위해서 사업을 착수하려면 우선 자금의 지출이 선행되어야 하고, 기업이 제품이나 서비스를 산출하기 위해 사업계획을 수립하려면 생산·판매계획과 함께 투자계획이 선행되어야 하며, 투자계획에는 투자금액의 조달방법이 포함되어야 한다. 이와 같이 투자금액과 조달방법을 결정하는 과정을 재무적 의사결정(financial decision)이라고 한다. 기업의 재무적 의사결정은 자금의 조달과정과 투자과정에서 이루어지는데, 재무관리는 기업이 경영활동에 필요한 자금을 합리적으로 조달하고 조달된 자금을 효율적으로 운영하는 관리기능을 말한다.

(2) 재무관리의 기능

재무관리기능은 크게 자본의 조달결정기능과 자본의 투자결정기능으로 구분되며, 그 밖에 자본의 배당결정, 투자와 조달의 혼합결정, 재무자료 분석 등의 기능으로 요약된다.

① 자금조달 결정기능

조달결정기능은 기업의 투자에 필요한 자금의 조달(자본구성)을 결정하는 기능으로서, 자금의 조달은 자금의 원천에 따라 자기자본과 타인자본으로 구분되며, 자기자본은 회사가 주식을 발행하고 조달한 출자자본과 기업의 경영활동으로 벌어들인 순이익을 말하며, 타인자본은 일정기간 이자를 지급하고 차입한 부채를 말한다. 경영자는 자본조달비용(이자 등), 상환기간, 재무구조 등을 고려하여 자본의 최적배합(optimal mix of financing)이 이루어지도록 해야 한다.

② 투자결정기능

투자결정기능은 조달된 자본을 효율적으로 자산에 투자하는 기능으로서 자본의 운용을 의미한다. 재무관리경영자는 투자의 대상, 미래의 자금흐름, 위험정도를 고려하여 가장 안전하고 투자수익이 높은 자산에 투자를 결정하여야 하며, 투자결정의 목표는 유동자산, 고정자산, 기타자산의 구성, 즉 자산의 최적배합(optimal mix of assets)이 이루어지도록 해야 한다.

③ 배당결정기능

배당결정기능은 기업의 경영활동으로 창출된 이익 중에서 배당할 부분을 결정하는 기능으로서, 경영자는 자금흐름을 고려하여 기업이 벌어들인 순이익 중에서 얼마를 주주에게 배당하고 회사에 유보하며 어떤 방법으로 배당할 것인가를 결정해야 한다.

④ 투자와 조달의 결합결정기능

투자와 조달의 결합결정기능은 기업의 인수합병(M&A), 리스금융, 운전자본관리 등에 관한 의사결정기능으로서, 경영자는 기업의 사업전략, 예상투자수익, 자금의 수요・공급 등을 고려하여 자본의 투자와 조달을 결정해야 한다.

⑤ 재무자료 분석기능

재무자료 분석기능은 기업의 재무상태와 기업성과를 판단하기 위해서 유동성 비율(부채상환능력), 레버리지 비율(부채의존도), 활동성 비율(매출액에 대한 자산회전율), 수익성 비율(매출 및 자본에 대한 이익률) 등을 분석하여 경영의사결정에 정보를 제공하는 기능으로서, 경영자는 재무적 안정성, 투자의 타당성 및 효율성을 검토하기 위해서 재무분석을 실시해야 한다.

5) 회계관리 활동

(1) 회계관리의 기능

회계(accounting)는 기업의 경영활동을 화폐단위로 나타내는 계산기능으로서, 기업의 재무거래 사실을 기록·분류·요약하여 계량적(화폐단위)으로 측정하고, 기업과 관련된 이해관계자들이 합리적 판단이나 의사결정을 할 수 있도록 유용한 정보를 일관된 방식으로 제공하는 기능이라고 정의할 수 있다.

따라서 기업회계의 목적은 기업의 이해관계자들이 기업과 관련하여 합리적 의사결정을 할 수 있도록 일반적으로 인정된 회계원칙에 따라 재무자료를 처리하여 유용하고 적정한 정보를 제공하기 위한 것이다.

여기서 이해관계자란 기업과 거래관계에 있으면서 회계정보를 필요로 하는 회계정보 이용자로서 경영자, 투자자, 채권자, 종업원, 정부, 소비자 등을 일컫는다. 기업은 이러한 기업회계의 목적을 달성하기 위해서 기업의 재무상태와 경영성과를 정확하게 나타내고 있는 믿을만한 재무제표를 작성하여 다양한 이해관계자들이 이용하도록 해야 한다.

(2) 재무제표의 역할

재무제표(financial statements)는 기업의 재무상태와 경영성과 정보를 제공하는 대차대조표와 손익계산서, 그리고 자금의 변동상태를 나타내는 현금흐름표를 포함한다.

① 대차대조표

대차대조표(balance sheet)는 일정시점에서 기업의 재무상태를 명확하게 표시하는 계산서로서, 기업의 재무상태, 즉 자산(유동자산, 고정자산 등), 부채(유동부채, 고정부채 등), 자본(자본금, 잉여금 등)의 상태를 나타낸다. 대차대조표는 일반적으로 매월말 또 매년말 정기적으로 작성되는 정태적 계산표로서, 대차대조표의 양식은 좌측(차변)에 자산을 기록하고 우측(대변)에 부채와 자본을 기록하는 자산=부채+자본의 등식으로 표현하고 있다.

② 손익계산서

손익계산서(income statement)는 기업이 일정기간에 실현한 경영성과를 명확하게 보고하기 위해서 수익과 비용을 대응하여 나타내는 계산표이다. 따라서 손익계산서는 회계기간에 실현한 모든 수익에서 이에 대응하는 모든 비용을 차감하여 당기순이익을 계산함으로써 경영성과를 표시하도록 한다.

③ 현금흐름표

현금흐름표(cash flow)는 일정기간 동안 기업의 영업활동, 투자활동, 재무활동에 의하여 현금의 수입, 지출, 순변동을 나타내는 보고서이다. 즉, 일정기간에 현금이 어떻게 조달되고(현금의 조달원천), 어떻게 사용되었으며(현금의 사용내역), 얼마나 변동하였는가(현금의 증감)를 표시하고 있다.

영업활동에 의한 현금흐름은 제품의 매출이나 수입이자에 의한 현금유입과 원자재 매입, 인건비, 일반관리비 및 지급이자 등에 의한 현금유출을 말하고, 투자활동에 의한 현금흐름은 자산에 대한 투자와 관련된 현금의 유입과 유출로서, 현금대여, 유가증권 투자, 유형자산 투자, 무형자산 취득에 의한 자금유출과 그러한 자산의 처분이나 회수에 의한 현금의 유입을 말하며, 재무활동에 의한 현금흐름은 재무적 거래에 의한 현금유입과 현금유출을 말하는 것으로서, 현금유입은 주식발행, 자금차입 등에 의하여 일어나고, 현금유출은 배당금지급, 차입금 상환 등에 의하여 발생한다.

6) 연구개발관리 활동

(1) 연구개발의 초점

기업이 기술경쟁의 심화, 시장수요의 변화에 대응하고 세계화의 무한경쟁에서 경쟁적 우위성을 유지하기 위해서는 새로운 기술과 제품에 관한 지속적인 연구개발이 필요하다. 연구개발(research and development: R&D)은 제품의 수명주기에 대응하고 기업의 성장을 가속화하기 위해서 미래의 시장수요를 예측하여 새로운 제품이나 서비스를 개발하고, 새로운 작업공정을 개발함으로써 생산성을 향상시킬 수 있는 작업방법을 창안해 내는 것을 말한다. 연구개발은 새로운 상품의 제조, 기존

제품의 개량, 제조기술의 개선 및 개발 등을 연구하고 실제로 응용하도록 계획 · 설계하는 활동을 포함한다.

기업은 부단한 연구개발을 통하여 소비패턴의 변화에 따른 소비자들의 욕구를 충족시켜 주지 않으면 안 되며, 특히 세계화의 경쟁에 대비하여 제품의 품질을 개선하고 원가를 절감하기 위해서 끊임없이 연구개발하지 않으면 경쟁에서 살아남을 수 없게 된다. 기업이 경쟁력을 강화하기 위한 연구개발 접근방법으로는 산업디자인 기술, 제품기술, 생산 및 가공기술, 품질관리 및 시험기술, 연구개발기술 등의 연구개발에 역점을 둔다.

연구개발의 기본목적은 기업의 장기목표와 전략을 실현하기 위해서 신제품개발과 신기술 개발에 초점을 둔다. 기업들은 최근에 기술경쟁의 심화로 제품의 수명주기가 단축되면서 신제품 · 신기술 개발에 박차를 가하고 있다. 기업은 경쟁시장에서 제품의 발전추세를 예측하고 소비자의 욕구변화를 반영하여 신제품을 개발함으로써 기존시장을 유지하고 새로운 시장을 개척하며 매출액을 신장시켜 수익성을 향상시키게 된다. 따라서 신제품개발은 제품의 품질, 성능, 원가, 용도, 외양 등의 개선에 초점을 두고 수익성 향상을 추구하는 기술혁신 전략이라고 할 수 있다.

(2) 기술도입전략

기업들은 기술능력을 선진국 수준으로 향상시키기 위한 기술개발전략의 일환으로 선진국의 최첨단 · 선진기술 도입을 서두르고 있다. 기술도입이란 선진국의 첨단기술을 개발도상국으로 이전하는 기술이전(technology transfer)을 의미하는 것으로서, 국제간의 기술이전은 흔히 외국기업의 직접투자, 외국기업과 국내기업의 합작투자, 국내기업의 외국기술 도입 등의 형태를 갖는다.

선진국의 기술이전을 통하여 기술개발을 추구하는 접근방법으로는 국제라이센싱, 국제기술제휴, 국제경영계약, 첨단기계시설 도입, 첨단기술연구소 운영 등이 있다.

① 국제라이센싱전략

국제라이센싱(international licensing)은 기술료(technology fee)와 로열티(royalty)를 지불하고 특허 · 첨단기술 · 기술적 노하우 등을 도입하는 기술개발 전략이다.

② 국제기술제휴전략

국제기술제휴(international technical tie-up)는 기술료를 지불하고 공장건설, 공장운영, 신제품개발, 원자재생산 등의 기술지원을 받는 기술이전 전략이다.

③ 국제경영전략

국제경영전략(international management strategy)은 경영서비스료(management fee)를 지불하고 기업의 전사적 경영관리, 기술집약적 프로젝트, 공장관리, 마케팅 관리 등에 대한 경영노하우를 제공받는 기술도입 전략이다.

④ 첨단기계시설 도입전략

첨단기계시설 도입은 첨단기술을 내재하고 있는 기계나 시설을 수입하는 기술도입으로서, 기계시설과 함께 부품, 원자재, 공장운전기법 등도 도입하여 기술수준을 첨단화하려는 전략이다.

⑤ 첨단기술연구소 유치전략

첨단기술연구소 운영은 첨단기술을 개발하기 위하여 외국기업의 연구소를 국내에 유치하여 국내기술진이 참여하도록 하거나, 국내기업이 해외의 외국기업 연구소를 매입하여 국내 기술진과 공동으로 운영하는 기술도입 전략이다.

제2절 사회현상의 이해

인간은 사회적 동물이며 그 사회의 주인공이다. 인간은 본능적으로 생활의 편의를 희구하며 삶의 질을 개선하기 위하여 집단사회, 조직사회, 지역사회, 국가사회를 형성하여 상호협력과 상호작용하면서 보다 안정되고 풍요로운 사회생활을 개척하려 한다.

인간은 사회를 형성하여 공동생활의 터전으로 만들고, 그 사회를 배경으로 보다 나은 삶의 질을 개선하여 새로운 세계로 발전시켜 나아간다. 인간은 사회의 일부분으로 기업을 창출하고 그 기업으로 하여금 사회가 필요로 하는 재화와 서비스를 산출하여 인간의 생활에 공급하도록 한다.

기업은 인간사회의 산물이며 사회에 편리한 제품을 공급함으로써 영리를 추구하는 한편 사회로부터 많은 규제와 제약을 받는다. 사회에 적극적·자발적으로 적응하는 기업은 생존과 번영을 이룩할 수 있으나, 사회의 요구에 적응하지 못하는 기업은 추락하여 퇴출되고 말 것이다. 이와 같이 기업과 사회는 영향을 주고받는 상호의존적 관계에 있다 할 것이다.

1 사회의 정의

사회는 사람들이 공동으로 생활하는 세계를 통칭하는 말로서, 구체적으로 사회는 '공동생활을 하는 인간의 집합체'를 의미하는 용어로서 특정한 '생활방식이나 직업 등의 동질성을 갖는 사람들의 세계'를 범주화하여 이르기도 한다. 이와 같이 사회란 용어는 '사람들의 집단'을 의미하는 것으로서 인류의 생활방식이나 행동양식과 관련하여 설명하고 있다.

사람들의 집단이 어떤 특정한 목적이나 이념에 따라 행동하고 생활을 유지할 때 그 집단사회는 독특한 특징을 갖게 된다. 사람들의 공동생활에서 나타나는 생활방식이나 행동양식에 따라 그들이 공유하고 있는 종교, 가치관, 규범, 문화 등에 따라 다양한 사회를 형성하게 된다. 여기에서 사회(society)란 인류가 집합적으로 창출한 사회구조로서, 특수공동체(지역 또는 직장 등), 국가, 이해집단 등을 구성하는 인간의 부분이라고 정의할 수 있다.[4)]

기업은 인류가 창조한 조직으로서 사회의 일부분이다. 한편 기업은 사회와의 거래를 통하여 자원을 도입하여 제품이나 서비스를 생산하고 사회에 공급하여 영리를 창출하는 생산적 실체인 것이다.

사회와 기업의 관계에 있어서 "사회(society)란 어떤 지역사회, 국가 또는 공통된 관습, 가치관, 제도, 그리고 집단활동이나 이해관계를 갖는 광범위한 인간집단"[5)]이라고 정의할 수 있다. 다시 말하면 기업과 지역사회를 말하는 경우에는 기업과 특정 지역사회(예: 기업과 서울사회)를, 기업과 전체사회로서의 국가를 말하는 경우에는

4) Anne T. Lawrence / James Weber(2014), *Business and Society*, 14th ed. p. 4.
5) A. B. Carroll and A. K. Buchholtz, *op. cit.*, p. 6.

기업과 특정 국가(예: 기업과 한국사회)를, 기업과 어떤 사회집단을 말하는 경우에는 기업과 특정한 사람들의 집단(예: 기업과 소비자, 주주, 사회단체)을 의미하는 것이다.

사회와 기업의 연구에 있어서 사회의 개념은 어떤 특정 부분을 강조하는 개별적 사회를 말하기도 하고, 또는 사회 전체를 총체적으로 의미하기도 한다. 여기에서 개별적인 사회는 크게 사회기관, 사회적 환경, 물리적 환경으로 구분하기도 한다.

1) 사회의 구체적 견해

(1) 사회기관의 견해

사회를 사회기관으로 보는 견해는 사회를 기업과 긴밀한 상호관계를 갖고 있는 다양한 기관이나 조직을 말하는 것으로서 예를 들면 정부, 지역사회, 소비자단체, 노동조합, 일반주주, 공급업자 등의 이해관계집단이 될 것이다.

(2) 사회적 환경 견해

사회를 기업의 사회적 환경으로 보는 견해는 기업의 경영활동이나 경영자의 의사결정에 영향을 미칠 수 있는 사회의 윤리나 규범, 이념 등을 말하는 것으로서, 예를 들면 소비자주의나 산업민주주의 같은 사회이념의 변화, 경제개방화·자율화 같은 사회환경의 변화, 사회적 가치나 정당성을 요구하는 시민단체(NGO) 등이 포함된다.

(3) 물리적 환경 견해

사회를 기업의 경영활동에 제약을 가하는 물리적 환경요인으로 보는 견해로서, 예를 들면 자원고갈, 대기·수질·토양환경 규제, 자연보존 요구 등은 경영활동에 중대한 영향요인이 될 것이다.

2) 사회의 총체적 견해

사회의 총체적 견해는 위에서 설명하고 있는 개별적 사회의 개념을 포괄하는 전체로서의 사회를 말하는 것이다. 즉, 기업의 개별적 사회요인은 상호 관련성이 있을 뿐만 아니라, 개별적 사회요인들은 기업의 경영활동에 항상 작용하고 있으므로 기업경영자는 이들 개별 사회요인들을 전체적 관점에서 파악하여 관리하지 않으면 안 된다.

2 사회의 변화

인류는 태초에 가족단위의 공동체를 형성하여 가족의 안전과 생활의 안정을 도모하고 원시공동사회를 기반으로 자급자족을 이룩하여 안정된 삶의 질을 추구하였다. 원시공동체는 부족사회를 형성하여 정착하고 농경산업에 종사하면서 세력을 확장하고 점점 세력을 규합함으로써 부족국가를 조직하고 나아가서 거대한 국가사회로 발전하였다.

이러한 인류사회의 진전은 인간의 지혜와 인지의 발달에 힘을 얻어 경제, 기술, 산업, 정치, 법률, 사회, 문화 등 여러 분야의 지속적인 발전과 변화 속에서 공공의 이익과 생활의 질적 향상을 이룩하였다.

근대사회는 18세기 산업혁명 이후에 기계기술의 발달에 따른 산업사회의 일대 변혁으로 급진적인 경제, 산업, 정치, 사회, 문화의 변화를 맞게 되었으며, 20세기에는 산업사회가 고도의 산업기술 발전을 이룩하면서 대량생산 대량판매가 가능하게 되었고, 기업은 높은 수익을 창출할 수 있으면서 거대한 산업자본과 부의 축적으로 풍요로운 생활이 가능하게 되었다. 이어서 21세기에 이르러는 정보화 사회의 진전으로 노동절약을 통한 고수익사회를 달성하면서 인류는 여가시간을 극대화하고 문화생활을 즐기는 새로운 삶의 패턴으로 전환하게 되었다.

이러한 사회변화의 발전과정을 다음 [그림 1-3]과 같이 도표화할 수 있다.

[그림 1-3] 사회변화의 발전과정

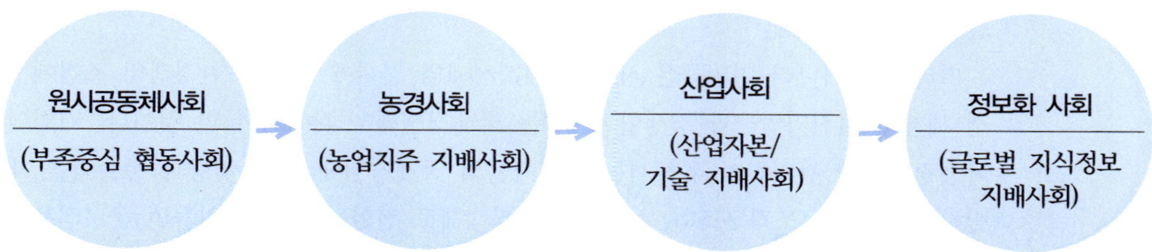

우리나라는 전통적으로 농업에 종사하여 생계를 유지하고, 유교사상에 기초하여 국가사회의 안정과 평화를 추구하는 전통적 농경사회로 발전하여 왔으나, 1960년대 이후에 정부가 강력히 추진한 경제개발정책으로서 산업보호정책, 수출지원정책, 경제개발정책을 추진하면서 '한강의 기적'이라 불리는 세계 경제역사에서 보기드믄 빠른 경제성장을 이룩하였다.

그러나 1995년 세계무역기구(World Trade Organization: WTO)가 출범한 이후에 전 세계적으로 세계화·개방화·정보화 추세가 가속화되면서 새로운 글로벌 경제의 질서가 확산됨에 따라 기업의 경영환경에도 획기적인 변화에 직면하게 되었다.

존 나이스비트(J. Naisbitt)[6]는 『거대한 추세 2000』에서 21세기 인류사회에 다가올 가장 큰 변화를 첨단 정보기술의 발달, 국경 없는 세계적 시장경쟁의 심화, 다양한 사회가치관의 변화를 전망하고 있다. 따라서 21세기의 기업들은 이러한 사회변화에 대응할 수 있는 핵심역량(core competence)을 개발함으로써 국제경쟁력을 강화해야 나아가야 할 것이다.

1) 무한경쟁의 시장변화

WTO체제의 출범 이후에 세계경제 및 무역질서가 새롭게 정립되면서 기업들은 그동안 정부로부터 보호를 받고 있던 국내시장을 세계의 경쟁자들에게 개방하지 않을 수 없게 됨에 따라 국내시장의 개방은 외국의 경쟁기업이나 경쟁상품이 국내시장에 진출하여 자유롭게 생산 및 마케팅 활동을 전개할 수 있는 조치로서, 이는 국내기업이 직면하는 커다란 위협이 될 것이다. 반면에 우리나라 기업들은 새로운 무역질서의 체제변화에 따라 무한경쟁의 조건에서 세계시장으로 진출할 수 있는 기회를 갖게 될 것이다.

따라서 우리나라 기업들은 새로운 세계경제의 질서에 따라 무한경쟁의 조건에서 전 세계의 선진기업들과 경쟁할 수 있는 국제경쟁력을 갖추어야 할 것이다. 기업이 국제경쟁력을 강화하기 위해서는 경영자들의 국제경영에 대한 역량과 통찰력을 개발하고, 유연한 조직구조와 능력주의 관리체제로 전환하며, 종업원들의 근로의욕과 동기부여를 향상시킬 수 있는 경영혁신(business innovation)이 필요할 것이다.

---

6) J. Naisbitt and Patricia Aburdene, *Megatrends* 2000, New York: Avon Books, 1990.

2) 정보통신기술의 발달

과학기술의 발달은 기업의 새로운 제품이나 서비스 생산을 위한 새로운 사업진출의 원동력이 되며, 기술개발은 신제품개발과 원가절감, 그리고 품질 고급화를 통하여 기업의 경쟁력을 향상시키게 된다. 또한 정보통신기술의 발전은 기업의 광범위한 정보망 구축과 신속한 정보유통을 통하여 조직구성원들이 보다 전략적이고 합리적인 의사결정을 가능케 하고 있다. 따라서 기업들은 경쟁력 우위를 유지하기 위해서 구성원들의 기술개발 의식을 높이고, 연구개발투자를 적극적으로 지원하며, 기술개발을 위한 경영조직의 설계와 변화를 추진하여야 한다.

3) 사회 가치관의 변화

우리나라 기업들은 1980년대까지 권위주의와 온정주의를 바탕으로 종업원들의 동기부여와 조직몰입을 유지하면서 세계에서 가장 근면한 근로자의 노력으로 지속적인 고도성장을 이룩하였고 국가경제발전에 공헌하였다.

그러나 지속적인 산업화와 정치민주화의 진전에 따라 사회구성원들의 의식수준도 합리주의·개인주의 중심으로 사회적 가치관이 변화하기 시작하였다. 이러한 사회문화의 변화는 기업경영에도 많은 영향을 주게 되어 직장에서의 상사에 대한 복종심이나 동료에 대한 협력의식이 저하되고, 근로자들은 임금인상과 근로시간 단축을 요구하며, 구성원들의 근로의욕이 크게 감퇴할 수 있다.

한편 근로자들의 일에 대한 의식은 일보다는 여가를 선용하려는 경향을 보이고 있으며, 직장에 대한 신념에 있어서는 평생직장이라는 개념은 점차 사라지고 빈번한 직장이동, 낮은 애사심이 크게 나타나고 있다.

그러나 많은 근로자들이 종래의 연공서열에 의한 보상체계보다는 성과중심의 공정한 평가와 보상을 기대하며, 개방적 의사결정과 상호작용을 바라는 합리적 태도가 강하게 나타나고 있어, 이는 기업성과를 높이고 경쟁력을 강화할 수 있는 긍정적인 요인으로 전망되고 있다.

제3절 기업과 사회의 관계

기업은 국민경제에서 생산기능을 담당하는 조직단위로서, 사회가 필요로 하는 제품이나 서비스를 생산 공급함으로써 사회의 발전과 사회구성원의 삶의 질을 개선하는 역할을 수행하고 있다. 사회의 주체인 사람은 본능적으로 삶의 풍요와 가치를 개선하기 위하여 기업의 생산기능 개발과 사회적 역할을 요구하게 된다.

기업은 사회 내에 존재하는 조직체이며 기업시스템은 사회시스템의 하위시스템으로 국민경제의 구성요소이다. 국민경제는 생산의 주체인 기업과 소비의 주체인 정부와 가계로 구성되며, 기업의 왕성한 생산활동으로 정부와 가계가 원활한 소비활동을 유지할 수 있고, 기업이 생산한 제품의 소비가 활발하게 진전될 때 생산기능이 확대되고 발전하게 된다. 다시 말하면 자본주의 사회는 기업 없이는 정부와 가계의 생활이 풍요화될 수 없고, 한편 정부와 가계의 건전한 소비 진작 없이는 기업의 생산활동은 신장되거나 확대될 수 없다. 따라서 국민경제에서 사회 없는 기업이나 기업 없는 사회란 상상할 수 없다.

[그림 1-4] 기업과 사회의 상호작용모형

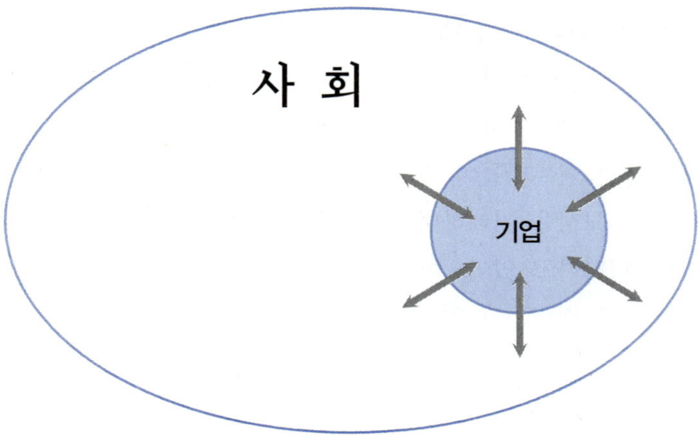

기업은 생산성 향상을 통하여 경제적 가치를 창출하고, 개인의 복지와 국민경제의 경제적·사회적 가치를 제고하기 위하여 노력하여야 하고, 사회는 기업의 생산활동을 지원하고 협력하여 생산성 향상을 유도하면서 기업이 사회질서를 파괴하거나 문란케 하는 경우 강력한 지도와 통제를 가하여야 한다. 이와 같이 기업과 사회는 국민경제 발전을 위한 불가분의 관계에 있으므로 상호협력과 상호의존관계를 공고히 유지해야 할 책임이 있으며 기업과 사회는 서로 균형있는 발전을 도모해야 한다는 당위성이 존재하는 것이다.

1 기업의 개방시스템 견해

1) 시스템이론의 정의

시스템(system)은 하나의 합동체(unitary whole)를 구성하는 서로 관련있는 구성요소의 집합을 말하는 것으로서, 합동체와 부분간에 상호관련성·상호의존성 관계에 있는 부분들의 연합체를 의미한다.[7] 따라서 시스템은 ① 하나의 합동체, ② 이를 구성하는 부분들, ③ 합동체와 부분들 사이 또는 부분들 간에 상호관련성의 세 가지 요소로 이루어진다.[8]

이러한 시스템견해에 비추어볼 때 으리 주변에는 수많은 종류의 시스템이 존재하고 있는 것을 알 수 있다. 이를테면 태양계시스템, 공장기계시스템, 사회시스템, 경제시스템, 조직시스템, 인체시스템, 신경시스템 등 수많은 시스템이 존재하고 있다.

위에서 열거한 모든 시스템은 그들의 활동과 기능이 다를지라도 어느 시스템이든 근본적으로 지니고 있는 공통된 속성이 있다. 다시 말하면 ① 어떤 시스템이든 전체시스템과 하위시스템은 목표를 가지고 있고, ② 시스템을 구성하는 부분 사이에는 상호관련성이 존재하며, ③ 부분들은 상호의존성과 협력성을 통하여 합동체의 힘과 기능을 증대시키며, ④ 유기체인 조직시스템은 외부환경과 상호작용하는 개방성을 갖는다.

---

7) W. A. Schrode(1974), *Organization and Management*, Irwin, Homewood, p. 115.
8) R. L. Ackoff(1971), Towards a System Concept, *Management Science*, July, pp. 661~671.

2) 기업의 개방시스템 특성

개방시스템(open system)이란 본래 생물체(유기체)를 설명하는 개념으로서, 시스템의 경계를 넘어서 외부환경과 상호작용하면서 목표달성 행동을 수행하는 시스템을 말한다. 유기체는 생존을 유지하기 위해서 항상 환경과 물질 · 에너지 및 정보를 교류하고 환경변화에 적응하면서 생존과 성장을 이루어 나아간다.

경영학에서 기업활동은 흔히 개방시스템 견해를 적용하여 기업과 환경(사회)이 서로 영향을 주고받는 상호작용을 하면서 생존과 발전을 추구하는 유기체로 보고 있다.

기업은 사회(환경) 속에 살아가는 유기체(생물체)로서, 외부환경에 개방되고 그들 환경과 상호작용을 유지하게 된다. 즉, 기업은 사람, 물질, 돈, 정보 등 유형 · 무형의 자원을 구성요소로 하여 조직의 목표를 달성하기 위해서 경영활동을 계속하고 있다. 다시 말하면 기업은 외부환경(지역 · 국가 · 국제사회)으로부터 경영에 필요한 모든 자원을 조달하여 투입하고, 변형과정(기술 · 지식 · 작업)을 거쳐 재화나 서비스를 산출하며, 생성된 재화를 다시 사회(환경)로 보내는 일련의 과정을 반복하는 개방시스템[9]이다. 이 과정에서 피드백을 통하여 성과에 대한 환경의 영향관계나 경영과정을 평가하게 된다.

기업시스템이 환경과 상호작용하면서 투입된 자원을 구체적인 산출물로 변형시켜 가는 과정을 [그림 1-5]에서 묘사하고 있다.

[그림 1-5] 기업의 개방시스템모형

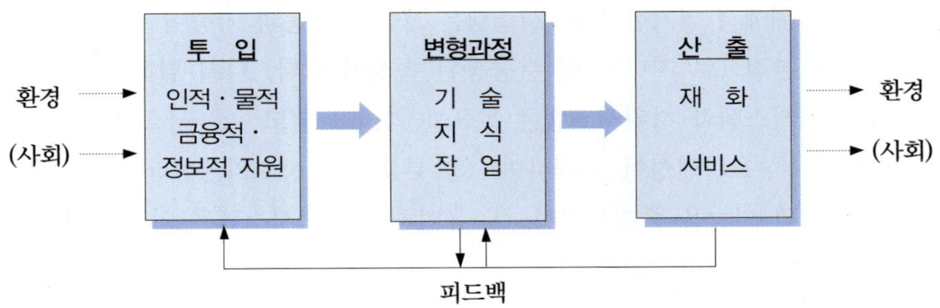

9) 개방시스템(open system)은 본래 생물체를 설명하는 개념으로서, 시스템의 경계를 넘어서 외부환경과 상호작용을 하는 시스템을 일컫는다.

여기서 투입(input)이란 사회로부터 조달한 인적, 물적, 금융적, 정보적 자원을 변형과정으로 유입시키는 것을 말하고, 변형과정(transformation process)은 투입된 자원을 산출물로 전환시키는데 이용되는 기술, 지식, 작업을 의미하며, 산출(output)은 투입된 자원들이 변형과정을 거쳐 생성되는 재화나 서비스를 뜻한다. 그리고 피드백(feedback)이란 경영자가 경영과정이나 성과평가에 관한 어떤 정보를 받는 것을 말한다.

기본적으로 기업은 고객, 정부, 경쟁자, 언론매체, 지역사회, 그 밖의 개인이나 집단들과 거래를 통하여 모든 자원을 사회로부터 받아들여야 하고 변형과정을 통하여 산출된 제품이나 서비스는 모두 그 사회로 배출시켜야 하는 개방시스템으로서, 기업과 사회는 이와 같은 상호작용을 반복함으로써 생존과 발전이 가능할 수 있는 상호의존적 관계에 있는 것이다.

따라서 기업경영자는 기업은 사회의 일부로서 기업과 사회는 서로 필요하고 영향을 주는 상호작용관계에 있음을 인식하고 이해관계자에 따른 이해관계 내용과 특성을 이해하고 상호 이익극대화를 추구할 수 있는 수준에서 의사결정을 선택해야 할 것이다.

2 기업과 사회의 상호관계

1) 기업과 사회의 상호작용

기업은 사회시스템의 하위시스템으로서 기업의 목적달성을 위해서 직접적 · 간접적 영향을 주고받으면서 경영활동을 전개하게 된다. 이와 같이 기업과 사회가 서로 교류나 교환을 통하여 영향력을 주고받는 것을 상호작용이라 하고 이러한 관계를 상호관계라고 일컫는다.

시스템이론에서 살펴본 바와 같이 기업은 사회로부터 모든 자원을 받아드리고, 기업 내부의 변형과정을 거쳐 제품이나 서비스를 산출하여 생산한 제품과 서비스를 사회로 보내는 일련의 거래와 교환과정에서 상호 영향을 미치기도 하고 받기도 한다.

기업은 사회가 요구하는 법률, 제도, 규범, 관행을 준수하면서 경영활동을 충실히 전개함으로써 경제적 책임을 이행하고, 소비자, 정부, 지역사회, 시민단체 등의 이해관계자가 요구하는 거래기준에 적합하게 부응하면서 사회적 책임을 이행함으로써 기업과 사회의 상호관계에 원만한 신뢰를 인정받게 될 것이다.

2) 기업과 사회의 상호신뢰

기업은 기본적으로 영리를 추구하는 조직이므로 사회로부터 양질의 인적·물적 자원을 도입하여 우수한 제품과 서비스를 생산하여 소비자에게 공급함으로써 이윤을 극대화할 수 있고, 사회는 기업이 공익에 반하지 않는 정당한 경영활동을 통하여 최대의 이익을 획득하고 그 이득을 사회 공공의 이익을 위하여 환원하도록 기대하고 있다. 이와 같이 기업과 사회는 지향하는 목표와 가치기준에서 차이가 있으므로 서로 상대방의 의사결정이나 행동에 대하여 신뢰하려 하지 않을 뿐 아니라 비판과 갈등으로 대립하려는 선입견을 갖는다.

기업이 사회적으로 신뢰를 받고 제품과 서비스에 대하여 인정을 받을 때 그 기업은 발전하게 되고 계속기업(going concern)으로서 성장 발전하게 된다. 그러므로 기업이 영구기업으로 발전하기 위해서는 끊임없이 신기술·신제품을 개발하여 소비자의 욕구에 부응하고, 경영혁신, 품질혁신을 통하여 변화하는 환경요구에 적응력을 갖추어야 한다. 한편, 기업이 사회의 신뢰를 높이기 위해서는 이해관계집단과의 긴밀한 교류를 통하여 경영의 실체를 투명하게 전시함으로써 조직구성원이나 사회구성원으로부터 경영의 투명성을 인정받아야 할 뿐 아니라 사회적 책임을 충실히 이행하여 기업 이미지를 쇄신하여야 한다.

기업이 사회로부터 신뢰를 얻기 위해서는 다음과 같은 경영자의 실천이 중요하다.

① 기업은 적정한 이윤을 창출해야 한다.
② 고객이 요구하는 품질과 가격으로 제품을 생산 공급하여야 한다.
③ 기업은 정당한 의사결정으로 투명한 경영을 실현하고, 이해관계자에게 정확한 정보를 전달하여야 한다.
④ 기업은 소비자, 공급자, 투자자, 종업원으로부터 신뢰를 받도록 해야 한다.
⑤ 기업은 대기, 수질, 토양 등 자연환경을 오염시키지 않아야 한다.
⑥ 기업은 정치, 권력, 정부와 부당한 관계를 배척하고, 불공정 담합행위, 불법적 범죄행위를 근절하며, 윤리경영 실현을 위한 제도를 구축해야 한다.

따라서 기업은 정당한 기술 및 시장경쟁과 경영혁신으로 우수한 제품과 서비스의 제공을 통하여 이익을 창출하고, 소비자로부터 신뢰를 축적하며, 사회로부터 능력과 우수성을 인정받도록 노력해야 한다.

3 기업과 다원화 사회

현대사회는 권력이 정부, 군부, 정치, 자본 같은 단일 세력집단에 집중되거나 하나의 권력집단이 사회를 지배하는 독재적 권력사회로부터 개인의 권익을 침해할 수 없는 민주주의 사회로 발전하였다. 민주주의 사회가 발전함에 따라 사회권력이 다양한 집단이나 개인에게 분산되는 다원화 사회로 변화하면서 어떤 개인이나 특수층이 일방적으로 사회를 지배거나 공공의 이익을 억압할 수 없는 세계가 되었다.

다원주의 사회가 기업경영에 흥미 있고도 미묘한 영향을 미치고 있다. 다원주의(pluralism)는 국가의 권력이 사회의 값은 집단이나 조직에 분산되어 있는 상태[10]를 말하는 것으로서, 맥가이어(J. W. McGuire)에 따르면 다원화 사회(pluralistic society)란 "광범위한 분권화와 집권세력의 다양화가 존재하는 사회"[11]라고 정의하고 있다. 다시 말하면 권력이 어떤 기업, 정부, 노동자, 군대와 같은 단일기관이나 몇 개 집단의 손에 있는 것이 아니고 분산되어 있는 것을 의미한다.

자본주의가 성숙하고 자유주의와 개인주의 이념이 확산되면서 개인과 집단의 자유분방한 행동이 사회적으로 용인됨에 따라 사회의 많은 이익단체들이 각자의 권익을 주장하고 이익을 보호하기 위하여 집단행동을 착수하게 되었다. 특히 경제 약자들이 노동조합, 시민단체, 소비자단체, 환경단체 등 다원적인 사회단체를 구성하여 정부나 기업의 부당행위에 비판과 저항활동을 전개하고 있다. 여기에서 정부는 사회적 이슈나 사건을 다루는 단일의 집행기관으로서의 역할보다는 조정자로서의 입장에서 행동할 뿐이다.

기업과 사회의 관계를 논의할 때 다원화 사회를 구성하는 하위집단이나 하위기관으로는 소비자단체, 여성단체, 환경단체, 청소년단체 등과 같은 특수한 사회적 목적을 갖고 설립된 집단이나 영리를 추구하는 기업, 그리고 공공의 이익을 합법적으로 다루는 정치집단, 법률집단, 경제단체, 종교단체 등 다양한 기관들이 포함된다.

1) 다원화 사회의 특징

블럼스트럼 등(R. L. Blomstrom, K. Davis and W. C. Frederick)에 따르면

10) A. B. Carroll and A. K. Buchholtz, *op. cit.*, p. 7.
11) Joseph W. McGuire, *Business and Society*, New York: McGraw-Hill, 1963, p. 130.

다원화 사회는 다음의 특징을 나타내고 있다는 것이다.[12)]

① 다원화 사회는 동태적(dynamic) 특성을 갖는다. 즉, 조직이나 집단이 안정적이지 않고 진취적으로 변화과정을 겪게 된다는 것이다.
② 다원화 사회는 서로 다른 이해관계를 갖는 이해관계집단들이 존재한다. 따라서 이해관계집단들 사이에 대립과 갈등관계가 형성된다.
③ 다원화 사회는 이해의 다양성과 전문성으로 사회의존적인 관계를 필요로 한다. 따라서 다원화 사회의 문제해결을 위한 의사결정은 광범위한 사회경제적 관점에서 접근하는 것이 바람직하다.
④ 다원화 사회는 사회시스템 관점에서 여러 집단들의 권력이 분산된 형태로 존재한다. 따라서 다원화 사회의 조직들은 문제에 대하여 서로 견제와 균형(checks and balances)을 위한 협상, 타협, 의사소통 같은 조정방법을 활용한다.

2) 다원화 사회의 장 · 단점

(1) 다원화 사회의 장점

다원화 사회는 다음의 장점을 갖는다.

① 다원화 사회는 소수에게 권력이 집중되는 것을 방지함으로써 권력의 분산이 가능해진다.
② 다원화 사회는 사람들의 표현과 행동의 자유를 최대화하며, 집단에 대한 개인의 주장이 분산된다.
③ 단일집단이 사회를 지배할 수 없도록 하고, 여러 집단이 적절한 권력을 행사할 수 있도록 다원주의는 견제와 균형(checks and balances)를 제공한다.
④ 다원화 사회에서는 여러 조직에 대한 다양한 충성심이 창출되기도 하고, 어떤 조직의 리더도 통제로부터 벗어날 수 없다.
⑤ 구성원들의 다양한 욕구를 균등하게 충족시켜 줄 수 있다.

---

12) R. L. Blomstrom, K. Davis and W. C. Frederick(1980), *Business and Society: Concepts and Policy Issue*, 4th ed., McGraw-Hill, p. 71.

(2) 다원화 사회의 단점

다원화 사회는 다음의 단점도 있다.

① 다원화 사회는 다양한 기관들이 자신의 이익만을 추구하는 환경을 조성하게 되므로 개인들이 추구하는 이익을 통합할 수 없다.
② 여러 집단이나 기구가 늘어나고 그들의 목표와 기능이 중복되어 혼란을 일으킬 수 있다.
③ 다원주의는 자율성을 강조하고 각자의 이익을 추구하기 때문에 집단간의 심각한 갈등을 초래할 수 있다.
④ 다원화 사회는 참여 조직이나 집단들이 지나치게 자신의 영리나 욕구에 집착하여 사회적 이익을 소홀히 하고 사회의 효율성을 저하시킬 수 있다.

4 사회의 기업에 대한 비판

사회의 권력이 고도로 분산되어 있는 다원화 사회에 있어서 기업이나 정부와 같이 특수한 권력을 부여받고 있는 기관들은 상당한 비판의 대상이 되는 것은 불가피한 현상이다. 사회의 기업 비판이란 기업의 경영활동에 대한 사회적 기대와 실질적 활동의 차이에 대하여 사회가 부정적으로 평가하고 비난하는 것을 의미한다.

여기에서 기업과 사회의 관계에 있어서 사회가 기업의 어떤 의사결정이나 행동에 대하여 어떻게 비판하고 있는가에 대하여 살펴보는 것이 중요하다. 다시 말하면 사회는 기업의 어떤 개별적 행동이나 관행에 대하여는 비판하지 않으면서, 어떤 특수한 요인들에 대해서는 다른 요인과 병행하여 사회적 비판을 제기하고 있다.

첫째, 풍요와 교육은 함께 기업에 대한 사회적 비판을 유발하는 요인들이다. 풍요사회란 고도의 국부(國富)와 가처분소득(disposable income)이 증대되어 높은 생활수준을 유지하는 사회를 말하는 것으로서, 풍요사회는 대량생산과 대량소비의 산업사회가 고도화되면서 풍요사회의 형성이 가능하게 된다.

한편 국가재정의 풍요와 국민생활 수준의 향상은 국민들의 공식적·비공식적 교육을 자극하게 되고, 높은 교육수준은 국민들의 삶에 대한 기대를 높이게 만든다. 따라서 이와 같은 국민들의 높은 소득수준과 교육수준은 높은 사회적 기대를 자극하고, 이러한 사회적 기대는 기업이나 정부에 대한 강한 사회적 비판의 분위기를 조성하는 기초를 형성하게 된다.

둘째, 신문, 방송, 잡지 등 대중언론은 기업에 대한 사회적 비판을 자극하는 촉진요인이다. 특히 텔레비전과 스마트 폰은 국민들의 국내외 사회에 대한 의식수준을 높이고, 기업이나 정부의 부정적인 측면에 대한 다양한 정보를 제공함으로써 사회의 비판 분위기 조성에 기여하고 있다.

셋째, 사회의 기업에 대한 기대가 현실을 능가하고 있다. 시민들은 기업에 대하여 건전한 경제성장, 높은 고용수준, 국민의 건강증진, 삶의 질 개선, 안전한 제품생산, 불량식품 근절, 자연보호 등 많은 것을 기대하고 있다. 그러나 기업의 사회적 기대가 사회적 현실을 능가하는 경우에 사회적 문제를 일으키게 된다.

기업의 경우에 사회적 문제는 [그림 1-6]에서 보는 바와 같이 회사에 대한 사회의 기대와 실질적인 사회적 활동의 차이로 설명되고 있다. [그림1-6]에서 보여주는 바와 같이 사회적 문제는 1960년대보다 2000년대에 크게 확대되는 추세를 보이고 있다.

이렇게 현실을 능가하는 기대는 쉽게 기업에 대한 비판으로 발전할 수 있다.

[그림 1-6] 사회의 기대와 기업의 실질적 수행 비교

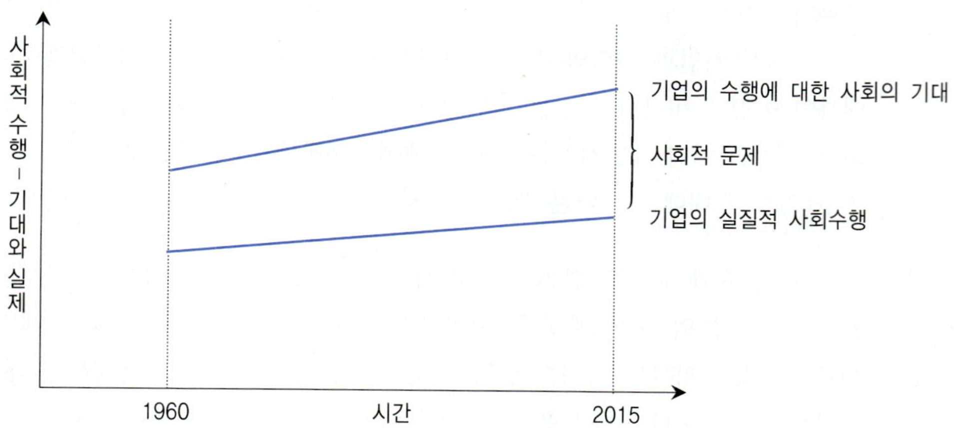

넷째, 기업들은 다양한 권력을 갖고 있으며, 이러한 권력의 남용은 비판의 요인이 된다. 즉, 기업들은 환경을 오염시키기도 하고, 종업원들을 학대하거나 저임금으로 착취하기도 하며, 높은 가격결정으로 소비자의 소득을 갱취하기도 하고, 불량한 서비스를 제공하기도 하며, 기업의 잘못된 행동이나 불량제품에 대하여 진실을 말하려 하지 않으며, 때로는 이해관계자들에 대하여 비윤리적 · 비도덕적 행동을 펼침으로써 비판을 받고 있다.

5 사회적 비판에 대한 기업의 대응

사회의 기업에 대한 비판은 크게 기업의 윤리적 행동과 이해관계집단과의 이해의 균형을 강조하는 경향이다. 경영자들은 광범위한 사회문제를 감소시키고 사회의 비판에 대응하기 위해서 첫째, 사회의 윤리적 문제에 대한 본질을 명확히 규명하고 기업의 경영관리 차원에서 합리적인 대응방안을 제시하여야 한다.

둘째, 조직 내외의 이해관계집단의 이해관계의 초점을 확인하고 이해의 균형을 위한 조정방안을 탐색해야 한다. 여기에서 윤리(ethics)란 기본적으로 옳고, 바르며, 공정하고 정당한 행동기준을 말하는 것으로서, 기업윤리는 기업의 행동이나 의사결정에 있어서 제기되는 윤리문제에 초점을 둔다.

경영자는 사회 공중집단의 관심을 반영하여 공정하고 정당하게 의사결정하고, 한편 윤리적인 방식으로 원활하게 이해관계자를 다루며 기업과 이해관계집단 사이에 발생하는 이해갈등을 합리적으로 조정하도록 노력해야 한다.

이해관계자(stakeholder)란 기업이 이해관계를 가지고 상호작용하는 개인이나 집단을 말하는 것으로서, 이해관계자들은 실질적으로 광범위한 사회를 구성하는 중요한 요소들이다. 이러한 이해관계자들은 크게 외부 이해관계자와 내부 이해관계자로 구분되는데, 전자에는 정부, 소비자, 공급자, 지역사회구성원 등이 포함되고, 후자에는 주주와 종업원 등이 포함된다. 경영자는 이해관계자들에게 기업의 욕구를 전달하고, 이해관계자 욕구와 기업 욕구의 균형을 유지하도록 조정하는 것이 중요한 과제이다.

c/h/a/p/t/e/r

02

제1부 사회에 생존하는 기업

사람의 본질과 사회관계

사람은 다양한 형태의 사회 속에서 다른 사람들과 서로 교류하고 의지하는 상호 작용을 유지하면서 인간관계를 맺고 살아간다. 즉, 사람은 태어나면서부터 본능적으로 가족집단, 부족사회, 직장단체, 지역사회, 국가사회 등의 다양한 사회를 형성하여 그 사회의 일원으로서 서로 인간관계를 유지하면서 살아가는 사회적 동물이다.

기업에서 개인들은 다른 구성원과 협력적 인간관계를 촉진함으로써 직무성과를 제고할 수 있고, 경영자들은 사회의 이해관계집단과 거래적 사회관계를 개선함으로써 기업의 목표달성과 개인의 욕구충족을 동시에 성취할 수 있다.

조직적·사회적 인간관계 기술은 개인·직무·조직의 목표달성과 조직의 생산성 향상 그리고 구성원의 욕구충족에 중대한 영향요인이 된다. 특히 효율적 인간관계 기술은 종업원의 경력성공(career success)을 위한 중요한 성공요인이 된다.

카네기재단(Carnegie Foundation)의 연구보고서에 따르면 직무성공에 공헌하는 요인의 85%는 인간적 자질(인간관계)에 달려있으며, 기술이나 지식이 공헌하는 것은 15%에 불과하다는 것이다.[1] 또한 하버드대학 취업보도실의 보고에 의하면 직장에서 해고된 사람의 66%는 다른 사람과 사이좋게 지내지 못하는 인간관계의 실패 때문이고, 기술 및 지식의 부족으로 인하여 해고된 사람은 34%라고 보고하고 있다.[2]

따라서 종업원의 선량한 인간관계 행동은 직무수행과 직장생활의 성공비결이 될 것이며, 경영자의 우수한 인간관계 능력은 기업과 사회의 협력관계를 진전시킴으로써 탁월한 경쟁력 성취의 원천이 될 것이다.

제1절 사람의 본질적 특성

인간은 선천적으로 타고난 개인 특성이 그의 자질을 결정하기도 하지만 더 중요한 요인은 후천적으로 가족, 친구, 직장동료, 사회문화를 경험하면서 사회를 학습하는 과정에서 동일화와 사회화 과정을 통하여 성격적 특성은 물론 사고와 행동적 자질이 형성되게 된다.

1) R. N. Lussier(1999) *Human Relation in Organization,* 4th ed., Irwin/McGraw-Hill, p.4.
2) M. Dalton, D. G. Hoyle & M. W. Watts(2000) *Human Relations* 2th ed., South-Western Educational Publishing, p. 5.

현철한 부모들은 어린 아이를 정직하고 착한 사람으로 키우기 위하여 올바른 친구, 좋은 이웃과 친밀한 인간관계를 맺으며 좋은 인간적 자질을 학습하기를 바라고 있다. 바로 맹자(孟子)의 어머니가 아들 맹자를 훌륭한 자질을 갖춘 인물로 키우기 위해 세 번이나 이사를 했다는 일화 '맹모삼천지교(孟母三遷之敎)'는 현대를 살아가는 부모들에게 좋은 교훈이 될 것이다.

현명한 경영자는 조직의 핵심자원인 구성원을 우수한 인재로 육성하기 위하여 선발과정에서 선천적 특성을 선별하고, 후천적으로 학습을 통하여 능력과 자질을 개발할 수 있는 통찰력을 가져야 할 것이다.

1 인간의 기본특성

인간은 기본적으로 사회적 동물이므로 기업 내부에서 선량한 인간관계를 형성하여 사회적 욕구를 충족하려 하고, 대외적으로 호의적인 사회관계를 확대하여 삶의 질을 개선하려 한다. 사람들은 단독으로 노력하여 경제적 이익을 추구하기보다는 집단을 형성하여 협동적 노력을 통하여 더 큰 이익을 얻으려 하며 사회와 협력적 활동을 통하여 더 큰 시너지 효과(synergy effect)를 추구하고 있다. 이와 같이 사람은 사회적 동물로서의 특성을 발휘하여 인간관계의 연장선상에서 사회관계를 확대하여 경제적·사회적 욕구를 충족해 나아가고 있다.

개인들은 다른 사람과 선량한 인간관계를 형성함으로써 사회적 욕구를 충족할 수 있고, 기업은 이해관계자와 원만한 협력적 사회관계를 유지함으로써 경제적 이익을 달성할 수 있다. 또한 우량기업들은 구성원의 협동적 인간관계를 조성하여 생산성을 향상시키고, 외부 이해관계자의 협력적 사회관계를 개발하여 효율성을 제고하고 있다.

사람은 본질적으로 지닌 능동성, 개발가능성, 존엄성, 욕구지향성, 사회성 같은 독특한 특성에 따라 인간관계·사회관계를 형성하면서 살아간다.

1) 인간의 능동성

인간은 물질적 자원과 달리 자신의 의지에 따라 능동적·자율적으로 행동하는 특성을 갖는다. 기계, 원자재, 자본 같은 물적 자산은 자신의 의지나 판단에 따라 능동적으로 행동하지 못하나, 인간은 보다 나은 결과를 성취하기 위하여 개인적·사회적 환경상황을 판단하여 자발적·능동적으로 의사를 결정하고 행동한다. 따라서 인간은 능동적·적극적으로 직무를 수행하고 사회의 요구에 적응함으로써 조직과 사회의 발전에 기여하게 된다.

2) 인간의 개발가능성

물질적 자산은 용도와 성능이 고정되어 있거나 한계가 있으며, 사용하거나 시간이 지나면서 성능이 쇠퇴하고 가치가 하락하게 되지만 인간은 개발가능성과 창의성이 있기 때문에 개발 여하에 따라 능력이 향상되고 가치가 상승한다.

인간은 지속적인 자기개발과 훈련을 제공함으로써 변화하는 환경과 사회의 요구에 적응할 수 있는 무한한 자질과 기술능력을 개발할 수 있는 잠재력을 갖고 있다.

3) 인간의 존엄성

인간은 주관적인 의사와 판단으로 자신의 일을 결정하고 행동하는 독립된 신분의 주체이다. 사람은 누구나 인본사상(人本思想)의 이념에 따라 자신의 의사와 행동을 존중받으려 하며 자신의 정당한 권리를 침해받지 않으려 한다.

사람은 자신의 도덕적·윤리적으로 정당한 행동에 대하여 인정받으려 하며, 자신의 정당한 인격, 양심, 의사, 자존심이 존중받는 인간존중의 존엄성을 보호받으려는 특성이 있다. 따라서 경영자는 구성원의 대인관계·사회관계에 있어서 그들의 존엄성을 인정하는 배려적 리더십이 중요하다.

4) 인간의 욕구충족 지향성

인간은 본질적으로 다양한 욕구를 지니고 있으며, 그 욕구충족을 위해서 행동을 일으키게 된다. 인간은 행동을 통하여 기본욕구를 충족시키며, 인간의 행동은 기본적으로 목표지향적이기 때문에 사람은 성취하고자 하는 욕구에 의하여 동기가 유발되고 행동을 착수하게 된다.[3)]

---

3) P. Hersey and K. H. Blanchard(1982), *Management of Organizational Behavior*, Prentice Hall, p. 14.

행동과학자들에 따르면 인간은 특정한 시점에서 생리적 · 심리적 · 사회적으로 결핍된 욕구를 충족시키려 하고 충족을 위한 수단으로서 행동을 하게 된다는 것이다.

5) 인간의 사회성

인간은 가족, 집단, 조직, 국가 등의 사회를 형성하여 그 사회기관의 일원으로 살아가는 사회적 존재이다. 사람은 단독으로 살 수 없으며 공동체를 만들어 그 공동체와 관계를 맺고 생활하며 삶의 질을 개선해 나아가고 있다. 따라서 현대인들은 사회의 일부분인 동시에 사회는 인간의 관련영역이 되며, 인간은 사회의 중심에서 활동하는 주체이다.

현대인들은 본질적으로 삶을 사회의 일부분으로 인식하며 살아가고 있으며, 사회 구성원으로서 사회와 불가분의 관계를 유지하면서 자신의 욕구충족과 사회의 가치 상승을 추구하는데 초점을 두고 있다.

특히 현대 사회는 어떤 개인이나 기업도 자신이 필요로 하는 모든 자원을 스스로 공급하는 사람은 없으며, 수요의 다양성으로 인하여 많은 외부 사회의 협력자들에 의한 분업을 통하여 자원을 공급받아 기업을 경영하여 이익을 극대화하고 있다.

인간은 경제적 목적에서 다른 사람이나 사회집단과 상호 협력하고 의존하는 것만은 아니다. 인간은 기본적으로 사회적 욕구를 지니고 있기 때문에 다른 사람과 교류하고 공동체에 참여함으로써 정서적 · 심리적으로 안정과 만족을 추구하게 된다.

이와 같이 인간은 다른 사람과 인간관계를 맺으려 하고, 사회집단과 교류하고 사회공동체에 참여하여 사회관계를 확대하면서 삶의 가치와 행복을 추구하려는 특성을 지니고 있다.

2 인간의 사회행동 특성

인간은 본능적으로 사른 사람과 소통하고 의존하면서 살아가는 사회적 존재이기 때문에 다른 사람들과 공동체를 형성하고 그 공동체의 구성원들과 교류하면서 살아간다.

인간은 선천적으로 언어와 대화 능력을 갖고 태어남으로써 사교적 · 외향적 잠재성을 지니고 있으며, 후천적으로 다른 사람과의 접촉을 통하여 상호의존관계의 중요성을 경험하면서 사회관계의 필요성을 깨닫게 된다. 특히 사람은 성장하면서 즐거움과 사랑을 나누기 위해서, 어려울 때 도움을 받기 위해서, 다른 사람에게 권력이나 영향력을 행사하기 위해서, 다른 사람으로부터 인정을 받기 위해서 다른 사람들과 관계를 형성하려 한다.

웨이스(Robert Weiss)는 사회적 관계가 개인에게 6가지 중요한 편익(benefits)을 제공한다고 주장하고 있다.[4)]

① 타인에 대한 애착감정

애착감은 어린 아이가 부모에게 강한 애정을 느끼고, 성인들이 사랑하는 연인이나 배우자 또는 친한 친구로부터 친밀감을 경험하는 것처럼 다른 사람에 대하여 안전하고 안락함을 느낌으로써 사회관계를 형성하려 한다.

② 사회적 통합

사회적 통합은 사회적 관계를 통하여 이익과 태도를 공유하는 느낌으로서, 사회적 관계는 친구, 동료, 이웃, 같은 팀이나 종교단체 동반자 등에 의하여 호감을 받게 된다. 이러한 사회적 관계는 그 개인에게 지역사회의 동료애나 소속감을 제공한다.

③ 가치의 확신

가치의 확신은 다른 사람들이 어떤 개인을 유능하고 가치 있는 사람으로 인정하는 것을 의미하는 것으로서, 사람들은 자신의 능력이나 가치에 대하여 인정을 받고자 사회에 참여를 기대한다.

④ 신뢰동맹 형성

신뢰동맹은 우리에게 사회의 도움이 필요할 때 도와줄 수 있는 사람이라는 인식을 갖는 것을 말한다. 즉, 사람들은 비상상황이 일어나면 사회가 가족처럼 우리를 도우려고 달려올 것이라는 사회관계를 신뢰하고 있다.

⑤ 안내자

안내자는 우리가 언제나 충고와 정보를 받을 수 있는 상담자, 교사, 의사, 친구와 같은 존재로서, 사람들은 사회를 그들이 필요로 하는 안내자로 인식하고 있다.

---

4) R. S. Weiss(1974), *The Provisions of Social Relationships,* In Z. Rubin(ED), Doing unto Others, Englewood Cliffs, NJ: Prentice-Hall.

⑥ **양호기회**

양호기회(opportunity for nurturance)는 다른 사람을 보호하고 돌보아 줄 필요가 있을 때 사회가 양호의 책임이 발생한다고 인식하는 것을 의미한다.

제2절 인간의 욕구와 행동유발

인간은 행동을 통하여 인류사회의 발전과 변화를 이끌어가고 있다. 개인이나 집단은 왜 그리고, 어떻게 행동하는가? 그들의 행동욕구와 행동방향에 따라 그들의 행동결과와 조직성과는 크게 달라진다.

인간은 본질적으로 다양한 욕구를 지니고 있으며, 그 욕구의 충족을 위하여 행동을 결정하게 된다. 즉, 사람은 성취하고자 하는 욕구에 의하여 동기가 유발되어 행동을 착수하게 된다.

경영자는 구성원들의 자발적인 노력을 유도하여 조직의 목표를 달성하도록 동기부여함으로써 조직의 성과를 창출하게 된다.

선진기업들은 생산성 향상을 추구하기 위해서 경제세계화와 정보화 시대의 급변하는 사회환경의 변화에 대응하기 위한 생존전략의 일환으로 사회협력과 국제협력을 유도하는 혁신전략을 개발하고 있다.

1 동기부여의 정의와 모형

1) 동기부여의 정의

헬리에겔과 슬로컴(D. Hellriegel & J. W. Slocum, Jr.)은 "동기부여(motivation)란 사람들의 목표지향적 행동을 유도하고 지휘하며 지속시키는 영향력"[5]이라고 정의하고 있으며, 그린버그(J. Greenberg)는 "동기부여는 어떤 목표를 성취하기 위

5) D. Helliegel & J. W. Slocum, Jr.(2014), *Principles af Organizational Behavior,* 13th ed., South Western, Cengage, p. 158.

해서 개인의 행동을 자극하고 지휘하며 유지시키는 과정"[6]이라고 정의하고 있다. 그러므로 동기부여는 사람들이 특정한 방식으로 행동하도록 동기를 자극하고, 그들이 호의적으로 관심을 갖도록 행동방향을 유도하며, 목표달성을 위해 노력을 지속하도록 하는 일련의 과정을 포함한다.

2) 동기부여의 모형

경영사상의 발전과정에서 경영자들은 근로자들의 직무행동을 자극하기 위해서 그 시대의 사회적 환경에 따라 다양한 동기부여 방식을 창안하여 실시하였다.

심리학자들은 인간이 왜 행동하는가에 초점을 두고 있으나, 경영학자들은 경영현장에서 어떻게 종업원들에게 동기부여기법을 응용하고 실현할 것인가에 집중하고 있다.

기업경영에 있어서 효과적인 동기부여 모형으로 테일러의 전통적 모형, 메이요 등의 인간관계모형, 맥그리거의 Y이론모형을 살펴보기로 한다.

(1) 테일러의 전통적 모형

동기부여의 전통적 모형을 주창한 테일러(F. W. Taylor)를 비롯한 과학적 관리 학파는 근로자의 동기부여 관점에서 인간과 기계에 초점을 두고 종업원의 소득증대와 기업의 생산성 향상을 동시에 추구하는 과학적 관리를 발표하였다.

기업은 시간과 동작연구를 통하여 사전에 근로자가 달성할 표준작업량을 설정해 놓고, 표준작업량(목표)을 달성하는 근로자에게 높은 임금을 지급하고, 목표달성에 실패하는 사람에 대하여는 낮은 임금을 지급함으로써 모든 근로자가 목표를 달성하도록 동기를 자극하려는 동기부여 모형이다.

전통적 동기부여 모형은 종업원들에게 성과급제를 실시하여 금전적 보상에 의한 동기부여를 자극함으로써 실제로 어느 정도의 생산능률 증대효과를 거두었으나. 시간이 경과함에 따라 경영자가 임의로 성과급 임률을 축소하고 근로자를 함부로 해고함에 따라 근로자들로 하여금 많은 불만과 저항을 받았으며, 인간을 기계시한다는 비판을 받기도 하였다.

---

6) J. Greenberg(2011), *Behavior in Organization*, 10th ed., Pearson, p. 244.

(2) 인간관계 모형

메이요와 뢰슬리스버거(E. Mayo and F. J. Roethlisberger)를 중심으로 한 하버드대학의 연구자들은 호손실험(Hawthorne Studies)을 통하여 근로자들은 물리적 작업조건보다는 인간적 긴장감, 만족감 등의 심리적 요인이나 근로자들 간의 협동적 노력 같은 사회적 요인에 의하여 생산성이 향상된다는 사실을 밝혀냈다.

인간관계학파는 호손실험을 통하여 근로자가 작업장에서 갖는 사회적 관계 및 그들의 감정과 태도가 생산성에 중요하며, 과업의 지루함이나 싫증나는 반복적인 작업이 동기를 저하시키는 요인이 된다고 발표하였다.

인간관계학파는 구성원들의 호의적 인간관계를 통하여 생산성 향상에 긍정적 영향을 줄 수 있다고 주장하고 있으며, 근로자들은 사회적 환경에 적응하게 되므로 경제적 욕구보다 사회적 욕구에 만족할 때 더 동기부여 되며, 또한 종업원들은 사회적 만족을 느낄 때 더 열심히 일하게 되므로 만족하는 종업원은 불만족하는 종업원보다 더 열심히 일하게 되어 성과가 향상된다는 것이다.

따라서 경영자들은 구성원들을 신뢰하고 그들의 사회적 욕구를 인정하며, 그들을 보다 많은 의사결정에 참여하도록 유도하고, 조직 내 비공식집단의 활동에 관심을 가지며, 조직에 관한 정보를 제공하는 등 인간관계 개선을 통한 동기유발에 관심을 기울여야 한다.

(3) 맥그리거의 Y이론 모형

맥그리거(D. McGregor)는 근로자들의 직무행동을 두 가지 범주로 분류하고 행동유형을 X · Y로 구분하여 그 유형에 따라 조직구조의 형성, 정책, 리더십 스타일이 달라져야 한다는 X · Y이론을 발표하였다.[7)]

X유형의 인간은 근본적으로 일을 싫어하고, 책임을 회피하며, 창의력을 발휘하지 않고, 지휘를 받아서 일(행동)하려 하는 타율적 인간관이다. 이러한 사람에 대하여는 엄격한 지시 · 명령 · 통제가 주된 관리수단이 되므로 '통제에 의한 관리'(management by control)를 실시해야 한다.

Y유형의 인간은 기본적으로 일하기를 싫어하지 않고, 책임있는 일을 선호하며, 창의력을 발휘하고, 목표달성을 위해 스스로 행동을 통제하는 자율적 인간관이다. 이러한 사람에 대해서는 엄격한 통제는 필요하지 않고 적절하게 동기부여하여 자발

---

7) D. McGregor(1960), *The Human Side of Enterprise*, N.Y.: McGraw-Hill Book, p. 238.

적으로 목표를 설정하여 달성하도록 하는 '목표에 의한 관리(management by objectives)'가 효과적이다.

Y이론 특성을 지닌 구성원들을 충족시키고 동기부여하기 위해서는 다음의 관리 방식을 실시하는 것이 필요하다.

① 권한과 책임을 위양한다.
② 직무를 확대하고 재량의 폭을 넓힌다.
③ 직무관련 의사결정에 참여시킨다.
④ 스스로 목표를 설정하고 수행하며 평가할 수 있는 목표관리 같은 자율적 경영 체제를 도입한다.

3) 동기부여와 성과의 관계

동기부여란 개인이 어떤 일을 자발적으로 수행하려는 행동의 유발과정이다. 기업에 있어서 종업원이 경영목표의 달성을 위한 방향으로 종업원의 직무수행 활동이 자발적이며 지속적으로 이루어진다면 그것은 동기부여된 행동이라고 할 수 있다.

조직의 성과는 전체 구성원 개개인의 성과를 기반으로 이루어지며, 개인의 성과는 개인의 능력과 동기부여 및 환경적 상황에 의하여 결정된다.

능력 × 동기부여 × 환경적 상황 = 성과

기본적으로 유능한 종업원들은 자신의 책임을 성공적으로 수행할 수 있으나 그들이 능력이 있어도 동기부여 되지 않아서 노력하지 않는다면 좋은 성과를 기대할 수 없게 된다. 따라서 동기부여가 성과에 직접적으로 연결되는 것은 아니고, [그림 2-1]에서 보여주는 바와 같이 동기부여가 성과로 연결되는 과정에는 여러 요인이 작용할 수 있다. 즉, 해당 직무에 종업원의 적성이 맞아야 하고, 그 과업수행에 대해 이해할 수 있어야 하며, 근로자의 기술수준이 직무에 적합하여야 하고, 통제력을 넘는 장애에 직면하지 않아야 성과를 높일 수 있다.

[그림 2-1] 동기부여와 성과의 관계

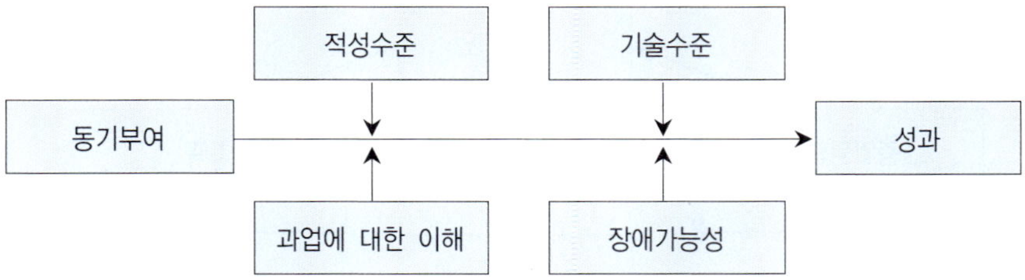

4) 동기부여의 과정

사람은 여러 가지 욕구가 결핍될 때 그 욕구를 충족시키기 위하여 행동하고, 그들 욕구충족을 위하여 행동을 반복하며, 불만족스러운 결과(처벌)를 회피하기 위해서 행동하려는 경향이 있다.

일반적으로 동기부여 과정은 [그림 2-2]에서 보는 바와 같이 개인적 욕구의 확인으로부터 시작하는데, 욕구는 행동의 활성요인 또는 촉진제 역할을 한다.[8)]

개인은 ① 욕구를 확인하게 되면, ② 욕구가 개인의 긴장이나 불안을 일으키게 되어 그 사람은 욕구충족 수단을 탐색한다. ③ 개인은 욕구결핍을 해소하기 위한 여러 행동대안 중에서 최선의 행동을 선택하여, ④ 목표달성을 위한 행동을 수행하게 된다. ⑤ 개인은 일단 목표달성 행동수행으로 이룩한 결과에 대하여 만족(보상)과 불만족(처벌) 정도를 평가하고, ⑥ 개인은 요구결핍을 재평가하면서 이러한 순환과정을 반복하여 진행하게 된다.

8) J. L. Gibson, J. M. Ivancevich and J. H. Donnelly, Jr.(1982), *Organization: Behavior, Structure, Process*, Plano, Texas,: Business Pub. Inc., p. 80.

[그림 2-2] 동기부여의 기본과정

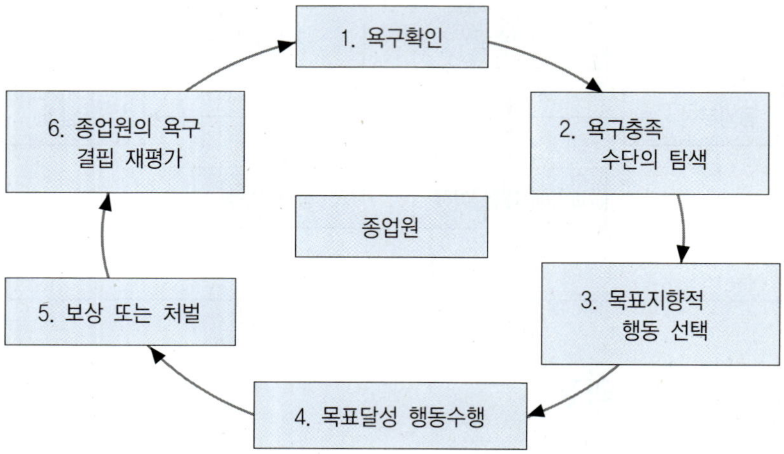

2 욕구만족 동기부여이론

1) 매슬로우의 욕구만족이론

매슬로우(A. H. Maslow)에 의하면 인간은 다섯 가지의 욕구를 가지고 있으며, 개인을 동기부여할 수 있는 5가지 욕구가 계층을 형성하고 있다고 주장하고 있어 이 이론을 욕구계층이론이라고 부른다.[9)]

매슬로우는 [그림 2-3]에서 보는 바와 같이 사람들은 다섯 가지 유형의 욕구를 가지고 있으며, 이들 욕구는 계층을 따라 활성화된다고 주장하고 있다. 즉, 사람은 제일 먼저 생리적 욕구를 충족시키려 하며 그것이 미 충족 상태로 남아있는 한 다른 어떠한 욕구로도 개인의 동기는 자극될 수 없고, 생리적 욕구가 일단 충족된 다음에는 그 욕구는 더 이상 동기유발요인이 될 수 없으며, 그 다음 단계의 안전욕구나 사회적 욕구에 의하여 동기유발이 가능하게 된다는 것이다.

9) A. H. Maslow(1943), "A Theory of Human Motivation", *Psychological Review*, vol. 50, pp. 370~396.

[그림 2-3] 매슬로우의 욕구 5단계

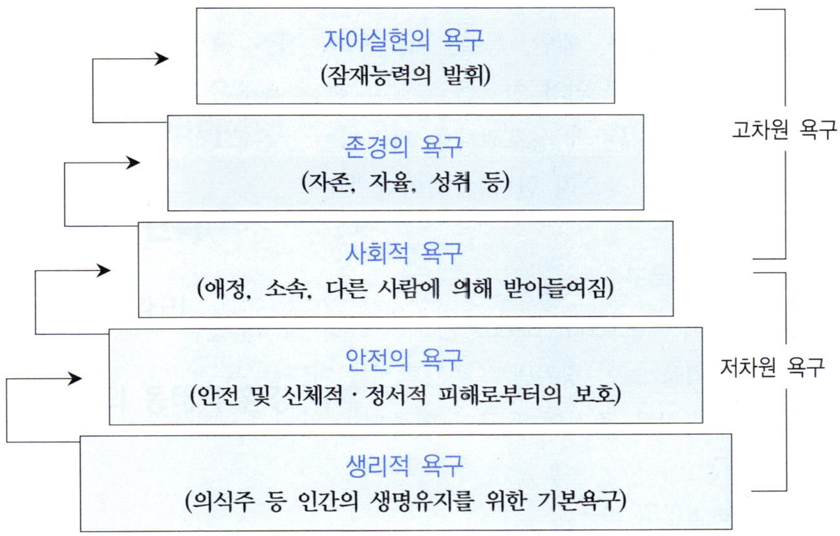

(1) 생리적 욕구

동기의 최초 시발점은 생리적 욕구이다. 생리적 욕구는 사람이 본능적으로 필요한 의 · 식 · 주를 비롯하여 갈증, 수면, 성적욕구 등이 여기에 속한다. 생리적 욕구((physiological needs)는 모든 욕구 중에서 가장 강력하며 어떤 욕구보다도 가장 큰 동기요인이 된다.

(2) 안전의 욕구

생리적 욕구가 어느 정도 충족되면 다음으로 나타나는 것이 안전욕구이다. 안전욕구(safty needs)는 신체적 위험이나 기초적인 생리적 욕구의 박탈로부터 해방되려는 욕구이다. 예를 들면 사람들에게 공통으로 직면할 수 있는 생명의 위험, 사고, 전쟁, 질병, 경제적 불안, 실직에 대한 불안 등에서 벗어나 안전하기를 바라는 욕구이다.

(3) 사회적 욕구

인간은 사회적 존재이므로 어떤 집단에 소속하여 다른 사람과 상호관계를 유지하고 그들에게 받아지기를 바라는 욕구를 지니고 있다. 사회적 욕구(social needs)는 사람이 가족, 친구, 애인, 동료, 이웃 등과 친한 관계를 유지하고, 자기가 원하는 집단에 소속하여 우의와 친교를 갖고자 하는 욕구이다.

사람이 다른 사람과 상호관계를 가지려는 것은 그것 자체가 즐겁기 때문에 자기와 같은 사람을 찾으려 한다는 것이다.[10)]

(4) 존경의 욕구

존경의 욕구(esteem needs)는 사람들이 사회생활을 통하여 다른 사람으로부터 자신의 능력을 높이 평가받고 존경받기를 바라는 욕구이다. 사람들은 자존심 · 성취감 · 인정감 같은 존경의 욕구가 만족되면 자신감 · 명예감 · 통제력 등이 생긴다.

(5) 자아실현의 욕구

자아실현욕구(self-actualization needs)는 자기성취와 자기완성을 갈망하여 자기발전을 위해서 자신의 잠재력을 실현하려는 욕구이다. 자아실현욕구를 강조하는 경영자는 흔히 종업원들을 직무설계에 참여시키고, 그들이 독특한 기술을 발휘할 수 있도록 직무를 배치하며, 그들에게 직무계획 및 실행과정에 재량권한을 부여한다.

3 목표설정 동기부여이론

1) 목표관리와 목표설정의 정의

목표설정이론에서 개인에 대한 동기부여는 의식적인 목표설정에 따른 목표에 대한 관심의 결과라고 시사하고 있다. 체계적으로 목표설정을 실시하는 기업은 실시하지 않는 기업에 비하여 이익과 이익증가율이 매우 높은 것으로 확인되었다.[11)]

목표관리(management by objectives)는 직무성과의 향상과 개인의 능력개발을

10) S. Schachter(1979), *The Psychology of Affiliation*, Stanford, al.: Stanford University Press.
11) C. B. Shrader, L. Taylor& D. R. Dalton(1984), "Strategic Planning and Organizational Performance: A Critical Appraisal", *Journal of Management*, vol. 10, pp.149~171.

위해서 목표를 설정하고 달성과정을 통제하며 성취결과를 평가하는 과정(목표설정→목표달성→성과평가)에서 상사와 부하가 함께 참여하여 적극적으로 공헌활동을 유발하기 위한 참여적 관리시스템의 경영철학이다.[12)]

목표관리의 핵심은 상사와 부하간의 공동 목표설정 과정에 있다. 즉, 경영자와 부하가 함께 성과목표와 계획을 상사의 목표나 조직의 목표에 연계하여 설정한다.

목표설정(goal setting)이란 개인이 성취시켜야 할 책임 있는 표적이나 목표를 개발하고 협의하여 공식화하는 과정이다.[13)]

[그림 2-4]의 목표관리 과정은 목표설정 시점부터 성과평가에 이르기까지 상사와 부하가 목표설정, 목표달성, 성과평가에 공동으로 참여하고 협의하도록 설계되어 있다. 또한 부하는 자기통제에 의하여 직무를 수행할 수 있도록 재량권이 부여되고, 상사는 합의된 목표가 달성될 수 있도록 부하를 지원하여야 한다.

[그림 2-4] 목표관리의 과정

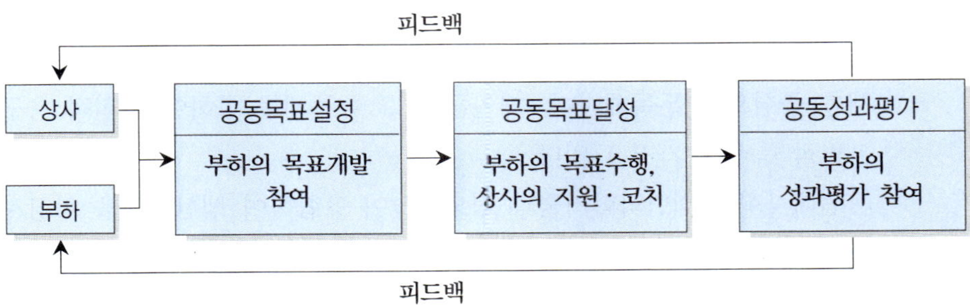

2) 목표설정의 동기부여 특성

목표(goal)란 미래에 성취해야 할 바람직한 결과를 말하는 것으로서, 목표는 동기의 기초를 제공하고 행동의 지표가 되며 인간행동을 직접 조절하는 기능을 한다. 다시 말하면 설정된 목표는 개인의 관심과 성취지표를 제공하고, 노력을 동원하여

12) 신철우 외(2016), 조직의 인간행동, 탑북스, p. 261.
13) E. A. Locke, K. N. Shaw, L. M. Saari & G. P. Latham(1981), "Goal Setting and Task Performance 1969~1980", Psychological Bulletin, vol. 90, pp. 125~152.

지속시키며, 목표달성을 위한 관련 전략을 개발하도록 동기부여하는 등의 개인행동을 직접 조절하는 기능을 한다.[14)]

목표설정은 경영자의 목표지향성을 자극하여 달성 가능한 목표를 탐색·확인함으로써 스스로 목표달성을 위한 아이디어를 창출하고 자신의 능력을 개발하도록 촉진한다.

목표가 불확실하거나 목표가 없는 사람은 일에 대한 관심이 부족하고 일을 게을리 하며 직무성과도 매우 낮다. 반대로 명확하고 확실한 목표를 가진 사람은 활력적이고 도전적이며 생산적이다. 오늘날 목표설정에 관한 연구는 직무동기부여와 관련하여 성과관리의 핵심으로 가장 널리 연구되고 있다.

제3절 인간관계 개선의 중요성

인간은 사회를 통하여 다른 사람들과 인간관계를 형성하고, 인간관계는 사회공동체를 중심으로 돈독해지며, 개인들은 그 공동체를 통하여 사회적 욕구를 충족하는 본질적 특성을 가지고 있다.

현대사회는 첨단과학기술과 정보기술이 융합하여 생산능률을 향상시키는 융합기술 개발의 시대이고, 인간은 다른 사람과 심리적·감정적 융합을 통하여 시너지 효과를 창출하는 인간관계의 융합시대이다. 우리는 기업 내의 호의적 인간관계를 구축하고 기업과 사회의 신뢰적 협력관계를 조성함으로써 기업의 생산성과 효율성을 개선해 나아가야 한다.

인간관계는 하버드대학의 엘튼 메이요(Elton Mayo) 교수팀이 10년에 걸쳐 실시한 호손실험(Hawthorne Studies) 결과에서 근로자의 물리적 작업환경의 개선보다 작업자의 책임감·인정감 등의 심리적 조건이나 협동심 같은 사회적 조건이 근로자의 인간관계를 개선함으로써 작업능률의 개선에 절대적인 영향을 준다는 사실이 확인됨에 따라 인간관계 개선을 위한 도구의 연구에 집중하기 시작하였다.

---

14) M. E. Tubbs(1986), "Meta-Analytic Examination of the Empirical Evidence", *Journal of Applied Psychology*, vol. 71, pp. 474~483.

여기에서 인간관계 개선을 위한 기반으로서 신뢰의 특성에 관하여 살펴보고, 인간관계 개선을 위한 도구로서 커뮤니케이션, 리더십, 갈등해결에 관하여 논의하기로 한다.

1 인간관계의 개념

1) 인간관계의 정의

기업은 협동시스템이므로 구성원들의 협력이 중요하다. 경영자는 조직효율성을 제고하기 위하여 조직구성원들의 협동적 인간관계를 조성하는데 집중하고 있다. 인간관계는 기업 내부 구성원들의 협동적 인간관계와 외부 이해관계자들의 협력적 사회관계를 포함한다.

인간관계(human relations)란 사회적으로 흔히 '인간과 인간의 관계' 또는 '대인관계'라는 의미로 사용되고 있으나, 기업에서는 '효율적 경영을 위한 협동적 행동을 유도하는 수단'으로 정의하고 있다. 데이비스(K. Davis)에 의하면 "인간관계란 조직구성원들이 팀워크를 이루어 개인의 욕구와 조직의 목표를 효율적으로 달성할 수 있도록 동기부여하는 수단"이라고 정의하고 있다.

기업에 있어서 인간관계는 기업의 효율성을 극대화하기 위하여 대내적인 인간관계와 대외적인 사회관계를 포괄하는 의미로 다루고 있다.

2) 기업의 인간관계 중요성

인간관계는 기업의 내부 구성원 또는 외부 관계자들 사이에 우호적·협력적 관계가 확립되고 조직의 목표달성을 위하여 적극적인 동기부여가 극대화될 때 성공적이라 할 수 있다. 여기에서 기업의 성공을 위한 인간관계의 중요성을 생산성 측면, 조직적 측면, 사회적 측면에서 살펴보기로 한다.

(1) 생산성 측면

사람은 능동적으로 행동하고 협력적으로 지원하여 기업(조직)의 생산성을 상승시킬 수 있는 가장 중요한 자원이며, 사회의 발전을 주도적으로 유도할 수 있는 핵심적 존재이다.

사람은 자신의 욕구와 의지에 따라 행동하며 능력과 노력여하에 따라 성과나 생산성은 크게 달라질 수 있다. 기업은 구성원들의 상호작용을 통하여 생산활동이나 거래활동을 수행하며, 그 과정에서 우수한 협력적 인간관계나 사회관계는 높은 생산성 향상을 위한 시너지 효과(synergy effect)를 얻게 된다.

부정적 인간관계는 구성원의 사기를 저하시키고 직무만족을 감소시키며 직무스트레스를 유발하여 구성원의 이직률, 결근율을 상승시키게 되고, 불량제품을 증가시키며 사회 환경과의 마찰을 일으키게 되어 원가상승, 생산성 감소의 원인이 된다.

(2) 조직적 측면

우수한 인간관계는 구성원의 근로의욕과 동기부여를 향상시키며, 이는 조직의 생산성·효율성 증대의 효과로 이어진다. 종업원들이 기업의 정책과 전략을 믿고, 구성원들의 노력으로 달성한 성과가 종업원들에게 적절한 보상으로 연결된다고 신뢰할 때 구성원들의 직무만족, 조직몰입은 향상하게 된다.

협력적 인간관계(노사관계)는 기술능력보다 더 큰 생산성을 개선시킬 수 있다. 노사관계가 이해(利害)의 갈등으로 대립하게 되면 생산일수가 감소하고 불량률이 증가하여 생산성이 감소하고 소비자들의 신뢰를 잃게 되어 거래관계가 악화될 수 있다.

(3) 사회적 측면

다원화 사회의 기업들은 내부 구성원과의 협동적 인간관계나 외부 이해관계자와의 협력적 사회관계가 대등하게 중요시된다. 특히 현대와 같은 지식기반 정보화사회의 기업들은 동종업계나 관련 단체와의 정보교류 또는 지식협력이 기술 및 제품 혁신을 위한 생존전략의 원천이 될 수 있다.

다원화 사회는 정부나 기업에 권력이 집중되던 과거의 사회와는 양상이 크게 다르다. 정부나 정치권도 권력을 이용하여 사회문제를 강요하거나 해결할 수 없으며, 관련단체들과 대등한 입장에서 협력차원의 해결방안을 모색하여야 한다.

따라서 기업 경영자는 효율적 경영능력을 발휘하기 위해서 원만한 인간관계를 유지하고 사회적 협력을 통한 이윤극대화를 도모하는 것이 유용할 것이다.

2 인간관계 형성의 이유

1) 상호의존성

사람은 집단이나 사회를 구성하여 활동하게 되면 더 큰 목표나 이익을 성취하기 위하여 상호 협력과 지원을 필요로 하게 되고, 그 과정에서 서로 협력을 주고받는 일련의 상호작용이 이루어진다. 집단이나 사회구성원들은 공동의 목표를 달성하는 과정에서 상호의존적인 인간관계가 형성되며 이는 조직성공을 위하여 매우 중요한 영향력을 갖는다.

2) 사회적 교환

사람과 사람의 관계에서 주고받는 것은 경제적 자산만을 교류하는 것이 아니고, 개인이 지니고 있는 심리적 요소인 감정과 애정 같은 무형의 자산일 수도 있다. 다시 말하면 사람들은 경제적 교환을 통하여 거래관계를 유지하는 한편으로 사회적 교류를 통하여 개인의 언어, 감정, 생각, 지식 등을 소통하는 사회적 관계를 유지한다. 따라서 사회적 교류란 사람들이 사회에서 경제적 교류와 함께 사회심리적 요소들도 주고받는 현상을 의미한다.

사회적 교환이론에서 인간관계는 사회적 교류과정에서 이익이나 보상이 주어질 때 형성되고 지속된다. 사람들은 다른 사람과 관계가 형성되려면 어떤 형태로든 경제적 이득이나 사회심리적 만족이 있을 것인가를 사전에 평가하여 형성여부를 결정한다는 것이다. 이를테면 사람은 다른 사람과의 관계를 맺게 됨으로써 보내게 될 불편한 시간, 돈, 취미 또는 불쾌한 기분, 감정, 갈등, 성격 차이 등으로 인하여 겪게 될 불편한 인간관계를 예측하여 교류를 회피할 수 있고, 반대로 인간관계를 맺게 됨으로써 돈, 물적 이익과 함께 애정, 소속감, 인정감, 자존감, 지식 획득 등의 심리적 편익이 예측되는 경우에 사회적 관계는 형성된다.

3) 매력

인간관계에서 매력(attraction)이란 어떤 개인이 다른 사람을 특정한 이유에서 긍정적인 감정을 가짐으로서 이끌리는 힘을 말하는 것으로, 다시 말하면 매력은 사람들 사이에 자발적이고 자유로운 상호관계의 매개체라고 말할 수 있다. 블라우(P. M. Blau)에 따르면 인간은 다른 사람에게 매력적인 존재로 인식되기를 바라며, 또한 매력적인 사람과 상호관계가 형성되기를 기대하기 때문에 인간관계가 형성된다는 것이다.[15] 또한 개인은 그 매력적인 요인들이 자신에게 어떤 형태로든 상호관계에서 보상으로 작용할 것이라고 기대함으로써 인간관계가 형성된다는 것이다.

위에서 살펴본 인간관계 형성의 요인으로서 상호의존성, 사회적 교환, 매력은 상대적 개념으로서 어떤 개인과 상대방 사이에 경제적·심리적 교류를 통해서 형성되는 이론으로서, 이는 완전한 대인관계는 일방적으로 주기만 하거나 받기만 해서는 건전한 관계가 형성될 수 없으며, 진정한 인간관계는 줄 것은 주고, 받을 것은 받음으로써 공정하고 부담 없는 관계가 형성될 수 있다.

따라서 건전한 인간관계는 상대방에게 진실하고, 약속을 지키며, 겸손한 태도를 견지함으로써 상대방의 내면에 신뢰가 축적될 수 있도록 하는 것이 중요하다.

3 신뢰 기반의 인간관계

신뢰는 인간관계 형성의 기반이고 인간관계는 기업성공의 열쇠이다. 대인관계에서 건전한 인간관계가 정착하려면 신뢰를 기초로 관계가 정립되어야 하며, 신뢰를 기반으로 선량한 인간관계가 개선된 기업은 조직 및 사회구성원들의 성실한 협력을 유도함으로써 기업발전의 기틀이 마련되게 된다.

우리나라는 짧은 기간에 산업화에 성공하여 고도의 경제성장을 이룩한 국가로서 전 세계에서 우월성을 인정받고 있다. 그러나 우리 사회는 단기간에 고도 경제성장을 이룩하는 과정에서 사회질서나 윤리관의 정착을 고려할 수 있는 여유를 갖지 못하였던 것이 사실이다. 또한 남북분단에 따른 사상과 정치이념의 갈등이 정치권에 편승하여 사회 혼란과 불신풍조를 조장함으로써 사회적·정치적 환경의 혼란으로 사회의 신뢰기반이 안정적으로 정착할 수 있는 여유가 없었던 것도 사실이다.

노사의 불신은 노사갈등과 분쟁으로 산업현장을 흔들어 생산차질을 가져왔고, 정치권과 정부에 대한 불신으로 집회와 시위가 끊임없이 발생하여 사회혼란으로 이어

15) P. M. Blau(1969), "The Strucrure of Social Association", in W. L. Wallau(ed), *Sociological Theory*, Chicago: Aldine Pub. Co.

지고 있으며, 교사들의 분열과 불신은 학생들로 하여금 교육에 대한 신뢰기반을 붕괴시키고 있고, 기업의 원청회사와 하청회사의 불신은 품질불량과 가격상승으로 소비자의 신뢰를 잃게 되었으며, 가족 간의 불신은 이혼율 증가로 이어져 결손가정의 증가현상이 두드러지고 있다. 이것이 우리 사회의 신뢰기반 현주소라면 과연 언제나 우리사회에서 진정으로 선량한 인간관계 분위기가 성립할 수 있을까하는 의문이 제기되기도 한다.

1) 신뢰의 특성

신뢰(trust)는 상대방에게 믿음을 준다는 사회심리적 상태를 의미하는 것으로서, 어떤 사람이 상대방에 대한 감시나 감독 없이도 자신의 기대에 부응하는 행동을 할 것이라고 믿는 심리적 상태를 말한다.[16] 또한 신뢰란 상대방이 바람직한 행동을 할 것이라는 믿음과 기대를 의미한다.

상대방을 인지하고 평가하며 기대하는 심리적 과정에 다양한 요인이 작용할 수 있다. 즉, 상대방에 대한 심리적, 합리적, 상호관계적 측면의 요인들이 복합적으로 작용하여 신뢰가 형성·변화하게 된다.

(1) 심리적 측면

심리적 차원의 접근은 신뢰를 신뢰자의 심리적 속성에서 이해하려는 견해로서, 상대방의 능력, 태도, 기대, 배려심 등의 심리적 측면을 평가하여 신뢰여부의 기준으로 판단하려는 경향이다.

(2) 합리적 측면

합리적 차원의 접근은 신뢰를 경제적 관점에서 이해하려는 것으로서, 사람은 기본적으로 거래과정에서 자신의 경제적 이익이 되는 방향으로 행동하려는 속성을 지니고 있다. 거래 당사자들은 상대방이 교환관계에서 성실히 노력하고, 정직하게 협상하며, 상대방을 기만하지 않고 합리적인 경제적 이익을 추구할 것으로 인식할 때 신뢰하게 된다.

---

16) R. C. Mayer, J. H. Davis & F. D. Schoorman(1995), "An Integrative Model of Organizational Trust", *Academy of Management Review*, 20: pp. 709~743.

(3) 관계적 측면

관계적 차원의 접근은 신뢰를 사회적 구조 측면에서 이해하려는 것으로서, 신뢰는 당사자가 어떤 사회적 규범이나 통제체제 하에서 상호작용하고 사회관계를 유지하는가에 따라 신뢰가 형성된다는 것이다. 이를테면 사회에 노동법과 같은 엄격한 법률이나 통제제도가 존재하고 그 법률에 따라 노사관계가 운영되고 규제되는 사회에서는 신뢰수준이 매우 높게 형성될 것이다.

2) 신뢰의 기반

신뢰는 개인과 개인, 개인과 집단, 개인과 사회 등 어떤 개인과 상대방 사이의 상호관계에서 믿음이 형성되는 주관적 심리상태이다. 특정한 개인이 상대방을 신뢰하는 것은 신뢰자의 성격적 특성에 관련이 있다. 즉, 어떤 개인이 상대방을 얼마나, 어떻게 신뢰하는가 하는 것은 그의 심리상태에 내재하는 신뢰성향에 달려있다.

다른 사람을 신뢰하는 심리적 특성은 선천적인 성격특성과 후천적인 성장과정의 경험이나 문화적 요인에 영향을 받아 신뢰성향이 형성・변화할 수 있다.

여기에서 신뢰형성에 영향을 주는 심리상태는 구체적으로 어떤 요인들이 어떻게 작용하여 신뢰에 영향을 주며, 신뢰관계의 기반은 무엇인가에 대하여 살펴보도록 한다.

룻소(D. M. Rousseau) 등은 여러 연구자들의 신뢰기반에 관한 분류를 종합하여 신뢰주체와 신뢰상대 사이에 존재하는 신뢰기반을 다음의 네 가지로 분류하였다.[17]

(1) 억제기반 신뢰

억제기반 신뢰(deterrence based trust)는 신뢰를 잃었을 때 받게 될 처벌을 두려워하여 신뢰행동을 보여주는 것을 말한다. 사람은 신뢰를 잃었을 때 받는 이익과 신뢰를 받을 때 얻는 이익을 비교하여 기회이익이 큰 방향으로 신뢰행동을 결정하게 된다. 이때 개인은 상대방으로부터 신뢰를 잃음으로써 받게 될 손해의 두려움 때문에 신뢰를 형성하게 된다는 것이다.

---

17) D. M. Rousseau, S. B. Sitkin, R. S. Burt & C. Camerer(1998), "Not so Different after all: A Cross-Discipline View of Trust, *Academy of Management Review*, vol. 23-3, pp. 393~404.

(2) 계산기반 신뢰

계산기반 신뢰(calculus based trust)는 상대방과의 경제적 교환과정에서 상호관계의 이익에 기초하여 합리적 선택을 결정함에 따라 신뢰를 형성하게 된다. 즉, 개인들은 상대방의 행동이 자신에게 유익할 것으로 인식할 때 신뢰하게 된다. 여기에서 계산기반 신뢰는 물질적・경제적 교환이익 뿐만 아니라 동질적 취미나 인간적 호감 또는 정보의 교환 같은 심리적 요인에서도 도출될 수 있다.

(3) 관계기반 신뢰

관계기반 신뢰(relational based trust)는 신뢰주체와 상대방 사이에 지속적이고 반복적으로 이어지는 상호작용관계에서 형성되는 신뢰이다. 신뢰주체와 상대방 사이에 상대방의 욕구・선호・목적 등을 서로 이해하고 예측하며 공유하면서 경험을 토대로 미래에 대한 기대에서 신뢰기반이 형성되고 발전한다.

(4) 제도기반 신뢰

제도기반 신뢰(institutional based trust)는 사회의 규범이나 법률적 제도에 따른 믿음에 기초를 둔 신뢰로서, 규범이나 법률제도 같은 합리적인 사회시스템은 신뢰주체나 상대방을 엄격하게 규제함으로써 어느 일방의 손해 위험이 낮기 때문에 당사자 사이에 신뢰가 형성될 수 있다. 일반적으로 제도기반 신뢰는 신뢰주체와 다수의 사회집단 이익이 상충되는 경우에 공동의 이익을 우선적으로 보호하는 경향이 있다.

위의 신뢰기반들은 시간이 경과하면서 변화하고 성숙되는 양상을 보이고 있다. 즉, [그림 2-5]에서 시사하는 바와 같이 개인수준의 대인관계에서 계산기반 신뢰는 초기에 크게 우세하다가 시간이 지나면서 점차 감소하는 양상을 띠며, 관계기반 신뢰는 초기에 약하게 형성되었으나 시간이 지날수록 점점 증가하는 양상을 보이고 있다. 한편 사회수준에서 제도기반 신뢰는 법률, 규범, 사회적 네트워크 등의 합법적 요인이 적용되므로 공통적으로 영향을 받게 되어 초기부터 후기까지 일정하게 신뢰가 유지된다.

따라서 신뢰형성은 기본적으로 신뢰자의 심리상태에 의하여 영향을 받게 되는데, 개인의 심리상태는 선천적인 성격특성과 후천적으로 사회교류 과정에서 경험하는

[그림 2-5] 신뢰수준의 성숙단계

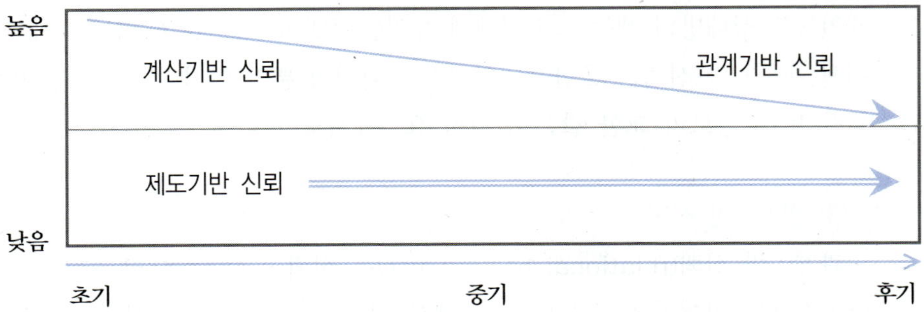

자료: D. M. Rousseau, S. B. Sitkin, R. S. Burt & C. Camerer(1998), "Not so Different after all: A Cross-Discipline View of Trust", *Academy of Management Review*, vol. 23-3, pp. 393~404.

새로운 사회현상에 대한 인지적 요인에 의하여 신뢰가 형성된다. 또한 사회적 신뢰는 법률위반, 약속불이행, 도덕적 해이 등에 의한 제도적 규제나 사회적 비판을 두려워하여 신뢰행동을 수행함으로써가 인간관계나 사회관계가 형성되게 된다.

제4절 인간관계 기법의 개발

기업은 각 기능부문 영역에서 다양한 이해관계자들과 유기적인 상호작용을 통하여 직무목표를 성공적으로 수행하면서 이윤을 창출하고 있다. 경영자들은 매일 전화통화 또는 직접대면을 통하여 여러 유형의 이해관계집단, 즉 상위경영자, 기능부서경영자, 부하들, 고객, 협력업체, 경쟁자, 정부, 은행, 관련기관 등 내외부 환경집단과 접촉하면서 끊임없는 대인관계 행동을 이어가며 이해관계를 조정・해결하고 조직목표를 효율적으로 달성하기 위하여 노력하고 있다.

경영자들은 여러 유형의 이해관계자를 만나서 적극적인 협상전략을 통하여 상호협력을 관철하는데 있어서 조직의 목표달성과 조직성공을 성취하기 위한 대인관계

행동능력이 매우 중요한 요소이다.

경영자들이 성공적인 대인관계 능력을 개선하기 위하여 갖추어야 할 덕목으로는 커뮤니케이션, 리더십, 갈등해결 및 협상능력이 될 것이다. 유능한 경영자는 커뮤니케이션, 리더십, 갈등해결의 협상기법과 능력을 훈련함으로써 탁월한 대인관계 능력과 기법을 개발할 수 있다.

1 커뮤니케이션 능력개발

1) 커뮤니케이션의 기능

커뮤니케이션(communication)이란 발신자와 수신자 사이에 정보의 전환 또는 개인, 집단, 사회 간의 의미의 전달이라고 정의된다.[18] 모든 경영관리 과정에 직접·간접적으로 커뮤니케이션이 활용된다. 기업의 관리기능인 계획, 조직, 지휘, 통제의 과정에 커뮤니케이션이 활용될 뿐만 아니라, 이해관계자와의 거래와 협상과정에도 정보전달의 도구로 커뮤니케이션이 이용되고 있다.

일반적으로 커뮤니케이션은 다음의 4가지 기능을 하는 것으로 알려져 있다.

① 개인과 집단 또는 이해관계자 사이에 정보를 전달하는 기능을 함으로써 의사결정의 촉매제 역할을 한다.

② 조직구성원 및 이해관계자의 행동을 통제하는 기능을 한다. 즉, 조직의 방침, 규범, 결정사항을 전달함으로써 수신자들의 행동을 통제한다.

③ 구성원 및 이해관계자의 동기유발을 촉진하는 작용을 한다. 즉, 구성원이나 이해관계자에게 구체적인 목표를 제시해 주고, 목표달성의 진척상황을 피드백해줌으로써 행동을 강화시키는 동기부여를 제공한다.

④ 구성원이나 관계자의 감정을 표현하고 사회적 욕구를 충족시키는 돌파구 역할을 한다. 즉, 사람들은 커뮤니케이션을 통하여 자신의 감정을 표현하고 다른 사람들과 교류함으로써 만족을 느낀다.

18) J. L. Bowdick, A. F. Buono(1985), *A Primer on Organizational Behavior*, NJ: John Wiley & Sons, p. 81.

2) 효과적인 커뮤니케이션 기법

커뮤니케이션의 효과를 높이기 위해서는 발신자의 정확한 메시지 전달과 수신자의 경청태도 그리고 조직제도의 정비 등이 필요하다.

(1) 발신자의 정확한 메시지 전달

발신자는 전달하고자 하는 메시지의 내용을 명확히 작성하여 수신자가 정확히 이해할 수 있도록 하고, 수신자가 신뢰할 수 있는 분위기를 조성하며, 쌍방커뮤니케이션을 통하여 피드백 과정을 거치도록 한다.

(2) 수신자의 메시지에 대한 경청태도

수신자는 발신자의 메시지를 주의 깊게 경청하고, 상호 신뢰와 이해로서 메시지 내용을 확인하며, 소통의 왜곡을 줄이기 위해서 발신자에게 메시지 수신과 이행에 관하여 피드백 함으로써 커뮤니케이션 효과를 높일 수 있다.

(3) 조직의 제도 정비

조직의 원활한 커뮤니케이션을 통하여 구성원들의 불평불만을 제거하고 동기부여를 향상시키기 위하여 제도적 장치를 보완하는 것이 중요하다.

종업원들의 불평불만을 해결할 수 있는 고충처리위원회를 설치하고, 구성원이나 이해관계자가 문제의 해결을 제안하거나 상담할 수 있도록 문호개방절차를 마련하며, 참여의식을 높이고 의사결정에 참여할 기회를 제공하기 위하여 신참자회의, 노사협의회, 제안제도 등을 실시하는 것이 동기부여를 위하여 바람직하다.

2 리더십 능력개발

1) 리더십의 정의

"경영자는 다른 사람을 통하여 자신의 목표를 수행하는 사람이다"(Managers are people who get things done through others).[19] 그러므로 기업의 성과는

19) Gary Dessler(1985), *Management Fundamentals*, 4th ed., Reston Publishing Co., p. 3.

경영자의 리더십의 질과 밀접한 관련이 있다. 리더십이란 목표를 성취하기 위하여 다른 사람을 동기부여하고 지휘하며 영향력을 행사하는 과정이다.[20] 따라서 경영자의 필요한 능력은 제품을 생산하고 판매하는 기술능력이 아니라, 기업 내부의 구성원들이 생산성을 극대화할 수 있도록 동기부여하고, 외부의 이해관계자들이 효율성 제고를 위해 협력하도록 지휘하는 리더십 능력이 될 것이다.

2) 핵심적 리더십 능력

현대 기업의 성공적인 경영자들이 기업의 내부 및 외부 이해관계자들을 효율적으로 동기부여하고 지휘할 수 있는 공통된 핵심 리더십 능력을 [그림 2-6]과 같이 요약할 수 있다.

[그림 2-6] 핵심적 리더십 능력

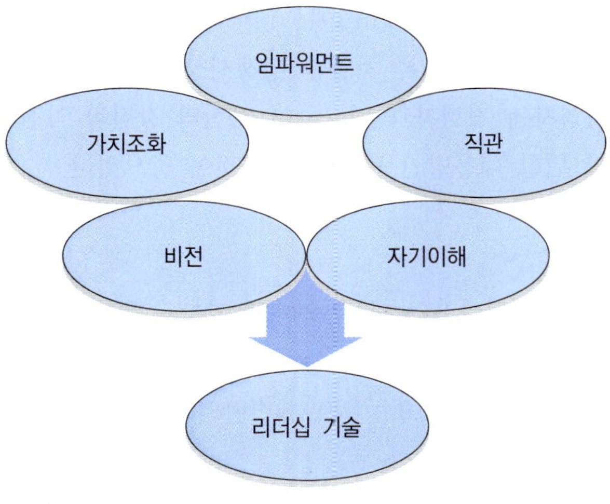

자료 : D. Hellrlegel and J. W. Slocum, Jr(1996), *Management*, 7th ed., south Western College Pub. Co., p. 446.

20) J. T. Kotter(1990), "What Leaders Really Do?", *Harvard Business Review*, pp. 103~111.

(1) 임파워먼트

임파워먼트(empowerment: 권력부여)는 리더가 기업의 목표달성을 위한 의사결정 과정에 추종자들을 참여시켜 정보를 공유하고 의견을 진술할 수 있도록 함으로써 직무수행의 책임의식과 자기통제력을 발휘하도록 한다. 임파워먼트는 구성원으로 하여금 성취욕구, 소속감, 자기효능감 등 인간의 기본욕구를 충족시켜 주며, 팀 구성원이 자신의 잠재능력을 발휘하도록 유도한다.

(2) 직관

직관(intuition)은 리더가 오랜 경험을 통하여 직면한 문제에 대하여 신속하게 상황을 분석하고 변화를 예측하며 위험을 처리할 수 있는 잠재능력을 말한다. 직관 능력을 가진 리더는 새로운 고객을 위한 서비스에 신속하게 대응하고, 새로운 경쟁적 우위성을 발견하며, 기업의 강력한 경쟁력을 갖출 수 있다.

(3) 자기이해

자기이해(self-understanding)는 리더가 자신의 강점을 이해하고 약점을 보완할 수 있는 능력을 말한다. 치열한 경쟁시장에서 신제품 개발이나 신시장 개척에 도전하는 경영자는 경쟁자와 비교하여 자신의 강점과 약점을 분석하여 경쟁우위성을 확보하기 위한 대응방안을 마련하는 것이 중요하다.

(4) 비 전

비전(vision)은 리더가 보다 우수하고 이상적인 미래상황을 구상하고 그것을 성취시킬 수 있는 방법을 제시하는 능력을 말한다. 최고경영층의 비전은 고객이나 종업원 또는 주주와 같은 중요 이해관계집단의 이익에 기여할 수 있는 기업의 정책이나 전략으로 발표할 수 있다.

(5) 가치조화

가치조화(value congruence)는 기업의 지도원리와 종업원의 가치관을 이해하고, 이들의 지도원리와 가치관에 대한 조화를 이룩할 수 있는 능력을 말한다. 이를테면 경영자의 생산성 향상, 종업원의 민주적 의사결정, 고객의 제품 안전성 같은 가치가 조화를 이룰 수 있도록 리더십을 발휘하여야 한다.

3 갈등해결 및 협상능력 개발

사람은 인간관계나 이해관계가 있는 곳에서는 필연적으로 갈등이 있을 수 있고, 갈등은 개인이나 기업의 활동에 역기능을 일으키기 때문에 갈등을 사전에 예방하거나 협상을 통하여 해결하는 것이 필요하다. 기업에서 갈등은 개인 간, 집단 간, 기업과 이해관계자 사이에 다양한 이해의 상충으로 인하여 발생하며 여러 가지 해결 기구나 협상과정을 거쳐 해결되고 있다.

1) 갈등의 정의

갈등(conflict)은 어떤 개인이나 집단이 다른 사람이나 집단과의 상호작용 활동에서 상대적 손실을 지각한 결과 대립 · 다툼 · 적대감이 발생하는 어떤 행동이다.[21] 갈등은 개인 또는 집단 간에 이해의 상충, 책임의 한계, 역할의 차이 등에서 야기되는 심리적 · 행동적 불일치나 대립현상을 말한다.

2) 갈등해결의 기본전략

개인 간 또는 집단 간의 갈등해결을 위한 기본전략은 크게 갈등관계에 있는 당사자의 이익에 대한 주장과 양보의 차원에서 접근하게 된다. 즉, 자신의 이익을 극대화하려는 방법(주장)과 상대방의 이익을 충족시켜 주는 방법(양보)이 있을 수 있다. 라임(M. A. Rahim)은 이 두 가지 차원의 조합을 이용하여 [그림 2-7]에서 보는 바와 같이 다섯 가지 갈등처리 방식을 제시하고 있다.[22]

---

21) K. W. Thomas(1992), Conflict and Negotiation Processes in Organization, in M. D. Dunnette and L. M. Hough(eds), Handbook of Industrial and Organizational Psychology, 2nd ed., vol. 3, Palo Alto, CA: Consulting Psychology Press, pp. 651~717.

22) M. A. Rahim(1985), "Strategy for Managing Conflict in Complex Organizations", *Human Relations*, p. 84.

[그림 2-7] 갈등해결의 다섯 가지 방식

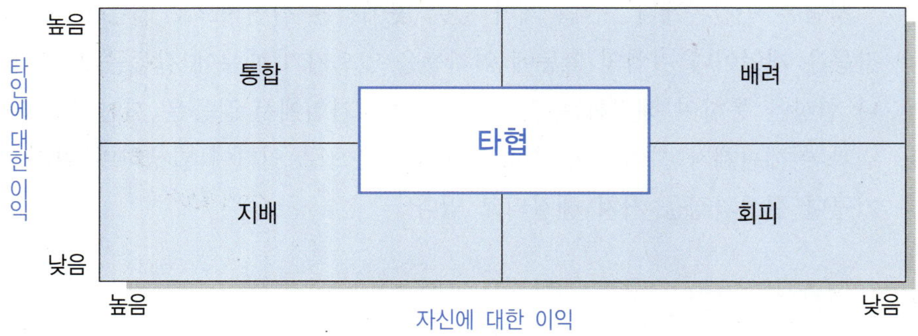

자료 : M. A. Rahim(1985), "A Strategy for Managing Conflict in Complex Organizations", *Human Relations*, p. 84.

(1) 통합(integrating)

당사자의 이익을 최대한 만족시키기 위해서 문제의 본질을 집중적으로 파악하여 문제해결의 통합적 대안을 도출해 내는 것을 말한다. 통합적 해결방식은 갈등을 갖는 당사자가 모두 이득을 보게 되는 소위 쌍방승리(win-win)를 추구하는 전략이다.

(2) 배려(obliging)

상대방의 관심부분(이익 · 욕구)을 충족시켜 주기 위해서 자신의 관심부분을 양보 또는 포기하는 것을 말한다.

(3) 지배(dominating)

상대방의 입장은 전혀 고려하지 않고 자신의 이익을 위해서 공식적인 권위를 사용하여 상대방을 지배하고 복종을 강요하기 때문에 강요(forcing)라고도 한다. 따라서 이 방식은 일방적 승리(win-lose)를 가져오게 된다.

(4) 회피(avoiding)

갈등당사자가 당면한 갈등문제를 회피하는 것으로서, 갈등 자체를 부인하거나 무관심한 태도를 보이면서 화제를 회피하려는 전략이다. 유리할 경우에는 그 문제를 무시하거나 도외시하려는 선택적 해결대안이 될 것이다.

(5) 타협(compromising)

자신과 상대방이 서로 적정한 범위에서 이익을 양보하는 것을 말한다. 타협은 당사자가 다른 목표를 갖고 있거나 비슷한 힘을 갖고 있을 때 가능하며, 협상 · 표결 또는 제3자의 개입에 의하여 이루어지는 것이 보통이다.

3) 효율적 협상의 접근기법

사람들은 매일의 일상생활에서 발생하는 의식적 · 무의식적인 갈등문제를 해결하고 목적을 달성하기 위해서 협상을 통하여 노력하고 있다.

협상(negotiation or bargaining)이란 이반세비치와 매트슨(J. M. Ivancevich and M. T. Matteson)에 따르면 "두 사람 이상의 당사자가 어떤 현실적 · 잠재적으로 불일치한 문제상황에서 그들 간에 수용가능한 합의를 도출하려고 노력하는 과정"이라고 정의하고 있다.[23)]

협상자는 자신의 목표와 상대방의 목표를 평가하고, 쌍방의 이해관계를 분석한 다음에 자신의 전략을 개발하여 협상 테이블에 나아가게 되는데, 협상의 효과적인 성공을 위해서는 다음의 협상기술을 익히고 착수하는 것이 바람직하다.

(1) 긍정적 제안의 착수

성공적인 협상결과를 유도하기 위해서는 서로 양보를 교환하려는 입장을 암시하여야 한다. 먼저 자신의 작은 양보를 제시하면서 상대방도 양보할 것을 제안함으로써 원활한 협상이 진행될 수 있다.

(2) 문제에 대한 논의 집중

협상주제에 대해서만 논의를 집중하도록 하며, 상대방의 개인적 특성이나 인격 및 신분에 관련된 언어는 피하여야 한다. 협상이 어려움에 직면하더라도 상대방을 공격하는 자세는 보이지 않아야 한다.

---

23) J. M. Ivancevich and M. T. Matteson(1996), *Organizational Behavior and Management*, 4th ed., Irwin, p. 380.

(3) 개방적 · 신뢰분위기 창출

상대방의 의견을 잘 청취하고 많은 질문을 교환하며 그들의 논의에 초점을 맞추어 주도록 한다. 상대방이 불쾌하게 느낄 수 있는 용어나 표현은 회피하여야 한다. 협상당사자들은 통합적 해결을 이룩할 수 있는 개방적이고 신뢰할 수 있는 분위기를 조성하여야 합의에 도달할 수 있다.

(4) 쌍방승리 해결방안의 강조

협상당사자는 한 쪽의 이익이 반드시 상대방의 손실을 가져온다는 사고를 버려야 한다. 협상방법에는 쌍방승리 해결전략이 얼마든지 있다는 사고에서, 협상당사자들은 협상조건의 변경 가능성을 분석하고 쌍방의 이해관계에 관한 선택 가능한 범위를 조정하여 자신과 상대방이 수용할 수 있는 쌍방승리(win-win victory)의 해결방안을 탐색하도록 한다.

c/h/a/p/t/e/r

03

제1부 사회에 생존하는 기업

기업의 사회적 기대와 정당성

기업은 사회 시스템 내에 존재하는 하위 시스템으로서 사회와의 상호작용을 기반으로 생산기능을 수행함으로써 경제적 이익을 성취하고 있으며, 사회구성원들은 기업과 이해관계자 사이에 이해조정과 지역사회의 복지증진을 위한 사회적 역할에 대하여 기대하고 있다.

산업사회가 발전함에 따라 기업들의 규모가 확대되고 기능이 다각화하면서 사회에 대하여 미치는 영향력이 한층 강력해졌다. 사회의 이해관계자들은 기업의 막중한 영향력에 상응하는 국민들의 사회적 기대도 증대하고 있다.

그러나 기업이 이해관계자들의 증대하는 사회적 기대수준에 대응하지 못하는 경우에 사회적 갈등과 마찰을 일으키게 되고 나아가서 기업의 정당성 시비를 초래하게 된다. 오늘날 기업을 둘러싼 이해관계자들의 세력이 점차 증대되고 시민운동단체의 역할이 강화되면서 기업의 사회적 역할에 대한 기대도 구체화되고 있다.

이 장에서는 기업의 사회적 기대, 사회적 정당성에 관하여 탐색하고, 사회적 기대에 대응하지 못함으로써 야기되는 사회적 이슈(문제)에 관하여 살펴보도록 한다.

제1절 기업의 사회적 기대

기업이 생산활동을 원활하게 진행하고 목표를 성취하기 위해서는 사회환경과 끊임없는 상호작용을 계속하여야 하고, 기업과 사회의 상호작용 과정에는 다양한 이해관계가 발생하게 된다. 여기에서 사회란 기업의 생산활동에 전반적으로 영향을 주고받는 모든 환경요인을 일컫는 것으로 거시적 환경(macroenvironment)을 의미하는 것이다.

기업의 거시적 환경으로서 사회는 사회적 · 경제적 · 정치적 · 기술적 환경분야로 구성된다.[1] 여기에서 사회환경 분야는 사회의 인구통계변수, 생활양식, 사회적 가치에 초점을 두는데, 이들은 기업의 조직구조와 기능에 영향을 미친다. 경제환경 분야는 기업의 경영여건이나 방향에 영향을 미치는 국민소득, 인플레이션, 이자율, 실업률, 환율변동, 무역 등이 포함된다. 정치환경 분야는 기업활동과 관련되는 법률,

1) L. Fahey and V. K. Narayanan(1986), *Macroenvironmental Analysis for Strategic Management* St. Paul: West, p. 28.

공무원의 사고, 기업과 정부 간의 상호작용 등이 기업활동에 영향을 미친다. 기술환경 분야는 사회전반의 기술수준과 기술의 발달정도로서 기업의 제품품질, 공정, 원자재 공급 등의 생산활동에 영향을 미치는 변수이다..

이러한 기업과 사회의 맥락에서 거시적 환경은 여러 가지 방향에서 기업에 대하여 기대와 책임을 요구할 수 있으며 기업의 기능을 위협할 수 있다.

종래의 기업들은 영리추구라는 기업의 경제적 목적에만 초점을 두었으며, 인간의 욕구충족이나 이해관계자의 사회적 기대에 대하여는 관심을 두지 않았다. 그러나 21세기를 살아가는 현대 기업들은 인지의 발달과 사회민주주의의 발전에 따라 인간존중의 철학과 가치를 고려하여 종업원을 위한 근로생활의 질의 향상과 고객만족을 제일의 목표로 하고 있다. 즉, 21세기의 기업은 일방승리(win-lose)전략으로는 성공할 수 없으며, 기업과 사회가 함께 번영할 수 있는 쌍방승리(win-win)전략으로 사업성공을 추구하지 않으면 안 된다.

1 사회적 기대의 개념

기업은 경제적 실체이기에 앞서 사회적 존재이기 때문에 사회의 협력 없이는 살아갈 수 없다. 그것은 사회가 기업에 대하여 '강한 기업'보다는 '좋은 기업'으로 활동하기를 기대하고 있기 때문이다.

이와 같이 기업에 대한 사회적 기대(social expectation)란 기업이 사회를 위해서 당연히 수행해야 할 바람직한 역할에 대한 희망을 말하는 것으로서 사회적 요구(social demand)라고도 불리고 있다. 사회가 기업으로 하여금 사회적 역할을 수행하도록 바라고 기대하는 것은 기업의 역할활동이 소비자・공급업자 등의 이해관계자뿐만 아니라 광범위한 지역사회 및 국가사회에 영향을 미치기 때문이다.

이러한 사회적 기대는 기업과 사회의 관계를 연결하는 가교(架橋)로서 현대 사회에서 발생하고 있는 기업과 사회의 갈등이나 마찰과 같은 사회적 이슈(social issue)를 해결하는 실마리를 제공하게 된다. 그러나 기업이 사회적 기대에 현실적으로 대응하지 못하게 되면 양자의 간격은 멀어지게 되고 기업과 사회의 관계가 불편하게 되어 사회적 이슈로 발전할 수 있다. 따라서 기업은 사회적 기대의 내용을 이해하고 변화를 예측하며 적절하게 대응함으로써 사회적 이슈의 발생을 예방하고 현대기업으로서의 사회적 정당성을 획득하게 될 것이다.

사회적 경영사례

당신은 좋은 거짓말쟁이?

나의 지난 고등학교 2년 동안은 골프장에서 파트타임 cart boy로 일하면서 지냈다. 어느날 나는 골프가게에서 10,000달러를 도둑 맞았고 그래서 모든 종업원들은 거짓말탐지기 검사를 받아야 할 것이라는 말을 들었다. 나는 골프가게의 열쇠를 갖고 있고, 경보신호를 알고 있는 몇몇 종업원의 한 사람이기 때문에 당연히 정밀조사 대상이 될 것으로 생각하였다. 나는 거짓말탐지기 조사의 정확성에 관하여 걱정하였다.

나는 진실을 말함으로써 나의 결백을 입증하기로 결심하였다. 조사를 받는 동안 몇 가지 간단한 질문에 대답한 후에 나는 돈이 없어진 데 대하여 질문을 받을 것으로 예상하고 있었다.

그런데 그들의 질문은 내가 나의 일생에 어떤 물건을 훔친 적이 있는가, 직무 중에 마약을 복용한 적이 있는가, 골프가게에서 어떤 물건을 훔쳤는가를 질문 받았다. 나는 많은 사람들이 도둑질로 여기지 않는 행동인 음료수 카트에 있는 음료수를 마신 적이 있고 카트 위에 버려진 골프공을 가져간 적이 있다고 말했다.

그 결과 나는 골프클럽 본부에 불려가서 골프장 재산을 가져간 것이라고 꾸지람을 듣고 직업을 잃고 말았다. 나는 거짓말 탐지기 검사에 거짓말을 했어야 하는가? 거짓말 탐지기는 결코 도둑을 잡을 수 없다는 것이 판명되었다.

1. 이 상황에서 무엇이 윤리적 문제인가?
2. 골프클럽은 그 문제와 직접관계 없는 질문을 제기할 권리가 있는가?
3. 이러한 입장에서 당신은 어떻게 행동했겠는가? 그 이유는 무엇인가?

자료: contributed by Shaun M. Bank.

2 사회적 기대의 유형

1) 경제적 기대

기업에 대한 사회의 경제적 기대(economic expectation)는 기업이 재화나 서비스를 생산·공급하고 고용을 창출하여 경제적 효용을 증대시켜야 한다는 것을 의미한다. 다시 말하면 기업은 사회가 필요로 하는 양질의 재화나 서비스를 저렴한 가격으로 생산하여 공급하고, 근로자들에게 쾌적한 일자리를 제공하여 근로생활의 질을 향상시킴으로써 사회적 효용을 극대화하는 것이다. 이러한 기업의 경제적 활동은 기업의 생존과 사회의 발전을 위한 본원적 기능으로서 사회의 기본적 기대라 할 수 있다.

기업은 사회환경의 변화에 따라 등장하는 다양한 사회적 요구를 충족시켜야 하므로 전통적 경영이론에서 요구하는 경제적 기대도 변화하게 되었다. 즉, 최근에 기술 선진화와 함께 세계화·정보화의 진전에 따라 경쟁환경의 변화가 가속화하면서 기업들은 지속적인 경영혁신을 이룩하여 경쟁에서 살아남을 수 있는 경쟁적 우위를 확보해야 한다는 사회의 경제적 기대가 강하게 나타나고 있다.

예를 들면 최근에 대두된 사회적 이슈로서 공기오염의 주범으로 지목되고 있는 자동차 배출가스의 높은 탄산가스 농도나 연비의 조작문제는 자동차회사의 비윤리적 행동의 정도를 넘어 사회적 기대에 대한 횡포로 판단되고 있다.

2) 법률적 기대

법률적 기대(legal expectation)는 기업도 시민사회의 구성요소이므로 사회가 사회질서의 유지를 위해 기업이 자발적으로 법률을 준수하기를 기대하는 것을 말한다. 기업은 경제적 목적을 달성하기 위해서 경영활동에서 쉽게 저지를 수 있는 경제적 법률을 위반하거나 사회적 범법행위를 해서는 안 되고, 건강한 사회의 선량한 기업시민으로서 법률을 준수하고 사회의 발전을 위해 협력해야 한다는 사회적 기대에 부응해야 한다.

3) 윤리적 기대

윤리적 기대(ethical expectation)는 법률적 기대 이외에 기업의 경영의사결정에 관한 윤리적 차원의 기대로서 이해관계자의 이해조정과 균형유지에 초점을 둠으로써 이해관계자의 신뢰와 존경의 원천이 된다. 사회의 윤리적 기대는 사회윤리 차원의 윤리뿐만 아니라 상도덕과 같은 경제적 영역, 사회봉사와 같은 사회적 영역, 정부 로비(lobby)와 같은 정치적 영역에 이르기까지 모든 영역에서 받아들일 수 있는 기업의 행동윤리에 대한 기대를 포괄하는 것이다.

4) 재량적 기대

재량적 기대(discretionary expectation)는 기업이 사회의 요구에 대하여 수동적으로 대응하기보다는 기업이 자발적이고 적극적으로 윤리행동에 참여하기를 기대하는 것을 의미한다. 예를 들면 기업이 지역사회의 복지·교육·사회·문화활동 같은 이익의 사회환원 활동에 자발적으로 참여하여야 한다는 사회적 기대가 재량적 기대이다. 재량적 기대는 흔히 지역사회에 있어서 기업의 이미지 개선이나 신뢰구축을 통하여 장기적 이익을 도모하려는 전략적 차원에서 수행되고 있다.

위에서 살펴본 기업에 대한 사회적 기대의 네 가지 유형은 그 특성에 있어서 다소 차이가 있다. 즉, 경제적 기대는 기업이 본질적으로 수행해야 하는 역할기대로서 사회가 기업에 대하여 희망하기보다는 기업이 스스로 실천하도록 요구하는 기대라고 할 수 있으며, 법률적 기대는 사회적 강제규범에 의하여 당연히 법률준수를 요구되는 기대이다. 이에 반하여 윤리적 기대와 재량적 기대는 당연히 수행하기를 요구하는 기대가 아니라, 지역사회의 발전을 위하여 수행하기를 희망하는 기대이다.

3 환경변화와 사회적 기대의 변화

사회가 기업에 대하여 어떤 기대를 갖는 것은 기업이 사회의 이해관계자나 경제발전에 직접적으로 영향을 미치기 때문이다. 일반적으로 기업에 대한 사회적 기대는 사회의 변화와 경영환경의 변화에 따라 변화하고 있다. 여기에서 기업에 대한 사회적 기대의 변화를 초래하는 경영환경의 변화를 사회적·경제적·정치법률적 측면으로 구분하여 살펴보도록 한다.

1) 사회적 환경의 변화

전통적 권위주의사회로부터 민주주의사회로 사회변화가 이루어지면서 기업을 둘러싼 노동조합, 소비자, 주주, 지역사회 등의 이해관계자들의 집단운동이 활성화됨에 따라 새로운 양상의 기대가 나타나게 된다. 예를 들어 우리나라는 6·29 민주화 선언(1987년) 이후에 노동조합운동이 활성화되어 근로자의 권익을 보호해야 한다는 기대가 높아졌으며, 또한 최근에는 환경운동단체들의 적극적인 환경보호운동의 전개로 공해배출 및 환경파괴 방지에 대한 기대와 관심이 한층 높아지고 있다.

2) 경제적 환경의 변화

세계무역기구(World Trade Organization: WTO) 출범 이후에 새로운 세계무역질서 하에서 세계화·개방화의 압력이 거세지고 선진국의 기술보호와 후발국의 시장추격과 같은 경제환경의 변화가 가시화되면서 기업의 도산방지, 고용안정, 경쟁력 강화 같은 경제적 기대가 강하게 나타나고 있다. 한편 재벌기업의 시장독점, 부당내부거래, 분식회계 처리, 변칙재산상속 등과 같은 불공정행위에 대한 사회적 비판이 강하게 대두되면서 전문경영자에 의한 기업지배체제를 제도화하여 건전한 기업성장을 추구해야 한다는 기대가 확산되고 있다.

3) 정치법률적 환경의 변화

경영활동이 윤리적 차원을 넘어서 법령위반행위가 증가하면서 사회적 규범의 최소요건인 법률을 준수해야 한다는 사회적 기대가 크게 공감하고 있다. 예를 들면 공정거래법, 소비자보호법, 재산상속법 및 세법 등을 강화하고, 고용관계법, 공해 및 산업재해 관련 법률 등의 변경·개정을 통하여 불공정·부당행위를 금지하는 법률적 기대를 준수하도록 하고, 나아가서 윤리적·재량적 기대를 충족시켜 줄 수 있는 사회적 기대가 더욱 증대되고 있다.

기업은 환경변화에 적절히 대응하면서 성장과 발전을 지속하고 있다. 그러나 기업이 사회적 기대에 대하여 제대로 대응하지 못하면 그 기업에 대한 수용도가 낮아지고 기업과 사회의 갈등을 유발하게 된다. 따라서 기업은 사회의 경제적 요구에 충실히 대응하여 이익극대화를 추구하는 한편 환경변화에 따른 사회적 기대에도 부응하는 경영전략을 전개하지 않으면 안 된다.

제2절 기업의 사회적 이슈

오늘날 기업은 항상 변화하는 외부환경 속에서 운영하고 있으며, 경영자는 언제나 대두되고 있는 사회 공중의 이슈를 예상하고 광범위한 이해관계자들과 긍정적인 관계를 유지하는 것이 중요하다.

기업은 사회적 이슈가 기후변화, 물 부족, 청소년 노동, 동물학대, 소비자 안전, 공해배출 등에 관련된 어떤 것이라도 경영자는 이해관계집단이 제기하는 기회와 위협에 대응하지 않으면 안 된다.

기업은 지역사회의 특성과 정서를 이해하고, 외부 이해관계자의 요구와 분위기에 관하여 학습하며, 사회적 이슈에 효과적으로 대응하는 관행을 개선하고 변경해 나아가는 것이 필요하다.

사회 공중의 이슈에 대한 효율적인 관리와 외부 이해관계집단과의 호의적 관계는 기업의 가치를 구축하는 지름길이 될 것이다.

1 사회적 이슈의 개념

1) 사회적 이슈의 정의

기업이 사회적 기대에 부응하지 못하고 무책임하거나 비윤리적 행동(활동)을 하는 경우에 기업과 사회의 관계에 어떤 마찰이나 갈등이 나타나게 된다. 이슈(issue)란 당사자 사이에 논쟁이 일어나는 문제를 말하는 것으로서,[2] 여기에서 논쟁은 전형적으로 논의, 토론, 의견 차이에서 유발된다. 기업은 해결되지 않은 이슈에 대해서 어떤 의사결정을 하여야 하고, 그 이슈가 공중의 논쟁대상이 되어 대중매체에 노출되면 그것은 점점 해결하기가 어려워진다.

기업의 사회적 이슈(문제: social issue)란 기업활동으로 인하여 야기된 유쾌하지 않은 영향이 사회적으로 파급되어 일어나는 사회적 문제를 말한다. 사회적 이슈(행동문제)는 보편적으로 기업활동과 직접 관련이 있는 과업환경, 즉 소비자, 노동조합, 거래회사, 지역사회 등에 대하여 사회경제적인 손해를 주거나, 사회일반에 광범위한 부정적인 영향을 줌으로써 발생하게 된다. 소비자, 노동조합, 거래회사, 시민운동단체, 지역사회단체 등은 자신들의 기대나 요구가 무시되는 경우에 신속하게 세력집단을 조직하여 그 기업을 압박하기 위한 사회적 이슈를 일으키려 한다. 따라서 사회적 이슈는 기업과 사회의 관계에서 매우 중요하게 다루어지지 않으면 안 된다.

---

2) A. B. Carroll and A. K. Buchholtz, *Business & Society: Ethics and Stakeholder Management*, 5th ed., Thomson/South-Western, 2003, p. 137.

첫째, 기업의 입장에서, 사회적 이슈의 발생은 기업의 자유로운 행동을 제약하는 사회적 규제를 촉진하게 된다. 즉, 기업의 자유방임적 경제활동으로 사회적 이슈가 발생하게 되면 자유로운 경제활동 범위를 제약하는 사회적 규제가 따르게 된다.

둘째, 사회의 입장에서, 사회적 이슈의 발생은 기업활동으로 인하여 공중의 이익이 침해되었음을 의미하는 것으로, 이해당사자들은 물론 정부로서도 공공이익의 침해를 막기 위해서 사회적 규제를 실시하고 예상되는 침해를 예방하기 위해서 규제 노력을 기울이게 된다.

2) 사회적 이슈의 발생

사회적 이슈가 발생하는 근본적 배경은 기업이 사회에 대하여 어떤 부정적인 영향력을 행사하기 때문이며, 보다 직접적인 이유는 기업의 행동이 사회적 기대수준에 미치지 못하기 때문이다. 즉, 기업은 사회에 영향을 미칠 수 있는 기업권력이 증대하면서 이러한 권력이 사회의 성장과 발전을 위하여 행사되어야 한다는 사회의 기대에 미치지 못하며, 대부분의 기업들은 이윤추구라는 경제적 목적달성에만 노력하고 사회적 기대를 무시함에 따라 사회적 이슈가 발생한다.

또한 사회적 이슈는 이해관계집단이나 사회일반의 이해와 기업의 이해가 상충되기 때문에 발생한다. 예를 들면 주주의 과다한 이익배당 요구, 채권자들의 이자 인상 요구, 사회단체의 공해방지시설 요구, 지역사회의 기부금 요구 등은 기업의 단기적 경영성과를 악화시킬 수 있으므로 이해관계자들의 다양한 요구와 상충됨으로써 사회적 이슈를 일으키게 된다.

한편 사회적 이슈는 경영환경의 변화와 시간의 흐름에 따라 계속하여 변화한다. 즉, 사회적 이슈는 시간이 지나면서 지속적으로 증가하고 있으며, 환경의 변화에 따라 새로운 이슈가 계속하여 나타나고 있다.

사회적 이슈는 기본적으로 기업에 대한 사회적 기대와 기업의 실제행동 사이의 격차에서 발생하므로 시간이 흐르고 환경이 바뀌면서 새로운 사회적 기대가 출현하여 격차는 더 커지게 된다. 그럼에도 불구하고, 기업이 사회적 기대에 적극적으로 대응하지 못하게 되면 사회적 기대와 실제행동 사이의 격차는 더 벌어져 사회적 이슈는 점점 더 심각해진다. 다시 말하면 앞에서 살펴본 바와 같이 사회환경이 변화하면서 사회적 기대는 경제적 → 법률적 → 윤리적 → 재량적 기대로 변화하고 있으나 기업의 실제행동은 기대의 변화에 신속하게 대응하지 못함에 따라 새로운 이슈들이 발생하게 되고, 이슈의 내용도 경제적 차원에서 법률적 · 윤리적 · 재량적 차원으로 확대되게 된다.

사회적 경영사례

회계담당자들이 Cendant회사의 회계부정을 폭로하다

HFS회사와 CUC International이 합병을 통하여 형성된 기업집단인 Cendant Corporation은 1998년 밀고자(whistle-blowers)에 의하여 폭로된 스캔달로 인하여 비틀거리기 시작하였다. 합병 이후에도 회사에 남게 된 CUC의 경리책임자 두 사람이 회계담당부사장을 찾아와서 충격적인 주장을 하였다. 즉, 두 경리책임자는 CUC회사가 지난 몇 년 동안 허위로 비용을 이연시키고 몇 억 달러의 수익금액을 부풀리어 체계적으로 회계장부를 분식하였다(cook the books)고 보고하였다. 그 결과 CUC는 실질적인 회사의 실상보다 합병대상기업으로서 훨씬 매력적인 회사로 보였다. 그 후에 증권관리위원회의 조사에서 CUC는 완전히 허위 숫자를 재무보고서에 기록하였고 회사의 감사인을 오도하기 위해서 계정과목을 전환시켰다는 사실이 확인되었다.

일주일 후에 Cendant회사는 전년도 이익의 수정을 공식적으로 발표하면서 그 회사의 주가는 곧바로 하락하였고, 시장가치는 190억 달러나 쓸려나가고 말았다. Cendant회사는 안정을 회복하기 위해서 다음 2년 간이나 투쟁하였는데, CEO Henry Silverman은 이사회를 다시 구성하고, 많은 비핵심 재산을 매각하였으며, 회사의 주식을 되사들이고, 분노한 주주들이 제기한 소송을 안정시키기 위해서 거의 30억 달러를 지불하였다. 그러나 회사의 주가는 떨어져 있었고 분석자들은 Cendant회사를 인수하는 데는 위험이 있다고 생각하였다.

폭로자들에게 어떤 일이 생겼는가? 나쁜 뉴스를 가지고 온 두 관리자는 2000년에 연방법원의 판례에 따라 여러 가지 비용을 지불하게 되었다. 한 사람은 벌금은 물지 않았으나 공개기업의 임원이 되는데 실패하였고, 또 한 사람은 25,000달러의 벌금을 물었다. 그러나 사건들은 사기에 관련된 임원들을 더 나쁜 것으로 보고 있다. 비록 이 사건이 아직도 해결되지 않고 있으나 몇 사람들은 몇 백만 달러 벌금형에 처해질 가능성이 있다.

자료: "Whistle-Blower Set off Cendannt Probe", *Wall Street Journal*; Asleep at the Books: "A Fraud That Went On and On and On", *New York Times*.

2 사회적 이슈의 유형

기업이 사회적 이슈를 보다 명확하게 파악하고 평가하며 효과적으로 해결하기 위해서는 사회적 이슈를 어떤 기준에 따라 분류하여 유형화하는 것이 필요하다. 우리는 사회적 이슈를 유형화함으로써 어떻게 사회적 이슈를 쉽게 분석하고 효율적으로 대응할 수 있는 방법에 대한 통찰력을 얻을 수 있을 것이다.

사회적 이슈는 우선 이슈의 성격이 부정적인가 또는 긍정적인가에 따라 구분되는데, 전자는 기업이 '해서는 안 되는 일'(should not)을 함으로써 발생하는 부정적 이슈로서, 이에 적응하지 못하면 벌금이나 처벌 등의 강력한 사회적 규제를 받게 된다. 이에 반하여 후자는 '하면 할수록 좋은 일'(had better)을 하지 않음으로써 발생하는 긍정적 이슈로서, 이러한 일을 하지 않으면 사회적 비난이나 평가절하와 같은 사회적 규제를 받게 된다.

한편 사회적 이슈는 기업과 이해관계자들의 관계에서 발생할 수 있으므로 이해관계의 범위에 따라 구분할 수 있는데, 이해관계는 특정한 거래관계에 있는 과업환경으로서의 이해관계자에 직접 관련된 이슈와, 이에 반하여 간접적이고 일반적인 관계에 있는 지역사회나 사회일반에 관련된 이슈로 분류된다. 이러한 관점에서 사회적 이슈는 ① 가해자형, ② 위반자형, ③ 이기주의형, ④ 열등시민형으로 분류할 수 있다.

1) 가해자형 사회적 이슈

가해자형 사회적 이슈란 기업이 해서는 안 되는 부정적인 권력을 행사하여 특정한 이해관계집단에게 피해를 가함으로써 야기되는 사회적 행동문제(이슈)를 말한다. 이러한 유형의 이슈는 피해대상자를 기준으로 살펴보면, ① 기업이 당연히 보호하여야 할 근로자나 노동조합의 권리를 침해하는 행위로서, 예를 들면 열악한 근로조건, 부당노동행위, 불공정한 인적자원관리, 저임금 지급 등에 관련된 이슈들이 포함되고, ② 소비자들이 대가를 지급하고 구매한 제품에 대한 권리를 침해하는 행위로서 예를 들면 불량제품, 안전성이 무시된 제품, 유해한 식품 및 의약품의 제조행위나 변칙적 가격인상, 허위광고, 가격담합, 변칙세일 등의 판매행위에 관련된 이슈가 포함되며, ③ 공해물질을 배출함으로써 지역사회 뿐 아니라 국가사회에 피해를 주는 행위로서, 대기오염, 수질오염, 생태계 파괴, 중금속 중독, 소음, 악취 등에 관련된 이슈를 들 수 있으며, ④ 관련 중소기업이나 하도급계열기업에 대하여 불리한 계약을 체결하거나 불성실하게 계약을 이행함으로써 피해를 주는 행위로서, 중소기업의 공급가격을 무리하게 낮추거나 대금지급을 늦추는 행위에 관련 사회적 이슈와 대기업의 내부자거래, 주가조작, 분식회계처리 등에 의한 소액주주나 투자자들에 대한 피해에 관련된 사회적 이슈를 예로 들 수 있다.

2) 위반자형 사회적 이슈

위반자형 사회적 이슈는 기업이 해서는 안 되는 일을 행함에 따라 사회와 일반시민들에게 부정적인 피해를 줌으로써 발생하는 사회적 행동문제이다. 이러한 기업의 불법적 부당행위를 살펴보면, ① 기업이 반드시 지켜야 할 법률을 위반하는 탈법행동에 관련된 이슈로서, 기업이 부당한 이익을 얻기 위한 탈세, 수입 금지된 위반물품의 반입, 뇌물제공, 공금유용, 불공정 담합행위 등이 포함되고, ② 경제질서의 위반행위와 관련된 이슈로서, 예를 들면 시장경쟁을 원칙으로 하고 있는 자본주의 질서를 위반하는 기업집단의 독점적 시장지배, 정경유착에 의한 세금 및 금융상의 특혜, 정부공사의 특혜계약 등이 이에 해당하며, ③ 부실경영에 관련된 이슈로서, 기업의 고의적인 부도, 무리한 투자경쟁, 부실경영 등으로 인한 피해가 종업원뿐만 아니라 투자자, 소액주주, 관련기업, 지역사회, 금융시장 등에 광범위하게 파급되어 커다란 사회문제를 일으키는 경우이다.

3) 이기주의형 사회적 이슈

이기주의형 사회적 이슈는 기업이 특정 이해관계자와의 관계에 있어서 '하면 할수록 좋다'고 기대되는 일을 하지 않음으로써 발생하는 사회적 행동문제이다. 이러한 기업이 대응하여야 할 사회적 기대를 살펴보면, ① 기업이 노동조합과 공동체적 노사관계를 조성하여 산업평화의 유지, 복리후생의 확대, 근로생활의 질 향상, 종업원지주제 도입, 경영참가제 실시 등에 대한 기대를 외면하는 이기주의적 행동, ② 소비자 만족의 극대화를 위한 품질 및 서비스의 개선, 소비자 요구의 존중, 판매후 관리 등에 대하여 소홀히 하는 행동, ③ 거대기업이 중소기업이나 하청기업의 사업영역을 침해하거나 계열화 관계를 무시하는 이기주의적 행동 등이 포함된다.

4) 열등시민형 사회적 이슈

열등시민형 사회적 이슈는 기업이 다양한 이해관계자나 일반시민들의 이해와 관련하여 하면 할수록 좋은 일을 행하지 않는 이슈로서, 즉 기술개발 및 경영혁신, 적극적 사회활동 참여, 건전한 경영윤리 준수 등을 등한시함으로써 발생하는 사회적 행동문제이다. 기업이 등한시하여 일어날 수 있는 사회적 이슈를 살펴보면,

① 기업경쟁력 제고를 통한 국민경제 성장에 기여할 수 있는 기술개발이나 경영혁신을 등한시하는 열등적 행동, ② 지역사회의 복지시설, 문화활동, 학술진흥의 지원과 같은 이익의 사회환원을 위한 사회참여를 등한시하는 행동, ③ 건전한 사회풍토를 조성하고 바람직한 경영환경을 유지하기 위해 필요한 경영윤리와 직업윤리를 지키는 일을 등한시하는 행동 등이 포함된다.

3 사회적 이슈의 관리

사회적 이슈 관리란 기업이 중요한 사회적 이슈에 대응하기 위한 체계적이고 구조화된 일련의 관리과정을 말하는 것으로서, 다시 말하면 사회적 이슈 관리는 기업이 이해관계자나 사회환경에 관련된 이슈를 규명하고, 기업과 관련성이 있는 이슈들을 분석하여 우선순위를 결정하며, 이슈에 대한 대응계획을 수립하고 결과를 평가하는 과정이라고 정의할 수 있다.

사회적 이슈는 기업활동의 사회적·윤리적 측면에서 야기되는 것으로 기업과 사회의 현실적인 관계에서 언제나 반복적으로 일어 날 수 있기 때문에 기업은 지속하여 사회적 이슈에 대응하지 않으면 안 된다. 따라서 기업은 사회적 이슈가 출현하게 되는 배경을 검색하고, 사회적 이슈의 부정적 효과를 분석하며, 기업 이익에 대한 긍정적 효과를 극대화하기 위해 통제할 수 있는 관리 시스템을 창출해야 한다.

코트스(J. F. Coates)[3] 등은 이슈 출현의 특징을 다음과 같이 설명하고 있다.

① 논쟁의 조건이 명확히 밝혀지지 않는다.
② 이슈는 가치관의 차이나 이해의 갈등에서 야기된다.
③ 이슈는 전문가의 지식에 의하여 자동적으로 해결되지 않는다.
④ 이슈는 흔히 경제적 가치에 관련된 조건에서 설명된다.
⑤ 이슈는 근본적으로 거래적 균형의 성격을 갖는다.

이러한 특성에서 생성된 이슈들은 그렇게 용이하게 해결되지 않을 것이라는 것을 알 수 있다.

---

3) F. Coates, V. T. Coates, J. Jarratt & L. Heinz, *Issue Management*, Mt. Airy, MD: Lomond Publications, 1986, pp. 19~20.

사회적 이슈관리의 과정은 다양한 방식으로 설명될 수 있으나 여기에서는 [그림 3-1]에서 보는 바와 같이 계획(이슈의 규명, 분석, 우선순위 그리고 대응형성)과 실천(대응행동, 평가 · 검색 · 결과통제)의 단계에 따라 전개하고자 한다.

[그림 3-1] 이슈관리의 과정

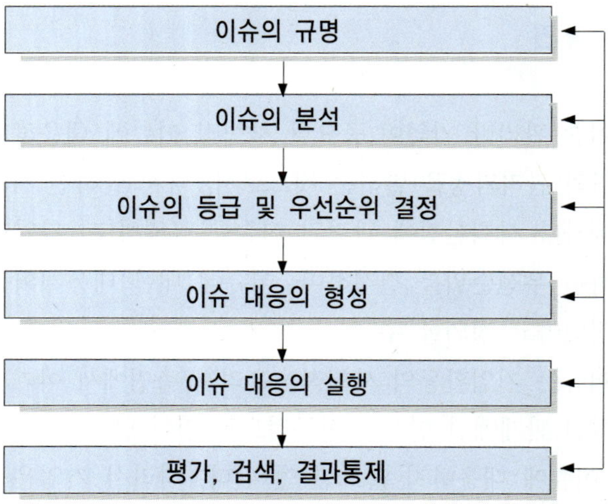

(1) 이슈의 규명

이슈의 규명(identification of issue)은 기업에 대해서 어떤 영향을 미치거나 어떤 관련성이 있는 사회환경을 조사하고 이슈의 출현을 규명하는 것으로서, 기업들은 회사 내부보고서, 환경정보, 뉴스레터, 연구보고서, 언론정보, 컨설팅 정보, 소셜 미디어에 올려진 글 등을 조사 분석하여 사회적 이슈를 정확히 규명함으로써 기업의 대응활동 결정에 중요한 자료가 된다.

(2) 이슈의 분석

이슈의 분석(analysis of issue)은 이슈의 본질과 특징을 파악하기 위해서 그 이슈의 사실 · 역사 · 발전, 현재의 특성, 그리고 기업에 대한 미래의 관계 등에 대해서 조사 · 연구 · 분해 · 집합하는 과정이다. 킹(W. R. King)[4]은 이슈분석에 있어서 이해관계자집단에 초점을 둘 일련의 주요 질문 내용을 다음과 같이 제시하고 있다

① 누가(어떤 이해관계자) 이슈에 의하여 영향을 받는가?
② 누가 그 이슈에 이해관계를 갖는가?
③ 누가 그 이슈에 관한 영향력을 발휘할 직위에 있는가?
④ 누가 그 이슈에 관한 의견을 표현하고 있는가?
⑤ 누가 그 이슈를 담당해야 하는가?

(3) 이슈의 우선순위 결정

이슈의 우선순위 결정(prioritization of issue)은 분석된 이슈를 기업에 대한 중요성이나 관련성에 따라 어떤 순위를 형성하는 과정이다. 우선순위는 ① 최고경영층이 충분히 인식하고 결정해야 할 이슈, ② 중간관리층이나 부문관리층에 의하여 감독되어야 할 이슈, ③ 공중관계 담당부서에서 다루어야 할 이슈의 순으로 등급화 한다.

(4) 이슈대응의 형성

이슈대응의 형성(formulation of issue)은 이슈의 우선순위에 따른 대응설계의 과정으로서 사회적 이슈를 다루고 의사결정하고 그 결정을 실행하기 위해 어떤 대안을 선택하는 과정을 말한다.

(5) 이슈대응의 실행

이슈대응의 실행(implementation of issue)은 이슈를 다루기 위해서 수립된 계획이나 프로그램을 실천하는 과정으로서 실행과정에는 계획의 명확성, 계획실행에 필요한 자원, 최고경영층의 지원, 조직구조, 기술적 능력, 실행시기 등이 포함되어야 한다.

---

4) R. King "Strategic Issue Management" in W. R. King and D. I. Cleland, *Strategic Planning and Management Handbook*, New York: Van Nostrand Reinhold, 1987, p. 259.

(6) 평가 · 검색 및 결과통제

평가 · 검색 및 결과통제(evaluation, monitoring, and control)는 이슈에 대한 대응결과를 평가하고 대응행동이 적절하였는가를 확인하는 과정이다. 평가단계에서 사회적 이슈가 해결되지 않은 것이 확인될 경우에는 앞의 단계에 대하여 반복적이고 지속적으로 조정 · 수정활동이 이루어져야 한다.

제3절 기업의 사회적 정당성

기업의 사회적 정당성 문제는 기업이 사회의 기대에 얼마나 순응하고 있는가 또는 기업이 어떻게 사회적 책임을 이행하고 있는가에 관계된다. 기업이 사회가 인식하고 있는 경제적 · 사회적 기대에 순응하고, 경제적 · 법률적 · 윤리적 · 박애적 책임을 충분히 이행하고 있을 때 사회적 정당성을 인정받게 된다.

기업의 규모가 커지고 영향력이 확대되면 사회적 기대는 증대하고, 그 기업에 대한 사회적 정당성 요구는 강화된다.

사회적 정당성 문제는 문화차이, 철학차이, 법률차이, 이해관계의 차이에서 비롯된다. 즉, 해외에 진출한 기업의 기업문화가 현지국의 문화와 차이가 있는 경우 사회적 정당성 지각에 영향을 미칠 수 있고, 경영자의 경영철학과 현지국의 사회이념이 다를 경우 정당성의 기준에 문제가 생길 수 있으며, 기업의 본사국과 현지국의 법률적 규제가 차이가 있는 경우 정당성 기준에 혼란이 있을 수 있으며, 선진국 기업이 현지 개발도상국의 종업원에 대한 차별적 임금이나 대우는 형평성의 문제를 야기할 수 있다.

사회적 정당성 문제는 특히 다국적기업이 세계의 여러 나라에서 세계화 경영을 수행하는 경우에 난맥상에 직면할 수 있으므로 전문적 지식이 있는 경영자를 임명하거나 현지국의 사회문제 전문가나 법무법인의 자문을 받음으로써 현명하게 처리할 수 있다.

1 사회적 정당성의 개념

기업은 생산기능을 원활히 수행하여 경제적 가치를 창출함으로써 국민경제의 풍요화와 사회발전에 공헌하고 있음에도 불구하고, 경제적 활동에서 야기되는 사회적 기대에 적절하게 대응하지 않음으로써 강력한 사회적 비판에 직면하게 된다. 특히 기업에 대한 사회적 기대와 실제 활동 사이의 격차가 커질수록 사회의 기업에 대한 부정적 반응으로서 사회적 비판이 점차 강화된다.

한편 현대는 산업사회의 발전에 따라 생활수준의 풍요화와 교육수준의 향상, 텔레비전 및 신문이나 인터넷 등 매스미디어의 보급으로 공중의 기업에 대한 인지능력이 향상되고 무책임한 기업에 대하여 비판의식이 강화되었다. 이러한 공중의 인지능력의 향상과 비판의식의 강화는 과거에는 관심의 대상이 되지 않았던 기업의 공해발생 문제, 제품에 대한 품질 및 안전, 제품의 리콜이나 애프터서비스, 신제품 개발 등 다양한 측면에서 요구되고 있다. 이와 같이 기업은 현대사회의 중요한 기관으로서 사회가 요구하는 경제적 기대와 사회적 기대에 대처해 나아가야 할 책임이 있으며, 이러한 책임을 이행함으로써 사회적 정당성을 확보하게 되는 것이다.

2 사회적 정당성의 위기

기업은 사회 시스템 내에 존재하는 하위 시스템으로서 사회와 상호작용을 통하여 생존·성장을 추구하는 유기체이므로 그의 경영활동을 사회에 의존하지 않으면 안 된다. 따라서 기업은 하나의 사회적 기관으로서 지속적인 성장을 추구하기 위해서는 그의 역할과 행동이 사회에 의하여 인정되고 받아들여져야 한다. 그러나 기업의 경영활동이나 의사결정이 사회로부터 인정받지 못하고 수용되지 않을 때 기업은 사회적 정당성의 위기를 맞게 된다.

다시 말하면, 기업의 기본적 역할수행이 사회적 기대에 합치할 때 비로소 사회로부터 기업의 정당성을 인정받게 되는 것이다. 어떤 기업의 행동이나 역할과 사회적 기대 사이에 격차가 발생하여 사회적으로 수용할 수 없게 되면, 기업은 사회로부터 정당성을 인정받지 못하여 생존의 위협을 받게 되는데, 이러한 상태를 기업의 정당성 위기(crisis of corporate legitimacy)라고 부른다. 예를 들면 몇 년 전에 낙동강이 산업폐기물 페놀(phenol)에 오염되어 물고기가 떼죽음을 당하고 부산 시민들의 식수원이 오염되는 사건이 발생하였다. 정부에서 조사해 본 결과 D기업에서 비가 와서 강물이 늘어나는 틈을 이용하여 고의로 페놀을 낙동강에 흘러 보낸 사실이 밝혀지자 부산시민과 환경단체들이 일제히 그 기업을 비난하고 제품불매운동을 벌이는 바람에 그 회사 제품의 매출이 급격히 감소하고 시장점유율이 크게 하락하는 위기를 맞게 되었으며, 결국은 D기업을 매각하고 말았다.

우리나라는 고도로 산업화가 진전되고 정치민주화가 발전하는 과정에서 기업들이 사회적 규범을 위반하는 탈법 · 범법행위, 비윤리적 행동이 빈번하게 발생하였다. 이렇게 사회적 기대를 무시하거나 외면하는 기업의 행동들은 심각한 기업의 정당성 위기에 직면하게 된다. 따라서 현대기업들은 사회적 기대에 부응하고 사회적 규범을 준수함으로서 사회적 정당성의 위기를 극복하기 위한 노력을 기울여야 할 것이다.

3 사회적 정당성 위기의 극복

사회적 정당성의 위기가 출현하게 된 것은 다원주의 사회가 발전함에 따라 사회적 권력이 분산되고 있음에도 불구하고 기업이 이러한 사회의 다원화 현상을 인식하지 못하고 ① 사회에 영향을 미치는 권력을 남용하거나, ② 점점 늘어나고 있는 사회적 기대에 대하여 무관심하거나, ③ 사회적 윤리를 위반하여 논쟁을 일으키는 사회문제(social issue)를 무시하는 등의 경영활동에서 비롯되고 있다. 따라서 현대기업들이 사회적 정당성의 위기를 극복하고 정당성을 인정받기 위해서는 기업의 권력남용, 사회적 기대, 사회적 논쟁문제 등에 적극적 · 자발적으로 대응하여야 할 것이다.

1) 기업권력과 사회적 정당성

기업권력과 관련한 사회적 정당성이란 기업이 소유하고 행사하는 권력에 대하여 사회가 수용하는 것을 의미한다. 기업의 권력행사에 따른 사회에 대한 어떤 위협이나 억압에 대하여 수용자들이 복종하거나 수용하는 것이 합당하거나 바람직하다고 믿을 때 정당성이 인정되는 것이다. 따라서 기업이 사회적 정당성을 얻기 위해서는 자신이 소유하고 행사하는 권력에 상응하는 책임을 수행하지 않으면 안 된다.

기업에 대한 사회적 비판이 비등하고 정당성의 위기를 맞게 되는 것은 기업의 사회적 영향력인 기업권력을 남용하기 때문이다. 따라서 개인의 행동에 있어서 권한과 책임의 균형이 필요한 것처럼 기업과 사회의 관계에 있어서도 기업의 권력행사에 상응하는 책임있는 행동이 요청되는 것이다. 특히 거대기업들은 막강한 기업권력을 가지고 있고 그들의 권력행사는 심각한 파급효과를 가져올 수 있으므로 다음과 같은 측면을 고려하여야 할 것이다.

첫째, 경제적 측면에서, 거대기업의 경영활동이 근로자, 공급업자, 소비자, 지역사회 등 다양한 이해관계집단의 경제적 이익을 증대시키고 있는 가 또는 심각한 피해를 주는가에 대하여 고려해야 한다.

둘째, 정치적 측면에서, 기업의 경영정책 결정이 다양한 이해관계집단의 다원적 균형을 깨뜨리지 않도록 유의해야 한다. 예를 들면 거대기업의 거래처 관계, 하청관계에 있어서 자신의 이익을 위하여 정당한 영향력을 행사하고 있는가 또는 그들의 생존기반을 침해하지 않는가에 대하여 검토해야 한다.

셋째, 사회문화적 측면에서, 기업의 경영활동이 종업원이나 소비자의 욕구를 얼마나 충족시키고 인간성을 존중하며 지역사회의 요구에 어떻게 기여하고 있는가를 검토하여야 한다. 예를 들면 기업이 판매하고 있는 제품이 소비자에게 안전하며 생산활동이 자연환경을 위협하지 않는가를 검토하여야 한다.

2) 사회적 기대와 사회적 정당성

기업은 하나의 사회적 기관이므로 기업의 역할과 행동이 사회에 받아들여짐으로써 생존하고 성장할 수 있다. 즉, 기업에 대한 사회적 기대와 실제행동 간에 격차가 있을 경우에 기업은 사회적 정당성의 위기를 맞게 되어 생존과 성장을 위협받게 된다. 따라서 기업이 사회로부터 인적·물적자원을 용이하게 조달하고, 제품이나 서비스를 사회에 원활하게 공급하기 위해서는 정당성의 간격(legitimacy gap)을 줄이도록 노력해야 한다.

산업화 초기에 기업은 법률을 위반하지 않는 범위에서 시장 메커니즘에 따라 이윤을 추구하는 경제적 기능만을 수행함으로써 사회적 기대를 충족시킬 수 있었다.

그러나 산업화가 진전하면서 사회적 정당성의 기준은 기업의 경제적 · 법률적 기대에 더하여 이해관계자의 이해와 지역사회의 발전에 기여할 수 있는 역할까지 기대하게 되었다. 이러한 사회적 기대의 변화에도 불구하고 기업의 역할수행이 변화하지 않음으로써 양자 간의 격차가 커짐에 따라 정당성의 문제가 일어나게 된다.

기업이 사회적 기대와 실제 경영행동의 격차를 줄이기 위해서는 첫째, 일반 공중에 대한 교육이나 홍보를 통하여 기업의 실제행동에 대한 인식을 변화시키고, 둘째 사회적 기대에 부응하도록 기업의 행동을 수정하는 것이 바람직하다.

3) 사회적 이슈와 사회적 정당성

산업화가 진전되면서 경제적 이익만을 추구하는 기업에 대한 비판이 강화되었다. 시민사회의 생활수준과 교육수준이 향상됨에 따라 시민들의 가치의식이 바뀌면서 기업의 공해배출, 제품안전, 기회불균등, 불법상속, 부당내부거래, 불량제품판매 등의 부당행위에 대한 비판의 소리가 높아 가고 있음에도 불구하고 기업들은 이윤극대화만을 추구하기 위하여 부당행위를 지속함으로써 사회적 이슈가 발생하게 된다. 사회적 이슈가 발생하면 정부와 사회의 규제와 간섭을 받게 되므로 기업의 재량권은 크게 위축되게 된다. 따라서 기업은 사회적 이슈가 발생하지 않도록 미연에 방지하는 것이 중요하다.

그러므로 기업은 사회적 정당성을 획득하기 위하여 사회적 이슈가 될 수 있는 행동에 대한 의사결정단계에서 사회적 정당성을 고려하여야 하고, 예상치 못한 사회적 이슈가 발생한 경우에는 자유재량권을 제약받기 전에 문제의 해결에 적극적으로 노력하여야 할 것이다.

제 2 부

기업과 경영관리

c/h/a/p/t/e/r

04

제2부 기업과 경영관리

경영관리와 경영자

사람들은 기본적으로 삶의 질을 향상시키기 위해서 조직(기업)을 만들어 상호 의지하고 협력하면서 경제적 가치를 창출해 나아간다. 특히 기업은 생산성을 지향하면서 경제적 가치를 창출함으로써 개인들의 복지와 국민경제 성장에 공헌하고 있다. 기업이 생산성을 능률적으로 개선하고 경제적 · 사회적 가치를 효율적으로 창출하기 위한 노력이 경영관리의 본질이다.

경영관리의 주체이며 조직의 리더인 경영자는 혼자서 모든 일을 집행하고 처리하기보다는 다른 사람(종업원)을 통하여 여러 가지 일을 수행하는 사람으로서, 그들은 기업의 목표를 능률적 · 효율적으로 성취하기 위하여 경영활동을 계획 · 조직 · 지휘 · 통제하고 있다. 오늘날 기업의 규모가 확대되고 경영환경이 복잡화함에 따라 전문적 지식과 능력을 갖춘 전문경영자를 필요로 하게 되었다.

21세기의 세계화 경영에 있어서 기업이 경쟁력을 유지하고 생존과 번영을 이룩하기 위해서는 전문경영자를 육성하여 그들의 전문 지식과 능력을 바탕으로 역할과 기능을 최대한 발휘할 수 있도록 동기부여하는 것이 중요하다.

제1절 경영관리의 지도이념

자본주의는 인류가 인권과 자유를 누리고 인류사회가 풍요와 번영의 길을 성취할 수 있는 기반을 제공하는 정치 · 경제제도이다. 20세기 초에 자본주의 이념을 비판하면서 세계 인류사회의 새로운 정치 · 경제 지도이념을 표방하면서 등장한 사회공산주의는 인류사회의 경쟁에서 실패하여 사회주의 종주국인 소비에트연방의 붕괴에 이어 지구상에서 자취를 감추고 말았다.

기업은 자본주의 이념의 핵심인 자유경쟁의 원리에 따라 생존과 승리를 위해서 경쟁자보다 더 많은 이익을 창출하고 우위성을 확보해야 한다. 또한 경영자는 고객을 위해서 경쟁자보다 가치 있고, 책임 있는 경영능력을 발휘함으로써 경쟁우위성을 확보할 수 있게 된다. 기업의 경쟁우위성을 갖추기 위해서 경영자가 성취해야 할 기본적인 성공요인으로 경영혁신, 품질개선, 빠른 속도, 원가경쟁력을 들 수 있다.[1)]

1) T. S. Bateman and S. A. Snell(2007), *Management,* 7th ed., McGraw-Hill, p. 11.

1 경영관리의 정의

사람은 태어나서 성장하게 되면 누구나 좋든 싫든 일(work)을 하게 되고 그 일을 가장 합리적이고 경제적으로 수행하려고 노력한다. 사람이 이러한 일(과업 · 직무)을 효율적으로 성취하려는 일련의 활동과정을 경영 또는 경영관리(management)라고 말할 수 있다. 따라서 경영이란 개인의 복지나 사회의 편의를 위해서 필요한 재화와 서비스를 효율적으로 생산 · 분배하도록 관리하는 모든 활동을 말한다. 즉, 경영은 목표를 성취하기 위해서 사람, 물질, 금전 등의 경영자원을 최적으로 활용하는 과정을 포괄하는 말이다.

그리핀(R. W. Griffin)은 "경영관리란 조직의 목표를 성취하기 위하여 보다 능률적이고 효율적인 방식으로 조직의 인적 · 물적 · 금융적 · 정보적 자원을 계획 · 조직 · 지휘 · 통제하는 과정"이라고 정의하고 있다.[2] 이렇게 규정한 그리핀은 경영관리의 과정을 [그림 4-1]과 같이 명료하게 묘사하고 있다.

[그림 4-1] 경영관리의 과정

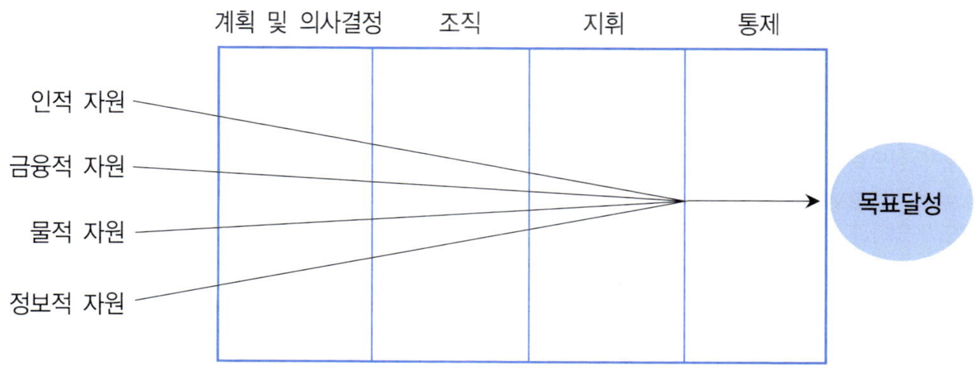

자료: R. W. Griffin, *Managerment*, Boston, Massachusette, Houghton Mifflin Co., 1984. p. 7.

2) Ricky W. Griffin, *Management*, Boston, Massachusette, Houghton Mifflin Co., 1984, p. 7.

사회적 경영사례

기업, 정직해야 더 강하다

얼마 전 일본 최고의 육가공제품회사인 니혼햄이 수입 쇠고기를 일본산으로 속여 제품에 사용해 오다 물의를 빚은 사건이 있었다. 일본의 게이단렌(經團連)은 이 같은 사건이 발생하자 기업의 불법행위를 막기 위해 '기업행동헌장'에 '소비자 신뢰회복'이라는 조항을 넣어 사회적으로 문제를 일으킨 기업은 회원사에서 제명키로 했다. 엔론, 월드컴 등 미국 유수기업의 잇따른 회계부정 사태에 이어 터진 니혼햄 사건은 기업의 윤리성에 대해 다시 한 번 주의를 환기시키는 계기가 됐다.

사실 기업은 이윤추구를 위해 존재하는 집단이다. 돈을 좇을 수밖에 없는 게 기업의 생리라는 얘기이다. 때문에 기업에 사회적 책임을 묻는 것 자체가 무리라고 주장하는 사람도 있다.

그러나 기업은 궁극적으로 '사회'라는 토양에 뿌리내려 존재하고 있으므로 영리추구와 함께 사회적 책임이라는 부분을 간과할 수는 없다. 자본주의가 고도화되고 기업이 사회에 미치는 영향력이 커지면서 기업의 책임은 더욱 강조되고 있다.

결국 '어떻게 돈을 많이 버느냐'에만 관심을 기울였던 기업들이 이제 '번 돈을 값지게 쓰는가'에 눈을 돌리기 시작했다. 국제기구들은 아예 윤리라운드(Ethics Round)를 추진해 윤리경영을 구체적으로 표준화시키고 있다. 경제협력개발기구(OECD)는 지난 1997년 국제상거래뇌물방지 협약을 채택하였고 세계은행은 '반부패지식자료센터'를 설치했다. 비윤리적인 기업은 국제무대에서도 이제 설 땅을 잃게 생겼다.

국내기업들도 이 같은 글로벌 스탠다드에 발맞춰 윤리경영을 속속 도입하고 있다. 전국경제인연합회가 최근 5백대 기업을 대상으로 기업윤리 실태를 조사한 결과 응답한 2백 92개 기업 중 49.7%가 윤리헌장을 보유하고 있는 것으로 나타났다. 지난 1999년 21.8%,, 지난해 45.2%에 이어 지속적으로 증가추세를 보이고 있는 것이다.

특히 30대 그룹의 소속 대기업은 76.3%가 윤리헌장을 보유하고 있는 것으로 조사됐다. 윤리헌장을 보유하고 있는 기업 가운데 윤리경영 담당부서를 신설한 회사도 71.7%로 지난해 51.8%보다 늘었으며 별도로 임직원을 대상으로 교육을 시키고 있는 회사도 70.3%에 이르렀다.

국내 기업들 사이에 윤리경영이 확산되고 있는 것은 최근 들어 PL(제조물책임)법, 주주대표소송 등 새로운 제도가 잇따라 도입되면서 변화된 외부환경에 적응하기 위한 움직임이다. 특히 인터넷의 보급은 윤리경영 확산에 촉매역할을 하고 있다. 소비자들이 불만사례를 공유, 불매운동 등 사이버파워를 행사하면서 기업들은 이들의 눈치를 보지 않을 수 없게 됐다. 윤리강령이 경쟁에서 살아남기 위한 생존전략이 돼버린 셈이다.

실제로 윤리경영은 기업실적에도 긍정적으로 작용하고 있는 것으로 나타났다. 전경련 조사에 의하면 응답업체의 78%가 윤리경영이 기업경영에 긍정적으로 작용하고 있다고 답했다.

그러나 국내기업에서 진정한 윤리경영이 뿌리내리기까지는 아직 갈 길이 멀다. 사회적으로 기업의 사회적 공헌을 활성화시키기 위한 제도적 뒷받침이 제대로 갖춰있지 않다는 지적이다. 윤리경영 모범기업에 대해 실질적인 인센티브를 부여해야 한다는 목소리가 높아지고 있는 이유이다.

자료: 한국경제신문.

이러한 경영의 기본적 정의를 분석하면 다음과 같은 내용으로 요약할 수 있다.

① 경영관리는 어느 조직에나 적용된다.
② 경영자는 계획수립(planning), 조직편성(organizing), 경영지휘(leading), 경영통제(controlling)의 관리기능을 수행한다.
③ 경영관리는 모든 경영계층의 경영관리자에게 적용된다.
④ 모든 경영자의 목표는 잉여(surplus)를 창출하는 것이다.
⑤ 경영관리의 수행은 생산성을 고려한다. 생산성은 능률과 효율성을 내포하고 있다.

2 경영의 이념과 철학

1) 경영이념

경영이념에 대하여 관심을 집중하게 된 것은 조직문화에 대한 연구가 활발히 진행되면서 경영이념이 조직문화의 핵심요소로 인식됨으로써 그 중요성이 부각되기 시작한 것이다. 통상적으로 이데올로기(ideology: 이념)란 '좋은 삶' 또는 '바람직한 사회'에 대한 기본적 신념체계를 의미한다. 다시 말하면 이데올로기는 인간 사회의 기본적인 가치와 목적에 대한 일관적이고 체계적인 주장이라고 말할 수 있다.

이데올로기는 우리가 누구이고, 우리가 무엇을 하고 있으며, 우리가 왜 이러한 방식으로 행동하는지에 대하여 체계적인 해답을 제시해 준다. 즉, 이데올로기는 특정 집단의 구성원이 자신이나 자신의 행동을 다른 사람들에게 설명하는 근거를 제공해 준다. 또한 이데올로기는 개인이 지지하고 있는 신념・태도・가치・이상 등에 있어서 선택적이며, 그리고 행동이나 태도를 합리화하기 위한 증거의 제시나 논쟁방식에 있어서도 선택적이다.[3)]

따라서 경영이념(business ideology)은 '인간의 좋은 삶', '바람직한 사회'를 실현하기 위한 기업의 정당한 행동에 대하여 구성원들이 갖는 가치와 신념의 체계를 말한다. 이러한 경영이념은 '우리 회사는 무엇 때문에 존재하고, 목적은 무엇이며, 어떤 방식으로 운영해 나아가야 할 것인가'에 대한 신념체계를 제시해 준다. 따라

3) G. F. Caranagh, *American Business Values*, 2nd ed., Englewood Cliff: Prentice-Hall, 1984, pp. 13~14.

서 경영이념은 경영의사결정의 판단기준을 제시해 줌으로써 기업의 경영목적, 경영정책, 조직문화, 조직체계, 경영전략 등의 방향을 결정짓는 중요한 잣대가 된다.

기업의 경영이념은 사회의 이념이나 신념 또는 규범과 관습에 의하여 영향을 받으며, 기업의 행동은 사회의 가치체계에 의하여 결정된다. 따라서 경영이념은 고정적인 것이 아니고 사회문화나 가치관의 변화 또는 환경의 변화에 따라 그 내용이 변화하게 된다. 이와 같이 사회이념은 사회의 가치체계에 영향을 미치고 구성원들의 행동에 대한 도덕적 판단의 기준이 되므로 조직구성원의 사고와 행동의 판단기준이 되는 경영이념은 반드시 사회이데올로기와 연계되어야 한다.

2) 경영철학

경영철학(management philosophy)이란 "최고경영자가 기업의 경영과 관련하여 갖는 기본적인 가치, 태도, 신념이나 행동기준"[4]이라고 정의할 수 있다.

경영이념은 조직구성원이 공유하고 있는 신념체계이지만, 경영철학은 경영자가 기업경영과 관련하여 갖고 있는 철학이다. 따라서 경영철학은 경영이념의 상위개념이며 영향요인이 된다.

경영철학은 최고경영자의 가치와 신념이므로 그들의 가치관이나 세계관이 경영이념의 형성에 영향을 주게 되며, 또한 경영철학은 최고경영자의 의사결정을 주도하는 판단기준이 되므로 기업경영에 중요한 영향을 미치게 된다.

그러나 최고경영자의 경영철학은 사회의 가치체계나 사회이념의 영향을 받게 되므로 최고경영자의 사고와 행동, 그리고 의사결정은 사회의 가치체계 내에서 이루어지게 된다.

3) 경영민주주의 이념의 등장

(1) 경영민주주의의 개념

기업이 근로자와 동반자의 관계를 정립하면서 개인의 성장과 기업의 발전을 함께 이룩하기 위해 경영민주주의 이념이 등장하게 되었다. 경영민주주의 이념은 자본주의의 발전으로 자본가와 근로자 사이에 부익부 빈익빈(富益富 貧益貧) 현상의 양극

---

4) J. Dowling and J. Pfeffer, "Organizational Legitimacy: Social Values and Organizational Behavior", *Pacific Sociological Review*, 1975, vol. 18, No.1 pp. 122~126.

화에 따른 사회불안이 확대되는 것을 방지하고, 기업 내의 권력배분을 통하여 기업을 민주적으로 운영함으로써 효율성과 공정성을 제고시키고자 하는 경영이념이다.

경영민주주의는 사회정치 분야의 민주주의 원리를 기업사회에 적용함으로써 기업에서 경영자의 전제적 관리체제를 불식시키고, 근로자의 권익을 보호하며, 노사가 대등한 입장에서 상호협력을 통하여 기업의 생산성을 향상시킴으로써 노사의 공동번영과 기업의 안정발전을 목적으로 하고 있다.

경영민주주의는 종래의 관료제적 경영체제의 특징으로 되어 있던 경영자의 일방적인 의사결정과 근로자의 무조건적인 순종의 관리방식에서 탈피하여 근로자가 중요한 경영의사결정에 참여하도록 유도하여 그들의 자발적 협력과 책임의식을 높임으로써 기업의 경쟁력을 제고시키는 경영이념이다.

(2) 경영민주주의의 구현

경영민주주의는 기업이 근로자에게 권리신장과 근로복지를 제공함으로써 인간존중의 경영을 실천하고, 근로자는 경영활동에 자발적으로 참여하여 협력함으로써 기업의 성장과 개인의 발전을 도모하는 경영이념이다. 따라서 이러한 경영민주주의는 근로자의 권리신장, 협력적 참여의식 확립, 기업경쟁력 추구의 세 가지 요소가 균형을 유지하면서 실천됨으로써 구현될 수 있다.

① 근로자의 권리신장

기업은 근로자의 권리신장과 인간존중을 통하여 경영민주주의를 실천해야 한다. 기업의 공정한 성과배분, 노동의 인간화, 인간성의 존중, 인간관계의 개선, 민주적 노사관계의 정립 등을 실천함으로써 근로자의 권리신장과 인간다운 삶을 영위하도록 노력하여야 한다. 이를 위해 기업은 경영참가제도의 실시, 복리후생제도의 확대 등 근로생활의 질을 향상시키기 위한 노력을 기울여야 한다.

② 협력적 참여의식 확립

근로자들은 자발적으로 경영활동에 참여하여 협력적 경영민주주의를 실천해야 한다. 기업은 국민경제의 생산기능을 담당하고 있는 협동적 시스템으로서 합리성에 가치를 두고 생산성의 향상을 추구하기 위해서 근로자들의 협력적 참여를 필요로 하고 있다. 따라서 기업은 근로자가 경영활동의 동반자임을 인식하고 그들의 자발적이고 협력적인 참여의식을 확립하는 것이 중요하다.

③ 기업경쟁력 추구

기업과 근로자는 모두 기업의 경쟁력 제고에 목표를 두고 경영민주주의를 실천해야 한다. 기업이 경쟁력을 추구하는 것은 기업과 근로자의 공통된 성장·번영을 위한 전제조건으로서 협력적 경영민주주의를 구현할 수 있는 기초가 된다. 따라서 기업의 성장 없이는 근로자의 번영을 기대할 수 없으므로 경영민주주의를 통하여 기업과 근로자가 상호 신뢰하고 존중하면서 협력적 노력으로 기업경쟁력을 제고시키고 근로자의 공존공영을 추구하도록 하는 것이 바람직하다.

3 경영관리의 지도원리

경영관리의 지도원리(management principles)는 경영자의 사고나 행동의 지침이 될 수 있는 기본적 원칙을 말하는 것으로서, 경영현상을 어떻게 이해하고 예측하며 의사결정할 것인가를 설명하는 원리이다. 이러한 경영관리의 원리에 대해서 많은 견해가 있으나, 대표적인 원리로는 수익성, 경제성, 생산성, 효율성의 원칙이 있다.

1) 수익성의 원칙

수익성의 원칙(profit principle)이란 자본에 대한 이익의 관계를 말하는 것으로 투자한 자본에 비해 이익이 크면 클수록 좋다는 원칙이다. 이것을 백분율로 표시한 것이 수익률로서 수식(數式)으로 나타내면 다음과 같다.

$$\text{수익성} = \frac{\text{이익}}{\text{자본}} \qquad \text{수익률} = \frac{\text{이익}}{\text{자본}} \times 100$$

사실 "기업은 모험이며, 모험의 대가(代價)가 최대의 수익이어야 한다"고 설명한다면 수익성 원칙이 적용되는 것은 논리적으로 지극히 당연한 것이다. 또한 수익성의 원칙은 보다 많은 이익을 창출함으로써 투자자본의 가치를 증대시키게 되므로 이익극대화의 원칙과도 상통하는 개념이다.

2) 경제성의 원칙

경제성은 최소의 희생으로 최대의 효과를 얻으려는 행위를 말하며, 경제성 원칙(economic principle)이란 경영활동을 위하여 투입된 희생(비용)을 그 결과 얻어진 성과와 비교한 이상적인 관계를 의미하는 것으로, 이에 대한 수식은 '급부/비용'으로 측정 · 표시되고 있다.

그러나 경제성 원칙은 국민경제의 입장에서 기업의 수익성 극대화가 사회적 불균형을 가져올 수 있으므로 적정수익을 초과하는 이익은 어떤 형태로든 사회에 환원시켜야 한다는 경영윤리의 규범적 사고방식으로 기업의 사회적 책임을 의미하는 원칙이라고 말할 수 있다.

3) 생산성의 원칙

생산성(productivity)은 생산을 위해 소비된 생산요소들의 투입량과 생산과정을 거쳐 생산된 산출량의 비율이라고 정의할 수 있다. 즉, 생산성은 다음 산식과 같이 산출량을 투입량으로 나누어 계산할 수 있다.

$$생산성(productivity) = \frac{산출(output)}{투입(input)}$$

따라서 생산성은 생산요소가 얼마나 유효하게 이용되는가를 나타내는 능률지수로서, 경영의 전체적 생산성에 대한 측정 · 파악은 기술적으로 어렵기 때문에 투입되는 생산요소의 종류에 따라 요소별 생산성을 측정하여 그 향상방안을 마련하고 있다. 예를 들면 자재생산성, 설비생산성, 자본생산성, 그리고 노동생산성으로 분리 측정하여 지수화하고 있다.

4) 효율성의 원칙

조직성과는 경영자가 조직목표를 달성하기 위해서 얼마나 자원을 능률적 · 효율적으로 사용하는가에 달려 있다. 즉, 조직의 성과는 능률성(efficiency)과 효율성(effectiveness)의 증가 정도에 따라 향상된다.

여기에서 능률이란 목표를 달성하기 위해서 얼마나 생산적으로 자원을 사용하고 있는가의 정도로서,[5] 경영자가 일정한 재화나 용역을 산출하는데 필요한 자원(원재료·노동·부품 등)의 투입량이나 시간을 최소화할 때 능률적이라고 한다. 한편 효율성이란 조직이 추구하는 목표의 적절성과 조직이 목표를 달성하는 수준에 대한 적합성의 정도로서,[6] 경영자가 적절한 목표를 선택하고 그 목표를 달성할 때 효율적이라고 말한다.

그러므로 효율적인 경영자는 추구해야 할 올바른 조직목표를 선택하고 자원을 능률적으로 활용할 수 있는 능력을 갖춘 사람이어야 한다. 따라서 효율성 또는 유효성의 원칙은 경영의사결정을 주도하는 원리로서 경영목표가 양·질·시간·비용 등의 관점에서 적합하게 설정되고 설정된 목표가 적절하게 달성되었는가를 파악하는 원칙이고 규범인 것이다.

제2절 경영자의 유형

경영자는 기업경영의 주체이며 조직관리의 리더이다. 기업은 본질적으로 생산활동을 통하여 경제적 이윤을 극대화해야 하기 때문에 경영자는 기업의 목표를 달성하기 위해서 가장 능률적이고 효율적인 방식으로 목표를 설정하고 방향을 결정하여 성과를 창출해야 한다.

경영자는 스스로 생산활동을 수행하는 것이 아니라 다른 사람(구성원)을 통하여 목표를 달성하는 사람이다. 따라서 경영자는 조직 내부적으로 구성원들의 능력을 개발하고 그들을 동기부여하며 지역사회와 이해관계자들을 통합할 수 있는 리더십을 개발하여야 한다.

한편 기업은 혼자서 존재할 수 없으며 사회적 환경이나 이해관계자의 협력과 상호작용을 통하여 시너지 효과를 기대할 수 있다. 따라서 경영자는 이해관계자와 소

5) J. P. Campbell, On the Nature of Organizational Effectiveness, in P. S. Goodman, J. M. Pennings, and Associates, *New Perspectives on Organizational Effectiveness*, San Francisco: Jossy-Bass, 1977.

6) Mary P. Follett, *Creative Experience*, London, Longmans, Green and Co., 1974.

통하여 정보를 공유하고 협력관계를 정립하여 생산성 · 효율성의 극대화를 성취해야 한다.

1 경영자의 정의

어떠한 사람도 혼자의 힘으로 조직의 모든 일을 성취할 수는 없으며, 조직의 힘으로 가능할 뿐이다. 따라서 경영자는 계획 · 조직 · 지휘 · 통제의 관리기능을 보다 효율적으로 수행함으로써 조직의 목표를 성취할 수 있는 것이다. 그러므로 경영자란 혼자서 모든 일을 집행하고 처리한다기보다는 "다른 사람들(종업원)을 통하여 여러 가지 일을 수행하는 사람"이라고 말할 수 있다.[7] 그러나 그리핀(R. W. Griffin)은 "경영자란 조직의 목표를 효율적으로 달성하기 위해서 인적 · 물적 · 금융적 · 정보적 자원을 계획하고, 조직하며, 지휘하고, 통제하는 사람이다."라고 정의하고 있다. 이에 대하여 헬리에겔과 슬로컴은 "경영자란 인적 · 물적 자원을 할당하고 전체조직이나 특정부서의 운영을 지휘하는 사람"이라고 정의하고 있다.[8]

경영자는 스스로 회사의 모든 과업(task)을 직접 수행하는 것이 아니라, 종업원이 직무를 수행하도록 뒷받침하고 지원해 줌으로써 대부분의 부서목표 또는 조직목표를 성취하고 있다. 따라서 그들은 언제나 종업원들을 동기부여하고 기업의 전반적인 생산성 · 능률 · 효율성 · 서비스 · 품질 · 기술 등을 향상시킬 수 있는 방법을 탐색하지 않으면 안 된다.

현실적으로 경영자는 특정의 개인 신분을 말하는 것이 아니고 일종의 전문적 사회집단을 가리키며, 경제사회의 중추적 기관인 기업조직의 운영을 담당하는 사람들로서, 구체적으로 경영활동을 실지로 지휘 · 통제하는 소기업의 대표자 및 관리자를 비롯하여 거대한 기업집단의 회장(CEO), 사장, 중역, 부장, 과장, 감독자 등을 포함하며, 이는 기업뿐만 아니라 정부조직, 종교단체, 스포츠단체, 학교, 협회 등의 비영리조직에서도 발견되고 있다.

---

7) Ricky W. Griffin *op. cit.* p. 7.

8) D. Hellriegel and J. W. Slocum, Jr., *Management*, 7th ed., Addison-Wesley, New York, 1996, p. 4.

2 경영자의 직무유형

경영자는 자본주의 산물인 기업조직의 새로운 신분으로 등장한 리더로서, 그들의 유형은 기업조직의 발전과정, 그들이 책임지고 있는 직무활동의 범위, 조직의 관리계층에 따라 각각 분류할 수 있다.

1) 기업의 발전과정에 따른 분류

기업조직의 발전과 더불어 경영자가 갖추어야 할 지식은 보다 전문화·고도화되었으며, 또한 기업환경이 복잡해지면서 보다 전문적인 경영자를 필요로 하게 되었다. 그에 따라 경영자의 성격도 소유경영자에서 고용경영자로, 그리고 다시 전문경영자로 각각 변모하였다.

(1) 소유경영자

자본주의 초기에는 기업의 규모가 소규모이고 생산방법이 복잡하지 않았기 때문에 출자자가 경영활동을 수행함으로써 기업을 완전히 소유·지배하게 되었다. 이와 같이 기업에 자본을 직접 출자하고 경영에 참여하는 사람을 소유경영자(owner manager)라고 한다. 소유경영자(또는 기업가)는 자본의 조달과 운용 및 위험부담, 의사결정, 지휘, 통제 등의 기능을 모두 담당하고 있다.

이와 같은 유형의 경영자는 오늘날 중소기업과 같은 비교적 소규모기업에서 찾아볼 수 있으며, 또한 기업이 대규모일지라도 자본의 대부분을 출자한 개인이 기업조직의 경영에 직접 참여하고 있다면 그러한 경영자는 소유경영자인 것이다.

(2) 고용경영자

기업의 규모가 확대되고 경영활동이 점차 복잡해짐에 따라 당초의 출자자인 기업가는 경영자를 고용하여 경영활동의 일부를 위양하게 되는데, 이를 고용경영자(employed manager) 또는 유급경영자(salaried manager)라 한다. 이러한 고용경영자는 어디까지나 출자자의 이익을 대표하는 대리인으로서 기업가를 위해 종사한다. 이들은 보통 지배인이라고 부르며 상법상 사업사용인의 성격을 갖는다.

(3) 전문경영자

경영규모가 대형화하고 경영활동이 복잡해지면서 조직의 각 분야에 고도의 전문적 지식과 기술, 그리고 의사결정능력을 지닌 경영자를 필요로 하게 되는데, 이러한 경영자를 전문경영자(professional manager)라고 한다.

오늘날 주식회사제도의 발달로 주식이 광범위하게 분산되고, 다수의 소액주주집단이 실질적으로 기업을 지배할 수 없게 되며, 주주총회가 형식적 의결기관화됨으로써, 경영자의 의사가 기업을 지배하는 기본방침이 되므로 전문적 능력과 지식을 가진 전문경영자가 등장하게 된 것이다.

전문경영자는 위의 소유경영자나 고용경영자와는 달리 다음과 같이 구분되는 특성을 갖는다.

첫째, 그들은 소유와 경영의 분리에 따라 소유자와 종업원의 중간에 위치하면서 경영권을 가진 지배적 경영자로서 독자적인 지위를 갖는다.

둘째, 이들은 이해관계집단(주주, 종업원, 고객 등)과의 관계에서 기업의 경영성과를 추구해야 하고, 사회기관으로서의 사회적 책임을 수행해야 하는 입장에서 의사결정을 해야 한다.

사회적 경영사례

e-Commerce의 윤리원칙

전문경영인은 국가재산이다

"훌륭한 전문경영인은 한 기업의 소유물이 아니라 국가재산이다."라는 말을 절실히 되새겨볼 필요가 있다. 훌륭한 전문경영인 한 사람을 양성하는 데에는 30년 이상이 걸리며 경제적 투자는 수치로 나타낼 수 없을 만큼 많은 비용이 들어가며 이러한 전문경영인을 체계적으로 관리하지 않음으로써 발생되는 경제적 손실도 숫자로 나타낼 수 없을 만큼 매우 높기 때문이다.

특히, IMF관리체제 이후 기업 구조조정 과정에서 자의든 타의든 퇴출되어 우리 사회에서 사라져가고 있는 전문경영인의 효율적인 관리체제 확립이 시급하다. 특히 대그룹 간의 자유로운 인사교류가 확립되지 않은 상황에서 이들이 갈 곳은 거의 전무하다고 할 수 있다. 과연 이 나라에서 전문경영인이 활기차게 활동할 수 있는 토양이 마련되어 있는가 의문스럽다. 선진국에서는 전·현직 전문경영인을 국가적인 차원에서 양성하여 정부 각료나 요직에 등용하여 국가정책결정에 참여시켜 경제발전 계획을 담당하게 한다. 실물경제에 해박한 전문경영인을 국가경제정책 입안에 가담토록 함으로써 정척집행에 오류를 방지하여 효율성을 얻고 있다.

국가재산이라 할 수 있는 전문경영인의 체계적인 관리를 위해 몇 가지를 지적하고 싶다. 우선, 전문경영인에 대한 적절한 대우가 보장되어야 한다. 성공한 전문경영인에게는 사회적인 부와 명예와 존경을 받도록 새로운 풍토를 만들어야겠다. 통계에 의하면, 대졸 초임의 5배정도 밖에 안 되는 최고경영자의 보수는 기타 혜택이 있다하더라도 경영의 투명성과 공개성의 원칙에 입각하여 경영목표를 달성했을 때 성과급을 투명하게 보장하여 자기수입의 정확한 예측을 가능케 해야 한다.

최고경영자 몸값도 시장원리에 따라 과감하게 조정되어야 하며 스톡옵션이나 이익분배제도를 통하여 현실화해야 한다. 우리나라는 미국은 고사하더라도 기타 홍콩, 대만, 싱가포르와 같은 경쟁국보다도 낙후되어 있는 실정이다. 파격적인 보수체계를 제시함과 동시에 철저한 책임경영주의를 실행하여 경영성과를 매년 평가하여 재신임 여부를 물을 수도 있다.

다음으로, 전문경영인 인력시장의 자유로운 유통문제이다. 현직에서 떠나는 전문경영인들은 체계적으로 국가 또는 민간기관으로 하여금 등록 관리하게 하여 인재 풀(Human Resource Pool)을 운용하여 대기업이든 중소기업이든 공기업이든 사기업이든 국내 기업이든 외국 기업이든 이들을 필요로 하는 곳이면 언제 어디서나 자유롭게 활용할 수 있도록 해야 한다.

특히 과거의 경직된 대그룹 간의 인사교류가 활발해져야 한다. 대기업의 단체인 전경련이나 경총에서 이러한 시도를 주도해 봄이 어떨까 하는 생각이 든다. 정부도 개방형 임용제도를 통하여 과감히 민간 기업출신 전문경영인을 국가기관이나 정부투자기관의 장으로 과감히 영입해야 한다. 또한, 창의력과 모험정신을 가진 중소 벤처기업인과 풍부한 경험과 노하우를 가진 노련한 대기업 출신 임원을 접목시킴으로써 시너지 효과를 거둘 수 있다.

요즈음 활발히 성장하고 있는 유망 벤처기업에서도 비오너 전문경영인 영입이 활발해지고 있다. 가령 정규직 외에 계약직, 임시 중역직(Temporary Executive)과 같은 새로운 고용형태를 도입하여 상호 리스크를 줄이고 특정 프로젝트에 특정 기간만큼 전문가를 채용할 수 있다. 외국은 풍부한 경험과 전문성을 갖춘 50세 이상 중역 CEO, COO, CFO, 마케팅, 생산 및 신시장 개척분야에 임시 중역으로 채용하여 재활용하고 있으며 주로 제조업이나 하이테크 첨단산업, 금융산업 등이 주요 수요처이다.

국가경쟁력 지수를 산정할 때 얼마나 많은 전문경영인이 자유롭게 유통시장에서 전직이나 재취업이 가능한지가 고려된다. 오늘날 미국이 세계 최강국이 될 수 있는 것도 기업을 이끌고 있는 전문경영인이 자기 의사에 따라 시장질서하에서 자유롭게 이동이 가능했기 때문이다. 21세기에는 기업이든 국가든 성공 여부가 훌륭한 양질의 인적자원(Human Resources)을 얼마나 많이 확보하느냐의 여부에 달려있다. 마지막으로 전문경영인의 경영평가 기준으로 사회 전체가 공정하게 인정할 수 있는 새로운 모델을 마련해야 한다. 기업 오너 개인과의 학연, 혈연, 지연에 의존한 개인적인 충성도 여부보다는 주가나 주주이익 극대화, 경제적 부가가치(EVA), 수익률 등 합리적인 평가기준에 기초를 둔 전문경영인 평가방법 모델이 설정되어야 한다. 요즈음 많은 기업들이 경영자 재임용시 합리적이고 새로운 평가기준을 도입하고 있는 것은 매우 고무적이다.

21세기를 맞이하여 우리나라도 이제 치열한 경쟁에서 살아남기 위해서는 전통적인 전문경영인 관리방법에서 탈피하여 인재의 적재적소 배치를 위한 새로운 모델을 점차 정리함으로써 전문경영인이 사회적으로 대우받고 신명을 다 바쳐 국가경제발전에 이바지할 수 있도록 진정한 의미의 새로운 경영풍토가 마련되는 것을 기대해 본다. 기업경영이나 국가경영의 요체는 결국 사람이기 때문에 인재의 효율적인 관리체제는 국가경쟁력 향상의 중요한 부분이라고 생각한다.

자료: 매일경제.

2) 직무범위에 따른 분류

(1) 라인경영자

라인경영자(line manager)는 조직의 목표를 달성하기 위해서 주요 제품이나 서비스를 직접 취급하는 중요 경영활동에 종사하고 책임을 지는 계층으로서, 사장을 비롯하여 생산활동이나 마케팅 활동을 담당하는 중역과 부서장 그리고 그들에게 직접 보고하는 관리자들을 포함한다.

(2) 스탭경영자

스탭경영자(staff manager)는 라인경영자들이 경영활동 내지 직능을 보다 능률적으로 수행하고 촉진할 수 있도록 특수한 전문적 기술과 지식을 제공하고 지원함으로써 라인활동에 간접적으로 영향을 주는 계층으로, 대표적인 역할은 회계, 재무, 인사, 법률, 연구개발 등의 분야로서 라인부서에 대하여 조언, 추천, 기술적 전문성을 제공하는 관리자들이다.

(3) 직능경영자

경영자가 관장하는 활동영역에 따라 직능경영자와 총괄경영자로 나누어지는데, 직능경영자(functional manager)는 조직이 실질적으로 수행하는 과업활동 영역에 따라 인사 · 생산 · 마케팅 · 재무 · 회계 · 연구개발 등의 전문기능 분야에 책임을 지는 경영자로서 부문관리자라고도 부른다.

(4) 총괄경영자

총괄경영자(general manager)는 조직 전체의 경영활동이나 수개의 직능부문 또는 특수사업부문의 전략적 계획이나 방침 등 전반적인 경영에 책임을 총괄하는 경영자로서 사장, 임원, 사업본부장, 지역본부장 등이 포함된다.

3) 관리계층에 따른 분류

기업의 규모가 커지고 경영활동이 복잡해짐에 따라 한 사람의 경영자가 경영관리 기능을 전담하기 어려워지므로 여러 사람의 경영자에게 직능의 분담이 불가피하게 된다.

경영관리기능은 [그림 4-2]에서 보는 바와 같이 최고경영자를 중심으로 관리계층에 따라 최고경영층 · 중간관리층 · 일선관리층으로 구분한다.

[그림 4-2] 경영관리계층의 구조

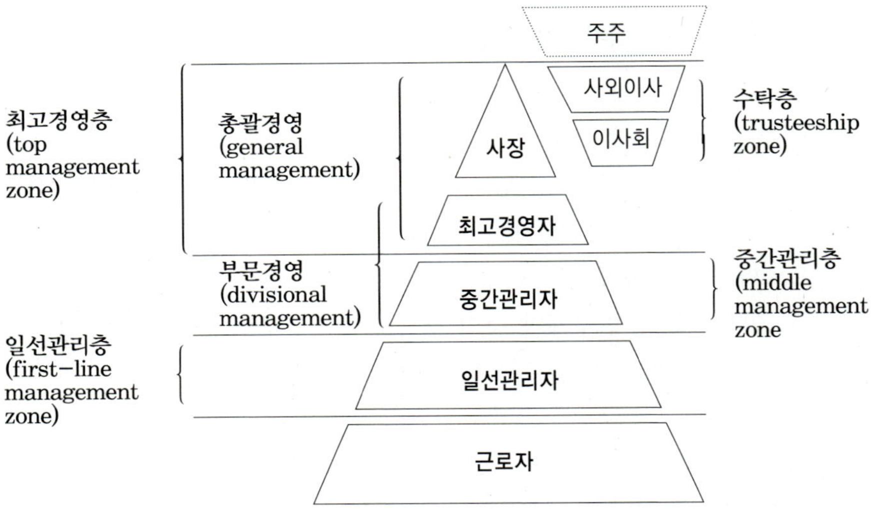

(1) 최고경영자

최고경영자(top manager)는 한 조직의 전반적인 지휘와 운영에 대한 최고의사결정자로서 권한과 책임을 지고 있는 사람들을 말한다. 최고경영자의 일반적인 명칭으로는 사장 · 회장(chief executive officer: CEO) · 대표이사 · 사업본부장 · 전무이사 · 상무이사 · 이사 등이 포함된다.

최고경영자들은 전체 조직의 방향을 결정하고 목표를 설정하며, 목표달성을 위해 방침 및 전략을 개발하고 수립하며 자원을 할당한다. 최고경영자들은 종종 지역사회집단, 거래처 또는 정부와의 협상에서 조직을 대표하고, 그들과의 대화로 상당한 시간을 보내고 있다.

(2) 중간관리자

중간관리자(middle manager)는 최고경영자로부터 전반적인 전략과 방침을 받아 일선관리자들이 실행할 수 있도록 전략과 방침을 구체적인 목표와 계획으로 전환시켜 나간다. 그리고 그들은 일선관리자들과 연구직, 인사직, 회계직과 같은 전문적 비관리직 종업원의 활동을 지휘・조정할 책임이 있다.

중간관리자에는 구체적으로 각 부서의 장, 이를테면 부장, 차장, 과장 등과 국장, 실장, 공장장 등이 해당된다.

(3) 일선관리자

일선관리자(first-line manager)는 일선감독자(first level supervisor) 또는 하위경영자(lower manager)라고도 부르는데, 이들은 제품 및 서비스의 생산에 직접적으로 책임을 지는 계층으로 경영활동계획과 행동방침을 수행하기 위하여 일선근로자들을 관리감독한다. 즉, 작업을 조정하고 기자재를 관리하며 그들에게 업무수행의 방향을 지시하고 결과에 대하여 브고를 받는다. 일선관리자의 명칭으로는 직장(직공장), 계장, 대리, 조장, 반장 등의 이른바 현장간부가 이에 해당된다.

그들은 자신의 작업수행과 관련하여 부하들과 의사소통을 하며 모든 문제를 해결한다. 따라서 그들은 대부분의 시간을 그들이 감독하는 사람들과 함께 보내게 된다.[9]

제3절 경영자의 직능과 역할

경영자는 직능과 역할을 충실히 수행함으로써 이익극대화를 성취할 수 있다. 경영자의 직능은 경영자가 목표달성을 위하여 수행해야 할 일이 무엇인가를 설명하는 것이고, 경영자의 역할은 경영자가 조직운영을 위하여 어떻게 직무를 수행해야 하는가를 다룬다.

경영자는 효율성 극대화를 실현하기 위해서 계획・조직・지휘・통제기능을 효율적으로 실천하고, 대인관계, 정보전달, 의사결정역할을 성실히 수행하여야 한다.

9) Don Hellriegel & John W. Slocum, Jr., *op. cit.*, p. 6.

1 경영자의 직능

경영자의 직능(managerial function)이란 경영자가 조직의 목표달성을 위하여 어떤 일을 수행해야 하는가를 일컫는 말이다. 성공적인 경영자는 계획수립(planning), 조직편성(organizing), 경영지휘(leading), 경영통제(controlling)의 네 가지 기본적인 관리직능을 수행하면서 그들의 조직목표를 성취하고 있다. 조직의 규모에 관계없이 영리조직이나 비영리조직의 모든 경영자들은 조직의 목표를 성취하기 위해 이들 직능을 동시에 수행하고 있다.

이상의 네 가지 경영자의 직능은 [그림 4-3]에서 보는 바와 같이 상호 유기적으로 관련되어 하나의 통합적 조화를 이루고 있어 어느 하나도 제거하거나 분리될 수 없는 기능이다.

[그림 4-3] 경영관리 직능의 통합적 과정

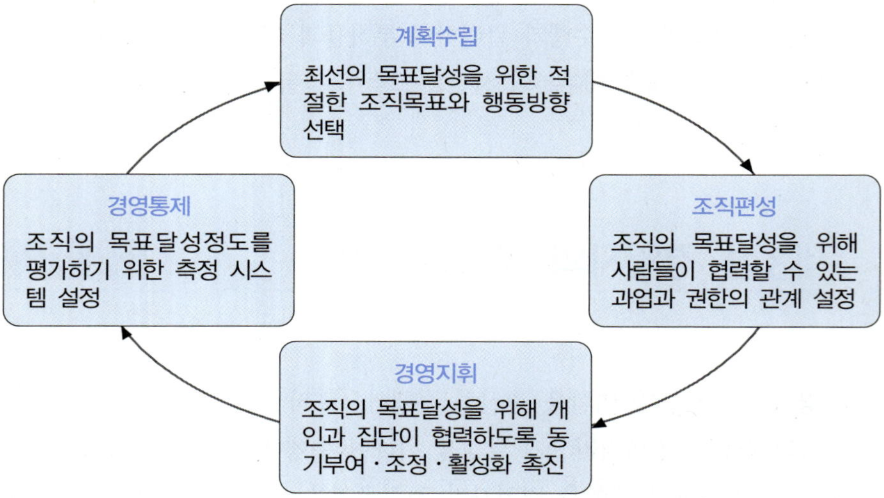

자료: G. R. Jones(2014), *Contemporary Management*, 8th ed., McGraw-Hill, p. 8.

1) 계획수립

계획수립은 미래의 성과에 대한 목표를 설정하고 그 것을 달성하기 위한 방법을 결정하는 경영자의 직능으로서, 계획수립(planning)이란 미래의 경영활동에 대하여 오늘 의사결정을 하는 과정이다. 즉, 조직의 사명이나 목표를 설정하고, 그 목표를 성취하기 위하여 미래를 예측하여 방침·전략·절차를 수립하며, 예산을 편성하여 집행하도록 하는 과정이다. 따라서 계획수립은 조직목표를 달성하기 위하여 조직목표를 중심으로 부문별·집단별·개인별 목표에 대하여 누가, 무엇을, 언제, 어떻게 수행할 것인가를 의사결정하는 과정이다.

계획수립은 다음과 같은 특성을 갖는다.

(1) 미래지향성(forward thinking)

경영자는 계획수립을 통하여 미래에 무엇을, 어떻게 수행할 것인가에 대해 결정해야 한다.

(2) 의사결정(decision making)

계획수립은 조직의 미래 목표를 확인하고, 달성하기 위해 필요한 모든 활동에 대해 의사결정을 해야 한다.

(3) 목표지향성(goal oriented)

경영자는 설정한 목표에 대해 가장 바람직한 결과를 얻을 수 있도록 필요한 모든 노력을 기울여야 한다.

2) 조직편성

계획은 조직을 수단으로 성취되며, 조직은 조직편성 과정을 통하여 형성된다. 그러므로 계획수립 과정에서 설정된 목표를 효과적으로 달성하기 위해서는 우선 그에 필요한 활동과 업무를 결정하고 그것을 각 구성원들이 분담하도록 하는 체계적인 조직이 갖추어져야 한다. 즉, 계획이 수립되어 목표가 명시되면 경영자는 목표를 달성하기 위한 조직 내의 인적자원과 물적자원을 적절히 조절하여 조직을 편성한다.

조직편성(organizing)의 개념은 학자에 따라 여러 가지로 정의되고 있다. 알렌

(L. A. Allen)은 "조직구성원이 기업의 목표를 가장 효율적으로 달성하기 위하여 직무의 내용을 명확하게 규명하고, 직무수행에 관한 권한과 책임을 적절하게 위양하며, 상호관계를 설정하는 과정"[10]이라 정의하고 있다. 브라운(A. Brown)은 "조직구성원이 보다 협동적으로 목표를 성취할 수 있도록 직무와 구성원 사이의 관계를 규정하는 것"[11]이라고 정의하고 있다.

따라서 조직편성은 조직이 수행해야 할 모든 과업과 활동을 분류하고, 각 구성원이 수행할 직무와 권한관계를 설계하며, 수행결과를 효과적으로 조정・통합해 가는 실천과정이라고 할 수 있다. 따라서 조직편성에는 일반적으로 ① 계획된 목표달성에 필요한 구체적인 활동을 확정하고, ② 그 활동을 개개인이 수행할 수 있도록 일정한 패턴이나 구조로 집단화시키며, ③ 그들 활동을 특정한 직위나 사람들에게 배분함과 동시에 그러한 활동의 조정수단으로서 책임・권한관계를 확정하는 등 세 가지 과정이 관련된다.[12]

3) 경영지휘

경영자가 조직활동의 계획을 수립하고, 계획실행을 위한 조직을 편성한 다음에 수행해야 할 기본적 과제는 조직구성원들이 능률적이고 자발적으로 조직의 목표를 달성할 수 있도록 지휘하고 관리하는 것이다. 경영지휘(leading or directing)란 조직구성원들이 맡은 임무를 능률적・효율적으로 수행하여 조직의 목표달성에 기여하도록 동기를 부여하고 지도・감독하는 경영자의 관리기능이라고 할 수 있다. 다시 말하면 경영자가 계획된 경영활동을 종업원들이 적극적으로 수행하도록 의욕을 환기시키고 그들의 행동을 지도・감독하며 효과적인 지휘를 위해 명령계통을 확립하는 것이다.

경영지휘가 집권적 관리체제 하에서는 '명령'이라는 관리방식을 취하고 있으나, 분권적 관리체제에 있어서는 동기유발에 기초를 둔 '지휘'라는 관리방식으로 바뀌어 가고 있다. 즉, 분권적 조직에서는 많은 권한위양(delegation of authority)이 이루어지면서 명령 대신에 동기유발이 결정적으로 중요하게 다루어지고 있다.

---

10) L. A. Allen, *Management and Organization*, Tokyo: Kogakusa Company, Ltd, 1958, p. 57.
11) A. Brown, *Organization of Industry*, Prentice-Hall, 1947 p. 26.
12) Ernest Dale, *Organization*, N, Y: American Management Association, 1967, p. 9.

4) 경영통제

경영통제는 계획수립, 조직편성, 경영지휘에 이어 마지막 단계의 경영관리 과정으로서 기업의 목표달성을 위하여 설정된 계획이 성취되고 있는가를 확인하기 위하여 성과를 측정하고 수정하는 관리기능을 말한다.[13] 즉, 경영통제(controlling)라 함은 경영목표의 실현과 계획의 완수를 위하여 부하의 업무수행 과정과 결과를 측정하고 시정하는 것이다. 따라서 경영통제를 위해서는 사전에 계획이 있어야 하므로 "계획 없는 통제란 있을 수 없고, 통제 없는 계획은 무의미한 것이다." 또한 통제는 새로운 계획(다음 연도 계획)의 기준이 되므로 계획과 통제는 불가분의 관계에 있는 것이다.

사회적 경영사례

소비자에게 신뢰준 기업만이 살아남는다

세계적인 홍보전략 컨설팅회사인 에델만그룹의 리처드 에델만(48)회장은 '지금 세계경영의 화두는 소비자로부터 신뢰를 얻는 것'이라고 정의했다.

에델만그룹 창립 50주년 기념으로 한국과 중국, 일본을 차례로 방문 중인 에델만 회장은 "지난 100년 동안 기업의 역사를 분석하면 광고를 잘한 기업보다 소비자에게 신뢰를 준 브랜드만이 살아남았다"고 말했다.

특히 기업의 사회적 책임이 기업의 흥망성쇠와 직접 연관되어 있다고 말한다. 그는 이런 예를 들었다. "식품회사인 하인즈가 만드는 스타키스트라는 참치 브랜드가 있습니다. 문제는 참치를 잡을 때 근처에 있는 돌고래가 같이 잡혀 죽음을 당한다는 것입니다. 동물보호단체에서 대규모 스타키스트 불매운동이 벌어졌습니다. 이때 하인즈는 참치를 잡을 때 실수로라도 돌고래를 죽게 하는 어부로부터 참치구입을 중단하겠다고 발표했습니다. 비용과 상관없이 소비자의 신뢰가 우선이라는 판단입니다. 그 발표 후 참치판매가 매년 10% 이상 성장했지요"

에델만 회장은 에델만 그룹의 고객(顧客)인 삼성전자가 브랜드신뢰도 만들기에 성공한 경우라고 설명했다.

최근 삼성전자의 윤종용 부회장이 포브스 표지모델로 등장하고, CNN 토크 아시아 프로그램에 대담자로 출연한 것도 삼성에 대한 소비자 충성도를 높이는 좋은 계기였다는 것. "삼성 휴대전화에 대한 브랜드충성도가 일본 소니 제품과 비슷할 정도로 좋아졌다"고 말했다. 또 하나의 성공사례는 현대자동차의 월드컵 이벤트였다.

그는 현대차가 월드컵을 통해 한국 자동차에 대한 이미지 개선에 도움을 줬다고 평가했다.

에델만 회장은 "21세기 마케팅에서는 소비자, 기업, 종업원, 투자자, 언론,학계, 정부, 시민단체라는 축을 중심으로 이들 간에 쌍방향 의사소통이 중요하다"며 "의사스통의 핵심은 상대편이 신뢰를 갖는 것"으로 요약했다.

---

13) H. Weihrich and H. Koontz, *Management: Glcbal Perspective*, 10th ed., McGraw-Hill, 1993, p. 578.

에델만 회장은 미국과 유럽 소비자 1만명에 대한 설문조사 결과를 인용하면서 기업의 신뢰도 형성에 결정적인 영향을 주는 것은 '인쇄매체의 기업기사와 친구·가족의 평가'라고 설명했다.

에델만은 웨버 샌드윅과 버슨 마스텔러와 함께 세계 3대 전략 홍보회사이다. 리처드 에델만 회장은 창업주인 덴 에델만의 장남으로 미국 사립명문 고등학교인 필립스 엑시더를 거쳐, 하버드에서 경제학과와 비즈니스 스쿨을 다녔다.

자료: 조선일보.

2 경영자의 역할

역할이란 조직의 어떤 위치나 직위에 있는 사람이 수행해야 할 일련의 임무나 행동을 말하는 것으로서, 경영자의 역할(managerial role)이란 경영자가 목표달성을 위하여 어떻게 일을 수행할 것인가를 다루는 것이다.

민츠버그(H. Mintzberg)는 경영자가 어떻게 시간을 소비하며, 일을 수행하고 있는가를 실증적 자료에 근거하여 설명하고 있다.[14] 그는 어떤 계층의 경영자를 막론

[그림 4-4] 경영자의 역할

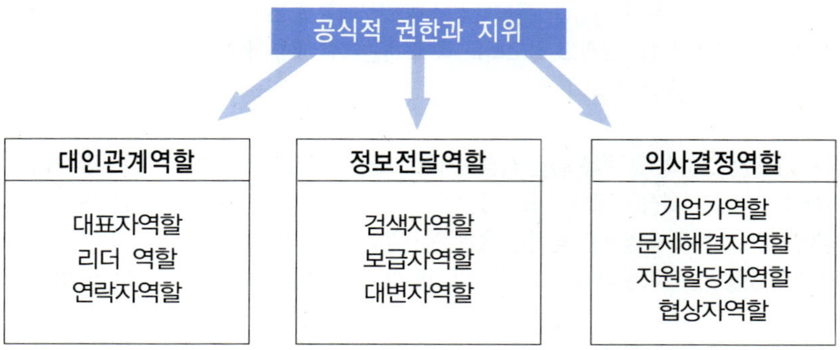

자료: Henry Mintzberg, "The Manager's Job: Folklore and Fact", *Harvard Business Review*, July–August 1975, pp. 49~61.

14) Henry Mintzberg, "The Manager's Job: Folklore and Fact", *Harvard Business Review*, July–August 1975.

하고 공식적 권한과 지위에서 비롯되는 대인관계 · 정보전달 · 의사결정 역할을 수행하고 있다고 주장하고 있다.

1) 대인관계 역할

대인관계 역할(interpersonal roles)은 사람들 간의 관계를 다루는 것으로서, 경영자는 대표자 역할, 리더 역할, 연락자 역할을 수행함으로써 다른 사람들과 직접적으로 관계를 유지하고 있다.

(1) 대표자 역할

대표자 역할(figurehead role)은 가장 기본적이고 간단한 것으로 경영자는 회사의 얼굴로서, 어떤 행사나 직무기능에 있어서 조직을 상징적으로 대표한다.

(2) 리더 역할

리더 역할(leader role)은 조직목표를 달성하기 위하여 부하의 활동을 지휘하고 조정하는 것을 말한다. 조직목표 달성을 위해서 부하를 동기부여하고, 종업원이 확신할 수 있도록 비전(vision)을 제시하는 역할이다.

(3) 연락자 역할

연락자 역할(liaison role)은 경영자가 조직외부의 사람들을 다루는 일로서, 외부인사에는 고객, 정부공무원, 소비자 및 공급자, 판매업자. 이해관계자가 포함된다. 여기서 경영자는 조직의 성공에 영향을 미칠 수 있는 이해관계자들과 협상하고 지원하는 역할을 수행한다.

2) 정보전달 역할

경영자는 대표자 및 연락자 역할을 수행하는 동안 많은 중요한 정보에 접촉할 수 있다. 이러한 접촉을 통하여 경영자는 사실상 조직의 신경센터(nerve center)가 된다. 정보전달 역할(informational role)에는 검색자, 보급자 및 대변자 역할이 포함된다.

(1) 검색자 역할

검색자 역할(monitor role)은 정보의 탐지, 수집 및 선별을 포함한다. 경영자는 조직에 영향을 미칠 수 있는 정보를 탐지하여 사용할지의 여부를 결정한다.

(2) 보급자 역할

보급자 역할(disseminator role)은 경영자가 부하들과 정보를 공유하는 것이다. 경영자는 통상적으로 정보에 접근할 수 없는 부하에게 필요한 정보를 전달해 주어야 한다.

(3) 대변자 역할

경영자는 조직외부의 사람들에게 회사의 공식입장에 관하여 정보를 전해 준다. 대변인 역할(spokesman role)의 중요성이 점차 증대하고 있는 것은 언론과 일반 대중이 보다 많은 정보를 요구하고 있기 때문이다. 많은 회사가 실제로 그러한 요구를 다루기 위하여 홍보실을 운영하고 있다.

3) 의사결정 역할

의사결정 역할(decisional roles)은 아마도 경영자가 해야 할 가장 중요한 역할이 될 것이다. 경영자는 조직의 방향 · 목표 · 전략을 의사결정하고, 종업원들은 그 결정에 따라 행동하게 된다. 기업가, 문제해결자, 자원할당자, 협상자로서의 경영자는 조직의 의사결정시스템의 핵심이 된다.

(1) 기업가 역할

기업가 역할(entrepreneur role)이란 경영자가 새로운 프로젝트나 사업계획을 어떻게 착수하고, 조직성과를 향상시키기 위해서 자원을 얼마나 투자할 것인가를 결정하는 것이다.

(2) 문제해결자 역할

문제해결자 역할(disturbance handler role)이란 경영자의 직접적인 통제 밖에 있는 문제나 환경변화를 다루는 의사결정이다. 전형적인 문제는 노동자의 파업, 주요 공급업자의 파산, 고객의 계약파기(breaking of contract) 등이 포함된다.

(3) 자원할당자 역할

자원할당자 역할(resource allocator role)이란 자금, 시설, 직원 및 시간 등의 자원에 대한 할당을 선택적으로 결정하는 역할이다. 경영자는 광고예산을 얼마나 배분할 것인가, 기존제품라인을 늘리는데 얼마만큼의 예산을 사용할 것인가와 같은 문제를 결정해야 한다.

(4) 협상자 역할

협상자 역할(negotiator role)이란 경영자가 개인이나 집단 간의 의견차이에 대해서 토론하고 합의에 도달하도록 교섭・협상하는 역할이다. 협상은 경영자의 목표를 공유하지 않는 사람이나 집단(예; 노조)을 다룰 때 특히 힘이 든다.[15)]

15) Don Hellriegel & John W. Slocum. Jr., *op. cit*, pp. 11~13.

c/h/a/p/t/e/r

05

제2부 기업과 경영관리

경영전략과 경영혁신

오늘날 기업을 둘러싸고 있는 경영환경은 과거 어느 때보다도 다양하고 변화가 빠르다. 즉, 첨단화를 지향하는 기술혁신, 국제화를 겨냥한 시장경쟁, 세계화 시대의 다양한 소비자의 욕구변화, 다양한 근로자들의 가치관 변화, 다원화 사회에서 분출하는 이해관계, 국제경제의 블럭화 현상 등은 일찍이 볼 수 없었던 사회환경의 변화들이다.

기업들은 이러한 환경변화 속에서 끊임없이 생존과 발전을 추구하고 안정을 유지하기 위해서 새로운 성장기회를 탐색하고 노력하여야 한다. 이렇게 변화하는 환경에 적극적으로 대응하기 위해서 기업들은 전략적 계획을 개발하고 실천하며 지속적인 경영혁신을 추진해야 한다.

경영자들은 경영전략의 개발과 경영혁신의 추진과정에서 기업의 이해관계자나 사회의 일반 공중의 이해관계를 고려하여 효율적인 경영활동을 위한 전략적 의사결정을 하게 된다. 다시 말하면 경영자들은 기업의 전략적 경영과정에 사회적·윤리적 환경과 공중의 요구에 적합화하지 않으면 안 된다.

이 장에서는 기업과 사회의 관점에서 경영자가 경영환경 변화를 극복하고, 기업의 안정과 성장을 위해서 반드시 수행해야 할 경영 의사결정, 경영전략, 경영혁신에 관하여 살펴보기로 한다.

제1절 경영 의사결정

인간은 누구나 매일의 생활에서 부단히 의사결정(decision making)과 문제해결(problem solving)의 상황에 직면하게 된다. 특히 경영자는 매일 전개되는 경영활동의 여러 상황에서 크고 작은 의사결정을 하게 된다. 경영자의 의사결정은 조직의 목표를 합리적으로 설정하고 효율적으로 달성하기 위해서 계획·조직·지휘·통제의 관리직능을 수행하는 과정에서 반드시 필요한 행동이며, 조직의 모든 계층에 있는 경영자들이 그들의 직능을 효율적으로 수행하기 위한 중요한 역할인 것이다.

이와 같이 의사결정은 집단의 성과와 효율성을 결정하는 가장 근본적인 요소로서, 흔히 조직경영의 생명과정(life process)이라고 불리고 있다.[1)]

1) Andrew D. Szilagyi, Jr. and J. Wallace, Jr., *Organizational Behavior and Performance*, 4th ed., Glenview and Company, 1987, p. 361.

사회적 경영사례

미래 경영전략 구축

피터 슈워츠 미국 글로벌비즈니스네트워크(GBN) 회장은 국저적으로 저명한 미래학자이자 경영전략가이다. 특히 경영전략 시나리오 분야에서는 독보적인 위치를 차지하고 있다. 미국 컨설팅업계로부터 "창의적인 시각으로 미래를 내다보며 불확실성을 최대한 낮출 수 있는 능력을 가진 인물"이라는 평가를 받고 있다.

현재 그가 관여하고 있는 연구와 시나리오 작업은 에너지 자원과 환경, 기술, 금융서비스, 텔레콤, 미디어와 엔터테인먼트, 항공 우주, 국방, 교통 등 다양한 산업분야에 걸쳐 있다. 지역적으로는 수년내 많은 변화가 있을 것으로 예상되는 아시아・태평양지역, 특히 중국에 많은 관심을 갖고 있다.

그는 민간기업 뿐만 아니라 각국 정부에도 미래전략을 자문해 주고 있다. 특히 싱가포르의 리콴유 전 수상의 경우 그가 입국할 때마다 직접 자신의 차를 내주는 등 각별히 대우해 주는 것으로 알려지고 있다.

슈워츠 회장은 경영자들이 많은 가능성을 생각해볼수록 실현가능성 높은 결단을 내릴 수 있다고 믿고 있다. 미래에 일어날 수 있는 일 가운데 가능성이 높은 것들을 골라 놓고 그에 따라 아주 구체적인 스토리를 만들어 보면 미래를 충분히 예측할 수 있다는 것이 그의 지론이다. 이 경우 경영자들은 이런 시나리오를 바탕으로 적중 가능성 높은 여러 가지 전략을 추진할 수 있다는 설명이다. 시나리오를 충분히 갖고 있어야 미래에 어떤 일이 일어나도 곧바로 대응할 수 있는 체제를 갖출 수 있고, 나아가 미래에 영향도 미칠 수 있다는 것이 그의 생각이다.

슈워츠 회장은 업계에서 직접 뛰며 미래전략으로 성과를 올리기도 했다. 지난 82년부터 4년간 세계적 석유회사인 로열더취셸 그룹에서 시나리오기획을 총괄했다. 모니터그룹코리아의 마킨 켈터 사장은 "슈워츠가 합류하기전 2, 3위에 그쳤던 로열더취셸이 그가 전략을 총괄하게 되면서 명실상부한 세계 최고 에너지 업체가 됐다"며 그의 능력을 높이 평가했다.

슈워츠 회장은 저작쪽에도 많은 관심을 보여 지금까지 시나리오 기획분야의 걸작으로 꼽히는 『*The art of long view*』 등 6권의 미래서를 썼다. 미래에 관한 명성 때문에 미래를 소재로 한 영화의 경우 그의 '감수'를 거치지 않은 것이 없을 정도다. 그는 흥미진진하고 열성적인 강연 스타일로 유명하다. 최근 방한했던 마크 폴러 모니터 그룹 회장은 "슈워츠는 미래에 가장 가까이 가 있는 인물중의 하나"라며 "엔터테이너로서의 기질까지 갖추고 있는 천재"라고 극찬했다.

피터 슈워츠의 시나리오기획 8단계론

1단계: 어떤 결정을 내려야 할지를 먼저 정하라
2단계: 그 결정을 좌우할 미시적 요소들을 열거하라(예산 등)
3단계: 영향을 미칠 거시적 요인들도 열거하라(경쟁상황, 나라경제 등)
4단계: 요소와 요인들을 중요도와 불확실성 정도에 따라 우선순위를 매겨라
5단계: 서너개 시나리오를 검토해 보고 그 중 하나를 택해 골격으로 삼아라
6단계: 그 골격 아래 가능한 한 상세히 살을 붙여라
7단계: 만약에 그렇지 않다면 하는 질문을 해보라
8단계: 변화방향을 나타내는 지표(signpost)를 찾아내라

자료: 한국경제신문.

1 의사결정의 정의

경영의사결정에 관한 정의는 여러 학자들에 의하여 다양하게 정의되고 있다. 헬리에겔과 슬로컴(D. Hellriegel and J. W. Slocum, Jr.)은 "의사결정이란 문제를 규명하고 정보를 수집하여 해결대안을 창출하며 행동방향을 선택하는 과정"이라고 정의하고 있으며,[2] 바톨과 마틴(K. M. Bartol & D. C. Martin)은 의사결정이란 "경영자가 조직의 문제를 찾아내고 이를 해결하려고 시도하는 과정"으로 정의내리고 있다.[3] 여기에서 "의사결정은 목표를 달성하기 위해서 여러 대안 중에서 최선의 대안을 선택하는 과정"이라고 이해하고자 한다.[4]

2 의사결정의 기본틀

경영자는 기본적으로 계획수립, 조직편성, 경영지휘, 경영통제의 관리직능을 수행하는 과정에서 의사결정을 하게 된다. 경영자가 의사결정을 내려야 할 상황은 경우에 따라 다양하기 때문에 의사결정은 문제의 유형과 해결대안의 유형에 따라 [그림 5-1]에서 보는 바와 같이 일상적 의사결정, 적응적 의사결정, 혁신적 의사결정으로 분류할 수 있다.

---

2) D. Hellriegel and J. W. Slocum, Jr., *Management*, 7th ed., Cincinnati, Ohio, South-Western College Publishing, 1996, p. 239.

3) K. M. Bartol & D. C. Martin, *Management*, New York: McGraw-Hill Book Co., 1991, p. 261.

4) George P. Huber, *Managerial Decision Making*, Glenview, Illiois: Scott, Foresman and Company, 1980, p. 9.

[그림 5-1] 의사결정의 기본틀

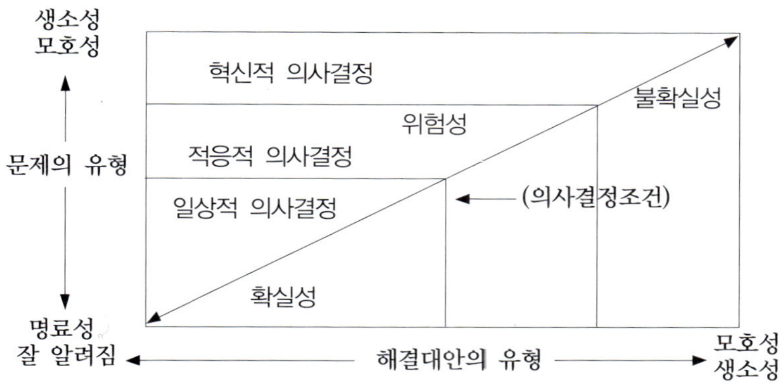

자료: D. Hellriegel and J. W. Slocum, Jr., *Management*, 7th ed., Addison-Wesley, New York, 1996, p. 244.

1) 일상적 의사결정

일상적 의사결정(routine decision making)은 내용이 분명하고 잘 알려진 문제와 해결대안에 대하여 일상적이고 반복적이며 정규적으로 이루어지는 의사결정이다. 이러한 의사결정은 조직 내에서 통상적으로 발생하는 문제이므로 과거의 경험과 데이터가 충분하여 의사결정의 방법이나 결과에 대해서도 예측이 가능하다.

2) 적응적 의사결정

적응적 의사결정(adaptive decision making)은 경영자가 결정하여야 할 문제가 다소 생소하고 애매하며 부분적으로 알려진 문제와 해결대안을 다루는 유형의 의사결정이다. 적응적 의사결정은 과거에 자기회사 또는 다른 기업에서 다루었던 문제해결이나 관행을 변형・수정하여 적응함으로써 의사결정을 수행한다.

3) 혁신적 의사결정

혁신적 의사결정(innovative decision making)은 문제 자체가 분명하지 않고 막연한 경우의 의사결정을 말한다. 즉, 생소하고 애매한 문제의 실체를 규명하고 진단하여 이에 대한 창조적인 해결책을 구상하는 것이다. 혁신적 의사결정에서 생소하고 막연한 문제에 대해서 독창적이고 혁신적인 해결대안을 탐색하기 위해서는 문제에 대한 정확한 진단과 창의적인 발상의 전환으로 해결방안에 접근하는 것이 필요하다.

혁신적 의사결정의 대표적인 예로 첨단기술을 개발하기 위하여 전문가 팀이 수년간 공동연구를 실시하는 과정에서 연구원들이 경험하는 의사결정을 들 수 있다. 또한 세계무역기구(WTO) 체제가 출범하고 국제 간의 무역규제가 사라진 세계화 시대의 경영자들이 국제경쟁에서 생존하기 위한 다각적인 전략개발에 관한 의사결정을 예로 들 수 있다.

제2절 경영전략

인간사회에서 변화는 자연적이고 불가피한 현상이다. 사회환경은 끊임없이 변화하고 있으며, 기업은 변화하는 사회환경에 적응하면서 생존과 번영을 추구하기 위해서 전략적 사고를 도입하고 있다. 경영자들은 신속하고 끊임없이 변화하는 환경에 적극적으로 대응하기 위해서 전략적 사고를 기초로 하여 계획을 수립하고 경영활동을 전개한다. 다시 말하면 전략적 경영은 기업이 지속적인 성장을 이룩하기 위해서 기업의 내외환경을 분석하고 환경에 적합한 전략적 계획을 수립하여 실천하는 것을 포함한다. 여기에서 경영전략의 형성과 경영전략의 수준, 경영전략의 유형에 관하여 살펴보도록 한다.

1 경영전략의 개념

1) 경영전략의 정의

전략은 일반적으로 '전략 = 목표 + 방법 + 자원'으로 등식화할 수 있다. 따라서 전략적 사고란 관습에 의해 지배되는 전통적인 사고를 격파하고 발상을 전환시켜 목표에 합당한 방법을 찾아 자원을 배분하는 혁신적 사고 또는 사고의 혁명(breakthrough thinking)을 말하는 것이다.

사회적 경영사례

일본 맥도날드의 방심

불과 1년 전까지만 해도 일본 맥도날드는 명실상부한 '디플레이션의 승자'였다. 불황이 계속되면서 호주머니 사정이 빠듯해지자 일본인들은 가격이 싼 패스트푸드점으로 몰렸다. 맥도날드는 평일에 햄버거 하나를 65엔에 파는 '평일 반액세일'을 선보이며 가격파괴 선풍을 일으켰다. 불황이 10년 이상 계속되고 일본 기업들이 최악의 실적을 거두는 와중에서도 맥도날드는 승승장구했다.

그러나 1년이 지난 지금 일본 맥도날드는 초상집 분위기이다. 재작년 170억엔의 흑자에서 작년에는 23억엔의 적자로 한순간에 굴러 떨어졌다. 29년 만의 적자다. 올해에는 영업이 안 되는 점포를 176개나 폐쇄할 예정이다. 도대체 불과 1년 동안에 이렇게 갑자기 경영이 악화된 이유가 무엇일까?

그것은 오만(傲慢)과 방심(放心)이었다. 작년 광우병 파동에도 불구하고 기복없는 실적에 고무됐던 일본 맥도날드는 올해 초 "이미 불황은 끝났고 더 이상 디플레이션은 없다"고 선언했다. "평일 반액세일로 고정고객을 확보했다"고 자신한 일본 맥도날드는 할인제도를 없앴다.

그러나 할인제도를 없애자 '이미 단골로 굳혔다'고 생각했던 고객들은 썰물처럼 빠져나가기 시작했다. 게다가 일본 맥도날드의 예상과는 반대로 불황과 디플레이션의 골은 더욱 깊어가기만 했다.

손님이 20%나 줄어든 후에 일본 맥도날드는 부랴부랴 전보다 더 싼 '59엔 햄버거'를 선보였지만 줄어들 때는 순식간이던 손님들이 다시 모이는 속도는 영 더디기만 했다. 게다가 값을 지나치게 내린 탓에 마진이 얼마 남지 않아 경영은 더욱 악화됐다.

일순간의 오만과 방심은 그릇된 판단을 낳고, 한순간의 판단 실수는 씻을 수 없는 큰 상처가 됐다.

자료: 조선일보.

전략(strategy)이라는 용어는 그리스어의 'Strategos'(將軍)라는 단어에서 유래된 것으로 여러 가지 의미로 사용되고 있다.

앤소프(H. I. Ansoff)에 의하면 "경영전략이란 변화하는 경영환경에서 기업의 유지와 성장을 위한 방향의 설정과 수단의 선택에 관한 의사결정"이라고 정의하고 있다.[5] 웨이리치와 쿤츠(H. Weihrich and H. Koontz)에 따르면 "경영전략이란 기업의 기본적인 장기목표를 결정하고 목표를 성취시키기 위하여 필요한 행동방향을 설정하며 자원을 할당하는 것"이라고 정의하고 있다.[6] 그러므로 경영전략은 목표지

5) H. I. Ansoff, *Corporate Strategy*, McGraw-Hill, 1965, p. 129.

향적・행동지향적・효율성 지향적이며 장기적이고 전체 조직적 경영활동에 관련되는 개념이다.

일반적으로 경영전략의 내용은 ① 제품구성의 변화와 같은 제품전략, ② 새로운 분야에 진출하여 업종을 변경・추가하는 다각화 전략, ③ 시설투자에 의한 경영구조의 변혁, ④ 관계회사의 체제 강화(계열사・집단화・자본제휴・기술제휴・인사교류 등), ⑤ 해외시장의 진출 등이 포함된다.

이러한 전략적 과제를 수행하기 위해서 경영전략은 다음의 세 가지 기능을 수행해야 한다. ① 기업의 내외 환경변화에 혁신적으로 적응해야 하는 환경적응 기능, ② 기업 전체를 하나의 시스템 개념으로 파악하는 시스템적 기능, ③ 기업의 목표지향적인 활동과 방향을 결정하는 경영자의 의사결정 기능이다.

2) 경영전략의 형성

경영전략의 형성은 전략적 경영과정에 있어서 경영환경의 기회와 위협을 분석하고, 기업의 강점과 약점을 판단하여 이들 환경요인과 기업요인을 중심으로 전략적 목표를 설정하고 정책과 방향을 결정하며 자원을 할당하는 과정을 말한다. 경영환경의 기회(opportunities)란 전략적 목표달성에 도움이 되는 유리한 환경조건을 의미하고, 위협(threats)이란 전략적 목표달성에 장애가 되는 불리한 환경특성을 일컫는다. 기업의 강・약점 분석은 기업의 성과분석, 전략평가, 조직진단, 경쟁우위성 분석 등의 측면을 분석하는 것을 말한다.

바람직한 경영전략의 형성은 외부환경과 기업내부요인을 분석・평가・예측하여 환경의 기회와 위협에 기업의 강점과 약점을 연결시키는 것이다. 기업의 외부환경과 내부요인(강약점)을 연결하여 경영전략을 형성하는 기법으로서 SWOT분석이 있다. SWOT분석은 외부환경의 위협(T)과 기회(O)를 조직내부의 강점(strength)과 약점(weakness)에 연결시켜 미래의 발전방향을 모색하는 전략형성기법이다.

외부환경(위협과 기회)과 내부경영(강・약점)을 이용한 매트릭스 분석을 통하여 [그림 5-2]에서 보는 바와 같이 네 개의 대안적 전략이 형성될 수 있다.

---

6) Heinz Weihrich and Harold Koontz, *Management*: A Global Perspective, 10th ed., New York, McGraw-Hill, 1993, p. 123.

[그림 5-2] 전략형성을 위한 SWOT Matrix

내부요인 / 외부요인		내부강점 S	내부약점 W
		관리 · 운영 · 재정 · 마케팅 · R&D · 엔지니어링 등 분야의 강점	관리 · 운영 · 재정 · 마케팅 · R&D · 엔지니어링 등 분야의 약점
외부기회 O	현재 및 미래의 경제적 여건, 정치 및 사회적 변화, 신제품 및 서비스 기술의 기회	SO 전략(Maxi–Maxi) 조직내의 강점과 외부의 기회를 이용하는 가장 성공할 수 있는 전략, 확대전략	WO 전략(Mini–Maxi) 외부기회의 강점을 살리고 내부의 약점을 극복하기 위한 개발전략, 우회전략
외부위협 T	에너지부족, 경쟁력 등 외부적 위기의 위협	ST 전략(Maxi–Mini) 위협을 피하고 대처하기 위한 재무적인 강점을 사용하는 전략, 안정적 성장전략	WT 전략(Mini–Mini) 삭감전략 · 청산 · 합작투자전략

자료: H. Weihrich and H. Koontz, *Management: Global Perspective*, 10th ed., McGraw-Hill, 1993, p. 175.

(1) WT전략(내부약점 · 외부위협)

위협과 약점을 최소화하기 위한 전략이다. 예를 들면 합작투자를 하거나 또는 회사를 축소하며, 경우에 따라서는 청산까지도 선택해야 하는 전략이다.

(2) WO전략(내부약점 · 외부기회)

약점을 최소화하는 대신에 기회를 극대화하려는 전략을 말한다. 그러므로 약점분야를 보완하여 강점으로 전환하기 위해서는 외부로부터 유리한 기술이나 인적자원을 도입하는 우회전략을 활용할 수 있다.

(3) ST전략(내부강점 · 외부위협)

조직내부의 강점으로 외부환경의 위협에 대응하는 전략이다. 이 전략의 목적은 내부의 강점을 극대화하고, 반면 외부의 의협을 최소화하는 전략이다.

(4) SO전략(내부강점 · 외부기회)

외부의 기회를 이용하기 위해 내부강점을 활용할 수 있을 때 가장 바람직한 전략이다. 실제 매트릭스상의 모든 위치에서 이러한 위치로 옮기는 것이 모든 기업의 목표이다.

이와 같은 SWOT 매트릭스를 이용하여 현재의 경영환경을 분석하고 미래의 환경변화 추세(기회 · 위협)를 예측하여 사업의 성공여부를 판단할 수 있고, 또한 자사가 보유하고 있는 조직상의 강 · 약점과 연계하여 분석함으로써 향후의 바람직한 경영전략을 형성할 수 있다.

2 경영전략의 수준

기업은 조직계층이나 직무기능에 따라 역할수행이 다를 뿐 아니라 전략형성의 범위도 차이가 있다. 경영자의 의사결정 수준과 범위에 따라 전략은 기업수준의 전략(corporate strategy), 사업수준의 전략(business strategy), 기능수준의 전략(functional strategy)으로 나누어진다.

기업수준의 전략은 최고경영층에서, 사업수준의 전략은 사업부문의 경영층에서, 기능수준의 전략은 생산 · 마케팅 · 재무부서 및 지역경영자 등의 의사결정층에서

[그림 5-3] 경영전략의 수준

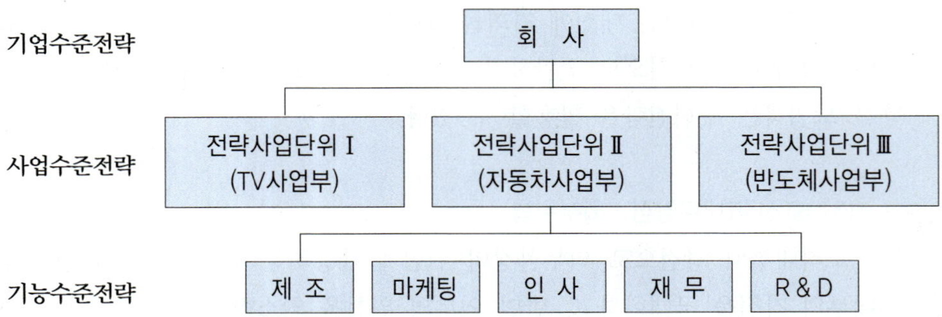

형성된다. 조직이 효율적으로 목표를 달성하기 위해서는 계층별로 달성해야 할 구체적인 전략이 필요하다. 즉, 효과적인 조직이 되려면 이와 같은 세 가지 유형의 전략이 필요하다.[7)]

1) 기업수준의 전략

기업수준의 전략은 기업 전체의 경영을 지배하는 가장 상위의 경영전략이다. 하위 시스템인 사업수준의 전략과 기능수준의 전략을 통합하는 전략으로서, 기업의 사명을 정의하고 활동영역과 자원배분을 결정한다. 기업수준의 전략에서는 "회사는 어떠한 사업분야에 관여해야 하는가" 또는 "각 사업분야에 회사의 자원을 어떻게 배분해야 할까" 등의 문제를 비롯하여 자원의 획득, 개발할 기술분야, 대상이 될 고객의 결정, 시너지 효과의 극대화와 같은 주요사항을 다룬다.

2) 사업수준의 전략

사업수준의 전략은 기업 내의 특정 사업에 대한 경영전략으로서 해당 사업의 경쟁적 위치를 강화하기 위해서 사업의 이익이나 운영을 분석하고 이를 토대로 경영전략을 수립한다. 여러 가지 사업을 영위하고 있는 조직은 전략사업단위(strategic business unit)[8)]를 설정하여 그에 따라 경영전략을 다루고 있다. 전략사업단위의 최고경영자들은, ① 기업이 경쟁우위를 어떻게 유지할 수 있으며, ② 핵심기능부서(생산 · 인적자원 · 마케팅 · 재무)가 어떻게 기업의 전반적인 효과에 기여할 수 있으며, ③ 각 기능부문에 어떻게 자원을 할당하여야 하는가에 대해 몰두하게 된다.

3) 기능수준의 전략

기능수준의 전략은 사업수준의 전략을 구체화하기 위해서 어떻게 사업수준의 전략을 지원할 것인가를 추구하는 전략으로서, 기능관리부문인 마케팅 · 생산 · 인사 ·

---

7) G. W. Hopper and D. Schendel, *Strategy Formation: Analytical Concepts*, West Publishing Co., p. 25.

8) 전략사업단위(SBU)란 기업의 핵심적 사업부문으로서 독자적인 전략을 형성하는 단일사업 또는 관련사업의 집합을 말한다. 즉, 각 전략사업단위는 자신의 명확한 사명과 또는 경쟁자를 가짐으로써 큰 조직내의 독립적인 전략을 갖는다.

재무 · 회계 · 연구개발 등의 부서가 취해야 할 행동의 틀을 제공한다.

이는 기업의 자원변환 과정에서 능률 또는 수익성을 극대화하는 것과 관련된 전략으로서, 각 부문에 대한 예산의 배분, 생산일정계획 수립, 직무활동의 감독 및 통제, 판매가격과 생산량의 결정, 재고수준의 결정, 마케팅 전략 수립, 연구개발, 시장개척, 새로운 시설확장, 새로운 인적자원 프로그램 등이 포함된다.

3 경영전략의 유형

경영전략의 유형은 조직계층을 중심으로 구분하여 경영다각화 정도에 따라 분류할 수 있다. 조직계층의 수준은 앞에서 설명한 바와 같이 기업수준 · 사업수준 · 기능수준의 전략으로 구분하고, 경영다각화 전략은 기업의 확장전략 및 축소전략으로 분류할 수 있다.

여기에서 경영다각화(diversification)란 회사가 생산하는 제품 및 서비스 종류의 수나 회사가 활동하는 시장의 수를 늘리는 것을 말하는 것으로서, 다각화의 목적은 매력있는 제품의 생산이나 수익성이 높은 새로운 사업에 진출하여 기업성장을 도모하는 것이다.

1) 기업수준의 경영전략

기업수준의 경영전략은 크게 성장전략[9](growth strategy)과 방어전략(defensive strategy)으로 구분하고 있다.

(1) 성장전략

① 전방통합

전방통합(forward integration)은 특정 회사가 고객이 수행하는 사업에 진출하는 전략이다. 예를 들면 제조회사가 판매회사를 설립 또는 인수하여 제품판매업을 영위하려는 확장전략을 말한다.

9) D. Hellriegel and J. W. Slocum, Jr., *op. cit.*, pp. 148~150.

② 후방통합

후방통합(backward integration)은 특정 회사가 공급업자의 사업에 진출하려는 성장전략이다. 즉, 공급업자의 사업을 인수하거나 새로운 사업을 착수하여 공급업자가 공급하던 제품이나 서비스를 생산·공급하는 방식의 전략이다. 예를 들면 자동차제조회사가 엔진이나 타이어 회사를 인수 또는 설립하여 운영하는 확장전략을 의미한다.

③ 수평적 통합

수평적 통합(horizontal integration)은 어떤 회사가 경쟁관계에 있는 회사를 인수·합병하려는 성장전략이다. 미국자동차 산업에 있어서 크라이슬러(Chrysler)회사가 경쟁관계에 있던 아메리칸자동차회사(AMC)를 인수한 경우나, 현대자동차회사가 기아자동차회사를 인수한 경우가 좋은 예이다.

④ 동심적 다각화

동심적 다각화(concentric diversification)는 특정 기업이 회사의 기술·시장·제품의 공통맥락에서 관련이 있는 사업을 인수하거나 착수하려는 성장전략으로 관련사업 다각화라고도 부른다. 일반적으로 동심적 다각화는 통합하려는 두 회사 간에 공통된 고객이나 유통경로, 유사한 기술이나 제품 또는 적합한 관리기술과 같은 공통성이 있어야 한다. 이 동심적 다각화의 사례는 국제 간의 합작투자기업(joint-venture)에서 흔히 찾아볼 수 있다.

⑤ 기업집단 다각화

기업집단 다각화(conglomerate diversification)는 특정 기업이 자사의 제품계열과 관련이 없는 비관련제품이나 서비스를 추가하는 기업수준의 확장전략으로서, 일반적으로 어떤 기업이 전략으로 새로운 분야의 다른 기업을 인수하거나 새로운 회사를 설립하는 것을 의미한다. 오늘날 대기업집단들은 흔히 이와 같은 비관련사업 다각화 전략을 추구하고 있다.

(2) 방어전략

① 긴축·우회전략

긴축·우회전략(retrenchment/turnaround)은 어떤 기업이 경기불황, 생산의 비능률, 강력한 경쟁자의 출현 등 경영여건의 악화로 인하여 심각한 이익의 감소에 직면하는 경우에 경영자가 단기간에 긴축경영을 단행하면서 위기상황에 대처해야 하는 전략이다. 긴축전략은 보통 비용절감이 투자축소로 이루어진다.

② 영업양도전략

영업양도전략(divestiture)은 어떤 사업의 전부 또는 주요 부분을 매각하기 위한 전략을 말한다. 경영자는 자사에 불리한 환경변화가 계속될 것으로 예측될 때 사업을 매각하기 위한 결정을 하게 된다. 영업양도전략은 자회사 매각(sell-off) · 분리설립(spin-off) · 사업분할(split-off) 등 세 가지 형태로 이루어진다.

③ 청산전략

청산전략(liquidation)은 사업의 일부 또는 전체를 처분하는 전략을 말한다. 청산전략은 기업주나 전략경영자가 경쟁을 극복하지 못하고 실패하였을 경우에 채택하는 전략이다. 이는 모든 이해관계자들의 손해를 극소화하기 위하여 장기적인 관점에서 고려하게 된다.

④ 수확전략

수확전략(harvesting)은 단기현금흐름(short-term cash flow)이나 단기이익을 높이기 위하여 시장점유율을 의도적으로 낮추는 전략을 말한다. 즉, 성장전략이 여의치 않을 경우 제품이나 SBU(전략적 사업단위)에 대한 현금화를 유도하는 전략이다.

⑤ 현상유지전략

현상유지전략(status quo)은 제품수명주기에 의존하면서 현재의 제품 및 시장수준을 잠정적 · 영속적으로 지속하는 것을 말한다. 이 전략은 무엇보다도 안정성이 강조되는 경우에 사용되는 전략이다.

2) 사업수준의 경영전략

사업수준의 경영전략은 기업 내 특정 사업의 경쟁적 우위를 확보하기 위한 전략적 결정으로서 대표적인 전략모형으로는 포터(M. E. Porter)의 본원적 전략모형(generic strategies model)이 있다.

포터는 본원적 전략을 ① 원가우위 전략, ② 차별화 전략, ③ 집중화 전략으로

세분하고 있다. 그에 의하면 경영자는 그 산업의 경쟁적인 동태성을 이해하여야 하며, [그림 5-4]에 있는 세 가지 전략 중 하나를 수용함으로써 산업 내에서 경쟁대상을 결정해야 한다는 것이다.

[그림 5-4] M. Porter의 본원적 전략모델

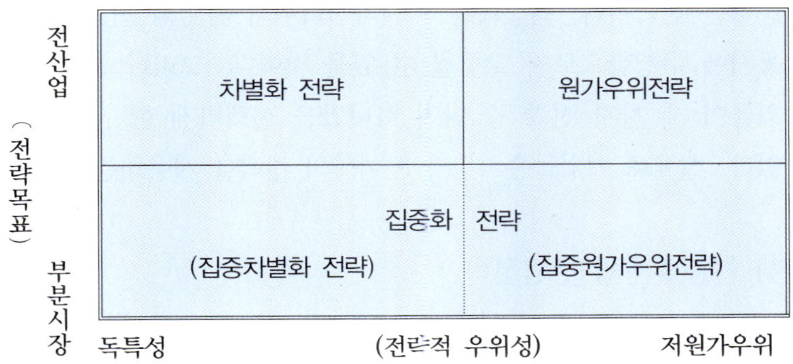

자료: M. E. Porter, *Competitive Strategy: Techniques for Analyzing Industries and Competitors*, New York, Free Press, 1980, p. 39.

(1) 원가우위전략

원가우위전략(cost leadership strategy)은 경쟁기업에 비해 원가상의 우위를 유지하려는 전략으로서, 기업이 단위당 원가를 최소화하고 판매가격을 낮춤으로써 판매를 극대화하려는 경쟁전략이다. 일반적으로 규모의 경제를 실현하고 생산성 향상을 위해서 생산 및 설비에 광범위하게 투자함을 의미한다. 이 전략은 상대적으로 높은 시장점유율과 원가절감 시설을 요구한다.

(2) 차별화 전략

차별화 전략(differentiation strategy)은 자사의 제품이나 서비스를 타사의 것에 비하여 다르게 인식하도록 하는 경쟁전략이다. 차별화의 기반은 품질, 성능, 디자인, 서비스 등 고객을 위한 주요 속성들이다. 성공적인 차별화는 기업의 제품이나 서비스가 우수하다고 믿는 고객의 상표 충성도(loyalty) 때문에 높은 가격을 책정할 수 있게 해준다.

(3) 집중화 전략

집중화 전략(focus strategy)은 특정 고객집단이나 특정 제품라인 또는 특정 지역시장을 집중적으로 공략하는 전략이다. 즉, 어떤 상품이나 서비스를 전체적인 사업에 맞추기보다는 특별한 부분시장(segment)이나 틈새시장(niche market)에 집중하는 전략이다. 집중화는 저원가전략이나 차별화 전략에 의해 또는 이 두 전략을 동시에 수행함으로써 달성될 수 있을 것이다. 그러나 포터의 경쟁전략은 각각의 사업들이 세 가지 전략 중 단지 하나만을 선택하게 한다는 점에 대하여 비판을 받고 있다. 실제로 기업들은 한 가지 이상의 전략을 사용하는 것이 일반적이기 때문이다.

3) 기능수준의 경영전략

경영조직은 기업의 목표달성을 위해서 인사·생산·마케팅·재무 등의 기능수준에 따라 경영전략을 형성하여 실천하고 있다.

(1) 인적자원전략

조직의 핵심요소는 인적자원이며 인적자원전략의 개발이야말로 조직 성패의 지름길이다. 특히 인적자원의 훈련과 개발, 평가와 보상은 인적자원전략의 중요한 과제들이다. 또한 노동조합과의 협상 및 관계개선이나, 장기적인 기업성장에 적합한 경영자의 육성계획 등은 인적자원전략의 핵심이 될 것이다.

(2) 생산전략

기업의 생산전략은 일반적으로 마케팅 전략에 기초를 둔다.[10] 마케팅 전략이 고급품질과 비싼 가격의 판매에 초점을 둔다면 생산전략은 당연히 품질에 초점을 두고 원가는 부차적인 조건이 될 것이며, 이에 따른 생산성 향상을 위한 전략을 탐색해야 할 것이다.

대부분 기업의 생산전략은 자동화·로봇화(robotics)에 초점을 두고 있으며, 특

---

10) Regis McKenna, "Marketing is Everything", *Harvard Business Review*, January–February 1991, pp. 65~75.

히 해외진출의 경우에는 원자재 또는 노동력이 저렴한 국가를 선택하여 보다 많은 이익을 창출하려는 전략을 구사하고 있다.

(3) 마케팅 전략

마케팅 전략은 회사의 전략적 목표를 달성하기 위해서 고객의 충성도를 확립하고 판매촉진을 강화하며, 적절한 가격결정을 선택하고 제품의 유통경로를 개선하며, 고객에게 어떠한 서비스를 제공할 것인가에 대해 광범위한 전략적 대안을 개발하고 실천하는 것이다. 이와 같이 마케팅 전략은 기업의 고객과 관련한 수많은 문제를 다루게 되는데, 예를 들면 제품 믹스(product mix), 시장위치, 유통경로, 판매촉진, 가격결정 그 밖에 법률적 · 문화적 · 전략적 이슈들이 포함된다.

(4) 재무전략

재무전략은 적합한 재무구조를 결정하고 자본의 투자수익을 극대화하는데 초점을 둔다. 적합한 자본구조를 결정하기 위해서는 보통주 · 우선주 · 장기부채를 어떻게 결합하여 필요한 자본을 저렴한 비용으로 조달할 것인가를 결정하고, 자산을 어떤 수준에서 관리할 것이며, 배당과 내부유보의 비중은 어떤 수준에서 결정할 것인가를 기업의 장기경영전략에 맞추어 결정해야 한다.

제3절 경영혁신

오늘날 기업들은 다양한 고객욕구의 변화, 치열한 기술경쟁의 격화, 무한한 시장경쟁의 세계화와 같은 경영환경의 변화에 대응하기 위한 전략적 방안으로 경영혁신을 선택하고 있다. 그러나 경영혁신은 그들이 직면한 문제상황의 특성에 따라 방법의 차이가 있을 수 있다.

경영혁신 기법은 크게 경영활동의 프로세스를 변화시키는 기법과 경영활동이 일어나는 틀인 조직구조를 변경시키는 기법으로 나누어 살펴볼 수 있는데, 이러한 경영혁신 기법은 전체 기업수준에서 응용되기도 하고, 특정 사업수준에서 적용되기도 하며, 또는 생산 · 마케팅 등과 같은 기능수준에서 활용되기도 한다.

사회적 경영사례

Y세대 "e메일로 잡아라"

- 美기업 新마케팅 눈길 -

미국 기업들의 'Y세대 공략'이 한창이다. '베이비붐' 다음 세대인 Y세대는 8~25세 사이로 미국 인구의 약 30%인 7천 1백만명에 달한다. 연간 구매력이 2천억달러(약 2백60조원)를 웃도는 거대시장이다.

하지만 이들을 공략하기는 쉽지않다. 잡지도 보지 않고 TV도 즐기지 않는 탓이다. 기업 마케팅담당자들은 그래서 '접근불가(Unreachables)세대'란 별명을 붙였다. USA투데이가 23일 보도한 Y세대공략 성공사례들은 그래서 눈길을 끈다.

- 감성적 유대감 형성 -

· Y세대 스스로 선택하게 만들어라 = 1996년 설립한 청량음료회사인 존스소다는 Y세대를 가장 잘 이해하는 회사로 꼽힌다. 창업자이자 CEO인 피터 반 스톨크는 "만일 Y세대들이 존스소다를 자신들이 찾아낸 상품이라고 생각하면 성공할 것"이란 확신을 갖고 회사를 세웠다. 때문에 판매도 Y세대들이 많이 찾는 서핑보드 스노보드 스케이트보드 매장에서만 했다.

그 결과 Y세대는 '갈증 때문이 아니라 존스소다를 들고 있는 것이 멋있어서' 이를 사기 시작한 것이다. 회사측은 또 Y세대와 '감성적인 유대감'을 맺으려 노력한다. 회사로 편지를 보내주는 고객들에게 CEO가 전화를 걸어준다.

· e메일을 활용하라 = Y세대 마케팅전문가인 수잔 와이트스피드는 Y세대를 '컴퓨터광들'로 규정한다. e메일이 가장 중요한 마케팅 수단이란 얘기다. 예를 들어 레코드회사인 아리스타는 베이비페이스란 인기그룹 CD를 출시하기전 e메일을 통해 "CD가 레코드 상점에 나오기 전에 미리 구입할 수 있는 기회를 제공한다"고 선전, 관심을 끄는데 성공했다.

- 대학 캠퍼스 공략 -

· 입소문으로 퍼지게 하라 = 소의 정액에서 추출한 것으로 소문난 에너지 음료 레드불은 그야말로 입소문으로 마케팅을 한다. 대학 캠퍼스의 학생대표들을 섭외, 멋진 스포츠카를 타고 젊은 층이 모여있는 곳을 찾아다니며 샘플을 나눠준다. '비싸지만 그래도 레드불을 들고 있어야 매력적'이란 인식을 확산시키는 전략인 것이다.

자료: 한국경제신문.

1 경영구조의 혁신기법

1) 리스트럭처링

리스트럭처링(restructuring)은 사업재구조화라고도 불리는데, 기업이 급변하는 경영환경에서 생존·성장해 나가기 위해 경영의 비전을 사업구조 차원에서 구체화하려는 경영혁신 기법으로서, 리스트럭처링 기법은 기업의 경쟁력 강화를 위해 사양화되어 가는 기존사업을 축소 또는 철폐하고 새로운 사업분야로 진출하여 사업구조를 재구성함으로써 변화하는 환경에 적극적으로 대처하는 경영전략이다.

리스트럭처링 기법은 조직의 경쟁력 제고 차원에서 기존 사업단위의 축소·철폐·통합·확대의 여부, 신규사업의 진출 여부, 주력사업의 선정 및 변경 등과 관련하여 어떻게 조정하고 구조화할 것인지를 다각적인 전략차원에서 결정하게 된다.

리스트럭처링은 사업구조의 개혁 없이 조직구조의 개편과 인력의 감축을 통하여 비대하고 복잡한 조직을 축소시키고 탄탄한 조직으로 개편함으로써 기업체질을 강화시킬 수 있다. 이러한 경영혁신 기법은 조직구조와 인력구성에 큰 변화를 가져오며, 그렇게 함으로써 조직을 활성화하고 기업의 경쟁력을 강화시킬 수 있다. 그러나 인력감축은 조직개혁의 가장 민감하고 고통스러운 부분으로 상당히 제한적이고 점진적으로 접근하는 것이 바람직하다.

2) 다운사이징

다운사이징(downsizing: 또는 減量經營)은 "조직의 비용을 절감하고 효율성을 향상시키기 위해 의도적으로 조직의 직무·부문·계층·인력 등의 규모를 축소시키는 과정"이라고 정의할 수 있다. 다운사이징은 크게 인력감축과 조직재설계의 두 가지 유형으로 나누어진다. 인력감축은 인건비 절감을 통한 효율성을 제고하기 위해서 종업원의 해고나 퇴직 등을 이용하고 있으며, 조직재설계는 직무의 효율성을 높이기 위해 조직계층 및 부서의 축소, 직무재설계, 조직통폐합 등을 시행하는 것을 의미한다.

다운사이징의 특성을 다음과 같이 요약할 수 있다.

① 다운사이징은 의도적인 조직혁신이다. 환경변화에 적응하기 위해 조직을 의도적으로 변화시켜 생산성을 향상시키려 한다.

② 다운사이징은 대부분 인력감축을 수반한다. 조직의 직무·계층·부서의 축소는 인력의 감축이 따르게 마련이다.

③ 다운사이징은 조직의 효율성 증대를 강조한다. 대체로 다운사이징은 조직축소·인력감축을 통한 경영혁신 기법이다.

3) 학습조직

경영자의 의사결정 성과는 궁극적으로 기회와 위협에 대응할 수 있는 혁신적인 지식능력에 달려있다. 과거에는 몇몇 경영자에 의하여 의사결정이 이루어지고 대부분의 구성원들은 경영자의 의사결정에 따라 단순 반복적으로 작업을 수행하고, 스스로 의사결정을 하거나 문제를 해결할 수 있는 학습능력을 갖추지 않음으로써 기업의 경쟁력을 확보할 수 없었다. 따라서 경영자들은 조직성과를 계속적으로 향상시키기 위해서 조직학습을 통해 경영환경에 적응하고 그 환경을 변화시킬 수 있는 의사결정능력을 향상시켜야 한다.

챙(E. W. Tsang)은 조직학습과 학습조직을 구분하여 설명하고 있다. 즉, 조직학습은 조직에서 일어나는 어떤 형태의 활동을 설명하는 개념이고, 학습조직은 어떤 유형의 조직학습이 일어나는 조직실체를 일컫는다. 즉, 학습조직은 이상적인 조직실체를 말하고, 조직학습은 학습조직을 이루기 위한 과정을 의미하는 것이다.

조직학습(organizational learning)이란 새로운 지식과 정보 그리고 통찰을 얻음으로써 조직의 행동을 변화시키는 과정이다.[11)] 구체적으로 조직학습은 종업원들이 조직의 효율성을 계속적으로 향상시키기 위해 의사결정을 할 수 있도록 조직과 환경을 이해하고 관리할 수 있는 욕구와 능력을 향상시키기 위해 경영자가 노력하는 과정이다.[12)]

학습조직(learning organization)이란 "조직의 미래를 창조할 수 있는 능력을 지속적으로 확대해 나아가는 조직"이라고 정의하고 있다.[13)] 다시 말하면 "학습조직이란 경영자가 개인 및 집단의 능력을 극대화하고 창의적으로 생각하고 행동하며

11) R. State "Organizational Learning: The Key to Management Innovation", *Sloan Management Review*, Spring, pp. 63~75.

12) P. M. Senge, *The Fifth Discipline: The Art and Practice of the Learning Organization*, New York: Currency Doubleday, 1990.

13) P. M. Senge, The Leader's New Work: Building Leaning Organization, *Sloan Management Review*, Fall 32(1), pp. 7~23.

조직의 잠재력을 극대화하려는 조직"이라고 할 수 있다.

4) 전사적 품질경영

전사적 품질경영(total quality management: TQM)은 고객만족을 실천하기 위해 전사적인 참여를 통하여 조직의 업무 프로세스와 시스템을 지속적으로 개선하는 통합적 혁신기법이라고 정의할 수 있다. 즉, 전사적 품질경영은 철저한 고객만족을 위하여 전 종업원이 품질의 계획과 통제에 적극적으로 참여하고 실천하도록 하는 경영혁신전략이다.

전사적 품질경영은 다음과 같은 세 가지 기본가정에서 추진되고 있다. 첫째, 품질은 고객에 의하여 정의된다. 둘째, 품질은 경영관리에 의해 달성된다. 셋째, 품질은 회사 전체의 책임이다.

또한 전사적 품질경영의 목표는 다음 네 가지로 요약할 수 있다.

① 제품 및 서비스의 보다 우수하고 안정적인 품질을 유지한다.
② 제품설계에서 고객인도까지 보다 빠른 시간에 달성한다.
③ 품질은 고객의 욕구변화에 대응할 수 있도록 유연성을 갖는다.
④ 품질개선 · 재작업 감축 · 불필요한 낭비제거를 통하여 비용을 감소시킨다.

2 경영 프로세스의 혁신기법

1) 리엔지니어링

리엔지니어링(reengineering)이란 "품질 · 원가 · 서비스 · 시간 등의 경영성과요소를 극적으로 향상시키기 위해서 직무과정(process)을 근본적으로 다시 생각하고 과감하게 재설계하는 방식"[14]이라고 정의할 수 있다. 다시 말하면 리엔지니어링 기법(business process reengineering: BPR)은 직무수행의 과정과 방법에 관련된 방침 · 절차 · 서식 · 결재 · 회의 등 모든 제도와 활동을 상세히 분석하여 불필요한

---

14) M. Hammer and J. *Champy, Reegineering the Corporation: A Manifesto for Business Revolution*, New York, Harper Business, 1993.

부분은 철폐하고 낭비적 요소는 제거하며 필요한 부분은 효율화시키는 경영전략으로서 기업의 업무과정 혁신이라고도 불린다.

리엔지니어링의 초점은 고객을 위한 가치창조를 겨냥하여 제품이나 서비스의 질을 높이고, 업무수행 과정을 간소화하여 서비스 시간을 단축시키는데 두고 있다. 따라서 리엔지니어링은 비용을 절감할 뿐 아니라 제품의 생산이나 업무처리 시간을 단축시키며, 소비자의 수요에 신속하게 대응할 수 있다. 이러한 결과는 고객만족으로 연결되어 빠른 기간에 생산성 향상, 불황극복, 경쟁력 제고를 가져오게 한다.

2) 벤치마킹

벤치마킹은 1970년대 미국의 제록스회사가 일본의 도전에 대응하기 위한 혁신전략으로 도입·활용한데서 비롯되었다. 벤치마킹(benchmarking)이란 지속적인 개선을 이룩하고 경쟁적 이익을 도모하기 위해서 기업의 활동과 기술 그리고 관리능력을 다른 기업과 비교하여 평가·판단함으로써 개선·개발하려는 혁신전략이다. 기업은 시장에서 자기제품이나 서비스의 경쟁적 우위성을 높이기 위해서 기업내부 프로세스에 경쟁개념을 도입하고, 경쟁기업의 프로세스와 비교하여 지속적으로 자사의 프로세스를 개선하려는 노력이 바로 벤치마킹의 본질이다.

벤치마킹을 실행하는 과정에서 가장 중요한 것은 지속적인 학습(learning)과 개선(improvement)을 실천해 나가는 것이다. 즉, 자사의 직무 프로세스와 유사한 프로세스를 가장 훌륭하게 수행하고 있는 우량기업을 표준으로 삼아 우량기업의 프로세스를 자사가 도입할 수 있도록 지속적으로 이해하고 학습하며 개선해 나가는 것이다. 이처럼 벤치마킹은 끊임없는 모방이나 학습을 통한 개선을 추구함으로써 고객에게 보다 나은 가치를 전달하고자 하는 대표적인 품질개선기법이라고 말할 수 있다.

벤치마킹은 기술혁신 또는 경영혁신 등 모든 분야에서 범용적으로 실행할 수 있으며, 언제나 우량기업의 경영활동을 기준이나 표준으로 설정함으로써 계속적인 실천이 가능한 기법이다. 그리고 성공적인 벤치마킹을 위해서는 최고경영자의 의지와 지원, 벤치마킹 대상기업의 접촉가능성, 프로세스에 관한 유능한 벤치마킹 팀, 지속적인 조사와 인내력 등이 반드시 필요하다.

3) 임파워먼트

임파워먼트(empowerment)는 경영자가 개인이나 팀에게 권한 · 책임 · 재량권을 위양하는 자율적 리더십을 의미하는 것으로서, 임파워먼트란 "경영자가 모든 종업원들에게 의사결정권한을 부여하고, 결과에 대해 책임을 지도록 하며, 품질을 개선하고 비용을 절감하도록 하는 과정"이라 할 수 있다.[15] 따라서 임파워먼트는 성취욕구, 소속감 그리고 자존심과 같은 인간의 기본욕구를 충족시켜 주며, 구성원들이 직무에 대해 긍정적인 감정을 가짐으로써 그들의 직무의욕과 잠재능력을 발휘할 수 있도록 한다.

임파워먼트는 다음과 같은 경영자의 효율적인 리더십으로 향상될 수 있다.

① 임파워먼트는 경영자가 전문적 지식을 가진 부하들을 지도하고 지원함으로써 그들의 직무수행 능력이 향상된다.
② 임파워먼트는 흔히 종업원들의 조직목표달성에 대한 직무몰입 · 동기부여 · 조직몰입을 향상시킨다.
③ 임파워먼트는 경영자들이 부하들의 일상적인 감독활동에 시간을 소비하지 않아도 되기 때문에 자신들의 고유 직므에 보다 많은 시간을 집중할 수 있게 한다.

4) 영기준예산편성

영기준예산편성(zero-based budgeting: ZBB)은 과거의 예산에 물가변동률을 조정하여 새로운 예산을 편성하던 종래의 방식에서 벗어나 조직이 미래에 실질적으로 달성가능한 목표를 세우고 이를 달성하기 위해 현실적인 예산을 편성하는 방법이다. 다시 말하면 전년도의 예산을 기준으로 일정률을 증감시켜 편성하는 예산이 아니라, 실현가능한 목표설정으로부터 이를 달성하기 위한 활동이 영기준(zero base)에서 출발하여 검토하고 평가하며 판단하여 예산을 편성한다.

또한 과거의 예산은 경영자가 일방적으로 편성하여 구성원들에게 전달하는 것이 일반적이다. 그러나 영기준예산편성에서는 실무자가 앞으로 목표달성을 위하여 발생할 것으로 예상되는 수익과 비용의 규므를 설정하여 예산을 편성하게 된다. 따라

15) D. Hellriegel and J. W. Slocum, Jr., *op. cit.*, p. 446.

서 과거의 자료는 예산편성에 아무런 도움이 될 수 없으며, 누구도 과거의 자료를 예산편성의 기준으로 사용하지 않기 때문에 모든 경영자는 목표달성을 위해 필요한 활동·인원·시설 등에 대해서 새로운 예산편성 자료를 정당화시켜야 한다.[16)]

16) K. M. Bartol and D. C. Martin, *Management*, New York, McGraw-Hill, 1991, p. 644.

c/h/a/p/t/e/r

06

제2부 기업과 경영관리

경영 세계화의 도전

세계경제는 하나의 경제권으로 점점 통합되고 있으며, 많은 기업들은 국경을 초월하여 사업을 확대하고 있다. 그러나 경영 세계화의 도전은 다양한 현지국가의 정치적 · 경제적 · 사회적 시스템의 장벽으로 인하여 험난한 해결과제를 안고 있다.

최근에 선진국의 다국적기업들은 상품의 수출입은 물론, 해외에 투자하여 회사를 설립하고 제품을 생산하여 세계시장에 제품을 공급하며, 현지 국가에 법인을 설립하여 원유, 광물자원, 목재 등의 자원을 개발하며, 은행 등 금융기업을 설립하여 투자활동을 전개하는 등 다양한 산업에서 적극적인 세계화 경영을 개척하고 있어 선진기업들의 세계화 현상이 더욱 가속화되는 경향이다.

세계화 경영은 기업의 활동영역을 국경을 넘어서 세계적으로 확대해 가는 것으로서 국내경영과 달리 훨씬 복잡하고 불확실한 환경에 직면하게 된다. 즉, 해외에서 경영활동을 수행하는 기업들은 전 세계의 경영현장에서 불가피하게 부딪치게 되는 세계적인 경제 · 정치 · 사회적 문제에 적응하지 않으면 안 된다.

따라서 기업이나 경영자들은 세계화 경영에서 어떤 문제들이 발생하고, 왜 이러한 문제들이 일어나며, 어떻게 그러한 문제들을 관리할 것인가를 이해하는 것이 결정적으로 중요하다. 이 장에서는 세계화 경영의 개념과 세계화 경영의 주체인 다국적기업의 활동을 탐색하고, 세계화 기업이 직면하게 되는 사회적 환경을 집중적으로 살펴보며, 경영 세계화의 성공을 위한 세계화 기업의 시민정신에 관하여 다루어 보기로 한다.

제1절 경영 세계화의 이해

세계무역기구(World Trade Organization: WTO)의 출범과 함께 세계는 경제적 국경이 사라지면서 선진기업들은 경영 세계화에 도전하기 위해서 세계시장을 향하여 생산 · 마케팅 · 투자활동의 거점을 해외로 옮기고 있다. 경영 세계화는 상품의 수출입은 물론 해외에 현지공장 또는 법인설립 · 운영, 해외시장 개척, 자원개발, 자본투자 등 다양한 세계화 경영전략을 구체화하고 있다.

경영 세계화는 국내경영과 달리 경영환경이 훨씬 복잡하고 불확실하며 시장을 예측하기 어려워 위험성이 높다. 경영자는 진출대상국의 사회적 환경요인과 국제무역기구 등의 환경변수를 깊이 이해하고 전문가의 자문을 받으며 계획 및 통제의 기능을 강화해야 한다.

1 경영 국제화의 이해

1) 국제경영의 정의

국제경영이 각광을 받기 시작한 것은 제2차 세계대전 이후로서, 학문의 역사가 오래 되지 않은 관계로 국제경영에 관한 정의도 통일되지 않고 있다. 로벅과 시몬즈(S. H. Robock and K. Simmonds)는 "국제경영이란 본질적으로 국경을 초월하여 수행하는 모든 기업활동에 관한 문제, 즉 제품·서비스·자본·생산기술 및 경영 노하우(knowhow) 등을 다루는 것"이라고 정의했으며,[1] 로빈슨(R. D. Robinson)은 "국제경영이란 2개국 이상에 걸쳐 전개되는 경영활동"이라고 설명하고 있다.[2]

오늘날 경영국제화가 국제정치 및 경제적 환경변화와 함께 해외시장 진출경쟁이 가속화되면서 국제경영의 중요성이 크게 부각되고 있다. 여기서 국제경영의 주체인 국제기업이란 다국적기업·초국가기업 등을 포함하는 넓은 의미의 개념으로서 2개국 이상의 나라에서 범세계적인 환경과 시각을 가지고 경영활동을 수행하는 회사를 의미한다.

국제경영은 국내시장만을 대상으로 기업활동을 수행하는 국내경영과는 큰 차이가 있다. 즉, 국제경영은 본국과의 법률적·경제적으로 다른 조건 하에서, 가치관과 생활습관이 다른 사람들을 대상으로, 지리적으로 먼 곳에서 경영활동을 수행하고 있으므로 비록 경영관행에 적용되는 경영원리와 원칙은 같다고 하더라도 그것이 구체적으로 적용되는 과정은 국내경영과 크게 차이가 있다.

---

1) S. H. Robock and K. Simmonds, *International Business and Multinational Enterprise*, 3rd ed., R. D. Irwin, 1983, p. 7.

2) R. D. Robinson, *International Business*, New York: Hoit, Rinehart & Winston, 1973, p. 1.

2) 국제경영의 특성

국제경영은 국내경영과 유사한 경영관리의 이론이나 원칙 그리고 기본방침이 적용되고 있다. 그러나 가장 두드러진 차이는 경영활동의 의사결정에 영향을 미치는 경영환경이 결정적으로 다르다는 것이다. 로빈슨은 국제경영과 국내경영을 구분하는 요인으로서 상이한 국가이념, 경제적 조건, 가치관 및 제도 차이, 지리적인 거리, 경제발전단계 그리고 시장을 구성하는 인구, 소비자 행동의 다양성 등을 제시하고 있다.[3]

이러한 상이한 경영환경에서 전개되는 국제경영과 국내경영의 차이점은 다음과 같다.

첫째, 국제경영은 전 세계시장을 대상으로 한다. 따라서 범세계 시장의 동향을 파악하고 이에 적응해야 한다.

둘째, 국제경영은 언어·종교·가치관·태도·관습 등 문화적으로 이질성을 갖는다. 따라서 문화적 차이에 따른 종업원의 행동과 소비자의 성향이 다르게 나타날 수 있고, 경영활동에 대한 인식의 차이 및 의사소통의 장애가 발생할 수 있다.

셋째, 국제경영은 전 세계를 기술과 노하우의 공급원으로 하고 있다.

넷째, 국제경영에서는 2개 이상의 통화가 개입하게 되므로 결제수단으로 사용하는 통화의 가치변동에 따른 위험도 관리하여야 한다.

이와 같은 국제경영은 국내경영에 비하여 경영활동의 직능별 관행이나 개념상의 차이는 없으나, 국제경영이 전개되는 사회적·문화적·정치적 환경의 차이에서 오는 외부환경 변수의 이질성을 극복해야 한다.

2 다국적기업의 이해

다국적기업(多國籍企業)이라는 용어는 1960년 릴리엔탈(D. E. Lilienthal)의 저서 『다국적기업의 경영』(*Management of Multinational Corporation*)에서 처음으로 사용되었고,[4] 그 이후 영어 표현으로 multinational corporation, multinational

3) *Ibid.*, pp. 19~21.

enterprise, multinational firms 등이 거의 같은 의미의 개념으로 혼용되고 있는 것이 현실이다. 우리나라에 있어서는 세계기업 · 국제기업 · 초국적기업 등으로 불리고 있으나 명확한 의미나 그 내용에 대해서는 통일적인 견해가 없는 것이 현실이다.

1) 다국적기업의 정의

릴리엔탈에 의하면 "다국적기업이란 본국에 본사를 두고 있으면서 동시에 다른 나라의 법률과 관습에 따라 활동하는 기업, 즉 1개국 이상의 국가에서 경영활동을 수행하고 있는 기업"을 의미하고 있다.[5] 또 부루크와 레머즈는 "다국적기업이란 최소한 2개국에서 주된 경영활동을 하고 생산과 서비스의 제공활동을 수행하는 기업"이라고 정의하고 있어 다국적기업의 개념을 기업활동 대상국이 2개국 이상이라고 하는 가장 넓은 의미의 개념으로 설명하고 있다.[6] 메이슨루저(J. Maisonrouger)는 다국적기업의 요건으로 ① 다수 국가에서 활동하고, ② 연구개발 및 제조활동을 통해 투자대상국가의 GNP성장에 기여하며, ③ 다수국적인에 의해 경영이 이루어지고, ④ 다수국적인에 의해 그 주식이 소유되는 것 등 네 가지를 제시하고 있다.[7]

다시 말하면 다국적기업은 다수국가에 투자하여 조직을 만들어 생산 · 판매활동을 전개하는 기업으로서, 경영자가 국제적인 시야에서 제품생산 · 시장개척 · 연구개발 등에 종사하면서 세계적 수준에서 인적 · 물적 자원에 대해 의사결정하고 관리하는 기업이다.

다국적기업의 해외지사는 독립적인 이익단위로 활동하고, 여기서 획득한 이익은 재투자하는 것을 원칙으로 하며, 경영계획의 지침은 본부의 종합적인 경영정책이나 전략 하에 통합 · 조정되고 있다.

---

4) D. E. Lilienthal, "Management of Multinational Corporation", in Melvlin Anshen and G. L. Bach(ed), *Management of Corporation*, 1960.

5) *Ibid.*, p. 119.

6) M. Z. Booke, and H. L. Remmers, *The Strategy of Multinational Enterprise: Organization and finance*, Pitman Publishing, Ltd., 1970, p. 5.

7) J. Maisonrouger, "Proceeding of the Conference on the Multinational Corporation in the State Department", *Mimeograph,* Washington D. C: Department of State, 14 February, 1969, pp. 17~18.

2) 다국적기업의 특징

다국적기업은 국가, 국적, 국경을 초월하여 범세계적으로 영업거점을 분산하여 경영활동을 수행하며 각 현지국의 국적을 갖는 현지법인으로 기업을 설립하게 된다.

다국적기업은 수 개국에 걸쳐 판매 내지 생산 거점을 가지고 국가적・정치적 환경에 구애받지 않고 세계적인 규모와 영역에서 사업을 운영하므로 국제적 생산 및 투자 그리고 유통의 주체가 되는 기업이라 할 수 있다. 즉, 범세계적인 국제 분업의 유형으로서 세계 각국에 자본의 일부 또는 전부를 지배하는 자회사 혹은 계열회사를 보유하고 있는 기업집단을 말한다.

이러한 다국적기업의 일반적 특성은 다음과 같이 열거할 수 있다.

① 다국적기업은 경영활동을 상이한 경제발전단계에 있는 2~3개국 이상의 국가에서 수행한다.

② 다국적기업은 연구개발, 생산, 판매 및 서비스 등의 경영전략에 관한 제반 의사결정을 종합적・통일적으로 수립하는 경향이 있다.

③ 다국적기업은 해외 자회사의 운영에 현지국 주민을 참여시키다.

④ 다국적기업은 일반적으로 각국에서 선임된 외국전문가나 본사 소재국의 경영진으로 구성되는 다국간 경영협의 및 조정기구인 다국적기업본부(multinational headquarters)를 설치하고 있다.

⑤ 다국적기업의 주식은 상이한 국적을 갖는 사람들에 의하여 분산되어 소유되고 있다.

⑥ 다국적기업은 보통 세계를 단일의 경제단위로 하여 경영활동을 수행할 수 있는 훈련된 유능한 경영자에 의하여 운영되고 있다.

⑦ 광범위한 제품분야와 다양한 사업분야에 걸쳐 다각화된 기업활동을 전개하고 있다.

요약하면 다국적기업은 경영전략에 있어서 현지화(localization)와 통합화(unification)의 두 가지 특징을 갖고 있다.

첫째, 현지화는 투자대상국의 기후조건・경제여건・내셔널리즘 등에 다국적기업의 활동을 조화시켜 나가는 것을 의미하는 것으로 투자대상국의 사정에 따라 제품

계획 · 생산체제 · 마케팅방식이 달라지며 분권적 관리를 도입하게 된다. 현지화를 촉진하기 위한 방안으로는 부품의 현지조달, 현지인 경영자 채용, 합작을 통한 현지자본 이용, 이익의 현지법인에 재투자 등이 있다.

둘째, 통합화는 범세계적 경영전략차원에서 가능한 한 제품의 표준화와 통일화로 마케팅 및 물류(logistics) 등의 전략을 공통적으로 적용하려는 것이다. 다시 말해서 생산의 국제화, 경영계획의 세계수준화 등을 통하여 세계시장에서 최적화를 이루고 있다.

제2절 세계화 경영의 독특성

기업이 세계화를 도전하는 첫 단계는 지리적 국경을 넘어 다른 나라에 진출하는 것이다. 다시 말하면 경영의 세계화는 현지국의 새로운 사회적 · 경제적 · 정치적 · 문화적 환경에 진입하는 것을 의미한다.

다른 나라에 진출한 기업의 경영자는 현지국의 정치경제와 사회문화를 이해하고, 현지 사회의 다양한 이해관계자의 요구나 이해관계를 고려하여 의사결정하고 행동을 결정하여야 한다. 예를 들면 현지국의 정치적 · 경제적 기본 자유권, 자유시장 정책수준, 인권침해 기준, 국민경제의 정도, 근로자의 권리 보장, 청소년 및 부녀자의 보호정책, 도덕적 정당성 원칙 등을 파악하지 않으면 원활한 경영활동을 수행하기 어렵다.

유능한 경영자는 기업이 위치한 지역사회의 광범위한 이해관계자와 긴밀한 접촉과 소통을 유지하면서 지역주민에게 일자리를 제공하고 경제적 이익을 증대시켜 줌으로써 실질적인 삶의 질을 개선해 주는 동시에 지역사회 개발에 참여하는 것이 관계개선의 지름길이 될 것이다.

1 세계화 경영의 개념

1) 세계화 경영의 정의

오늘날 많은 기업들은 이익극대화를 추구하기 위해서 자기 나라보다는 다른 여러 나라에서 경영활동을 수행하고 있다. 경제자유화와 시장개방화에 힘입어 세계화 경영이 급진전하고 있으며, 우리나라 기업들도 기업 규모의 신장과 함께 세계화 경영에 큰 관심을 기울이거나 진출하고 있다.

지난 반세기 동안 우리는 세계화와 유사한 용어로 국제화, 세계주의(globalism), 세계적 자본주의 등의 단어를 사용하여 왔다. 오늘날 수많은 기업들이 사업을 국제화하고 있으나 이를 세계화라고 할 수 없다. 국제화(internationalization)는 기업이 국제경영활동에 대한 인식을 높이고 다른 나라와 거래를 착수하는 과정이라고 할 수 있다. 경영국제화의 특징은 제품을 수출하고, 외국기업에 대하여 특허기술을 제공하며, 외국에 합작투자기업(joint venture)이나 자회사를 설립하여 운영하는 것을 포함한다.[8)]

세계화(globalization)는 많은 나라의 경제가 세계경제로 통합되는 전체 지구상의 경제적 통합을 의미하는 것으로서,[9)] 국경을 넘어서 자유롭게 상품이나 서비스, 자본, 사람의 이동을 가능하게 해 줌으로써 경제적 상관관계가 진행되는 과정이라고 말할 수 있다.[10)] 즉, 세계화는 국제무역이나 자본이동, 기술이전 과정에서 기술, 문화, 정치, 윤리의 확산을 동반하면서 세계경제를 통합하게 된다. 세계화 기업들은 먼저 본국에서 성공적으로 사업을 운영하여 생산한 제품과 서비스를 다른 나라의 구매자에게 수출하고 세계시장에 진출하여 다른 기업과 경쟁하게 된다. 세계화를 진행하는 기업들은 자신이 갖고 있는 원칙과 논리를 전 세계 여러 나라의 정치, 환경관리, 사회가치관, 경제제도 등에 직접·간접으로 영향을 미친다.

여기에서 국제화는 단순히 여러 나라가 다른 나라와 서로 협조하고 의지하는 것을 말하며, 세계화는 경제적 목적을 위해서 경제적 국경이 효율적으로 사라지는 것

8) P. Beamish, A. Morrison, P. Rosenweig & A. Inkpen(2000), *International Management: Text and Cases*, Boston: Irwin McGraw-Hill, p. 3.

9) H. E. Daly(2001), "Globalization and Its Discontents" *Philosophy & Public Quarterly*, vol. 21, No. 2/3 Spring/Summer, p. 17.

10) A. T. Lawrence/ J. Weber(2014), *Business and Society:* Stakeholder, Ethics, Public Policy, 14th ed., p. 117.

을 의미한다.

Business Week에 따르면 오늘날 세계화는 전 세계로 무역을 확대하고 공장을 이전하는 것으로부터 WTO, IMF, World Bank 같은 국제경제기구가 설정한 세계 경제 질서에 관한 규칙을 준수하는 모든 경영·경제활동을 포함하는 개념이다.[11) 따라서 세계화는 상업·기술·문화·정치의 교류를 통하여 세계를 통합하는 과정으로서 기업의 경영활동에 강력한 영향요인으로 되고 있다.[12)]

2) 경영 세계화의 과정

기업은 시장진출 전략에 따라 국내경영 또는 해외경영으로 구분하기도 하고, 기업이 활동하는 시장형태에 따라 국내기업 또는 세계화 기업으로 분류하는데, 대부분의 기업들은 설립 초기에 본사국에서 사업기반을 구축하여 생산시설을 설립하고 제품생산이나 시장개척에 성공을 거두게 된다. 국내 경영활동에서 이룩한 성공을 기초로 하여 생산한 제품이나 서비스를 해외시장에 공급함으로써 국제경영의 첫발을 내딛게 된다.

세계화 경영의 제1단계는 제품 및 서비스의 수출, 제2단계는 기술수출, 제3단계는 해외 사업진출, 제4단계는 세계적 사업활동으로 발전하였다.

여기에서 기업이 세계시장에 진출하여 경쟁하는 경영활동 방식을 다음의 몇 가지로 구분하여 설명하고자 한다.

첫째, 세계화 기업들의 본사국 생산시설에서 생산한 제품이나 서비스를 다른 나라의 세계시장 유통경로를 개발하여 외국의 구매자(buyers)에게 수출한다.

둘째, 어떤 기업들은 다른 나라의 세계화 생산기지에 생산시설을 설치하여 제품이나 서비스를 생산함으로써 본사국 제품보다 생산원가를 크게 절감하고 있다. 예를 들면 선진국 자동차회사들이 동유럽이나 동남아국가에 자동차생산 공장을 설립하여 많은 생산원가를 절감함으로써 세계화 시장에서 높은 가격경쟁력을 유지하고 있다.

셋째, 어떤 세계화 기업들은 본사국이나 현지국에서 생산하는 완제품의 원가절감을 위하여 외국의 여러 공급업자들과 하청생산계약을 체결하고 세계적인 공급체인

11) "Backlash Behind the Anxiety over Globalization", *Business Week*, April 24, 2000, p. 38.

12) J. E. Post, A. T. Lawrence & J. Weber, *Business and Society: Corporate Strategy, Public Policy, Ethics*, 10th., McGraw-Hill/Irwin, 2002, p. 477.

(global supply chain)을 개발하여 다양한 부품을 싼 값으로 조달함으로써 세계시장을 지배하고 있다. 예를 들면 세계적인 의류나 신발업체들은 해외의 하청공급 네트워크를 개발하여 제품설계는 프랑스나 이태리에서, 제품생산은 중국이나 인도에서, 제품판매는 유럽이나 미국 시장에서 전담하는 세계화 전략을 실현하고 있다. 이와 같이 세계화 기업들은 자재공급, 제품생산, 시장유통의 세계화 경영의 세 가지 요소를 해외의 하청시스템을 가동하여 해결하는 세계화 전략을 개발하고 있다.

3) 세계화의 경제기구

세계적 상업거래(무역)는 일련의 국제금융 및 무역기구의 지원과 협력으로 원활하게 수행되고 있다. 가장 중요한 기관으로는 세계은행(World Bank: WB), 국제통화기금(International Monetary Fund: IMF), 세계무역기구(World Trade Organization; WTO)가 있다.

세계경제가 확대되고 교류가 증가함에 따라 각국 경제의 세계적인 상호의존성이 증대되었다. 이에 선진국이 주체가 되어 각국의 공통적인 경제문제를 해결하기 위해 국제경제기구를 창설함으로써 세계경제와 기업활동의 발전에 활력을 주고 있다.

(1) WTO

세계무역기구(World Trade Organization)는 1995년 전 세계 국가 간의 무역에 관한 규칙, 즉 다자간의 무역규범을 결정하고 국제교역 질서유지를 위한 국제기구로 설립되었다. WTO는 우루과이라운드협상(UR)에서 GATT(무역과 환율에 관한 일반협정)를 대체한 국제기구로서, GATT체제에서 다루지 않았던 상품 및 서비스 무역, 지적재산권 보호 등을 포함시켜 다자간 무역질서 유지기능을 강화하였다.

WTO의 주요 목표는 자유무역을 촉진하고, 국가 간의 무역장벽을 제거하는 것이다. WTO 회원국들은 어떠한 이유로도 외국 제품을 배제할 수 없으며, 과학적으로 불안전한 제품으로 입증되지 않는 한 수입을 제한할 수 없다.

따라서 WTO의 출범으로 공산품의 관세 및 비관세 무역장벽이 철폐되거나 크게 완화되고, 금융·통신·운송·건축 등 각종 서비스의 교역이 자유화됨으로써 각국의 대폭적인 시장개방이 이루어졌고, 지적재산권이 보호되고 거의 모든 무역활동에 국가 간섭의 여지가 축소됨으로써 기업들이 세계시장에서 자유롭게 경쟁할 수 있는

'무한경쟁시대'를 맞게 되었다.

따라서 기업들은 국내시장에서 한층 치열한 경쟁을 감수해야 하는 대신에, 해외 시장에서는 보다 많은 사업기회를 갖게 되었다.

(2) World Bank와 IMF

세계은행(WB)은 제2차 세계대전이 종료되고 1944년 전쟁으로 파괴된 회원국에 경제개발 차관을 제공하고, 유럽 경제의 재건을 지원하기 위해서 설립되었다.

오늘날 세계은행은 경제개발 원조의 최대 금융기관으로서, 2011년에는 도로, 댐, 발전소, 인프라구조의 설립뿐만 아니라, 교육, 건강, 사회서비스를 지원하기 위하여 470만 달러의 차관을 제공하였다. 세계은행의 자금은 미국을 비롯한 금융 강대국의 대출과 투자로 조성되고 있다.

세계은행은 채무국 정부에 대하여 소비억제, 통화가치 절하, 수출증가, 금융시장 자유화, 임금감축, 농산물 가격보조금 칠회 등의 요구를 차관조건으로 엄격히 부과하고 있다.

국제통화기금(International Monetary Fund)은 세계은행의 자매 금융기구로서, 연합국이 세계통화 질서를 바로잡기 위해서 1944년 브레튼우즈 협정이 조인됨으로써 설립된 국제기구이다. IMF는 제2차 세계대전 이후 금본위화폐제도가 붕괴되고, 각국의 보호무역정책으로 환율이 불안하며 인플레이션의 진전으로 국제통화 질서가 위기에 직면함에 따라, 이를 극복하기 위해 미국과 영국을 비롯한 서방 선진국들이 통화에 대한 국제협력 증진, 국제무역의 확대, 통화의 자유로운 교환, 고용수준의 증대, 생산자원의 개발 등을 목적으로 출발하였다.

IMF의 기능으로는 각국의 환율제도의 운영과 정책에 대해 감시하고, SDR(특별인출권)의 창출, 기술지원, 국제수지 조정을 위한 신용 제공 등이 있다.

(3) OECD

미국은 제2차 세계대전 이후 유럽의 경제부흥을 위하여 마셜플랜(Marschall Plan)에 의해 대대적인 경제원조를 실시하였고, 마셜플랜의 지원기구로 1948년 OEEC(유럽경제협력기구)가 설립되었으나, 1961년에 발전적인 해체를 하고 OEEC 가맹국 18개국과 미국·캐나다·일본을 합쳐서 경제협력개발기구(Organization for Economic Cooperation and Development)가 발족하게 되었다.

OECD의 목적은 ① 고용증대 및 생활수준의 향상, ② 개발도상국의 경제성장에 기여, ③ 다각적 무역확대에 기여 등으로 요약할 수 있다. 또한 OECD의 주요활동으로는 경영정책의 조정, 무역문제의 검토, 환경문제의 대처, 개발도상국의 원조 등을 전개하고 있다.

어떤 기업도 WTO의 규칙을 어기고 국경을 넘어서 사업을 운영할 수 없으며, 개발도상국의 많은 기업들은 경영활력을 세계은행(World Bank)이나 국제통화기금(International Monetary Fund)의 대출금에 의존하고 있기 때문에 이들 세 가지 국제금융 및 무역기관은 세계화 경영을 위해서 매우 중요한 기능을 수행하고 있다.

4) 경영 세계화의 가속화

국가 간의 상거래는 15세기 초 유럽 국가들에 의한 아프리카, 아시아, 라틴아메리카의 개척과 식민지화 시기부터 20세기 초까지 몇 백년 동안 진행되었다. 그러나 실제로 제2차 세계대전 이래 지난 70년 동안 세계적 상거래는 세계경제를 근본적으로 변환시켰다. 전 세계에서 생산된 제품과 서비스의 ⅕은 국내시장이 아닌 다른 나라에 판매되고 있어 세계경제가 점점 통합되고 산출량의 많은 부분이 국경을 넘어 수출되고 있음을 의미하는 것이다.

초기의 교역은 대부분 제품수출이 차지하였으나 최근에는 여행, 보험, 금융, 정보서비스 같은 서비스산업의 세계화로 변화하는 추세이다.

세계화 경영의 가속화는 다음의 5가지 요인에 의하여 박차를 가하게 된다.[13)]

(1) 기술혁신

세계화 기업들은 고성능 소프트웨어, 인터넷, 광학섬유, 무선통신, 인공위성기술 등의 기술혁신(technological innovation)으로 전 세계에 퍼져 있는 종업원, 파트너, 공급업자들에게 실시간으로 쉽고 빠르게 통신을 교환할 수 있게 되었다.

(2) 운송시스템 개선

기업들은 항공, 고속철, 해양선박 등의 운송수단 시스템의 개선으로 제품이나 서비스를 외국으로 신속하고 값싸게 이동할 수 있게 되었다.

---

13) A. T. Lawrence / J. Weber(2014), *Businss and Society*, McGraw-Hill, 14th, p. 119.

(3) 초국가기업의 등장

자본력이 막강한 대형 초국가기업들은 소형 국내 기업들보다 국경을 초월하여 사업활동에 효율적으로 잘 대응하고 있다.

(4) 문화수렴(cultural convergence)

세계화 기업들은 대중문화의 확산을 이용하여 세계인류가 선호하는 애플 스마트폰이나 나이키 신발 같은 인기 제품의 수요를 진작시킨다.

(5) 사회 · 정치의 개혁

역동적 경제성장으로 새롭게 등장한 환태평양(Pacific Rim) 국가들이나 공산주의가 붕괴된 동유럽 국가들은 결정적인 사회변화를 거치면서 새로운 무역시장으로 개방되어 경영 세계화를 가속화시키고 있다.

예를 들면 세계적인 유명 상표를 자랑하는 Volkswagen, Renault, Audi 같은 유럽의 자동차회사들이나, Hyundai, Kia, Toyota 등 아시아의 자동차회사들은 세계 각국에서 자동차를 생산하여 전 세계시장에 공급하고 있다. 이러한 세계화 경영은 자유무역의 기틀에서 국제 금융기관들의 지원과 보호를 받으면서 경제활동에 박차를 가하고 있다.

2 경영 세계화의 장 · 단점

다국적기업들은 당초에 본국에서 사업을 착수하여 성장을 이룩하고, 그 성공을 기반으로 사업하기 좋은 환경조건을 찾아 다른 나라에 투자하여 생산거점을 옮기어 사업규모를 확장하고 있다. 현지국 진출의 사업조건으로는 일반적으로 원가절감, 소비시장 규모, 자원확보 용이, 자금조달 편의, 양질의 노동력 공급 등 우량한 사회환경을 들 수 있다. 그러나 어떤 국가도 우량한 모든 조건을 구비한 사회는 있을 수 없으며, 국가의 정치제도, 투자 원리금 회수 보장, 사회적 거부 등의 어려움도 고려해야 한다.

1) 경영 세계화의 장점

경영 세계화 지지자들은 많은 장점을 지적하고 있다. 첫째, 경영 세계화의 가장 중요한 장점은 경제적 생산성 향상이라고 주장하고 있다. 다국적기업들은 각 현지 국가들이 보유한 천연자원을 직접 활용하여 생산하기 때문에 제품이나 서비스 생산에 있어서 신속하게 생산성을 높일 수 있다.

예를 들면 어떤 나라가 많은 원유생산 능력을 보유하고 있으나 정유기술이 없는 경우에 정유기술을 가진 선진기업이 산유국에 진출하여 석유제품 생산시설을 설립하고, 석유 및 석유화학제품을 생산하여 세계시장에 값싼 제품을 신속하게 공급할 수 있다.

또 다른 나라는 철광, 석탄매장량을 보유하고 있는 경우에 선진 철강 제련기술을 보유한 기업이 현지국가에 진출하여 철강제품을 생산하여 자동차나 선박제조기업에 양질의 철강제품을 싼값에 공급함으로써 철강이나 자동차 및 선박생산 기업의 생산성을 높일 수 있으므로 세계경제 발전에 기여하게 된다.

이와 같이 생산 · 공급의 비교우위는 사용가능한 천연자원, 기술능력, 교육, 근로자의 생산경험, 생산인프라구조 등에서 이루어질 수 있으므로 세계화는 세계적인 분업에 의한 성과라고 할 수 있다.

둘째, 경영 세계화는 소비자를 위한 가격을 낮출 수 있다. 세계시장에 진출한 월마트(Walmart) 같은 다국적기업들은 전 세계에서 다양한 자재를 싼값으로 구입하여 소비자가 원하는 표준규격의 제품을 염가로 생산하여 생산원가를 절감함으로써 전 세계에 표준제품을 낮은 가격으로 공급할 수 있으므로 소비자 가격을 낮추고 있다.

셋째, 세계적 다국적기업들은 개발도상국에 투자기금을 제공하여 경제개발을 지원하고 있다. 다국적기업들은 투자와 함께 기술이전과 경영기법을 전수하며 종업원의 기술교육을 실시하여 경영 및 기술수준을 향상시키고 있다.

넷째, 세계무역은 민주주의와 자유주의를 확산시키는데 잠재적으로 지원한다. 미래학자 해몬드(A. Hammond)에 따르면 경영 세계화는 자유시장에 있어서의 경제활동이 정보접근, 자유경쟁, 시장환경에 따른 의사결정과 같은 자유주의 및 민주주의 사회 이념에 적합한 활동조건이기 때문에 민주주의와 자유주의에 대한 사상이 확산된다고 주장하고 있다.[14)]

---

14) Allen Hammond(1998), *Which World? Scenarios for the 21st Century*(Washington, DC: Island

2) 경영 세계화의 단점

경영 세계화는 세계경제 발전에 기여하고 있음에도 불구하고, 경영 세계화로부터 손해를 경험한 많은 사람들은 세계화의 매력이 없다고 비판하고 있다.

첫째, 경영 세계화는 직업 불안정을 가져온다. 다국적기업들은 외국의 값싼 노동력을 찾아 제조업 기반을 국경을 넘어 타국으로 이전하면서 본국의 근로자들을 해고하게 된다. 한편 본사국으로부터 수입한 제품이나 서비스를 현지국 시장에 대체하여 판매하므로 본사국 경제는 사무직, 전문직, 유통 및 판매직 근로자의 일자리를 잃게 된다.

둘째, 기업들은 정부나 법률적 규제가 느슨한 생산현장을 선택하므로 환경 및 근로기준이 취약할 수 있다. 기업들은 원가절감, 생산성 향상을 위하여 가장 저렴한 인건비, 낮은 환경보호 규제, 적은 직업병 내지 안전 규제, 적은 근로시간 및 인종차별 규제, 평화적 노동조합 활동 등의 산업위치(국가)를 희망한다.

셋째, 경영 세계화는 지역 및 국가문화를 쇠퇴시키고 문화적 · 언어적 · 종교적 다양성을 훼손시킨다. 예를 들면 세계적 무역거래는 세계인들이 마시는 콜라, 사용하는 iPhone, 또는 입는 청바지 같은 소모품을 전 세계에 동일한 규격으로 공급하므로 현지국가의 전통적인 의상이나 생활문화는 사라지고 세계화된 제품이나 생활문화가 지배하게 된다.

위에서 논의한 경영 세계화의 장점과 단점을 〈표 6-1〉과 같이 요약할 수 있다.

〈표 6-1〉 경영 세계화의 장 · 단점

경영 세계화의 장점	경영 세계화의 단점
1. 경제적 생산성의 증대	1. 직업 불안정성의 원인
2. 소비자 물가의 인하	2. 환경 및 근로기준 약화
3. 개발도상국의 경제개발을 위한 외국투자기금을 제공한다.	3. 현지국의 가장 우대받는 기업이 환경 및 사회적 목표를 조장하는 정책으로 그 나라를 방해한다.
4. 기술이전	4. 지역 및 국가문화를 쇠퇴시키고, 문화적 · 언어적 · 종교적 다양성을 훼손시킨다.
5. 민주주의 및 자유주의 확산, 군사적 충돌 감소	5. 독재정치에 친화적

Press, p. 30.

결론적으로 경영 세계화는 세계경제 전반에 유익한 장점을 제공하는 동시에 많은 개인과 지역에 따라 손상을 일으킬 가능성이 있다. 따라서 기업, 정부, 사회가 도전할 과제는 모두에게 세계화의 장점을 확대하고 세계화의 역효과를 완화하는 방법을 찾는 것이다.

제3절 세계화 기업의 시민정신

기업이 점차 경영 세계화를 확대하면서 그들은 세계 속의 여러 사회와 더 많은 상호작용을 하게 된다. 세계화 기업의 시민정신은 기업의 사회적・환경적 책임에 대한 공약을 세계 속의 관행으로 실천하는 것이다. 세계화 기업의 시민정신은 이해관계자와 긍정적 관계를 유지하고, 사회봉사를 위한 사업기회를 발굴하며, 재무성과만을 추구하던 관심을 재무적・사회적・환경적 성과로 통합하는 비전으로 변형하도록 한다.[15] 기업은 시민정신에 관한 책임을 충족시키기 위해 효율적인 구조와 과정을 설정하고, 기업의 노력과 결과를 평가하며, 기업의 사회적 성과를 공중(public)에 공개함으로써 사회적 인식 변화에 도전하도록 하는 것이 중요하다.

1 세계화 기업의 시민정신 개념

1) 세계화 기업의 시민정신 정의

세계화 기업의 시민정신(global corporate citizenship)이란 조직의 사회적・환경적 책임에 대한 공약을 지역이나 국가가 아닌 세계 속의 관행으로 집중하는 것을 말한다.[16] 기업의 시민정신은 점점 범위가 세계로 확대되고, 무역거래의 세계적 특성을 반영하고 있으며, 전 세계적 사회문제 인식이 명료해지고 있다.

15) B. W. Altman and D. Vidaver-Cohen(2000), "A Framework for Understanding Corporate Citizenship", *Buiness and Society Review*, Spring, pp. 1~7.

16) A. L. Lawrence / J. Weber(2014), *Business and Society: Stakeholders, Ethics, Public Policy*, McGraw-Hill, 14th ed., p. 138.

21세기 들어 선진 세계화 기업 리더들은 세계화 기업의 시민정신은 복잡하면서도 필수적이라고 강조하고 있다. 그것은 세계시장에서 신속하게 변화하는 환경정보에 쉽게 접근하여야 하고, 다양한 이해관계자들의 높은 수준의 기대는 경영자로 하여금 전반적인 사업계획의 일환으로 통합된 세계화 경영전략의 설정을 강요하고 있기 때문이다.

경제정보연구소(The Economist Intelligence Unit)가 566개 회사의 최고경영자를 대상으로 기업시민정신의 개념에 대하여 조사한 결과에 따르면 기업시민정신은 장기적인 기업의 건전성을 위해 점점 중요성이 증대되고 있으며, 응답자의 74%는 효과적인 기업시민정신이 회사의 이윤향상에 도움이 될 수 있다고 응답하고 있다.[17]

보스턴대학 연구센터(Boston College Center)의 연구보고서는 세계화 기업의 시민정신에 관하여 포괄적으로 정의하고 있다. 즉, 세계화 기업의 시민정신이란 법률과 공공정책, 이해관계자 기대, 회사의 가치관이나 사업전략에서 자발적 행동으로 인정하는 회사의 사회적·정치적·경제적 책임을 확인하고 분석하며 대응하는 과정이다. 따라서 기업시민정신은 기업이 무엇을 어떻게 행동하여 성취할 것인가를 포괄하는 개념이다.[18] 위의 세계화 기업의 시민정신의 정의는 다음에 열거하는 주요 내용들을 포함하고 있다.

① 기업과 경영자는 모든 이해관계자들에게 책임감을 갖는다.
② 기업시민정신이나 책임은 법률적 요구사항 이상을 충족시켜야 한다.
③ 기업시민정신은 회사가 이해관계자의 기대에 초점을 두고 대응하며, 기업의 가치관과 사명에 일치하는 자발적인 행동에 책임을 다하여야 한다.
④ 기업시민정신은 회사가 이해관계자들에게 약속한 것에 대하여 행동하고 의사결정하는 과정과 구조를 포함한다.

〈표 6-2〉에서 세계화 기업시민정신의 핵심원칙을 열거하고 있다.

17) "Corporate Citizenship: Profiting from a Sustainable Business", The *Economist*, November 2008.
18) J. E. Post(2000), "Meeting the Challenge of Global Corporate Citizenship", *Center Reseach Report*(Chestnut Hill, MA: Boston College Center for Corporate Community Relations, p. 8.

〈표 6-2〉 세계화 기업시민정신의 원칙

기업시민정신의 원칙

선량한 기업시민들은 모든 사업계획을 윤리적 방식으로 수행하도록 노력하고, 모든 이해관계자의 요구에 균형을 유지하도록 합의하며, 환경보호를 위해 노력한다.

기업시민정신의 원칙은 다음 사항을 포함한다.

Ⅰ. 윤리적 기업행동

1. 이해관계자와의 관계에 있어 공정하고 정직한 관행으로 종사한다.
2. 모든 종업원에 대한 고도의 행동기준을 설정한다.
3. 최고경영층이나 이사회에 윤리적 관리 감독행동을 훈련한다.

Ⅱ. 이해관계자 공약

4. 모든 이해관계자의 이익을 위한 회사경영을 노력한다.
5. 이해관계자와 순수한 대화를 착수하고 유지한다.
6. 대화를 존중하고 실행한다.

Ⅲ. 지역사회

7. 기업과 지역사회의 상호관계를 촉진한다.
8. 기업이 사업체를 운영하고 있는 지역사회에 투자한다.

Ⅳ. 소비자

9. 소비자의 권리를 존중한다.
10. 우수한 품질의 제품과 서비스를 제공한다.
11. 진실하고 유용한 정보를 제공한다.

Ⅴ. 종업원

12. 가족적이고 친구 같은 작업환경을 조성한다.
13. 책임 있는 인적자원관리를 공약한다.
14. 종업원들에게 공정한 보상 및 임금체계를 제공한다.
15. 종업원들과 개방적이고 유연한 커뮤니케이션을 제공한다.
16. 종업원 개발에 투자한다.

Ⅵ. 투자자

17. 경쟁력 있는 투자수익을 위해 노력한다.

Ⅶ. 공급업자

18. 공급업자들과 공정거래 관행을 유지한다.

Ⅷ. 환경공약

19. 환경에 대한 공약을 발표한다.
20. 지속가능한 경제개발에 대한 공약을 발표한다.

자료: Kimberly Davenport, "Corporate Citizenship: A Stakeholder Approach for Defining Corporate Social Performance and Identifying Measures for Assessment", 1988, doctoral dissertation, Fielding Graduate University ; A. T. Lawrence / J. Weber(2014), *op. cit.*, p. 141.

2) 세계화 기업시민정신의 중요성

기업경영에 있어서 세계화 기업시민정신은 어떠한 유리한 보상을 얻을 수 있는가? 세계화 기업이 지역사회나 이해관계자들에게 시간, 돈, 노력을 투자할 때, 그 기업은 높은 평가와 합법성 등의 형태로 보상을 받게 된다.

최근의 연구자들에 의하면 세계화 기업이 시민정신 프로그램을 성실히 이행하는 것은 연구개발(research and develdpment: R&D) 투자나 광고비 지출보다 효과적이라고 주장하고 있다. 그것은 시민정신 프로그램이 국가적 장벽을 극복하고, 세계화를 촉진하며, 현지 특혜를 획득할 수 있는 무형자산(intangible assets)을 창출하기 때문이다. 여기에서 무형자산이란 돈으로 환산할 수 없는 우량기업으로서의 평판, 신뢰관계, 고객충성심 등을 말하는 것으로서, 기계시설, 건물, 현금, 원자재 같은 유형자산(tangible assets)에 비유되는 말이다.

이러한 관점에서 세계화 기업들이 기업시민정신 활동을 선택하는 것은 합법성을 창출하고, 신뢰적 평판을 획득하며, 경쟁적 우위성을 높이는 중요한 공헌요인이 되기 때문이다.

가드버그와 폼브런(N. A. Gardberg and C. Fombrun)에 따르면 세계화 기업시민정신 활동이 중요한 것은 그 기업이 사업을 전개하는 사회적 환경에 적합한 측면 때문이다. 즉, 기업의 박애정신에 대한 공공의 기대, 사회적 환경위험의 관리, 근로자 권리 등이 국가나 지역에 따라 다양한 차이가 있으므로 기업의 시민정신 형태가 공공의 기대에 가장 적합하게 결합할 때 시민정신 활동을 위한 전략적 투자에 대한 최대의 이익이 나타나게 된다고 주장하고 있다.[19)]

결론적으로 전 세계에서 경영활동을 확대하려는 기업들은 이익을 극대화하고, 모든 이해관계자의 저항으로 인한 위험을 최소화할 수 있는 방식으로 행동하여야 한다. 세계화 기업의 성공을 위한 행동요체는 현지국가나 지역에서 합법성을 확보하고, 이해관계자들의 기대를 충족시키기 위한 노력을 통하여 기업운영의 인증을 확보하고 유지하는 것이다.

---

19) N. A. Gardberg and Charles Fombrun(2006), "Cprporate Citizenship Creating Intangible Assets across Institutional Environments", *Academy of Management Review*, 31, no. 2. pp. 329~346.

3) 세계화 기업의 시민정신 관리시스템

세계화 기업은 시민정신을 실천하기 위한 경영관리 과정과 구조를 설정해야 한다. 회사는 시민정신 기능을 효과적으로 수행하기 위해서 어떻게 조직구조를 구성할 것인가를 결정해야 한다. 그리고 기업시민정신 관리시스템의 목표가 기업의 사회적 책임과 시민정신을 회사의 가치관, 문화, 운영, 모든 조직계층의 경영의사결정에 통합하는 것이 중요하다.

기업은 사회적 책임이나 기업시민정신 문제를 확인하고, 평가하며, 전체 조직의 사회적 가치를 통합하기 위해서 조직구조개발을 담당할 최고경영층위원회를 구성함으로써 관리시스템 창출의 제1단계를 완성하는 것이다.

여기에서 주목할 중요한 사항은 회사가 세계화 기업시민정신 관리구조를 설계함에 있어 어떤 여건에서도 보편적으로 적응할 수 있는 유일최선의 방식은 있을 수 없으며, 다양한 환경요인의 특성에 따라 조직구조와 과정은 차이가 있다는 것이다.

기업시민정신은 많은 조직에 있어 관리관행이 신속하게 변화하는 분야이다. 따라서 어떤 기업은 광범위한 기업시민정신 기능의 리더십을 집중하기 위해서 직무기능을 하나의 기업시민정신 부서로 집중화하고 있고, 다른 기업은 다양한 사회적 환경요인에 따라 쉽게 적응할 수 있도록 각 분야의 과제를 여러 전문기능부서로 분산하는 조직구조를 선택하고 있다.

그러나 최근의 동향을 살펴보면 세계화 기업시민정신의 노력은 지역사회 관계, 박애주의, 이해관계자 업무, 사회적 관계의 감사 및 보고, 기타 기능을 단일 부서로 통합하는 경향이 있다.

2 세계화 기업시민정신의 단계

회사는 단기간에 선량한 기업시민으로 변화할 수 없으며, 상당한 과정을 거치면서 우량한 기업시민으로 성숙될 수 있다. 기업시민정신은 많은 기업들이 경영세계화 과정에서 직면하는 많은 장애와 장벽을 제거하고 해결하면서 성숙된다. 기업시민정신은 조직 내부와 외부의 이해관계자들과 거래관계 · 이해관계를 경험하면서 일상적인 태도와 행동이 학습되고 개발되며, 새로운 정책과 행동 프로그램이 설계되고, 새로운 관계가 형성되는 과정을 거치게 된다.

보스턴대학의 세계화 기업시민정신연구센터는 여러 기업의 실무경영자 수백 명을 대상으로 실시한 면접조사 결과를 기초로 세계화 기업시민정신의 5단계모델을 개발하였다. 각 기업들의 시민정신은 전형적으로 연속되는 5단계를 거치고 있으며, 각 단계는 〈표 6-3〉에서 보는 바와 같이 시민정신 내용, 전략적 목적, 리더십, 구조, 문제관리, 이해관계자 관계, 투명성으로 특성화되어 있다.

〈표 6-3〉 세계화 기업시민정신의 5단계

	시민정신 내용	전략적 목적	리더십	구 조	문제관리	이해관계자 관계	투명성
1단계 초기단계	일자리, 이윤, 세금	법률적 순응	말뿐인 호의	혹사된 직원의 한계	방어적	일방적	측면적 보호
2단계 예약된 단계	박애정신, 환경보호	기업경영 인정	사업지구내 후원자	직무상 소유권	정책반응적	상호작용적	공중관계
3단계 혁신단계	이해관계자 관리	기업상황 혁신	상위에 있는 집사	교차기능 조정	프로그램 대응	상호 영향력	공중에 보고
4단계 통합단계	재무・사회・환경 성과지속	가치통합 제안	앞에 있는 챔피언	조직적 제휴	시스템 사전 구축	파트너십 동맹	확신
5단계 변형단계	조직변화	시장창출, 사회변화	환상적 전망 제시	주요사업 박차	분명한 입장정리	다각화 조직	완전 공개

자료: P. H. Mirvis and B. K. Googins(2006), *Stages of Corporate Citizenship: A Developmental Framework*, Center for Corporate Citizenship at Boston College Monograph (Chestnut Hill, MA: Boston College), pp. 3~5.

① 초기단계(제1단계)는 기업시민정신의 미개발단계로서 경영자가 사회문제에 관심을 두지 않으며, 회사는 법률에 순응하여 방어하고, 어떤 위협이 있을 때 반응하는 단계이다. 이해관계자와의 커뮤니케이션은 회사가 이해관계자에게 일방적으로 이루어진다.

② 예약된 단계(제2단계)는 회사가 전형적으로 공중의 기대변화를 인지하고, 경영활동의 허가를 얻음으로써 유지할 수 있는 것으로 이해하는 단계이다. 예약된 기업은 근로기준이나 인권보호 같은 공식적 정책을 적용하게 된다. 기업은 이해관계자와 상호작용하면서 그들의 소리를 청취하며, 박애주의적 기부행위를 상향하고 특수한 환경목표를 공약한다.

③ 혁신단계(제3단계)는 조직이 새로운 공약을 수행하기 위한 능력이 부족하다는 사실을 인지하고, 구조적 혁신을 촉진하는 단계이다. 각 부서들은 업무를 조정하고, 새로운 프로그램을 시작하며, 회사는 이해관계자들에게 회사의 노력을 보고하기 시작한다. 외부집단들은 더 많은 영향력을 행사하려 하므로 기업은 시민정신 이행의 필요성을 전적으로 이해하게 된다.

④ 통합단계(제4단계)는 회사가 통일된 주도권을 구축하는 것이 필요하다는 사실을 인식하는 단계이다. 예를 들면 거대한 발전소나 자동화 시스템을 건설하는 다국적기업들이 위로는 최고경영층으로부터 아래로는 여러 국가에 진출해 있는 현장의 일선관리자에 이르기까지 통합적인 환경유지 프로그램을 주의 깊게 논의하여 조정하고 있다. 한편 통합적 업무를 집행하는 기업들은 세 가지 기본업무 대책(재무, 사회, 환경)을 채택하기 위하여 외부감사를 실시하고 이해관계자들과 파트너십을 구성하도록 노력한다.

⑤ 변형단계(제5단계)는 기업이 미래지향적 통찰력 있는 경영자를 선임하여 기업의 목적의식이 투철하도록 동기부여한다. 경영자들은 사업을 통하여 동일 산업 내의 다른 조직이나 개인들과 광범위하게 파트너 관계를 유지하고, 나아가서 국경을 넘어 광범위한 사회문제를 교류하고 협의토록 한다.

세계화의 기업시민정신 5단계 모델을 개발한 연구자들은 개별 회사가 직면한 도전의 특수성을 반영하여 기업시민정신의 개발과정을 조정하여 진행될 수 있다고 주장하고 있다. 이를테면 회사가 제5단계에 감사를 실시하여 감사결과를 사회보고서에 공표할 수 있고, 제3단계에 이해관계자들과 서로 영향력을 행사하면서 상호작용을 유지할 수 있다. 그러나 세계화 기업시민정신의 기본적 차원들은 기업이 직면한 특수한 도전을 반영하는 방식이 서로 연결되어 있기 때문에 정상적인 과정을 거치면서 발전하게 된다.

3 세계화 기업시민정신의 평가

세계의 기업들은 기업시민정신에 대한 책무를 확대하고 있으며, 그들은 시민정신의 실행 성과와 결과를 평가하기 위한 능력을 개선해 나아가고 있다. 사회적 감사

(social audit)란 조직의 사회적 · 윤리적 · 환경적 성과를 체계적으로 평가하는 것을 말한다.[20)]

사회적 감사에 있어서 회사의 성과는 외부에서 요구하는 일련의 표준과 비교하여 평가하는데, 감사결과는 회사의 성과를 개선하고, 이해관계자들이나 공중매체에 의사소통하는데 사용된다. 따라서 기업은 사전에 기업시민정신에 대한 표준을 설정하고, 그 표준과 비교하여 시민정신의 이행정도를 평가하며, 그 평가결과를 이해관계자와 대중매체에 보고하게 된다.

1) 세계화 기업의 사회 및 환경 감사표준

기업들은 정부가 세계화 기업의 시민정신을 촉진하기 위하여 최근에 창안한 기준에 따라 사회적 감사에 있어서 기업시민정신 표준이 공급업자나 파트너 등에 대한 실제 시민정신 활동과 비교될 수 있는 대책이나 지표를 설정하도록 개발한다. 사회적 감사는 기업이 어떤 활동을 수행하였는가 뿐 아니라 활동의 결과까지도 확인하게 된다. 예를 들어 어떤 회사가 그 지역의 학교 교육 프로그램을 지원했다면 감사에서는 교육 인원과 시간뿐만 아니라 학생들의 시험성적과 사회적 반응까지도 평가해야 할 것이다.

감사표준은 세 가지 방식으로 창안될 수 있다. 첫째, 회사가 공급업자나 사업파트너를 위한 성과기대를 설계하여 이를 감사표준으로 개발할 수 있고, 둘째, 어떤 산업에 속해 있는 회사는 그 산업의 공통된 감사표준을 수용할 수 있으며, 셋째, 감사표준은 세계적 비정부조직(NGO)이나 표준설정조직이 개발한 감사표준을 응용할 수 있다.

세계화 기업시민정신의 실현성과를 평가하기 위하여 많은 세계적 기구들이 감사표준을 개발하였다. 여기에서 Global Reporting Initiative, the Institute of Social and Ethical Accountability(ISEA), United Nations Global Compact, The International Organization for Standard(ISO 26000)에서 각각 개발한 사회적 · 환경적 감사표준을 〈표 6-4〉와 같이 요약하여 소개하기로 한다.[21)]

---

20) The concept of a social audit was first introduced in H. R. Bowen(1953), *Social Responsibilities of the Businessman*, New York,: Harper.

21) A. T. Lawrence / J. Weber(2014), *Business and Society*, McGraw-Hill, p. 148.

〈표 6-4〉 세계화 기업의 사회적 · 환경적 감사표준

	Global Reporting Initiatlve	ISEA AA 1000	United Nations Global Compact	ISO 26000
개발연도	1997	1999	1999	2010
활동영역	경제 · 환경 · 사회대책 지속성,	조직의 책임감 · 지속성 지원, 저탄소 녹색경제 강조	기업운영원칙: 인권 노동 환경	7가지 사회적 책임 주제
관리기구	다수 이해관계자위원회, 기술고문위원회 설치	ISEA의 기업회원, 비영리단체, 학계, 자문기구	UN 사무총장, 세계문제 네트워크, ILO, 이해관계자 집단	ISO기술관리위원회 실무위원
참가자	기업, UN, 인권단체, 환경 노동 단체, 산업협회, 정부	다수 이해관계자 회원	기업, 노동단체, 시민단체(NGOs)	ISO 회원국, 공공단체 및 민간단체
자금지원	재단설립, 회사, 네덜란드 정부	회원단체 소득, 연구단체, 재단	각 정부 · 재단의 자발적 협찬	ISO회원 회비, 지원자 후원금

자료: A. T. Lawrence/J. Weber(2014), *Business and Society, Stakeholders, Ethics, Public Policy*, 14th ed.., McGraw-Hill, p. 148.

〈표 6-4〉에서 요약하고 있는 감사표준들은 내부적으로는 회사의 장기적인 경제적 이익을 위해서 실행하고 있으며, 외부적으로는 환경이나 이해관계자들을 위한 사회적 이익에 초점을 두고 각 기업들이 자발적으로 집중하고 있다. 대부분의 이해관계자들은 세계화 기업들이 세계적 사회감사표준을 활용할 것을 기대하고 있기 때문에 많은 세계화 기업들은 사회감사표준을 주요 사업의 전략적 계획의 기본 프로그램에 통합하여 운영하는 경향이다.

2) 사회적 감사의 실행

기업이 사업운영의 사회적 감사에 대하여 위에서 살펴본 세계적 표준에 따라 실시하기로 검토한 다음에는 감사를 실행하기 위한 방법과 절차를 확정해야 한다. 우선 회사는 감사를 담당할 감사자를 채용하여 훈련시켜 내부 직원으로 하여금 실시하는 내부감사를 선택할 것인가, 또는 외부 전문기관과 계약을 체결하여 그들이 감사를 수행하도록 하는 외부감사를 선택할 것인가를 결정하여야 한다.

(1) 내부감사

내부감사(internal audit)는 기업이 직원을 채용하여 훈련시켜 감사전문가로 양

성하여 감사를 실시하는 경우로서, 회사가 모든 감사과정을 통제하고 관리할 수 있는 장점이 있다. 즉, 회사는 감사담당자를 회사의 방침이나 목적에 부응하여 훈련할 수 있고, 회사가 감사에 필요한 사항을 준비할 수 있으며, 노출된 문제에 대하여 회사가 즉시 학습하여 시정할 수 있다.

그러나 이해관계자들은 회사가 호의적인 측면에 대해서 감사를 실시하고 유익한 보고서를 발표한 것으로 인식하기 때문에 내부감사 결과를 믿으려 하지 않는 단점이 있다.

(2) 외부감사

외부감사(external audit)는 회사가 외부의 전문감사기관과 감사계약을 체결하고 회사의 사회적 문제에 관한 감사를 위임하여 실시하는 감사로서, 감사기관은 회사나 회사의 임원과 특수한 이해관계 없이 업계의 객관적 사회문제의 감사표준에 따라 독립적으로 감사를 수행하기 때문에, 이해관계자들은 외부감사의 감사결과에 대하여 객관성과 신뢰성을 인정하는 장점이 있다. 그러나 감사를 받은 회사는 감사결과에 대한 상세한 정보를 즉시 받을 수 없으며 감사의 품질을 직접 통제할 수 없는 단점도 있다.

회사는 감사를 통하여 적절한 감사정보를 수집하여 활용할 수 있고 앞으로 어떻게 사회적 문제에 대응할 것인가를 결정할 수 있게 된다. 예를 들면 세계화 기업의 감사결과에서 미성년자를 고용하고, 환경공약을 위반하며, 인종차별적 고용관행이 적시되었다면 이는 이해관계자들의 기대에 어긋나는 중대한 사회문제로서 이해관계자들과 긴밀한 협의를 통하여 문제를 시정해야 할 것이다.

(3) 사회 및 환경감사 보고

기업은 사회적 감사보고서를 통하여 감사과정에서 수집된 정보가 공표되게 된다. 많은 기업들은 감사결과의 공표에 따라 기업경영의 투명성을 인정받기도 하고 반대로 사회적 · 환경적 문제가 노출됨으로써 기업평판의 손상을 받기도 한다.

여기에서 투명성(transparency)이란 사회적 감사결과가 유리창과 같이 완벽하게 명료한 상태를 말하는 것으로서, 회사는 경영의 재무적 · 사회적 · 환경적 감사결과를 이해관계자들에게 명확하고 공개적으로 보고함으로서 투명성을 실현하는 것이다.

최근의 사회적 감사보고 추세는 법률적으로 요구되는 재무제표 보고와 함께 사회적 · 환경적 정보를 하나의 보고서에 통합적으로 보고하는 경향이다. 이와 같이 기업의 사회적 성과보고는 삼중최종선(triple bottom line)이란 용어로 접근하고 있다. 여기에서 최종선(bottom line)이란 용어는 흔히 회사가 결산하여 작성한 재무제표의 마지막 줄에 표시하는 비용공제 후 당기순이익을 일컫는 말이다. 최근에 세계화 기업들은 이해관계자들을 위한 연간 재무보고서에 재무성과뿐만 아니라 사회적 · 환경적 영향까지 삼중최종선 보고서에 포함하여 공표하고 있다.

결과적으로 삼중최종선 보고서(triple bottom line report)는 이해관계자들에게 기업의 지속적인 발전과 유지를 확인해 주고, 종업원과 지역사회에 긍정적인 사회활동 성과를 극대화하며, 이해관계자, 직원, 고객, 공급업자, 지역사회 등의 이익에 관하여 회사의 경제적 성장과 번영을 극대화하기 위해서 공표하는 것이다.[22)]

22) A. T. Lawrence / J. Weber(2014), *op. cit.*, p. 154.

제 3 부

기업의 이해관계자

c/h/a/p/t/e/r

07

기업의 내부 이해관계자

기업은 다양한 유형의 개인·조직·사회집단과의 복잡한 관계를 유지하면서 경영활동을 수행하고 있다. 다시 말하면 어떤 기업도 사회의 다른 이해관계자와 거래나 협력 없이는 생존할 수 없기 때문에, 기업의 경영활동 과정에서 다각적인 사회집단과 거래관계를 형성하게 되고, 그들과의 거래양상에 따라 다양한 형태의 이해관계가 성립하게 된다.

거래관계는 본질적으로 거래의 한쪽이 유리한 이익을 얻게 되면 다른 한쪽은 불리한 손해를 보게 되므로 양측은 서로 유리한 입장이나 유익한 거래를 유지하기 위해서 상호 영향력을 주고받는 갈등관계에 있게 된다.

따라서 경영자는 경영활동을 원활하고 효율적으로 수행하기 위해서 이해관계집단의 이해를 조정하여 그들이 만족할만한 거래조건을 약속함으로써 기업의 경영활동에 적극적으로 참여하고 협력적으로 노력하도록 하여야 한다.

이해관계집단은 기업의 경계를 기준으로 하여 내부 이해관계자와 외부 이해관계자로 구분되고 있으며, 기업과 사회의 연구에 있어서 기업을 자본과 노동이 경영에 직접 참여하는 생산주체로 인식하여 종업원과 자본가를 기업의 내부 이해관계자로 분류하여 살펴보도록 한다.

제1절 기업의 이해관계자 이해

기업의 이해관계자는 회사의 의사결정이나 정책 및 운영에 영향을 미치고, 기업으로부터 영향을 받는 개인이나 집단을 일컫는다. 우선 기업의 목적은 말할 것도 없이 주주를 위하여 많은 이익을 창출하여 장기적으로 기업의 시장가치를 극대화하는 것이다. 그러므로 기업은 주주의 이해관계에 집중하여 최우선으로 행동을 결정해야 한다.

한편 기업은 사회적 가치를 창출하여 광범위한 공중의 목적을 위하여 공헌하여야 한다. 다시 말하면 종업원의 전문성을 개발하고, 소비자를 위한 신제품·신기술을 혁신하며, 모든 이해관계자의 이해관계를 고려하여 의사결정하고 경영활동을 수행하여야 한다.

여기에서 이해관계자는 거래적 이해관계자와 비거래적 이해관계자로 구분할 수 있는데, 전자는 자본을 투자한 주주나 채권자, 노동력을 제공하고 임금을 받는 종업원, 원자재나 에너지를 제공하는 공급업자, 제품이나 서비스를 판매·유통하는 판매(도소매)업자 등이 포함되며, 후자는 직접적인 거래관계는 없으나 기업의 경영활동에 간섭하고 통제하려는 영향력을 행사하기도 하고, 기업의 활동으로 인하여 영향을 받기도 하는 개인이나 집단으로서, 지역사회, 정부, 비정부조직(NGO), 언론매체, 기업지원단체, 경쟁자, 공중집단 등이 포함된다.

경영자는 거래적 이해관계자의 거래조건이 재화와 서비스의 거래과정에서 회사운영의 비용과 원가에 직접적으로 영향을 미치게 되며, 비거래적 이해관계자는 직접적인 거래관계는 없으나 회사의 성공과 실패에 결정적인 영향력을 행사할 수 있으므로 그들의 요구와 기대를 주의 깊게 분석하여 대응하는 것이 중요하다.

1 이해관계자의 개념

1) 이해관계의 의미

이해관계자(stakeholder)의 정의를 이해하기 위해서는 먼저 이해관계(stake)에 대한 의미를 설명하는 것이 필요하다. 여기서 이해관계(interests)란 사업(거래)에 있어서 얻게 되는 이익(interest)이나 몫(share)을 의미하는 것으로서, 거래관계에 있어서 어떤 것에 대한 권리를 주장하거나 요구하는 것을 말한다.

예를 들면 어떤 기업의 소유자나 주주는 그 회사에 대한 소유권을 주장할 수 있고, 이익배당을 요구할 수 있는 권리를 갖는다. 또한 종업원들은 이유 없이 해고되지 않을 권리를 가지며, 소비자들은 안전한 제품의 생산을 요구할 수 있는 권리를 갖는다.

이와 같이 이해관계는 이해(interest), 권리(right), 소유권(ownership)의 세 가지 유형으로 구분할 수 있다.

첫째, 이해는 어떤 기업의 행동이나 의사결정에 의하여 개인이나 집단에 영향을 받게 되는 이익이나 손해를 말하는 것으로서, 예를 들면 어떤 공장이 폐쇄됨으로써 지역사회에 미치는 영향관계를 말한다.

둘째, 권리는 어떤 개인이나 집단이 어떤 방식으로 대우받거나 보호받기를 요구할 수 있는 법률적·윤리적 권리를 말하는 것으로서, 예를 들면 고객이나 채권자가 보호받을 수 있는 법률적 권리, 종업원이 사생활을 침해받지 않을 권리, 공정하고 정당하게 대우받을 권리 등을 말한다.

셋째, 소유권은 어떤 개인이나 집단이 투자한 자본이나 자산에 대하여 법률적 권리를 갖는 것을 의미하는 것으로서, 예를 들면 주주가 출자한 지분에 대하여 회사의 소유권을 주장하거나 배당을 요구할 수 있는 권리를 말한다.

사회적 경영사례

정부규정을 지켜야 하는가? 지키지 말아야 하는가?

나는 지난 4년동안 매년 여름휴가와 크리스마스 휴가 기간에 Gilman제지회사 공무부에서 일하고 있었다. 대학등록금을 마련하기 위해 일하면서 나는 많은 의문스런 행동을 목격하였다. 가장 눈에 띄는 문제의 하나는 안전규정을 준수하는 일이다.

작업안전건강청은 작업자가 출입제한구역에 들어가기 전에 출입허가서를 제출하도록 하고 작업자가 내부에 들어갈 때마다 산소부족이나 연소가스 탐지기를 설치하여 작동하도록 규정하고 있다. 제한구역은 지하탱크나 구덩이 같이 배기시설이 없거나 1.5m 이상의 깊은 지역으로 지정되어 있다.

작업자가 제한구역에 들어갈 때마다 출입허가서를 제출하도록 되어 있는데, 이를 작업자가 위반할 경우 징계를 받거나 해고될 수 있다.

나의 제한구역에 대한 여러 차례의 경험에서, 나는 이러한 방침이 작업자에 의하여 파기되는 것이 아니고 감독자에 의하여 파기되고 있는 것을 여러 차례 목격하였다. 그들은 가스탐지기의 사용이나 출입허가를 받을 책임이 있는데도 때로는 감독자나 작업자들이 제한구역에서 일하고 있다는 사실조차 잊고 있기 때문에 출입허가나 가스탐지기의 사용을 잊고 있는 것이다.

우리가 제한구역에서 작업하는 동안 가스탐지 배터리가 나갔고 새로운 가스탐지기가 작동하지 않는데도 감독자는 작업자에게 종종 "공기가 아주 좋아! 당신은 가스탐지기가 필요없어!"라고 말하면서 작업을 계속하도록 지시하고 있다.

나의 의문은 내가 이러한 부당한 사실을 알면서도 출입허가서에 서명을 해야 하는가? 또는 직업안전건강청에 이러한 규정위반 사실을 알려야 하는가? 하는 문제이다. 결국 나는 정식직원도 아닌데 누가 나에게 문제를 제기할 것인가?

1. 이 경우에 누가 이해관계자이고 무엇이 이해관계인가?
2. 이런 상황에서 나는 무엇을 어떻게 해야 하는가? 과연 이러한 규정이 중요한 것인가? 이런 방식이 정부의 관료주의 방식인가? 나는 감독자와 함께 오래도록 잘 지내야 할 것인가?

자료: *contributed by Dale Dyals.*

2) 이해관계자의 정의

기업이 사회와 빈번하고 밀접하게 상호작용할 때 그 기업과 상호작용관계에 있는 집단 사이에 공유된 이해관계나 상호의존성이 발전하게 된다.[1] 이해관계자란 기업에 있어서 여러 가지 유형의 이해관계를 갖는 개인이나 집단을 말하는 것으로서, 어떤 기업과 잠재적인 상호작용관계나 영향력의 교환관계에 있는 개인이나 집단들을 일컫는 말이다. 따라서 이해관계자란 어떤 기업의 행동, 의사결정, 정책, 경영, 관행에 영향을 미치고, 영향을 받는 개인이나 집단[2]이라고 정의할 수 있다. 이해관계자 집단에는 고객, 종업원, 주주, 공급업자, 판매유통업자, 언론매체, 정부, 협회, 환경운동가, 비정부조직(NGO) 등 다양한 개인과 집단들이 포함된다.

이와 같이 다양한 이해관계자들의 이해관계는 기업의 의사결정에 복잡하고 중요한 영향을 미칠 수 있다. 즉, 어떤 이해관계자는 기업이 창출한 이익을 공유하려 하고, 또 어떤 이해관계자는 그 기업의 경영활동에서 발생하는 위험에 대하여 저항하려 한다.

기업과 이해관계자의 관계는 시간이 지나면서 변화하기 시작하였다. 즉, 이해관계자에 대한 개념이나 이해관계자의 범위가 점점 확대되는 방향으로 발전하였다. 과거의 경영자들은 제품이나 서비스를 가능한 한 능률적이고 효과적으로 생산하고 판매하는 데 직접적으로 관련이 있는 이해관계자들인 종업원・투자자・고객에 초점을 두었다.

그러나 오늘날 기업들은 경영활동에 직접적・간접적으로 관련이 있는 사회집단들이 증가함으로써 매우 복잡한 이해관계집단에 관심을 두게 되었다. 특히 이해관계자들은 기업의 운영에 중대한 손실을 초래할 수 있는 반면에 회사의 어려운 문제에 대하여 크게 지원할 수도 있다. 즉, 긍정적 측면의 관계로서 기업과 이해관계자의 관계는 가치를 증대시키는 자산이 될 수 있으며, 한편 부정적 측면의 관계로서 회사가 이해관계자의 이해관계를 등한시하여 회사에 대하여 나쁜 감정을 갖게 됨으로써 높은 비용을 떠안게 되기도 한다.

예를 들면 지역사회가 자기 지역에 특정 회사의 생산이나 저장시설의 설립에 대하여 환경오염이나 불법성을 지적하면서 입주를 방해하거나 거부함으로써 회사의 비용을 증가시킬 수 있다. 따라서 기업 경영자들은 모든 이해관계자들의 이해관계

---

1) T. Donaldson and L. E. Preston, "The Stakeholder Theory of the Corporation: Concepts, Evidence, Implication", *Academy of Management Review*, January 1995, pp. 71~83.

2) A. T. Lawrence / J. Weber, *Business and Society: Corporate Stakeholders, Ethics, Public Policy*, 14th, ed.,McGraw-Hill/Irwin, New York, 2014, p. 7.

의 균형을 유지할 수 있도록 노력하지 않으면 안 된다.

이와 같이 다양한 이해관계자들은 기업경영에 다각적으로 중대한 영향을 미칠 수 있기 때문에 오늘날 경영자들은 이해관계자 관계를 기업 생존을 위한 중요한 자산으로 인식하고, 기업발전을 위한 조직 재산의 원천으로 다루고 있다.[3)]

따라서 경영자들은 다양한 이해관계자들의 이해관계 네트워크(network)를 형성하여 그들의 이해관계를 합리적으로 조정하는 것이 필요하다.

2 이해관계자의 분류

기업은 다양한 방식으로 사회와 상호작용을 하고 있으며, 기업과 이해관계자의 관계는 이해관계자의 관심과 목적에 따라 차이가 있다. 일반적으로 기업의 이해관계자는 기업과 직접적 또는 간접적 이해관계에 따라 [그림 7-1]과 같이 1차적 이해관계자와 2차적 이해관계자로 범주화되고 있다. 또한 기업의 경계에 따라 내부 이해관계자와 외부 이해관계자로 구분하기도 한다.

[그림 7-1] 이해관계자의 분류

	1차적 이해관계자	2차적 이해관계자
내부 이해관계자	종업원 경영자	
외부 이해관계자	주 주 고 객 채권자 공급업자 유통업자(도소매상)	정 부 지역사회 비정부조직(NGO) 기업지원단체 언론매체 경쟁자

자료: A. T. Lawrence / J. Weber(2014), *Business and Society: Stakeholders, Ethics, Public Policy*, 14th ed., McGraw-Hill, p 9.

3) J. E. Post, L. E. Preston & S. Sacks, *Redefining the Corporation: Stakeholder Management and Organizational Wealth*, Palo Alto: Stanford University Press, 2001.

1) 1차적 이해관계자

1차적 이해관계자(primary stakeholders)란 기업이 사회에 제품이나 서비스를 공급하기 위한 1차적 목적을 수행하는 과정에 직접적으로 영향을 미치는 상호작용 집단을 말하는 것으로서, 기업의 1차적 상호작용은 제품이나 서비스를 생산하여 소비자에게 공급하는 경영활동을 수행하는데 필요한 모든 직접적인 관계를 포함한다. 이러한 1차적 상호작용(이해관계)은 제품이나 서비스의 생산을 위한 자원을 조달하거나, 산출한 제품이나 서비스를 판매하는 과정에서 발생하는 것으로 경영자의 전략이나 정책결정에 결정적인 영향을 미치며, 이러한 상호작용관계를 갖는 1차적 이해관계자들은 [그림 7-2]에서 보는 바와 같이 종업원·주주·공급업자·유통업자·채권자·고객 등이 포함된다.

종업원은 기업에 직무기술 및 지식을 제공하고, 주주와 채권자는 기업에 금융자원을 공급하며, 공급업자는 원료, 에너지, 소모품을 공급한다. 그리고 유통업자

[그림 7-2] 기업과 1차 이해관계자의 관계

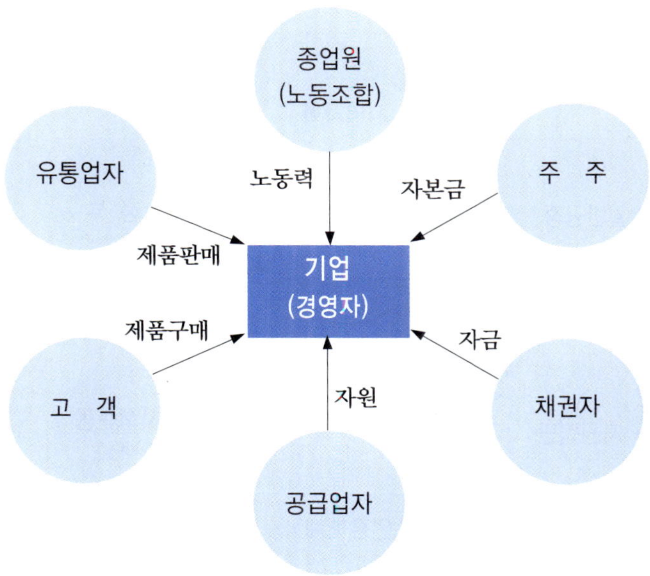

(도매상, 소매상)는 기업이 생산한 제품을 소비자에게 전달하며, 고객들은 제품을 구매하여 사용하고 소비한다. 이러한 1차적 이해관계자들은 기업과 거래 및 교환을 통하여 생존과 번영에 중요한 영향을 미치는 요인들이다.

2) 2차적 이해관계자

2차적 이해관계자(secondary stakeholders)란 기업의 기본적 활동이나 의사결정에 직접·간접적으로 영향을 미치고, 회사의 활동이나 의사결정에 의하여 영향을 받는 사회의 개인 및 집단으로서, 즉 기업과 직접 거래관계는 없으면서도 기업의 경영활동에 대한 관심을 나타내는 개인이나 집단들을 말한다. 따라서 2차적 상호작용(secondary interaction)은 이해관계자들이 기업의 활동에 대하여 어떤 이해관계나 관심을 나타낼 때 발생하게 된다. 이러한 상호관계를 갖는 2차적 이해관계자는 [그림 7-3]에서 보여주는 바와 같이 지역사회, 정부, 사회운동단체, 언론매체, 기업지원집단(협회·연구소), 일반 공중 등이 포함된다.

[그림 7-3] 기업과 2차 이해관계자의 관계

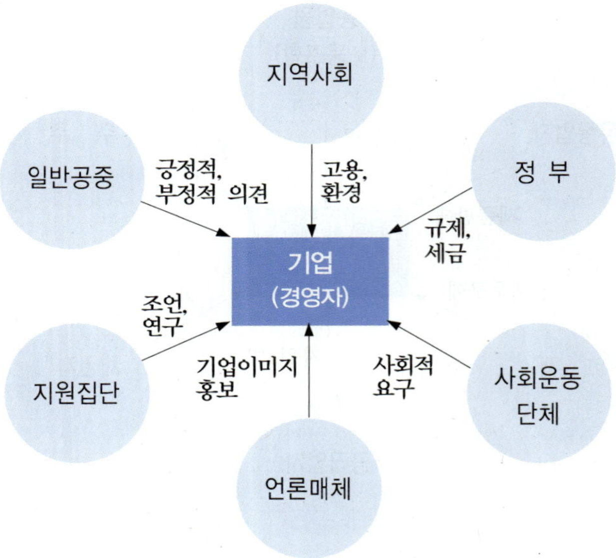

이러한 2차적 이해관계집단들은 기업과 거래 또는 교환에 의한 이해관계는 없지만 기업의 경영활동에 수반되는 사회적 문제에 대한 비판이나 규제를 통하여 영향을 미치게 된다.

기업경영자들은 기업의 경제적 이익은 물론 전체 사회의 삶의 질을 향상시키기 위한 목적에서 경영활동에 대한 의사결정과 행동을 선택하여야 한다. 다시 말하면 기업은 사회가 원하는 제품이나 서비스를 산출하고, 경영활동의 사회적 영향을 이해하며, 사회에 대한 경제적·사회적 혼란에 관심을 두어야 한다.

3 이해관계자의 관리

1) 기업의 동태적 환경 이해

기업의 외부환경은 끊임없이 변화하는 동태적 특성을 갖는다. 기업과 이해관계자들은 진공상태에서 상호작용하는 것이 아니라, 대부분의 기업들은 기회와 위협을 가져오는 사회적, 윤리적, 정치적, 생태적, 기술적, 세계적, 환경변화의 소용돌이 속에서 경영활동이 이루어진다. [그림 7-4]에서 보는 바와 같이 기업과 사회의 관계는

[그림 7-4] 기업과 사회관계의 영향요인

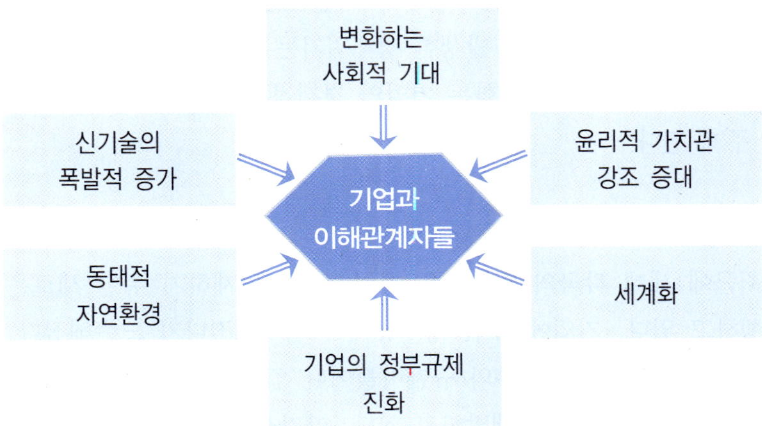

자료: A. T. Lawrence / J. Weber(2014), *Business and Society: Stakeholders, Ethics, Public Policy*, 14th ed., McGraw-Hill, p. 19.

6가지 동태적 세력들의 상호작용에 의하여 형성된다.

(1) 변화하는 사회적 기대

전 세계에서 기업에 대한 사회의 기대는 변화하고 있다. 즉, 사람들은 기업에 대하여 더 많은 사회적 책임을 기대하고, 사회적 이슈에 대하여 더 주목하며, 사회에서 더 선량한 시민으로 행동하기를 기대한다. 기업들은 점점 사회적·법률적·경제적 책임을 유지하기 위한 과업에 힘겨워지게 된다. 따라서 경영자들은 기업에 대한 사회적 기대의 변화를 분석하고 대응방법을 탐색하여 실천하지 않으면 안 된다.

(2) 윤리적 행동 강조의 증대

사회 공중집단들은 기업의 윤리적 행동을 기대하고 경영자들이 윤리적 원칙이나 옳고 공정한 도덕적 가치관을 응용하도록 요구한다. 기업의 고용관행, 소비자 안전, 지역사회의 복지 기여, 인권보호 등에 대하여 세계적 윤리기준에 따라 수행할 것을 요구한다.

(3) 세계화

현대인들은 제품이나 서비스 및 자본이 국경을 초월하여 끊임없이 이동하는 통합된 세계화 경제에서 살아가고 있다. 다국적기업들은 다수 국가에서 사업을 경영하고, 선진국 사람들은 개발도상국에서 생산한 제품이나 서비스를 구매하여 소비하며, 중국이나 그리스에서 발생한 경제위기는 즉시 전 세계 자본시장에 충격을 주는 사회적 환경 하에서 세계화는 기업의 경제적, 재무적, 사회적, 환경적 성과에 영향을 주게 된다.

(4) 정부의 규제와 기업의 대응력 강화

최근에 세계 각국의 정부들은 기업경영을 규제하기 위한 새로운 수많은 정책을 시행하고 있다. 기업에 대한 정부규제가 엄격해졌다가 느슨해졌다 하는 정부의 정책 때문에 기업들은 정부의 규제자들이나 입법기관의 의원들에게 영향을 미칠 수 있는 여러 가지 전략을 개발하고 있다. 따라서 경영자들은 정치적 과정에 적극적으로 참여할 수 있는 기회를 이해하고 포착하는 것이 중요하다.

(5) 동태적 자연환경

기업들은 지구에 매장되어 있는 석유, 석탄, 가스 같은 천연자원의 수요와 공급을 통하여 상호작용하게 된다. 지하자원은 한번 사용하면 재생될 수 없는 자원이므로 계속 공급이 불투명한 자원이나, 공기, 목재, 수산물 같은 자원은 재생이 가능한 자원으로 공급의 지속성이 예상된다. 지구의 기후변화는 전 세계 기업들의 경영활동 규제요인으로 대두되고 있으며, 제품생산의 원가상승요인으로 압박을 가하고 있다. 이러한 자연환경의 변화는 경영자들이 해결해야 할 기업과 사회의 관계에 강력한 영향요인이 되고 있다.

(6) 신기술의 폭발적 증가

기술은 기업과 사회에 영향을 미치는 가장 강력한 요인이다. 새로운 기술혁신은 현대 사회의 수요, 문제, 관심을 해결할 새로운 기계, 공정, 소프트웨어를 창출하기 위한 인간의 상상력을 기동화하는 요인이다. 최근에 미세공학(nanotechnology), 유전자 변형 식품, 무선정보통신기술 같은 기술혁신이 기업에 대한 집힙적 도전으로 대두되고 있다. 경영자들은 미래의 생존경쟁에서 살아남기 위해서 폭발적으로 증가하는 기술경쟁에 선제적으로 대응하지 않으면 경쟁력을 유지할 수 없게 될 것이다.

2) 이해관계자 분석

현대 경영자들은 관련 이해관계자들을 확인하고, 그들의 이해관계가 무엇이며, 그들이 이해관계를 주장할 수 있는 권력이 어떤 것인가를 이해하는 것이 중요하다. 따라서 경영자들은 기업경영과 관련이 있는 이해관계자들의 이해관계에 관하여 정확히 분석할 필요가 있다.

이해관계자의 분석은 ① 관련있는 이해관계자는 누구이고, ② 각 이해관계자의 이해관계는 무엇이며, ③ 각 이해관계자의 권력은 어떤 것이고, ④ 그들은 어떻게 연합체를 형성하고 있는가에 초점을 두어야 한다.[4)]

4) A. T. Lawrence / J. Weber(2014), *Business and Society: Stakeholders, Ethics, Public Policy*, 14th ed., McGraw-Hill, p. 11.

(1) 이해관계자의 확인

경영자는 사업과 관련이 있는 이해관계자를 확인하고 경영상황에 따른 이해관계의 특성과 권력, 합법성, 다른 이해관계자와의 연계 등을 규명하여야 한다. 이를테면 온라인(online)으로 제품을 판매하는 회사는 소매상이나 대리점 같은 판매관련 이해관계자는 필요하지 않겠으나, 자금 지원이 필요한 경우 은행이나 투자기관의 의사결정이나 행동을 파악하는 것이 중요할 것이다.

(2) 이해관계 분석

경영자는 각 이해관계자가 갖는 이해관계의 특성을 분석하여야 한다. 즉, 회사와의 관계에서 그들의 관심사항은 무엇이고, 회사의 경영활동에 있어서 그들이 원하는 것이 무엇인가를 파악하여 그들의 의사결정에 대응하여야 한다.

(3) 이해관계자 권력분석

이해관계자 권력은 이해관계자가 자원을 사용하고, 사건을 일으키며, 바람직한 결과를 확보할 수 있는 능력을 의미한다. 그들은 보편적으로 투표권력, 경제적 권력, 정치적 권력, 법률적 권력, 정보적 권력을 갖는다.

투표권력은 이해관계자가 회사의 주식을 소유하고 주주총회에 참석하여 회사의 합병, 이사의 선임, 채권의 발행 등 중요한 정책결정에 의결권을 행사하는 권력을 말한다.

경제적 권력은 고객, 공급업자, 유통업자, 종업원 등이 회사와의 거래관계에 있어서 행사할 수 있는 권력을 말하는 것으로서, 고객은 회사의 제품이 비싸거나 불량품이거나 불안전할 경우, 구매를 거부하거나 불매운동을 일으킬 수 있고, 공급업자는 회사가 공급계약을 위반하는 경우 물품의 공급을 거절할 수 있으며, 유통업자는 제품의 유통조건이 나쁘고 판매이익이 적은 경우 판매를 거부할 수 있고, 종업원은 근로기준이 악화되거나 임금이 낮은 경우 노동조합을 결성하여 근로조건 개선을 요구하고 노동공급(파업)을 거부할 수 있다.

정치적 권력은 정부나 산하 공적 기관이 입법, 규정, 소송을 통하여 행사할 수 있는 권력을 말하는 것으로서, 다른 이해관계자들이나 시민단체가 정부에 대하여 새로운 기업활동 규제법률 제정을 촉구하거나, 정치인들에게 법률 제정·개정을 주장할 수 있다. 정치적 권력은 흔히 사회운동단체·환경단체·시민단체가 특수한 기업의 반시민적 행동에 대하여 저항하는 형태의 권력행사이다.

법률적 권력은 회사의 경영활동으로 인하여 피해를 입은 이해관계자가 손상에 대한 보상청구소송을 제기할 수 있는 권력으로서, 이를테면 불량제품의 리콜이나 손해배상 요구, 작업장 불량으로 인한 근로자 부상, 환경오염으로 인한 생태계 파괴 등에 대하여 각 이해관계자들은 손해보상청구 소송을 제기할 수 있다.

정보적 권력은 이해관계자가 기업의 의사결정 자료, 사실, 명세서 등 중요한 정보에 접근할 수 있는 권력으로서, 이해관계자들은 이러한 정보의 노출을 통하여 다른 사람들을 설득하고 동원하거나 위협하는데 이용하고 있다.

특히 환경 · 사회 · 인권 운동가단체 같은 이해관계자들은 회사의 정책변화를 요구할 때 이들 권력을 혼합적으로 활용하려고 노력한다.

(4) 이해관계자 연합형성

이해관계자들은 공통의 이해관계를 추구하기 위하여 연합체나 임시 동맹을 결성할 수 있다. 연합체의 위력은 연합체의 구성 동기와 이해관계의 성격에 따라 일시적으로 매우 강력할 수 있고, 시간이 경과함에 따라 세력이 빠르게 약화될 수도 있다.

최근에 이해관계자 연합은 범위가 국제적으로 확산되고 있다. 즉, 정보통신기술의 발달로 스마트폰, 이메일, 소셜 미디어(SNS) 등의 사회적 네트워크를 통하여 세계 각국의 이해관계자들에게 정보가 쉽게 전달됨으로써 신속하게 이해관계자 연합이 형성되고 있다. 따라서 경영자는 이해관계자들의 연합정도, 요구내용, 세력상황을 분석하여 그들을 설득하고 이해시키도록 노력하여야 할 것이다.

3) 이해관계자 관리의 원칙

경영자들은 기업의 전반적인 활동방향(정책 · 목표 · 전략)을 설정하고 사업계획을 효율적으로 달성하기 위해서 이해관계자들의 이해관계와 기대를 고려해야 한다.

이해관계자 관리를 담당하는 경영자는 그 기업에 대해서 요구와 기대를 갖고 있는 집단들을 발견하고 그들이 원하는 것을 이해하는 것이 중요하다. 또한 이해관계자 관리는 그 회사의 1차적 이해관계자들이 어떻게 이익목표를 달성하려 하고, 2차적 이해관계자들은 어떻게 윤리적으로 다루어지고 만족을 얻으려 하는지에 대하여 이해하여야 하며, 동시에 그 기업은 적정한 수익성을 기대할 수 있어야 한다. 이와 같이 기업은 쌍방승리 상황(win-win situation)을 조성함으로써 장기적인 최대의 이익을 추구할 수 있게 된다. 궁극적으로 경영자들은 기업이 윤리적·경제적 목표를 달성할 수 있는 상황을 관리하는 것이 필요하다.

따라서 이해관계자 관리는 기업의 윤리적·사회적·경제적 문제를 고려하여 결정하게 되며 적어도 다음의 다섯 가지 기본정보를 필요로 한다.

① 누가 기업의 이해관계자들이고, ② 이해관계자들의 이해와 관심은 무엇이며, ③ 이해관계자들이 기업에게 제공하는 기회와 도전이 무엇이고, ④ 기업이 이해관계자들에게 해야 할 책임(경제적·법률적·윤리적·박애적)이 무엇이며, ⑤ 이해관계자의 도전과 기회를 다루기 위한 최선의 전략이나 행동이 무엇인가[5] 등이다.

클락슨(M. B. E. Clarkson)은 이해관계자를 다루기 위한 지침으로서 일곱 가지 이해관계자 관리원칙을 개발하였다. 〈표 7-1〉에서 설명하고 있는 원칙들은 이해관계자 관계구축을 위한 협력적 정신을 제시하고 있다.

〈표 7-1〉 이해관계자 관리원칙 - 클락슨 원칙

원칙 I	경영자는 모든 합법적인 이해관계자들의 관심을 인정하고 적극적으로 검토하여야 한다.
원칙 II	경영자는 이해관계자들의 관심이나 공헌, 그리고 기업과 관련하여 맡게 된 위험에 관하여 청취하고 커뮤니케이션하여야 한다.
원칙 III	경영자는 이해관계자와 지지자들의 관심에 민감하게 행동과정이나 행동방식을 적용하여야 한다.
원칙 IV	경영자는 이해관계자들의 노력과 보상의 상호의존성을 인식하고, 기업활동의 이익과 부담에 대하여 공정하게 분배하여야 한다.
원칙 V	경영자는 기업활동에서 야기되는 위험과 손실을 최소화하기 위해서 공중단체에 협력하고 적절하게 보상하여야 한다.
원칙 VI	경영자는 인권을 위태롭게 하거나 관련 있는 이해관계자에게 위험을 일으킬 수 있는 활동을 회피하여야 한다.
원칙 VII	경영자는 기업 이해관계자의 역할과 이해관계자의 이익에 대한 법률적·도덕적 책임 간의 잠재적 갈등을 인정하고, 적절한 보고나 커뮤니케이션을 통하여 갈등을 해결하여야 한다.

자료: *Principles of Stakeholder Management*, Toronto: The Clarkson Centre for Business Ethics, Joseph L. Rotman School of Management, University of Toronto, 1999. 4.

5) I. C. MacMillan and P. E Jones, *Strategy Formulation: Power and Politics*, St. Paul, Minnesota: West, 1986, p. 66.

제2절 기업의 내부 이해관계자

기업의 내부 이해관계자는 크게 종업원과 주주로 대별된다. 종업원은 기업의 1차적 이해관계자로서 기업경영에 결정적으로 중대한 영향을 미치는 존재이다. 기업은 종업원 없이 제품을 생산하거나 서비스를 제공할 수 없고, 새로운 기술을 개발하거나 재화를 고객에게 전달할 수 없으며, 미래에 대한 계획을 수립하거나 조직을 성공적으로 운영할 수 없기 때문이다. 따라서 기업은 종업원을 1차적 이해관계자로서의 중요성을 이해하고 그들을 경영활동의 동반자로서 인식하며 기업과 종업원의 동반자 관계를 정립하여 유지하는 것이 바람직하다.

1 기업과 종업원의 관계

종업원은 기업의 인적자원으로서 생산활동에 필요한 노동력을 제공하고 그 대가로서 임금을 받는 사람들이다. 종업원들은 기업의 생산활동에 참여하여 노동력을 제공하는 대가로 경제적 보상을 기대할 뿐 아니라, 사회구성원으로서 사회발전에 기여할 수 있는 사회적 존재가 되기를 희망하며, 궁극적으로 근로생활의 질이 향상되기를 희망하고 있다.

한편 기업은 종업원에게 생산활동의 참여기회를 제공하고 인간다운 생활을 영위할 수 있는 경제적 재원을 제공하는 대가로 그들이 자발적이고 협력적으로 경영활동에 참가하여 생산성을 향상시켜 줄 것을 기대하고 있다. 따라서 기업과 종업원의 관계는 본질적으로 기업과 사회의 부(富)를 창출하고 종업원의 근로생활의 질을 개선하는 상호협력적·상호의존적 동반자의 관계가 되어야 하는 것이다.

과거에 기업과 종업원의 관계는 지배와 피지배 관계의 특징을 보였다. 자본을 소유한 사용자가 종업원을 지배하였고, 종업원은 사용자의 명령이나 지시에 복종하고 주어진 근로조건에 따라 일할 뿐이었다. 종업원들은 이러한 일방적인 지배에 대항하기 위하여 노동조합을 구성하여 투쟁함으로써 대립적 관계로 발전하게 되었다.

그러나 산업사회가 발전함에 따라 기업의 규모가 확대되고 경영환경이 복잡화되며 소유와 경영이 분리되면서 종업원이나 노동조합은 이익분배와 근로조건의 개선을 요구하고 경영에 참여하려 함으로써 경영활동에 직접적으로 영향을 미치는 중요한 이해관계집단으로 등장하였다. 이러한 종업원의 이익분배와 경영참가 요구는 경영자로 하여금 기업과 종업원의 동반자 관계를 인식하는 계기가 되었다.

최근에 우리나라 기업들은 개방화 · 세계화의 경쟁환경에서 경쟁력을 강화하기 위한 전략의 일환으로 기업의 지배구조 차원에서 소유와 경영의 분리를 강조하고 있으며, 기업과 종업원 관계 차원에서는 근로자의 협력을 유도할 수 있는 동반자관계의 정립을 강조하고 있다.

2 종업원의 권리와 의무

1) 종업원의 의무

사회 가치관의 변화는 직장에서 종업원의 권리신장에 커다란 영향을 주었으며, 종업원 권리의 신장은 기업의 경영활동이나 의사결정에 중요한 영향을 미치게 되었다. 종업원들은 생활의 원천을 전적으로 기업에 의존하고 있으며, 하루의 많은 시간을 직장을 위하여 일하면서 보내고 있다. 그렇기 때문에 그들은 임금, 직위, 근로시간, 안전보건, 근로조건 등에 관한 만족할만한 권리에 관심을 집중하게 된다.

기업과 종업원 관계는 양측의 권리와 의무에 대하여 다루게 된다. 여기서 권리는 상대방으로부터 어떤 대우를 받을 수 있는 자격을 말하는 것으로 상대방 입장에서는 의무가 되는 것이다. 그러나 책임은 법률적이거나 계약적일 수도 있고, 사회적이거나 윤리적일 수도 있다. 예를 들면 경영자는 종업원에 대하여 직업안정, 작업장의 안전 및 보건, 기회균등, 적정한 임금의 제공, 근로자들의 노동조합 설립 및 단체교섭권 존중, 종업원들의 사생활권이나 언론의 자유 등을 보장할 의무를 갖는다.

한편 종업원들은 직무성과를 손상시킬 정도로 마약이나 알콜을 남용하여서는 아니 되고, 기업의 자산을 종업원 사적 용도로 사용하지 않아야 하며, 고객이나 동료들에 대하여 정직하고 공정하게 대응하여야 하며, 기업의 기밀이나 중요정보를 외부에 유출하지 않아야 하는 책임이 있다. 이와 같은 경영자와 종업원의 권리와 의무를 〈표 7-2〉에서 설명하고 있다.

〈표 7-2〉 경영자와 종업원의 권리 · 의무

종업원의 권리/경영자의 의무	종업원의 의무/경영자의 권리
1. 노동조합 설립과 단체교섭권 2. 작업장 안전과 보건 3. 사생활권 4. 공정하고 정당한 징계처분 5. 언론의 자유권 6. 고용기회의 균등 7. 기본인권의 존중	1. 마약 및 알콜 남용금지 2. 다른 사람 위험행동 금지 3. 다른 사람의 불편 없는 존경 대우 4. 고객이나 동료에 성실 · 정직한 처신 5. 기업에 충성심과 몰입행동 6. 기업자산 및 지적 자본의 존중

자료: A. T. Lawrence & J. Weber(2014), *op. cit.*, p. 357.

2) 종업원의 권리

종업원의 권리문제는 자본주의 이념의 사유재산권 보장의 원칙에 따라 민간부문의 사유재산은 법률적 통제를 받지 않아야 한다는 일반적인 견해에서 출발하고 있다. 따라서 전통적 사회의 개인이나 사기업들은 종업원을 기업이 소유하는 인적 자산으로 보고, 기업은 인적 자산을 그들이 원하는 대로 사용할 수 있는 자유가 있으며, 사회도 기업의 사유재산권을 존중하고 있기 때문에 사기업들은 역사적으로 종업원의 권리를 인정하지 않았던 것이다.

그러나 민주주의 사회가 발전함에 따라 인권사상이 보급되고, 노동조합의 권리가 합법적으로 신장되면서 근로자들은 임금, 복리후생, 근로조건과 같은 물리적 환경의 개선을 요구하는 동시에 기업시민으로서 경영권에 대하여 경영참여를 요구하고 나섰고, 한편 경영자들은 근로자의 경영참여가 그들의 동기부여 향상 차원에서 긍정적으로 받아들여졌으며, 마침내 1951년 독일의 공동결정법이 제정되면서 근로자의 경영참여가 합법적으로 인정받게 되었다.

여기에서 종업원권리(employee rights)란 "개인들이 어떤 바람직한 처우나 상황, 또는 자원에 대하여 합법적으로 주장할 수 있는 권리"[6]를 말하는 것으로서, 종업원권리는 근로자들에게 바람직한 결과를 제공하고 바람직하지 않은 결과를 방지하는데 기여하게 된다. 종업원권리는 법률, 단체협약, 사용자 약속의 세 가지 원천으로부터 형성된다.

6) R. Edwards, *Rights at Work*, Washington, DC: The Brookings Institution, 1993, pp. 25~26.

법률에 의한 권리는 민권법에 의하여 설정된 권리로서, 예를 들면 생산현장에 노출된 독극물에 대하여 생산근로자들이 알 수 있도록 통지를 받을 권리를 말하고, 단체협약에 의한 권리는 단체교섭을 통하여 사용자와 노동조합 사이에 합의된 권리를 말하며, 경영자 약속에 의한 권리는 경영자가 기업경영에 대하여 근로자에게 승인하거나 약속한 권리로서, 예를 들면 회사에 대한 청원권, 육체적 협박으로부터의 자유권, 고충 및 불만처리 요청권, 징계의 합법적 절차 요청권, 인사평가기준 공개 요청권, 직무명료화 요구권, 해고에 대한 정당한 이유기준 요구권, 불공정한 혈연주의·편애주의 제거 요구권 등이 포함된다.[7)]

이에 더하여 종업원 권리는 공리주의, 도덕적 권리, 사회적 정당성의 윤리적 기준에 의하여 제공되고 있다. 이를 요약하면 종업원의 권리는 정당성 기준의 경제적·법률적·윤리적 원칙을 기초로 하여 제공된다고 할 수 있다. 여기에서 종업원의 직무관련 권리로서 ① 노동조합 설립 및 단체교섭 권리, ② 안전과 보건의 권리, ③ 직업안정의 권리, ④ 종업원 사생활권리, ⑤ 언론자유의 권리에 관하여 살펴보기로 한다.

(1) 노동조합 설립 및 단체교섭 권리

우리나라 헌법(제33조 제1항)에는 근로자의 노동3권(단결권·단체교섭·단체행동권)을 근로자의 기본권으로 보장하고 있다. 따라서 종업원들은 노동조합을 설립하여 경영자(사용자)와 단체교섭을 실시할 수 있는 권리를 갖는다. 즉, 노동조합은 임금, 근로조건, 고용조건 등에 관하여 사용자에게 교섭을 요구할 수 있으며, 사용자는 노동조합의 교섭요구를 성실하게 응하여야 할 의무가 있다.

그러나 사용자가 노동조합의 요구를 그대로 받아들여야 하는 것은 아니며, 노사쌍방의 합의에 의하여 임금이나 근로조건의 개선이 이루어지게 된다. 그러나 단체교섭에서 노사쌍방이 임금이나 근로조건 개선의 합의를 이끌어내지 못하게 되면 노동조합은 단체행동(파업)을 통하여 노동의 제공을 거부할 수 있는 권리를 행사할 수 있다. 이러한 법률적 권리를 기반으로 노동조합은 사용자와의 단체교섭을 통하여 근로자들의 임금인상, 복리증진, 고용안정, 작업안전 등을 개선해 나아가고 있다.

---

7) *Ibid.*, pp. 33~35.

(2) 안전과 보건의 권리

생산기업의 많은 직무들은 근로자들의 안전과 건강을 위협할 수 있는 여러 가지 잠재적 위험을 안고 있다. 특히 높은 속도·온도·전압에서 기계를 운전하거나, 유독성 화학물질을 사용하는 공장 또는 지하 건설현장이나 광산에서 일하는 종업원들은 위험성이 매우 높다. 이러한 직무에 종사하는 근로자들에 대하여는 사고와 부상, 그리고 질병의 예방을 위한 안전교육이나 사전 주의를 강화하도록 하는 것이 필요하다.

많은 기업들은 기계시설을 근로자에게 적합화하고 인간공학(ergonomics)에 초점을 두어 기계나 직무를 재설계하며 눈의 피로, 척추고통, 육체적 피로와 같은 불편을 개선하고 있다. 인간공학에 의하여 설계된 기계·공구·의자·비디오 단말기 등은 근로자의 척추고통이나 피로축척으로 인한 작업시간 손실을 예방하고 생산성 감소를 방지하며 치료비용을 절감하게 된다.

우리나라 산업안전보건법에서는 근로자의 안전과 보건에 관한 기준을 규정하고 있으며, 사용자·근로자·정부의 책임을 명확히 규정하여 산업재해의 예방, 쾌적한 작업환경의 조성, 근로자의 안전·보건의 증진에 노력하도록 하고 있다.

(3) 직업안정의 권리

기업은 종업원들에게 직업안정(job security)을 제공할 의무가 있다. 다시 말해서 종업원들은 정당하고 합법적인 이유없이 직장으로부터 해고되지 않고 직업을 유지할 권리를 갖는다. 산업화 초기의 고용관계(employment relationship)에서는 사용자의 의지에 따른 고용(employment-at-will)이었으므로 사용자의 자유재량에 의하여 근로자를 해고하거나 직업을 보존해 줄 수 있었다. 그러나 현대의 기업들은 일단 고용한 종업원에 대하여 정당한 이유없이 해고할 수 없도록 법률적·윤리적인 규제를 받고 있다. 경영자가 종업원을 자유롭게 해고할 수 없는 규제는 다음과 같다.

① 근로기준법 제5조에는 사용자가 근로자의 고용, 보상, 승진, 해고 등에 있어서 성별에 따라 차별적으로 처우하지 못하며, 국적, 신앙, 성별, 장애, 사회적 신분에 따른 근로조건을 차별적으로 처우하지 못하도록 하고 있다.

② 동법 제23조에서 사용자는 근로자를 정당한 이유없이 해고하지 못하도록 규정하고 있으며, 또한 근로자의 업무상 부상이나 질병의 요양휴가 기간 등에도

해고할 수 없도록 하고 있다.

③ 동법 제24조에서 사용자는 사업의 양도・인수・합병과 같은 경영상의 긴박하게 필요한 경우에 한하여 해고할 수 있도록 제한하고 있다.

④ 동법 제26조에는 사용자가 근로자를 부득이 해고하고자 할 경우에는 적어도 30일 전에 예고하여 알리도록 규정하고 있다.

⑤ 노동조합 및 노동관계조정법 제81조 제1항은 근로자가 노동조합에 가입하거나 노동조합을 조직하려 한 것을 이유로 해고하는 것은 부당노동행위로 규정하고 해고를 금지하고 있다.

이와 같이 종업원들은 정당한 이유없이 해고되지 않을 권리가 있을 뿐 아니라, 또한 해고된 종업원은 노동위원회나 법원에 직업의 원상회복이나 손해배상을 청구할 수 있는 권리를 보장하고 있다.

(4) 종업원의 사생활권리

오늘날 직장에서 보호되어야 할 중요한 권리의 하나는 사생활권이다. 따라서 경영자들은 경영윤리 차원에서 종업원의 사생활을 보호하여야 한다는 논쟁이 뜨겁게 제기되고 있다. 기업에 있어서 사생활권(privacy rights)이란 종업원의 사생활을 경영자의 부당한 침해로부터 보호하는 것을 의미한다.[8] 즉, 사생활권은 어떤 개인에 대한 일신상의 사건이나 정보가 자신에 의하여 보존되고 보호되어야 하는 권리를 말한다.

워핸(P. Werhane)은 직장에서의 사생활권의 정의를 ① 일신상의 사정이 보존될 권리, ② 직무자율성에 대한 권리, ③ 자신에 대한 어떤 정보가 언제 어떻게 다른 사람들에게 전달될 것을 결정할 권리 등으로 범주화하고 있다.[9] 예를 들면 종업원들의 종교적 신념, 정치적 견해, 건강상태, 금융신용 정도, 사회활동, 직무 외 행동 등의 사생활문제는 상사의 간섭이나 비판으로부터 자유롭고 안전하게 보장되어야 한다는 것이다.

여기에서 종업원의 사생활권 보호에 관한 문제로서 종업원 행동의 전자감시, 마약 및 알콜중독 검사, 거짓말 탐지기 사용 등에 관하여 살펴보기로 한다.

8) J. E. Post, A. T. Lawrence & J. Weber, *op. cit.*, p. 411.

9) Patricia H. Werhane, *Persons, Rights, and Corporations*, Englewood Cliffs, NJ: Prentice Hall, 1985, p. 118.

① 종업원 행동의 전자감시

정보통신기술의 발전에 따라 많은 종업원들이 인터넷 통신이나 SNS를 이용하여 근무시간에 주식거래, 휴가계획 작성, 채팅, 음란물 검색 등으로 근로시간을 낭비하고 생산활동을 소홀히 하고 있다. 이를 규제하기 위하여 경영자들은 종업원들의 컴퓨터 파일, e-mail 메시지, 소프트웨어, 웹사이트, 전화번호 등을 검색하여 그들의 행동을 조사하도록 하고 있다. 이러한 경영자의 종업원행동에 대한 전자감시 활동이 직무관련 커뮤니케이션이나 기업의 생산성 저하의 예방차원에서 정당한 관리행동으로 인식될 수 있다. 그러나 종업원의 사생활문제나 사적 정보에 접근하게 될 경우에 사생활권 침해의 문제를 일으킬 수 있다.

② 마약 및 알콜중독 검사

종업원의 마약사용이나 알콜남용은 생산라인에서 불량제품을 생산하고 생산성을 떨어뜨리며 다른 사람을 손상시키는 사고를 일으키는 요인이 된다. 기업들은 이러한 신체적 위험이나 경제적 손실을 방지하기 위하여 종업원이나 고용후보자들에게 마약 및 알콜중독 검사를 실시한다. 종업원에 대한 마약 및 알콜중독 검사는 많은 논쟁의 대상이 되고 있다. 이러한 검사활동을 통하여 기업은 중독된 종업원을 제거하거나 채용하지 않음으로써 경영상의 이익을 추구할 수 있는 장점이 있다. 그러나 마약이나 알콜을 사용하지 않는 많은 종업원이나 지원자들은 불필요한 검사를 받아야 하기 때문에 그들의 사생활권을 침해하게 되어 사기를 떨어뜨릴 수 있는 위험이 있다.

③ 거짓말탐지기 사용

어떤 종업원들은 기업의 제품, 상품, 현금 등 재산을 절취함으로써 회사는 물론 경영자나 동료종업원들에게 중대한 경제적·사회적·윤리적 손실을 초래하고 있다. 과거에 많은 기업들은 정직한 종업원을 선발하기 위해서 또는 절도행위 종업원을 찾아내기 위해서 거짓말탐지기 시험(polygraph test)을 실시하였다. 그러나 미국정부가 종업원 거짓말탐지기 보호법(Employee Polygraph Protection Act, 1988)을 제정하여 기업의 종업원에 대한 거짓말탐지기 사용을 엄격하게 규제함으로써, 많은 기업들은 종업원들의 직무에 대한 정직성을 시험하기 위해서 서류에 의한 심리 테스트나 정직성 테스트를 실시하고 있다.

이러한 거짓말탐지기나 정직성 시험은 많은 논쟁을 일으키고 있다. 즉, 거짓말탐지기 사용 찬성론자들에 의하면 경영자들은 기업의 재산을 보호할 권리가 있고 거짓말탐지기에 대한 신뢰성이 높으며, 기업은 종업원이나 입사지원자들에 대한 다소의 사생활권을 침해할지라도 그들에 대한 정보를 알아야 할 합법적인 권리를 갖는다고 주장하고 있다.[10] 한편 탐지기 사용 비판론자들은 경영자들이 직무와 관련이 없는 가정문제, 노동조합 성향, 금융신용 정도, 정치적 · 종교적 신념 등의 사생활 영역에 대한 광범위한 조사가 수반될 수 있다고 우려하고 있다.

(5) 언론자유의 권리

우리나라 헌법은 국민들의 언론의 자유를 보장하고 있다. 따라서 종업원들은 기업의 경영활동이나 경영자의 행동에 대하여 자신들의 의견을 공개적으로 표현할 수 있는 권리를 갖는다. 그러나 불행하게도 기업의 불법적이고 비윤리적 경영활동에 대하여 꺼림 없이 말할 수 있는 합법적 권리를 믿고 기업이나 경영자의 그릇된 행동을 지적하고 폭로한 내부 폭로자들(whistle-blowers)은 다른 부서로 추방되기도 하고, 또는 강등되거나 해고되어 회사를 떠나게 되는 위험에 직면하게 된다. 폭로자란 "조직의 부당한 관행을 폭로하는 내부폭로자(muckraker)"[11]를 말하는 것으로서, 경영자의 불법적 · 비윤리적 · 비합리적 행동을 언론이나 정부에 보고하는 개인들을 일컫는다.

전통적 견해에서는 기업에 대한 충성, 복종, 기밀유지가 종업원의 절대적인 의무로 인식되었으나, 현대적 견해에서는 종업원들이 경영자에 대해서 뿐만 아니라 사회공중에 대해서 그리고 자신의 양심에 대해서도 의무를 갖는다고 주장하고 있다.

기업의 비합리적 · 비윤리적 활동에 대한 폭로에 대하여 지지하는 사람과 비난하는 사람들이 있다. 즉, 폭로행위를 지지하는 사람들은 내부자의 폭로로 인하여 기업의 부정이나 사기행동에 대하여 성공적으로 탐색하고 고발할 수 있으며, 사회환경에 대한 불합리하고 위험한 상황이 노출되고 시정될 수 있다고 지적하고 있다. 한편 비난하는 사람들은 폭로행위에 대하여 종업원들이 경영자를 겁주고 명예를 손상시키기 위해서 근거없는 사례를 폭로하는 것이라고 주장하고 있다.

---

10) K. A. Kovach, "The Truth about Employers' Use of Lie Detectors", *Business and Socity Review*, Spring 1995, pp. 65~69.

11) C. Peters and T. Branch, *Blowing the Whistle: Dissent in the Public Interest*, New York: Praeger, 1972, p. 4.

3 종업원 다양성 관리

조직을 구성하는 종업원들은 각각 고유의 독특한 특성을 지니기도 하고, 때로는 공통된 유사성을 갖기도 한다. 사회환경의 변화에 따라 기업의 종업원들은 다양하고 복잡한 가치관, 태도, 행동패턴을 지니게 된다. 고용관련 법률이나 변화하는 사회적 기대는 기업이 종업원의 다양성을 효율적으로 관리하도록 도전하고 있다. 이에 대하여 기업들은 점차 다양화하고 있는 종업원들의 능력 향상과 공헌을 유도하기 위해서 새로운 인적자원관리 정책과 관행을 개혁하려 노력하고 있다.

여기에서 다양성(diversity)이란 "어떤 사람을 다른 사람과 구별할 수 있는 중요한 인간적 특성의 차이"라고 정의할 수 있으며, 다양성의 1차적 차원은 연령, 인종, 성별, 정신적·신체적 능력 등이 해당되고, 2차적 차원은 커뮤티케이션 스타일, 가족관계, 언어 등이 포함된다.[12] 이러한 개인적 특성들은 직무수행에 있어서 가치관, 직무기회, 다른 사람의 지각 등에 영향을 미치게 된다.

21세기 기업경영에 있어서 종업원 다양성의 변화추세를 검토하고 이에 대한 관리방법을 살펴보도록 한다.

1) 여성근로자의 진출증가

우리나라 노동시장에서도 선진국의 변화현상과 같이 여성근로자의 진출이 급격히 증가하고 있다. 우리나라 여성의 경제활동 참가율은 1990년 39.4%에서 1995년 41.9%, 2000년 48.6%, 2014년 51.1%로 꾸준히 증가하고 있으며 앞으로도 계속 증가할 것으로 보인다. 이렇게 여성의 경제활동 참가율이 증가하는 이유로는 첫째, 남녀고용평등법(1988년)이 시행되면서 모집·채용·해고·정년 등에서 남녀차별이 금지되었고, 둘째, 여성의 학력수준 향상으로 전문성이 확보되면서 고도화된 산업사회의 노동력 수요에 부응하게 되었으며, 셋째, 가사활동과 보육활동에 필요한 가전제품의 보급과 여성의 보육활동제도의 확대 등으로 여성의 노동시장 진출이 용이해졌고, 넷째, 기업들이 계속되는 인력난을 해결하고 경기침체에 대응하기 위한 원가절감의 수단으로 상대적으로 임금이 낮은 여성근로자를 선호하게 되었기 때문이다.

12) M. Loden, *Implementing Diversity*, New York: McGraw-Hill, 1995, chap. 2.

인적자원관리자는 여성근로자의 진출과 관련하여 선발과 배치, 보상과 복지, 훈련과 승진 등에 있어서 남녀차별이 나타나지 않도록 해야 하며, 특히 여성의 복리후생과 관련하여 산전·산후 휴가, 육아보호시설, 맞벌이 종업원의 동일지역 배치, 성희롱 예방 등의 문제를 반영하는 인적자원관리가 실현되어야 할 것이다.

2) 종업원의 고학력화

1990년 초반의 교육개혁 이후에 대학정원이 늘어남에 따라 국민의 교육수준이 급속도로 향상되었고, 이에 따라 노동시장에 진입하는 고학력자의 비중도 크게 증가하였다. 1988년 전체 취업자 중에서 중졸 이하의 학력자는 51.8%였으나, 1997년에는 36.4%로 줄어들었고, 반면에 대졸자는 1988년 12.5%에서 1997년 20.4%로 증가하였는데, 이러한 추세는 앞으로 계속될 것으로 보인다.

교육수준의 향상은 일반적으로 생산성 향상을 위한 잠재적 역량을 높일 수 있는 바람직한 현상이나 인적자원관리의 효율성을 높이기 위해서는 개별 고학력근로자의 자질과 적성에 따라 훈련·배치·평가·보상이 이루어져야 하고, 직무설계·환경개선을 통한 동기부여가 향상되도록 함으로써 생산성 향상을 기대할 수 있을 것이다.

3) 종업원 고령화

인구증가율이 둔화되면서 노동력 공급에 있어서 생산가능인구의 고연령층이 차지하는 비중이 늘고 있다. 지난 10여 년 동안 10~19세 연령층의 생산가능인구의 연평균 증가율이 −1.0%인데 반하여 연령이 높아질수록 생산가능인구의 증가율은 높아져서 50세 이상은 연평균 증가율이 3.4% 높아졌다.

취업자수에 있어서도 15~19세 연령층의 취업자 증가율은 연평균 −4.8%감소한데 비하여 50세 이상은 4.1% 증가하였다. 저연령층의 취업률 하락은 인구의 감소와 함께 상급학교 진학률이 높아졌기 때문인 것으로 보인다. 정부는 이러한 고령화 시대에 대비하고 인력난 해결을 위해 고령자고용촉진법(1991년)을 제정하여 고령자 적합직종 개발, 고령자 고용장려금 지원 등의 정책을 펴고 있다.

고연령취업자는 변화에 적응력이 부족하고 위기대처에 순발력이 떨어지며 창의력이 취약한 것으로 보인다. 반면에 젊은 근로자들은 직무경험이나 능력에 있어서 성숙도가 부족하고 일처리에 있어서 신중성이 떨어지는 경향이 있다.

또한 조직내 고령층근로자의 증가는 조직구조가 피라미드형에서 항아리형으로 바뀌어 가고 있으며, 인적자원관리에 있어서도 승진 및 임금구조의 변화를 필요로 하고 있다. 따라서 기업들은 이러한 변화에 대응하기 위해서 팀조직으로의 변화를 추진하고 있으며, 보상체계에 있어서 연공급 대신에 성과급·능력급으로 변화를 서두르고 있다.

한편 근로자의 정년을 60세로 연장하여 노동시장에서 근로자의 부족현상을 보완하고, 기업의 원가부담을 해소하기 위하여 임금피크제를 도입하도록 유도하고 있다.

4) 고용형태의 다양화

교육개혁(1980년대) 이후에 고학력화의 진전으로 2000년대 들어 노동력의 수급불균형 현상이 나타나게 되었다. 고학력 노동력은 공급과잉으로 취업률이 저조한 반면에 중소기업들이 필요로 하는 저학력 기능공들은 심각한 인력부족 현상을 보이고 있다. 우리나라는 중소기업의 노동력 부족문제를 해결하기 위해서 산업기술연수생제도(1992년)를 도입하여 저개발국 근로자들의 기술·기능향상에 기여함과 동시에 중소제조업체의 인력난 완화에 크게 기여하게 되었다.

산업연수생들은 노동시장의 임금수준보다 낮은 임금을 지급하게 됨에 따라 중소기업들이 불법으로 고용하는 사례가 증가하여 외국인취업자의 불법체류가 노동시장뿐만 아니라 심각한 사회문제로 발전하게 되었다.

한편 기업들은 환경변화에 신속하게 대응하고 적정인력을 적기에 공급하기 위한 전략적 수단으로 인적자원관리에 있어 임시직·파트타임직·계약직·파견근무·재택근무 등 다양한 고용형태를 활용하고 있다. 이러한 다양한 고용형태는 근로자들의 고용불안을 야기할 수 있고 임금수준을 낮추게 된다는 주장이 있는 반면에, 노동시장에서 고용의 유연화를 기할 수 있어 기업의 생산성이 제고되고, 주부·고령층·청년층 등의 취업기회를 확대시킬 수 있다는 주장이 제기되고 있다. 그러나 이렇게 다양한 고용형태의 도입은 근로자들을 충분히 동기부여할 수 있는 임금체계, 복리후생, 성과평가 등의 시스템 개선이 선행되어야 할 것이다.

4 기업과 여성종업원

오늘날 여성들의 교육수준이 높아지고 전문성이 다양화하면서 그들의 사회활동 영역이 확대되고 경제활동 참가율이 증가하고 있다. 그동안 여성근로자들은 우리나라 산업발전에 중요한 역할을 담당하였고, 경제성장에도 크게 기여해온 것도 사실이다. 그러나 아직도 여성근로자들은 직장에서 직무기능이나 역할수행 능력에 있어 남성과 차별화하려는 의식을 갖고 있으며, 또한 그들의 보상이나 처우에 있어서도 남성과 차별화하려는 경향이 사라지지 않고 있다.

이러한 현상은 윤리적·법률적으로 정당하지 못할 뿐만 아니라 기업의 효율성 향상을 위해서도 바람직하지 않은 관행들이다. 따라서 여성근로자들의 능력개발과 역할증대를 추구하고 그들에 대한 차별적 대우를 근절하기 위한 노력을 기울여야 할 것이다.

1) 여성근로자에 대한 인식전환

우리나라는 전통적으로 남성과 여성의 역할이 성에 따라 분업화(sexual division)되어 있는 것으로 인식하고 있다. 즉, 남성은 사회(직장)에 참여하여 생산적 과업을 수행함으로써 가족의 생계를 책임지고, 여성은 가정에서 가족을 양육하고 보호하는 책임을 맡는 것으로 되어 있었다. 또한 남성은 가장으로서 가정을 주도하고 가족을 지배하며 가문과 혈통을 이어가는 절대적 신분으로 여성보다 우월한 위치에 존재하고 있었다.

그러나 오늘날 여성들에게 교육을 받을 기회가 균등하게 주어지면서 그들의 학력수준이 높아지고 전문성이 향상됨에 따라 남성과 동일한 위치에서 동일한 직무를 수행할 수 있는 능력을 갖추게 되었다. 이러한 여성의 능력향상으로 사회에서 여성의 역할에 대한 인식이 바뀌게 되었으며, 더 이상 여성에 대한 성역할(gender role)의 분업논쟁은 명분을 잃게 되었다. 여성에 대한 사회의 인식변화와 함께 우리나라는 1988년 남녀고용평등법을 제정하여 시행함에 따라 기업들은 여성근로자가 남성근로자의 보조역할이나 수행하도록 하는 소극적 자세에서 벗어나 여성근로자의 잠재능력을 개발하고 적재적소 배치를 통하여 그들을 적극적으로 활용함으로써 기업의 효율성을 증대시키는데 노력을 기울이게 되었다.

사회적 경영사례

여성인력의 활용: 여성이 뛰어야 매래가 있다

우리나라가 선진국 대열에 합류하기 위해선 '여성인력을 어떻게 활용하느냐'에 대한 국가적 차원의 전략이 필요한 것으로 지적되고 있다. 또 고령화와 저출산에 따른 미래 노동시장의 대변화와 이혼-재혼의 증가 및 비혼(非婚)인구의 증가 등 신조류의 출현은 여성인력 활용의 필요성에 힘을 실어주고 있다. 특히 고등교육을 받고도 고스란히 가사에 묻혀버리는 대졸 여성의 활용문제는 개인의 발전과 국가경쟁력 선진화라는 윈-윈(win-win)전략 차원에서 본격적으로 다뤄져야 한다는 목소리가 커지고 있다.

- 실태 및 문제점: 6개월 된 딸아이를 둔 주부 마지연(32)씨는 새해에 들어 서면서 마음이 더 조급해졌다. 대학에서 유아교육을 전공한 마씨는 출산 전 까지 7년 동안 유치원 교사로 일했다. 다시 일을 하고 싶지만 현실이 여의치 않아 고민 중이다. 유치원 재취업은 아예 엄두도 낼 수 없고 눈높이를 낮추자니 자존심이 상한다. 문제는 마씨와 같은 고민을 안고 사는 여성이 우리나라에 너무나 많다는 데 있다. 한국의 대졸 이상 여성의 경제활동 참가율은 54%(1998년)로 터키(78%) 멕시코(76%)에도 훨씬 못 미치는 경제협력개발기구(OECD) 30개국 중 최하위다. 또 대졸 남자(93%)와 비교할 때 격차가 무려 39%로 OECD 평균격차(10%)보다 4배 가까이 많다.
  교육부 통계에 따르면, 2001년 대학졸업반 학생 중 여자 비율이 45%에 이르지만 여성들의 취업시장 진입은 이에 비례하지 못하고 있다. 취업전문사 인쿠르트가 조사한 지난 해 410개 상장기업의 채용계획에 따르면 기업들이 희망하는 여성채용 비율은 18.6%에 불과했다. 여성채용에 대한 기업들의 소극성과 생색내기용 고용행태는 여성의 노동시장 진입을 사실상 원천봉쇄하고 있는 것이다. IMF를 거치면서 지적되는 여성인력의 문제는 눈높이 하향화에 따른 낮은 지위와 비정규직화다. 지난해 노동부 중앙고용정보관리소의 3/4분기 고용동향 발표에 따르면 대졸 여성근로자의 절반 이상이 월평균 80만원 미만의 저임금을 받고 있다.
  맥킨지의 '우먼코리아' 보고서(2001년)는 한국의 여성인력 활용을 가로 막고 있는 10대 주요 장애요인으로 성역할 편견을 심는 교육, 특정분야 에 편중 된 인력양성, 직장내 성차별 인사제도 및 관행, 미흡한 모성보호 제도, 보육지원 부족, 비탄력적 근무시간제도, 비효율적 재취업 훈련기관, 여성노동관계법의 실효성 부족, 일반인의 의식부족 등을 들었다.
  한국여성개발원 김태흥 박사는 "우리의 경우 저학력 여성활용률은 선진국보다 높지만 고졸 - 대졸 이상 고학력 여성활용률은 극히 낮다"면서 "여성들이 직장과 가정을 조화롭게 꾸려갈 수 있는 취업지원 인프라의 구축과 다양한 인센티브 제도의 도입이 시급하다."고 강조했다.
- 외국의 실태: 1970년대 이전까지 미국-유럽 선진국가의 여성 경제활동 참가율은 현재의 우리와 같은 M자형 곡선을 보였다. 하지만 70년대의 경제호황과 여권 신장, 여성들의 교육수준 향상 등이 맞아떨어지면서 여성들의 사회진출이 활발해졌다. 스웨덴의 경우 55.2%(63년)였던 여성의 경제활동이 20년 뒤엔 84.7%(82년)로 올라갔으며, 특히 6세 미만 자녀를 둔 여성의 경우 같은 기간 39.6%에서 81.3%로 무려 40%포인트 이상 증가했다.
  이는 선진국들이 남녀고용평등법 시행, 남녀 모두에게 육아휴직법 적용, 보육-방과후 시설 확대, 육아를 위한 단축근로시간 도입, 평등보조금제도 실시 등 다양한 정책집행에 따른 것이다.

> 민간기업들도 여성인력의 유출은 기업의 생존과 직결된다는 관점에서 자발적으로 여성지원인프라를 구축했다. 한 예로 다국적기업 IBM은 1989년 'IBM부양가족 보호기금'(FDCI)을 발족, 육아-보육시설 및 노인보호시설 확충과 500개 이상의 프로젝트 실시 등에 무려 2,500만 달러를 쏟아 부었다. 또 남성위주의 직장문화 개선, 공정한 승진제도 실시, 탄력적인 근무시간제 도입 등을 통해 여성인력의 관리와 양성에 주력했다.
>
> 자료: 세계일보.

앞으로 사회는 여성 특유의 능력이 요구되는 금융 및 서비스 산업이나 정보통신 산업의 기술발전이 크게 전망되고 있으므로 여성들의 경제활동 진출이 활발하게 이루어질 것으로 기대되고 있다. 따라서 기업의 인적자원관리 기능의 중요한 과제는 많은 우수한 여성근로자를 선발하고 그들에게 훈련개발을 제공하며 경력개발을 실시하여 유능한 관리자로 육성하도록 하는 것이다.

2) 여성종업원 차별의 문제

우리나라 여성들의 경제활동 참가율은 〈표 7-3〉에서 보는 바와 같이 눈에 띄게 증가하고 있고 남녀고용평등법을 시행한지도 28년의 시간이 지났다.

〈표 7-3〉 경제활동 참가율 변화추이

(단위: %)

연도	1980	1990	2000	2005	2010	2012	2013	2014
전체	59.0	60.0	61.0	61.9	60.8	61.1	61.3	62.2
여성	42.8	47.0	48.6	50.0	49.2	49.7	50.0	51.1

자료: 한국노동연구원, 2015 KLI 노동통계.

그럼에도 불고하고 기업에 있어서 여성근로자의 근로조건은 남성근로자에 비교하여 저렴한 임금, 낮은 직위, 교육기회 결여 등의 차별적 대우가 지속되고 있다. 이와 같은 기업의 여성종업원에 대한 임금불균형 · 기회불균등 처우는 엄연한 성차별 관행으로 비윤리적일 뿐 아니라 근로기준법이나 남녀고용평등법을 위반하는 경영관행들이다.

여성종업원에 대한 차별은 흔히 여성의 역할에 대한 상동적 태도(sex role stereotyping)에서 비롯되고 있다. 즉, 일반적으로 경영직에 대하여 남성적 특성을 필요로 하는 직무로 인식하고 있기 때문이다. 다시 말하면 여성들이 남성에 비하여 경영자로서의 자질이 열등하다는 고정관념 내지 편견으로 인하여 조직의 인적자원관리에 있어서 관리직을 위한 선발·배치·승진에서 여성종업원들이 불리한 대우를 받고 있는 것이다.

많은 연구자들은 이러한 여성종업원에 대한 임금격차 및 차별대우가 여성종업원들의 직무차이에서 야기되는 현상이라고 믿고 있다. 즉, 어떤 경영자에 따르면 여성근로자의 임금 및 대우의 차이는 그들이 자녀양육을 위해 휴식시간을 활용할 수 있는 낮은 임금·낮은 승진기회가 주어진 직무를 선호하기 때문이라고 생각하고 있다.[13] 따라서 이러한 성적 차별을 제거하기 위해서는 여성근로자들에게 높은 임금이나 더 많은 승진기회가 제공될 수 있는 직무에 재배치하도록 기업의 인적자원관리 프로그램이나 정부의 인적자원개발정책을 개선하는 것이 필요하다.

3) 여성관리자의 유리천장

어떤 여성종업원들은 남성 못지않게 인적자원관리나 조직관리의 역량을 갖고 있으면서도 기업의 최고경영층(CEO)에 오르지 못하고 있다. 현실적으로 우리나라의 중소기업은 말할 것도 없이 30대 그룹의 여성종업원의 과장급 이상 간부직 승진비율은 1%에도 미치지 못하는 실정이다. 이러한 현상은 여성종업원의 승진이 유리천장이라고 불리는 보이지 않는 장벽에 의하여 방해를 받고 있기 때문이다.

유리천장(glass ceiling)이란 기업에서 여성들이 보다 높은 직위로 승진하는 것을 차단하는 투명한 장벽을 묘사하기 위하여 만들어진 용어로서,[14] 특히 여성종업원이 최고경영층으로 진출할 때 경험하는 보이지 않는 장벽(invisible barrier)를 일컫는 말이다. 다시 말하면 여성종업원이 상위경영층으로 승진할 때 직접적인 차별을 명시하고 있지는 않지만 여러 가지 높은 능력요건이나 많은 경력요건 등에 부딪치는 눈에 보이지 않는 차별을 의미하고 있다.

여성종업원들이 흔히 유리천장에 부딪치는 장애요인은 다음과 같다.

---

13) "Panel Asks Why Woman Still Earn Less: New Legislation Urged to Close Gender Pay Gap", *Washington Post*, June 9, 2000, p. E3.

14) L. V. Still, "Breaking the Glass Ceiling", *Woman in Management Review*, 1992, vol. 2 No. 5, pp. 3~8.

첫째, 여성근로자들의 부적절한 교육수준이다. 여성종업원들은 최고경영층으로 오를 수 있는 관문인 공학, 경영학, 법률학 등의 전문대학원에 진학하여 관리능력 개발을 위한 교육훈련 기회를 회피하는 경향이 있다.

둘째, 필요한 관리경력의 부족이다. 여성근로자들은 경영자로서 필요한 광범위한 관리경력을 경험할 수 있는 라인기능(생산 · 마케팅)보다는 하위층의 전문직무에 속하는 스탭기능(인사 · 재무 · 회계 · 연구개발)에 집중하거나 조직의 핵심부서가 아닌 비서업무 · 서비스 업무 같은 주변업무에서 경험을 갖는 경향이다.

셋째, 비전과 리더십 능력의 부족이다. 여성관리자들은 부하들에게 비전을 제시하거나 부하들의 문제를 해결하는 적극적인 리더십이 부족하기 때문에 남성종업원들이 여성관리자 밑에서 일하는 것을 기피하는 경향이다.

넷째, 적응능력이 부족하다. 기업의 환경변화를 예측하고 조직변화를 시도하기 위해서 변화에 적극적으로 적응하려는 능력이 부족하여 대담한 변화를 기피하는 경향이 있다.

다섯째, 개념적 능력이 부족하다. 여성종업원들은 주로 스탭부서에서 지원적인 직무에 경험을 갖고 있기 때문에 전체조직의 방향이나 정책 및 전략에 대한 경험이 부족하여 협소하고 세밀한 부분에 집중하는 경향이 있다.

이와 같이 복합적인 원인에 의하여 나타나고 있는 여성종업원의 승진을 방해하는 바람직하지 못한 유리천장 현상을 극복하기 위해서는 다양한 여성종업원 개발노력을 필요로 하고 있다.

4) 직장내 성희롱 문제

최근에 정부조직이나 기업조직에서 공통적으로 대두되고 있는 윤리적 · 법률적 문제는 남성관리자나 상급자가 여성종업원에게 성적인 괴롭힘을 주는 성희롱(sexual harassment)사건이다. 성희롱은 직장내에서 일어나고 있는 새로운 형태의 성차별문제로 다루어지고 있다. 미국 고용평등기회위원회(Equal Employement Opportunity Commission)는 성희롱의 정의를 다음과 같이 규정하고 있다.[15] "달갑지 않는 성적 유혹, 성적 애정의 요구, 성본질적 행동에 관한 언어 또는 육체적

15) A. B. Carroll and A. K. Buchholtz, *Business and Society: Ethics and Stakeholder Management*, 5th ed., South-West, 2003, p. 552.

표현 등에 대한 순종이나 거절이 명시적·묵시적으로 개인의 고용관계에 영향을 미치고, 개인의 직무수행에 비합리적으로 간섭하며, 위협적이고 적의적이며, 불쾌한 직무환경을 만들려 할 때 성희롱이 성립한다"고 정의하고 있다. 이러한 정의는 성희롱의 두 가지 형태를 암시하는 것으로서, 첫째, 대가있는 성희롱이다. 예를 들면 종업원이 임금인상이나 승진을 원할 때 상사가 그 대가로 성적 애정을 명시적·묵시적으로 요구하는 경우이고, 둘째, 적의있는 직무환경성희롱이다. 예를 들면 여성 종업원에게 성적으로 집적거리고 농담하거나 성적 장면이 묘사된 그림을 보여줌으로써 불쾌한 직무환경을 지각하게 하는 경우이다. 〈표 7-4〉에서는 여성근로자들이 흔히 경험할 수 있는 성희롱 불평사례를 열거하고 있다.

〈표 7-4〉 성희롱 불평의 예

- 성을 암시하는 행동이나 제안을 받고 있다.
- 남성들이 빤히 쳐다보이는 작업장으로 불필요한 심부름을 보낸다.
- 성적인 풍자나 농담을 받는다.
- 작업 중에 상사가 접촉을 가한다.
- 상사에게 성적으로 협력하여 동료들의 주목을 받는다.
- 성을 시사하는 모양이나 몸짓을 보인다.
- 고의적으로 접촉하거나 궁지에 빠뜨린다.
- 성을 시사하는 신체적 운동을 보인다.
- 성을 표현하는 물질을 사무실에 회람한다.
- 외설적 풍자화나 사진을 작업장에 게시한다.
- 데이트나 성적 애정을 요구한다.
- 성적 요구를 반대한 다음에 상사가 잔인성을 보인다.
- 상사가 컴퓨터 작업하는 종업원의 등을 문지른다.

자료: A. B Carroll and A. K. Buchholtz, *op. cit.*, p. 553; It should be noted that these are complaints. Whether each item turns out to be sexual haxassment or not in the eye of the law in determined in an official hearing or trial.

성희롱은 윤리적·법률적으로 금지되어 있기 때문에 최근에 많은 기업들은 여성근로자들을 성희롱으로부터 보호하고, 종업원들의 성희롱 문제에 대한 의식을 높이기 위해서 성희롱에 관한 CEO의 메시지 전달, 교육훈련 및 워크숍 개최, 회사 매뉴얼 규정, 영화상영, 역할연기훈련 등 종합적인 프로그램을 개발하고 있다.

제3절 기업지배와 주주관계

자본주의 사회는 사유재산권 보장의 원리에 따라 주주의 소유권, 재산권, 기업지배권이 보장되고 있다. 개인들은 주식의 매입을 통하여 주주의 권리를 행사할 수 있고 매각함으로써 주주권은 상실된다.

오늘날 자본시장의 개방이 가속화됨에 따라 투자자들은 국내는 물론 해외의 증권시장을 통하여 주식을 인수함으로써 전 세계 우량기업의 주주가 될 수 있다. 투자의 목적은 대체로 두 가지로 구분할 수 있는데, 첫째는 투자수익을 얻기 위한 투자로서 기업의 성장과 번영으로 주식가격이 상승하고 높은 배당을 받기 위한 재산 증식의 목적이고, 둘째는 기업에 대한 소유권을 확보함으로써 기업지배를 목적으로 하는 투자이다.

주주의 기업지배는 기업의 전략적 방향을 결정하고 이익분배의 균형을 유지하는 기업의 내부적 경영시스템을 장악하는 것으로서, 주주는 기업경영의 주체인 경영진(이사)을 선임하여 회사경영을 실질적으로 지배할 수 있다.

1 소유와 경영의 분리

기업은 자본주의 경제체제의 사유재산권 보장의 원칙에 따라 소유자인 주주에 의하여 지배되는 것이 합법적이고 합리적이다. 자본주의 초기의 기업들은 출자자인 주주에 의하여 운영되고 지배되며 통제되었다. 그러나 주식회사제도의 발전에 따라 주식소유권이 수많은 주주들에게 분산되고 기업의 규모는 확대되며 경영활동이 복잡해짐에 따라 경영에 대한 과학적이고 전문적 지식 · 기술 · 의사결정능력을 가진 경영자를 필요로 하게 되었다. 따라서 소유경영자는 점차 경영일선에서 후퇴하게 되고 전문지식과 능력을 갖춘 전문경영자가 총체적으로 경영활동을 담당하게 되면서 소유와 경영의 분리제도가 출현하게 되었다.

주식회사의 주주들은 경영에는 직접 참여하지 않고, 출자와 관계없는 유능한 전문경영자를 임원(이사)으로 선출하여 그들로 하여금 기업을 총체적으로 지휘 · 감독하도록 위임하면서 기업의 이윤극대화를 요구하고 소유주식에 대한 이익배당과 주식가격 상승을 기대하고 있다. 여기에서 임원이라 함은 주주를 대표하여 회사의 업무를 경영하는 최고경영층을 말하는 것으로서 이사(대표이사, 전무이사, 상무이사)와 감사 등이 이에 해당한다.

2 기업지배의 이해관계자

기업지배(corporate governance)란 기업이 지배되고 지휘되며 통제되는 방법을 말하는 것으로서, 기업에 이해관계가 있는 주주, 이사회, 경영자, 종업원 등의 상대적 역할, 권리, 책임에 관계된다. 기업지배를 이해하기 위해서는 기업 시스템의 구성요소인 기업의 설립헌장(charter), 주주, 이사회, 경영층, 종업원의 상대적 역할에 대한 합법성을 이해하는 것이 중요하다.

[그림 7-5]는 기업의 설립헌장에 따라 형성된 기업지배권한의 네 가지 계층집단을 시사하고 있다.

[그림 7-5] 기업의 지배권한 계층

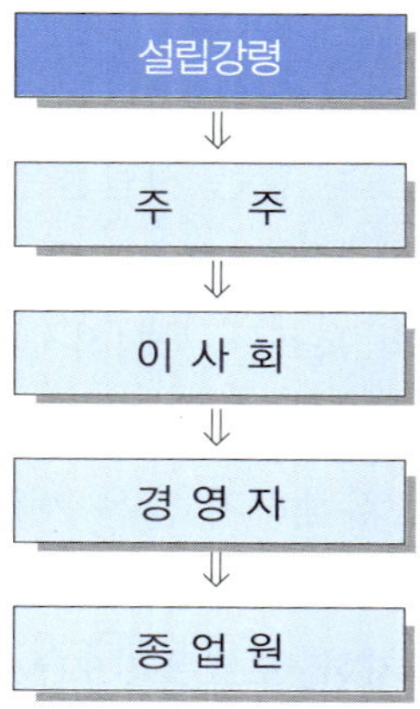

1) 주 주

주주(stockholder)는 기업에 출자하여 주식을 보유하고 있는 기업의 소유자이다. 주주는 기업의 법률적 소유자로서 궁극적 통제권한을 가지며, 회사의 발행주식에 대한 자신의 주식소유 비율에 따라 주주의 권리를 행사하게 된다. 주주는 전문경영자에게 기업경영의 핵심적 의사결정 및 직무집행 권한을 위임할지라도 주주총회의 의결권을 바탕으로 기업의 기본정책과 전략결정에 영향을 주고, 이익 및 잔여재산 처분에 참여하며, 이사 및 감사의 임면권한을 행사하고 있다.

또한 주주는 기업이 얼마나 높은 이익을 성취하고 있는가에 관심을 갖고 있기 때문에 회사의 경영자들은 주주의 욕구에 높은 관심을 두어야 하고 회사의 이익창출에 기업경영의 최우선순위를 두어야 한다. 따라서 경영자는 주주를 최고의 이해관계집단으로 인식하고, 주주와의 원만한 관계를 유지함으로써 경영자의 지위를 지속하게 되며, 경영목적을 달성할 수 있게 된다.

주주는 주식을 소유하는 주체에 따라 개인투자자와 기관투자자로 구분된다. 개인투자자는 회사의 주식을 직접 구입하여 소유하고 있는 개인들을 말하며, 기관투자자는 개인들이 투자신탁회사의 수익증권을 매입하고, 보험회사의 보험증권을 매입하며, 연금관리공단의 연금에 가입함으로써 예탁한 기금을 주식에 투자하여 간접적으로 주식을 소유하도록 하고 투자수익을 개인들에게 배당하는 금융기관들을 일컫는다. 이러한 개인 및 기관투자자들은 경제적 목표와 사회적 목표를 성취하기 위해서 주식을 선별하여 투자하고 있다. 주식소유의 경제적 목표는 경제적 이익을 얻기 위해서 투자하는 것이다. 즉, 많은 사람들은 보다 높은 이익을 창출할 수 있는 기업의 주식을 선택함으로써 높은 배당과 주가상승을 기대하고 있다.

한편 주식소유의 사회적 목표는 사회적·윤리적 목표를 달성하기 위해서 투자하는 것이다. 즉, 많은 기관투자자들은 환경을 오염시키지 않고, 종업원을 차별대우하지 않으며, 소비자에게 유해하지 않은 제품을 생산하는 기업을 선별하여 투자함으로써 사회적 책임을 실천하고 있다. 많은 연구들은 이러한 사회적 선별(social screens)을 이용하여 투자한 포트폴리오(portfolio)가 광범위한 시장에서 경쟁력 있는 수익을 제공하고 있다고 주장하고 있다.[16] 이와 같이 오늘날 많은 개인 및 기관투자자들은 투자중개인이나 자문인들에게 주식선택에 있어서 투자대상주식의 경

16) "A Conscience Does'nt Have to Make You Poor", *Business Week*, May 1, 2000, pp. 204~208.

제적 이익과 사회적 책임을 기준으로 주식을 선별하도록 요구하고 있다.

기업주식에 투자하는 또 다른 이유는 기업의 통제권을 획득하기 위한 것이다. 어떤 투자자들은 새로운 기업에 대한 적대적 인수합병(hostile takeover)을 통하여 주식을 인수함으로써 그 기업을 지배하고 통제하며 자신의 새로운 경영전략을 실천하고 있다. 이러한 투자는 장기적으로 경제적 목표를 극대화하기 위한 것이고 단기적으로는 기업의 통제권을 얻기 위해 주식을 인수하는 것이다.

2) 이사회

이사회(board of directors)는 주주총회가 기업경영의 전반적인 지휘·감독·통제권을 위임하기 위해서 선임한 이사로서 구성된 기업지배기관이다. 이사회는 주주를 대신하여 전반적인 기업경영을 감독하도록 권한과 책임이 위임되어 있다. 우리나라 상법은 전반적인 기업경영에 관한 법률적 책임을 이사회에 부여하고 있다. 따라서 이사회는 기업의 목표를 설정하고, 광범위한 정책을 개발하며, 목표와 정책을 수행할 최고경영자(CEO)를 선임할 법률적 책임이 있다. 또한 이사회는 기업이 잘 운영되고 주주의 이익이 보호되고 있는가를 확인하기 위해서 경영층의 성과를 평가한다.[17)]

이사회의 규모는 기업의 경영활동을 원만히 수행하고 주주에게 가장 기여할 수 있는 이사의 수로 구성되기 때문에 기업의 규모나 구조에 따라 차이가 있다. 미국 기업들의 평균 이사수는 11명으로 이들 이사 중에서 80%는 사외이사(비경영자)가 차지하고 있다.[18)]

사내이사는 기업의 경영활동을 직접 지휘·통제하는 최고경영층을 말하는 것으로서, 회사의 대표이사, 부사장, 전무, 상무, 이사 등의 직위에서 업무활동을 집행하는 사람이다. 사내이사는 기업의 특별한 기능에 전문성을 갖고 있거나 CEO와 밀접한 관계를 유지하고 있으면서 CEO에게 종속되거나 지배되어 직무를 수행한다.

이에 반하여 사외이사들은 기업이나 최고경영자로부터 독립성을 가지고 기업의 의사결정에 참여하게 된다. 사외이사는 흔히 다른 기업의 최고경영자, 은퇴한 최고경영자, 주주, 은행가, 전직공무원, 교수, 지역사회 인사 등에서 선발되고 있다.

---

17) Marianne Jennings, *The Board of Directors: 25 Keys to Corporate Governance*, New York: Lebhar-Friedman Books, 2000.

18) J. E. Post, A. T. Lawrence & J. Weber, *Business and Society: Corporate Stratery, Public Policy, Ethics*, 5th ed., New York, McGraw-Hill/Irwin, 2002, p. 335.

대부분의 기업에서 사외이사들은 위원회를 통하여 그들의 직무를 수행하고 있다. ① 집행위원회(executive committee)는 기업의 중대한 문제에 관하여 최고경영자들과 긴밀하게 협력한다. ② 감사위원회(audit committee)는 기업의 재무보고서를 검토하고 외부감사의 지명을 추천하여 내부통제의 통합을 감독한다. ③ 보상위원회(compensation committee)는 최고경영층의 임금이나 복리후생에 관하여 관리하고 승인한다. ④ 추천위원회(nominating committee)는 주주총회에서 선출될 이사후보자들을 선별하여 추천한다.

사회적 경영사례

한국기업 사외이사 현황

우리나라 상장법인들의 사외이사 선임비율이 지난 해보다 증가했지만 이사회 참석률이 높지 않고 책임 및 권한 등에 대한 인식도가 낮아 아직 개선점이 많은 것으로 나타났다.

2001년 12월 6일, 증권거래소는 전 상장법인을 대상으로 이사총수에 대한 사외이사의 비율을 조사한 결과 34.8%를 기록, 지난해(32.8%)보다 2% 증가했다고 밝혔다. 또 1개 회사당 평균 사외이사수는 2~3명으로 지난해와 같았다.

사외이사 선임비율은 지난해보다 높아져 사외이사제도가 점진적으로 활성화되는 모습을 보였지만 아직 최대주주 및 주요 주주의 사외이사후보 추천비율이 76%로 지배주주가 사외이사 선임에 가장 많은 영향력을 행사했다. 또 사외이사의 이사회 참석률이 69.1%로 그다지 높지 않았고, 사외이사들만의 회의도 5.7%로 매우 낮았다. 이는 시간부족 등 일신상의 사유가 가장 많았다.

증권거래소가 사외이사 의사결정의 독립성에 대해 사외이사와 회사측에 설문한 결과 회사측은 81.9%가 독립적(매우 독립적, 독립적인 편)이라고 응답했고, 사외이사는 70%가 독립적이라고 답변해 의사결정은 비교적 독립적인 것으로 나타났다.

또 사외이사의 법적 책임과 권한 및 기능에 대한 이해에 대한 질문에는 회사측은 54.9%가 긍정적인 답변(매우 충분, 충분)을 한 반면, 사외이사는 긍정적인 답변이 34%에 불과했다. 특히 중요한 의사결정의 지연에 대한 우려가 사외이사의 활동에 부담을 주는 것으로 조사됐다.

회사측의 지원을 보면 사외이사의 월급은 평균 171만원으로 80% 이상이 적정하다고 판단했다. 하지만 회사의 비용으로 사외이사의 책임배상보험에 가입하고 있는 곳은 19.7%로 매우 저조했다.

한편 상장법인의 이사회 현황을 보면 상장사 1개당 평균 이사 수는 6~7명(사외이사포함)이며 사내이사 가운데 지배주주와 관련 있는 이사가 37.9%로 소유와 경영이 분리되지 않은 법인이 상당수를 차지했다.

또 감사기구를 보면 감사위원회 개최 횟수가 연평균 6회로 활성화되고 있으며 감사위원의 참석률도 95%로 매우 높았다. 감사위원회 구성도 사외이사 비율이 73%였고, 감사위원장은 71%가 사외이사로 이뤄지는 등 투명성이 제고됐다.

주주의 권리행사에 대해서는 소수주주권 행사요건의 지속적인 완화에도 불구하고 소수주주권 행사실적은 1.1%에 불과했다. 또 주주의 권리강화를 위한 서면투표제 도입법인 14.9%, 집중투표제를 배제하지 않은 법인은 18.7%로 이 제도의 의무화에 대해서는 회사측의 반대의견이 많았다. 반면 공정정보공개제도(공시의무사항 이외의 주가에 영향을 미칠 수 있는 내용을 모든 투자자에게 동시에 공개하는 제도)에 대해서는 95.6%가 찬성했다.

증권거래소는 기업지배구조와 관련해 지금까지 제도적 기틀을 마련하는 데 힘써 왔다면 이제부터는 시장의 자율규율 및 동기부여에 의한 제도의 정착을 지원하는 방향으로 추진할 것이라고 밝혔다.

자료: 머니투데이.

사외이사제도의 장점은 다음과 같다.

첫째, 사외이사는 사내이사에 비하여 CEO에게 객관적인 조언을 제공할 수 있고 외부와의 연결을 통하여 사내이사가 지니고 있지 못한 자원을 동원할 수 있는 보완적 능력이 있다.

둘째, 사외이사는 주주를 대신해서 경영진을 효과적으로 감시할 수 있다. CEO에 의하여 임명된 사내이사는 상사인 CEO에게 충직하게 순종해야 하므로 감시활동을 하기 어렵다.

셋째, 사외이사는 CEO의 독단적 경영을 규제할 수 있다. 사외이사는 CEO로부터 독립하여 의사결정함으로써 주주의 이해를 보다 잘 대변할 수 있다.

3) 최고경영층

기업의 규모가 확대되고 국내 및 국제경영환경이 복잡해지면서 거대한 기업을 지휘 통솔할 수 있는 전문경영자의 필요성이 높아지고 있다. 이러한 전문경영자들은 마케팅 및 영업분야, 기술설계와 생산분야, 다양한 재무분석 분야에 있어서 중요한 경력배경을 갖고 있어야 한다. 전문경영자의 권력의 원천은 직무수행에 필요한 관리적 전문성과 조직적 책임성의 결합에 바탕을 둔다.

경영자들은 기본적으로 주주보다는 회사에 대한 책임을 고려하는 경향이다. 즉, 경영자들은 주주에 대한 책임에 관심을 가지면서도 '회사에 대하여 장기적으로 좋은 경영이 주주에게도 좋은 경영'이라고 주장하고 있다. 그러나 최근에 최고경영층의 권력은 이사회, 기관투자자, 기타 이해관계집단의 세력이 적극적으로 강화되면서 점차 약화되는 경향을 보이고 있다.

4) 채권자

IMF 경제위기 이후에 채권자(금융기관)들은 기업지배에 있어서 강력한 영향력을 행사하고 있다. 전통적으로 채권자들은 기업의 새로운 건물 및 기계시설의 구입이나, 새로운 사업 확장에 필요한 자금을 대여하는 역할을 수행하였다. 1970~1980년대 중반에 이르는 장기간의 세계적 호경기를 맞으면서 기업들은 은행대출이나 사채발행을 통한 거대한 자금을 마련하여 새로운 기업을 합병하거나 공기업을 인수하는 차입금에 의한 기업매수(leveraged buyout)에 박차를 가하였다.

그러나 1990년대 초부터 불황이 계속되고 특히 IMF 경제위기가 도래하여 이자율이 높아지면서 많은 차입금에 의존하고 있는 기업들은 수익금으로 원리금을 상환할 수 없는 경영손실에 직면하게 되었다.

한편 불황기에 당면한 채권자들은 신규대출을 중단함은 물론 기존 대출금의 상환을 요구하게 되었고 마침내 기업들은 일부 주식을 매각하거나 조직을 해체하는 도산의 위기가 발생하였다. 이와 같이 채권자가 기업을 처리하는 방식은 채권자의 기업에 대한 새로운 지배문제로 등장하게 되었다.[19)]

---

19) M. C. Jensen, "Eclipse of the Public Corporation", *Harvard Business Review*, September–October 1989, pp. 61~74.

c/h/a/p/t/e/r

08

기업의 외부 이해관계자

기업은 목표달성 과정에서 다양한 사회집단과 경영활동에 필요한 자원을 거래·교환함으로써 이익극대화를 추구하고 있다. 기업이 경영활동에 필요한 자원의 거래·교환을 시작하게 되면 그들과의 직접적인 이해관계가 따르게 되고 상호의존관계가 형성된다.

기업은 직접적인 거래관계는 없으나 기업이 위치하고 있는 특정 지역사회의 환경과 생활에 영향을 미치게 되므로 지역사회는 기업에 대하여 바람직한 환경과 삶의 질을 개선할 수 있는 협조와 책임을 기대하는 경향이다.

이러한 거래관계가 있는 개인이나 조직을 과업환경(task environment)이라 하고, 거래관계 없이 지역사회와 영향력을 주고받는 이해관계 세력을 일반환경(general environment)이라 부르며,[1)] 이들 과업환경과 일반환경을 외부 이해관계자로 분류하고 있다.

기업활동에 직접·간접적으로 영향력을 행사하는 외부 이해관계자로는 거래관계를 중심으로 이해관계가 형성되는 정부, 소비자, 공급업자, 유통업자, 채권자, 경쟁자 등과 거래관계 없이 환경적 영향관계에서 이해관계를 주장하는 지역사회의 환경보호단체, 소비자운동단체, 시민운동단체, 노동운동단체, 언론매체 등이 포함된다.

따라서 경영자는 경영활동을 원활하고 효율적으로 수행하기 위해서 거래관계가 있는 과업환경의 당사자들과 이해관계를 조정하고, 거래관계는 없으나 실질적으로 영향력을 행사할 수 있는 외부 이해관계집단과 관계를 개선하여 그들이 기업활동에 협력적으로 작용하도록 유도하여야 한다.

제1절 기업과 정부

정부는 사회에서 공공의 이익을 보호하고 국민의 안전을 촉진하기 위하여 기업의 도덕적·합법적 경영을 촉구하는 법률을 제정하고 집행하는 역할을 한다. 정부의 법률적 규제와 공공정책은 경영자의 경영활동에 결정적인 영향력을 갖는다.

정부의 기업에 대한 관계는 협력적일수도 있고 규제적일수도 있다. 즉, 정부의 경제적·사회적 지원은 사회와 기업에 긍정적 영향을 미칠 수 있으며, 정부의 기업

1) G. R. Jones(2014), *Contemporary Management*, 8th ed., McGraw-Hill, p. 8.

규제는 생산활동에 심각한 부정적 영향을 주게 된다.

따라서 경영자는 기업이 윤리적·합법적 행동을 수행함으로써 얻게 되는 정부의 지원정책과 규제의 효과를 이해하는 것이 중요하다.

1 기업, 정부, 공중의 상호작용

현대인들은 정부와 기업에 대하여 좋은 직업, 우수한 주택, 쾌적한 문화시설 등 우량한 삶의 질을 개선해 주도록 기대하고 있다. 이에 더하여 현대사회의 청년운동, 소비자보호운동, 생태계보호운동, 시민권리운동, 여성해방운동, 인류평등운동, 자연보호운동 등에서 나타나고 있는 사회적 가치의 변화는 기업과 정부의 새로운 관계를 형성하는 데 중요한 영향을 미치고 있다.[2)]

여기에서 기업과 정부, 그리고 공중집단의 영향관계를 살펴보는 것이 필요하다. [그림 8-1]에서 예시하는 바와 같이 기업·정부·공중집단의 영향관계는 공중정책이 결정되는 과정과 기업과 정부의 관계를 특징짓는 문제들을 이해하는데 도움이 된다.

[그림 8-1] 정부·기업·공중집단의 상호작용

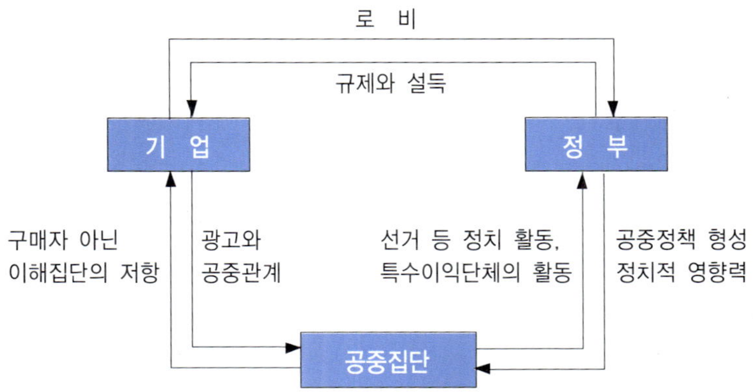

자료: A. B. Carroll and A. K. Buchholtz, *Business & Society: Ethics and Stakeholder Management*, Thomson/South-Western, 2003, p. 313.

2) A. L. Seelye, "Societal Change and Business-Government Relationships", *MSU Business Topics*, Autumn 1975, pp. 5~6.

1) 기업과 정부의 관계

정부는 규제, 조세, 설득을 통하여 기업에게 영향을 미치고, 기업은 그의 활동에 영향을 주는 정부에 접근하여 로비(lobby)로서 대응하게 된다. 또한 정부는 기업과 사회의 균형관계를 유지하기 위해서 법률을 제정하여 집행하고 있다. 즉 정부는 일자리를 창출하고 기업의 경쟁력을 높이기 위하여 해외시장을 개척하고 자금을 지원하며 규제를 완화하기도 하며, 한편 기업의 자연환경 파괴, 근로자 인권탄압, 불량제품 생산 등의 비윤리적 행동을 규제하기 위하여 법률을 제정하여 집행하고 있다.

2) 공중집단과 정부의 관계

공중집단은 정부에 영향을 미치기 위하여 공무원(선출직)을 선출하는 정치적 과정을 이용한다. 또한 보다 강력한 영향력을 행사하기 위하여 농민단체, 중소기업단체, 교육자단체, 시민단체, 환경단체 등의 특수이익단체를 구성하여 활용하기도 한다. 정부는 공중집단에 영향을 주기 위해서 정치활동, 공중정책 형성, 정치적 영향력을 이용하고 있다.

3) 기업과 공중집단의 관계

기업은 공중집단에게 광고, 공중관계(public relations), 커뮤니케이션을 통하여 영향을 미친다. 공중집단은 경제실천연합, 녹색환경단체, 소비자보호단체 같은 특수 이해관계집단이나 저항집단을 형성함으로써 기업활동에 영향을 미친다.

[그림 8-1]에서 보는 바와 같이 기업과 공중집단의 영향관계는 공중의 이해관계에 따라 결정되고, 공중의 이해관계를 공식적으로 다루어야 할 대표기관은 정부이며, 영향력 행사의 행동주도권은 공중집단이 갖게 된다. 기업, 정부, 공중집단은 공중의 이해관계를 결정하는 과정에 동태적 상호작용을 통하여 개입하게 된다.

2 정부의 법률적 규제

정부(government)는 국가의 목표나 통치이념을 지속적·효율적으로 달성하기 위하여 여러 가지 행정규제를 통하여 사회구성원의 안정과 공익을 옹호하기 위한 다양한 기능을 수행하고 있다.

정부는 공익을 대표하여 기업활동에 여러 가지 제약을 가하거나 영향을 주는 규제기관으로서의 성격을 띠고 있다. 이에 대하여 재코비(N. H. Jacoby)는 "정부 공무원들은 자신들을 기업의 위반행위에 대한 조사자, 검사자, 과세자, 규제자, 처벌자로서 인식하고 있으며, 기업인들은 정부기관이 경영활동의 착수를 정지시키거나 지연시킬 수 있는 권력을 행사함으로써 그들은 전형적인 경제발전에 대한 규제자, 억제자, 지연자, 방해자로서 보고 있다"[3]고 논평하고 있다.

정부규제는 정부가 공공정책 목표를 달성하기 위해 시행하는 기본방식을 말하는 것으로서, 정부규제(regulation)란 정부가 법령에 따라서 기업활동을 지배하거나 지도하는 행동이라고 정의할 수 있다. 이를테면 정부규제는 기업의 제품 및 서비스의 생산에서부터 포장, 판매, 마케팅에 이르기까지 기업의 모든 의사결정이나 활동에 대하여 실질적으로 영향을 미치는 행동을 말한다. 현실적으로 정부는 공익을 위하여 제품의 안전이나 품질의 보장, 광고의 진실성, 공해배출이나 산업안전 그리고 독과점에 의한 부당이익 등에 대해 규제를 가하는 입법 또는 지도활동을 하게 된다. 정부규제는 여러 가지 이유에서 실시되고 있으나 크게 다음의 세 가지로 구분하여 살펴볼 수 있다.

1) 시장독점 규제

산업화 초기의 기업들은 기업의 규모확대를 통하여 원가를 절감할 수 있는 규모의 경제(economics of scale)를 실현함으로써 시장에서 경쟁자를 몰아내고 시장을 독점하기 위해서 카르텔이나 트러스트 방식을 이용하였다. 그렇게 함으로써 독점기업들은 중소기업에 비하여 값싼 제품이나 서비스를 보다 능률적으로 공급할 수 있었다. 그러나 독점기업들은 본질적인 이익극대화를 실현하기 위해 신기술・신제품을 개발하려 노력하기보다는 쉽게 산출량을 감축하고 가격을 인상하려는 방식을 선택하였다. 이에 대하여 정부는 독점금지법이나 공정거래법을 제정하여 기업의 반경쟁적 행동을 규제하게 되었다.

---

3) N. H. Jacoby, *Business–Government Relationship: A Reassessment*, Santa Monica, CA: Goodyear, 1975, p. 167.

2) 외부환경오염 규제

대부분의 중화학제품들은 생산하는 과정이나 사용하는 도중에 많은 유독성 물질을 배출함으로써 공기 · 수질 · 토양을 오염시키는 심각한 공해를 유발하고 있다. 예를 들면 철강산업, 핵발전소, 화학공장 등으로부터 배출되는 연기, 폐수, 산업폐기물에 의하여, 또는 자동차 및 선박 등의 운전과정에서 뿜어내는 중금속 매연, 탄산가스 등이 환경오염의 주범들이다. 이러한 공해는 생태계를 파괴할 뿐만 아니라 시민들의 질병을 유발하고 건강비용을 증가시키며, 또한 이러한 공해처리를 사회가 부담할 경우 엄청난 사회적 비용(social costs)을 유발하게 된다.

한편 기업들은 공해방지의 필요성을 인정하면서도 막대한 공해방지시설 투자와 시설운전 비용이 수반되므로 제품생산의 원가상승 압박과 가격경쟁력 약화를 우려하여 환경오염을 방치하는 경향이다. 그러나 정부는 공해예방을 위해서 공해방지에 관한 법률을 제정하여 기업들의 실행을 강요함으로써 환경오염을 규제하고 있다.

3) 사회적 목표달성

정부는 일반 공중의 사회적 목표를 성취하기 위해서 규제를 이용하고 있다. 정부는 공중의 이익을 보호하기 위해서 위험한 제품의 생산, 고용에 있어서 여성 및 외국인의 차별대우와 같은 경영관행을 규제함으로써 사회적 목표를 실현하고 있다. 이에 더하여 정부는 제품의 성분 및 규격기준, 제품사용의 안전기준, 제품의 허위과대광고 등에 관하여 부적절한 정보를 제공하는 기업들에 대하여 규제를 가하고 있다. 특히 최근에는 캔으로 포장된 약품, 식품, 영양제품 등에 대하여 칼로리, 지방성분, 콜레스테롤, 탄수화물, 단백질, 비타민 등의 성분에 관하여 상표나 사용설명서에 명시함으로써 소비자에게 충분한 정보를 제공하도록 규정하고 있다.

3 정부의 법률외적 영향력

한국정부는 연간 380조원의 예산을 집행하는 소비자이다. 정부는 거대한 예산을 집행함으로써 기업에 중대한 영향을 줄 수 있다. 한편 정부는 지역사회나 국민들에게 경제적 안전과 사회적 서비스를 제공하는 공공정책을 시행해야 한다. 공공정책

(public policy)이란 국민들의 현실적 생활에 영향을 줄 수 있는 공공의 이익을 위한 광범위한 목적을 달성하기 위하여 정부나 공무원들이 착수하는 행동계획을 말하는 것으로서, 정부가 선택하는 경제정책이나 사회정책이 포함된다.

정부가 흔히 기업에 대하여 영향을 줄 수 있는 수단은 산업정책과 민영화이다. 산업정책은 기업의 국제경쟁력에 대한 정부의 역할에 관련되며, 민영화는 현재의 공공기능(교육, 공공운송, 사회안전, 소방 등)을 민간부문(기업)으로 전환하려고 집중하는 정책을 의미한다.

1) 산업정책

산업정책(industrial policy)이란 정부가 경제구조의 변화를 억제할 것인가 또는 촉진할 것인가를 평가하여 결정하는 것으로서, 구체적으로 말하면, 첫째, 정부가 필요로 하는 물품이나 건설공사의 발주에 있어서 유망한 중소기업이나 정당성이 인정되는 기업의 제품을 구매하거나 공사계약을 체결하도록 정책을 결정한다.

둘째, 정부가 강력한 경쟁력이 있는 기업의 세계시장 진출을 가속화하고, 석탄산업이나 선박산업과 같은 사양산업에 종사하는 종업원들에게 새로운 기술이나 직무를 재훈련하고 재배치하도록 촉구하며, 정보통신산업과 같은 유망산업의 성장을 촉진하기 위해서 기술·금융지원을 제공하는 정책이다.

셋째, IMF경제위기와 같은 경제 불황으로 도산위기에 직면한 기업을 워크아웃, 법정관리 등을 통하여 구조조정을 실시하고 구제금융을 지원하거나 공적 자금을 투입하도록 하는 정책이다. 이러한 정부의 산업정책들은 기업의 생존과 성장에 결정적인 영향을 미치게 된다.

2) 민영화

민영화(privatization)란 이전에 정부기관에 의하여 운영되고 있던 어떤 기능이나 서비스를 민간부문(기업)으로 이전시키는 과정이라고 정의할 수 있다.[4] 민영화는 자유시장경쟁의 원리를 도입하고 기업가적 모험정신을 유발하려는 선진국·개발도상국들의 21세기 경영전략의 핵심부분이다.[5] 민영화 지지자들에 의하면 공기업은

4) Ted Kolderie, "What Do We Mean by Privatization?", St. Louis: *Center for the Study of American Business*, Washington University, May 1986, pp. 2~5.

정부의 많은 개입으로 민간기업에 비하여 비능률적이고 유연성이 부족하여 실질적으로 비교우위성을 얻지 못한다고 주장하고 있다.[6] 따라서 민영화는 많은 사람들로 하여금 높은 능률성 및 전반적 성과개선 가능성에 대한 희망을 주기 때문에 많은 투자자들이 공기업 인수에 관심을 갖고 경쟁적으로 참여하게 된다.

3) 기타 법률외적 영향력

정부는 근로조건 변경, 금융지원, 사회복지, 세제지원 등에 있어서 기업활동에 직접적 · 간접적으로 중요한 영향을 미친다.

첫째, 정부는 공무원들에 대한 주5일 근무제, 여성공무원의 산전 · 후 휴가기간 연장 등과 같은 근로조건을 개선함으로써 민간기업에 파급을 유도하고 있다.

둘째, 정부는 농업, 어업, 주택사업, 에너지산업 등에 자금지원이나 대출지급보증 등을 통하여 민간기업에 금융지원을 실시하고 있다.

셋째, 정부는 사회안정, 사회복지, 교육지원, 연구개발 지원을 위하여 엄청난 자금을 지원함으로써 기업활동에 간접적인 영향을 주고 있다.

넷째, 정부는 교통운송, 우편배달, 출판인쇄, 에너지생산, 의료, 교육 등 여러 가지 분야에서 민간기업과 경쟁사업을 운영함으로써 기술, 시장, 가격 등에서 영향을 주고 있다.

다섯째, 정부는 호화사치업종, 부동산경기 과열 등을 억제하기 위해서 무거운 세금을 부과하고, 첨단기술 개발 및 도입업체에 대한 세금감면이나 세액공제를 제공함으로써 기업활동을 억제하거나 촉진하고 있다.

여섯째, 정부는 기업의 지나친 가격인상, 임금인상, 과당경쟁을 억제하고 시장질서를 유지하도록 기업을 설득함으로써 기업활동에 영향을 주고 있다.

---

5) S. A. Zara, R. D. Ireland, I. Gutiemez & M. A. Hitt, "Privatization and Entrepreneurial Transformation: Emerging Issues and a Future Research Agenda", *Academy of Management*, July 2000, pp. 509~524.

6) S. Coll, "Retooling Europe", The Washington Post National Weekly Edition, August 22~28, 1994, pp. 6~7.

4 정부의 기업지원

정부는 기업활동을 규제하는 역할보다는 지원역할에 중점을 둔다. 정부는 첨단기술 개발을 위한 투자와 지원, 산업공단의 조성, 도로 및 항만시설 같은 사회간접자본의 확충, 신기술 도입에 대한 금융지원 및 조세감면, 외국과의 통상협상을 통한 수출지원 및 수입제한 등을 통하여 산업육성을 위하여 지원하고 있다. 또한 기업들로 하여금 국책산업에 직접 참여하도록 하여 사업기회를 제공하며, 민간기업이 생산한 제품이나 서비스를 조달·구매하는 고객이 되기도 한다.

한편, 정부는 국토개발, 주택건설과 같은 개발사업을 전개하여 기업의 사업기회를 제공하고 국민들의 고용기회를 창출하기도 한다. 이와 같이 정부는 기업활동을 직접 지원하거나 사업기회를 제공함으로써 기업의 성장과 발전에 중요한 영향을 미치고 있다.

5 기업의 정부에 대한 영향

오늘날 도전적인 기업들은 정부의 규제나 지시를 일방적으로 받아들이기보다는 이에 대응하기 위한 정치적 활동을 통하여 상당한 영향력을 행사하고 있다.

기업의 이해관계자들은 자신들의 이익을 강력하게 요구하고 있고 기업에 대한 사회적 비판이 고조되면서 정부가 사회의 요청에 따라 기업활동에 개입하게 된다. 이에 대하여 기업들도 자신의 입장을 설명하고 보호해야 할 필요성이 높아짐에 따라 정부를 설득하고 사회를 이해시킬 수 있는 정치적 활동을 전개하게 된다.

기업의 정치적 활동(corporate political activity)이란 기업이 정치적 환경의 위협요소를 제거하고 유리한 경영환경을 조성하기 위하여 공공정책의 형성 및 실행과정에 영향력을 행사하는 기업활동을 말한다. 공공정책의 형성을 위한 정치적 활동은 특정 공공정책의 입법화를 위해 영향을 미치는 활동으로서, 각종 선거에서 특정 후보를 지지하는 활동, 특정법률의 입법화를 추진하는 활동, 입법을 위한 공청회를 개최하고 발언하는 활동 등이 있으며, 공공정책의 실행을 위한 정치적 활동으로는 특정 공공정책을 강화하거나 변경하도록 추진하는 활동이 포함된다.

기업들이 정치적 활동이나 대정부활동을 전개하는 이유는 정부규제를 단순히 회피하거나 순응하기보다는 정부규제에 기업의 의사가 반영되도록 함으로써 기업의 비용을 최소화하고 이익을 증대시키기 위한 것이다. 기업이 정부규제에 대응하기 위해서 일반적으로 활용하는 정치적 수단으로는 로비활동, 자기옹호광고, 정치행동위원회, 기업연합체 형성 등이 있다.

1) 로비 활동

로비 활동(lobbying)은 정부의 입법관련 공무원이나 입법기관을 대상으로 정치로비스트나 기업의 중역들이 특정 법률의 입법 필요성이나 기대효과를 알리고 설득함으로써 정부의 입법결정에 영향을 주는 교섭활동이다. 로비활동은 기업의 발전이나 사회적 이익을 도모할 수 있는 기업활동에 대하여 정부에 정확하게 전달함으로써 입법결정에 영향을 줄 수 있으나, 기업의 이익을 위하여 정부를 이용하고 있다는 사회적 비판이나 정경유착의 의혹을 받을 수 있다. 따라서 사회적 비난을 회피하기 위해서 로비 대상에 대한 이슈를 사회적으로 공론화하고 로비 활동을 공개적으로 수행하도록 하는 것이 바람직하다.

2) 기업옹호 광고

기업옹호 광고(advocacy advertising)는 기업활동에 대하여 일반 공중집단들이 부각시키고 있는 사회적 이슈에 대해 기업의 입장을 설명하거나, 상대방의 견해를 비판하는 메시지를 광고형태로 표현하는 활동수단이다. 이는 기업이 공중집단의 잘못된 인식을 바로잡고 정당한 정보를 전달함으로써 정부나 여론선도자들(opinion leaders)의 의견에 영향을 미치기 위한 것이다.

기업옹호 광고는 기업의 신뢰성이나 정확성을 바탕으로 하여야 하므로 광고메시지가 사실을 왜곡하거나 편파적인 경우에는 효과를 기대하기 어렵다.

3) 정치행동위원회 구성

미국의 정치행동위원회(Political Action Committees: PACs)는 연방선거운동법에 근거하여 같은 정치적 견해를 갖는 개인, 기업, 특수이익집단들이 각종 선거에 있어서 특정한 후보자들에게 선거운동자금을 모금하여 제공하기 위해서 구성된 기관이다.[7] 일반적으로 PACs 참여자들은 공공정책 결정에 있어서 자신들의 의견이 수용되도록 하기 위해서 자신들의 견해와 일치하는 후보자를 당선시킬 목적으로 자금을 모금하여 제공하고 있다.

로비 활동이 정부에 영향력을 행사하기 위해서 개인적 접촉이나 설득에 초점을 두는데 비하여 PACs는 이해관계자들이 집단을 형성하여 정부의 입법활동에 영향을 행사하고자 하는 방식이다.

4) 기업연합체 형성

기업연합체 형성(corporate coalition building)은 정부의 공공정책 결정에 정치적 영향력을 행사하기 위해서 유사한 중소기업이나 동종기업들이 연합체를 구성하는 경우이다. 기업들은 연합체를 구성함으로써 여러 기업들의 지원이나 세력을 규합할 수 있고, 전문능력을 가진 로비스트를 활용할 수 있으며, 개별기업의 정치활동으로 인한 사회적 비판을 피할 수 있으므로 강력한 정치력을 발휘할 수 있다.

우리나라에서 이러한 역할을 하는 연합체로는 전국경제인연합회, 대한상공회의소, 중소기업협동조합중앙회, 한국무역협회와 각 산업의 협회가 있으며, 이들 연합체는 개별적 · 집단적 로비 활동을 통하여 정부의 의사결정에 영향력을 행사하고 있다.

제2절 기업과 소비자

21세기는 고객, 종업원, 지역사회 등 기업을 둘러싼 다양한 이해관계자들을 만족시킬 수 있는 능력을 갖춘 기업이야말로 진정한 '강한 기업'이 될 수 있다.

21세기는 디지털 정보혁명의 혜택으로 기업들이 전 세계시장을 대상으로 사업을 전개하게 된다. 소비자들은 인터넷과 전자상거래를 이용하여 더 많은 정보를 쉽게 얻을 수 있고, 고객들은 매매거래의 편의를 만끽할 것이며, 고객만족도가 웹사이트

7) A. B. Carroll and A. K. Buchholtz, *Business & Society: Ethics and Stakeholder Management*, 5th ed., Thomson/South-West, 2003, p. 345.

에 공포됨에 따라 기업들의 경쟁은 더욱 치열해질 것이다.

1998년 유전자 조작기술개발에 성공하여 클린턴 대통령으로부터 과학기술상을 받은 세계 최고의 유전자 변형 농산물 개발업체인 몬산토(Monsanto)회사가 미국과 유럽의 환경단체, 농민들의 반발과 소비자들의 불신으로 심각한 경영위기를 맞고 말았다. 이는 앞으로 소비자, 종업원, 지역사회 등의 이해관계집단의 신뢰를 얻지 못하는 기업들은 결코 성공할 수 없다는 좋은 교훈이 될 것이다.

1 소비자운동의 발생

1) 기업과 소비자의 관계

소비자는 기업이 생산·공급하는 제품이나 서비스를 구입하여 사용하는 거래관계의 최종단계 고객으로서, 기업과 소비자의 관계는 기업이 생산한 제품이나 서비스를 소비자가 구매하여 사용함으로써 기업의 이익이 증대되고 소비자의 욕구가 충족되는 관계가 지속되어야 한다.

소비자는 기업에 대하여 보다 저렴한 가격으로 품질 좋고 안전한 상품을 자유롭게 구매하여 사용할 수 있도록 생산해 주기를 바란다. 즉, 소비자는 기업이 생산한 제품으로부터 얻게 되는 효용이나 안전성에 대한 만족에 관심을 두며, 또한 그에 관한 정당한 권리를 갖고 있는 이해관계자이다. 이에 비하여 기업은 소비자가 지속적으로 자사의 제품을 선호하고 더 많이 구매하여 사용하기를 바란다.

기업과 소비자의 관계는 대등한 가치의 교환관계를 지향한다. 즉, 기업은 소비자에게 제품이나 서비스의 효용과 만족을 제공하고, 소비자는 기업에게 효용과 만족에 대한 대가를 지불함으로써 기업의 이익창출을 제공한다. 여기에서 소비자의 효용과 기업의 이익이 동등한 가치로 교환되는 것이 가장 이상적이다.

그러나 현실적으로 기업으로부터 제공된 제품이나 서비스의 효용 및 안전성에 있어서 소비자가 불만족하여 거래가치의 불평등을 지각하고 피해를 입는 것으로 인식하게 되는 경우에 사회적으로 소비자 문제가 발생하게 된다.

소비자 문제는 기업이 생산한 제품이나 서비스를 소비자가 구매하여 사용하는 과정에서 불만족을 느끼는 상태를 말하는 것으로서, 대부분의 소비자 불만족은 제품의 실제 성능과 소비자 기대와의 차이에서 발생하게 되는데, 이러한 기대차이는 성능과 품질, 안전성, 광고의 진실성, 가격의 공평성, 판매 후 서비스 등에서 비롯된다.

2) 소비자주의의 등장

산업사회가 발전하면서 소비자들의 경제생활이 복잡해짐에 따라 소비자들을 보호하기 위한 집단적 노력이 조직적으로 일어나기 시작하였다. 이러한 조직적인 소비자 보호활동을 소비자주의(consumerism) 또는 소비자운동(consumer movement)이라고 부른다.

소비자주의란 "판매자에 대한 관계에 있어서 구매자의 권리와 권력을 증대시키기 위해서 추구하는 사회운동"이라고 정의할 수 있다.[8] 다시 말하면 소비자주의는 소비자들을 보호하기 위해서 구성된 독립적 소비자조직이나 소비자운동주의자들의 일련의 활동을 말한다. 즉, 소비자운동은 어떤 단일의 통일된 소비자조직의 노력이라기보다는 많은 소비자운동집단의 집단화된 노력을 의미하는 것으로 이해하여 한다.[9]

따라서 소비자주의의 핵심은 소비자들의 권리와 세력을 확대하는 것이며, 소비자운동의 목표는 제품이나 서비스를 판매하는 기업의 권력과 제품이나 서비스를 사용하는 소비자의 권리를 효율적으로 균형을 유지하기 위한 것이다.

소비자주의가 등장하게 된 것은 소비자 문제해결의 중요성이 인식되고 소비자운동이 활성화되면서 등장하여 사회적으로 확산되었다. 특히 소비자주의는 미국에서 1960년대 중반 내더(R. Nader)에 의하여 주도된 소비자운동이 기업뿐만 아니라 정부조직에 파급되어 전 세계로 확대되면서 등장하게 되었다. 즉, 소비자운동은 내더의 저서 『어떤 속도에서도 불안전한』(*Unsafe at Any Speed*)[10]에서 General Motors회사를 비판하면서 시작된 것이다.

3) 소비자의 기본권 보호

전 세계에서 진행되고 있는 소비자운동의 주된 목적은 시장거래에서 소비자의 권리를 보호하기 위한 것이다. 다시 말하면 소비자 보호의 목적은 제품을 판매하는

---

8) Philip Kotler, "What Consumerism Means for Marketers", *Harvard Business Review*, May-June 1972, pp. 48~57.

9) Henry Assael, *Consumer Behavior and Marketing Action*, 3rd ed., Boston: Kent, 1987, p. 667.

10) Ralph Nader, *Unsafe at Any Speed*, New York: Grossman Publishers, 1965.

기업의 권력에 대하여 소비자의 권리를 효과적으로 균형을 맞추기 위한 것이다.

소비자의 기본권리와 이익을 보호하기 위한 소비자운동의 기초는 1962년 케네디(J. F. Kennedy) 대통령이 미국의회 연설에서 선언한 '소비자 권리장전'(consumer bill of rights)이라고 불리는 소비자의 네 가지 기본권리에서 비롯되고 있다.

최근의 소비자 옹호자들은 소비자의 5가지 핵심권리를 주장하고 있다

① 안전의 권리(The right to safety): 건강과 생명에 유해한 제품(예: 농약, 식품, 약품, 자동차, 가구 등)의 마케팅으로부터 보호되어야 할 권리이다.

② 알 권리(The right to be informed): 제품에 대한 사실을 알 권리로서, 허위 또는 과대광고, 상표, 보증서 등의 왜곡된 정보로부터 보호되어야 할 권리이다.

③ 선택할 권리(The right to choose): 정당한 경쟁가격에서 다양한 제품이나 서비스를 선택할 수 있고, 만족스런 품질과 서비스가 보증될 수 있어야 하는 권리이다.

④ 의견이 청취되어야 할 권리(The right to be heard): 소비자의 요청이나 고충에 대하여 정부의 긍정적인 고려와 신속한 처리가 보장되어야할 권리이다. 소비자의 네 가지 기본권리는 소비자운동의 지도이념으로 확립되었으며, 최근에는 소비자운동가들이나 규제기관들이 소비자의 다섯 번째 권리로서 사생활권리(The right to privacy) 보호를 위한 입법을 서두르고 있다.

⑤ 사생활 권리 보호는 상업거래 과정에서 노출된 개인의 건강상태, 재무상태, 신상명세 같은 개인정보가 본인의 승인 없이 다른 사람에게 공개되거나 공유되지 않도록 보장되어야 할 권리이다.

소비자 권리를 보호하기 위한 소비자운동이 세계적으로 확산됨에 따라 한국에서도 1970년 중반에 이르러 '물가안정 및 공정거래에 관한 법률'을 제정하면서 제1조에 '소비자의 권익보호'라는 용어를 처음으로 사용하였고, 1986년 헌법을 개정하면서 제124조에 "국가는 건전한 소비자 행위를 계도하고 생산품의 품질향상을 촉구하기 위한 소비자보호운동을 법률이 정하는 바에 의하여 보장한다"고 구체적으로 규정하였다. 현재의 소비자보호법은 1980년 제정되어 공포된 후에 1986년 퇴보적 개정이 이루어졌고, 1992년 다시 정부가 개정안을 제출하였으나 정부와 소비자단체 사이의 이견으로 1995년에 이르러서야 국회에서 통과되어 시행되고 있는 중이다.

4) 소비자운동의 이유

소비자운동은 소비자들이 시장에서 공정하고 정직하게 대우받기를 원하기 때문에 존재한다. 소비자들은 부당하게 높은 가격, 불안전하고 신뢰할 수 없는 제품, 허위·과대광고, 인체에 해로운 담배 또는 오염된 농산물의 판매촉진 등에 대하여 비판하는 소비자운동을 전개하는 경향이다.

소비자들이 기업의 제품이나 서비스에 대하여 걱정하고 소비자운동을 일으킬 수 있는 주요 문제들을 〈표 8-1〉과 같이 예시하고 있다.

〈표 8-1〉 기업에 대한 소비자 문제의 예

① 많은 제품의 높은 가격
② 많은 제품의 낮은 품질
③ 광고에서 주장하고 있는 것을 실천하지 않는 기업
④ 판매 후 서비스의 결여
⑤ 가정에 배달된 후에 불량하거나 파손된 제품
⑥ 오해하기 쉬운 상표나 포장의 표기
⑦ 실질적으로 해결될 수 없는 소비자 문제에 대한 불평은 시간낭비라는 느낌
⑧ 부적절한 보증이나 보증서
⑨ 불평을 적절하게 취급하지 않는 기업관행
⑩ 많은 위험한 제품
⑪ 여러 가지 제품이나 서비스에 관한 믿을 만한 정보의 결여
⑫ 불량한 제품을 구입하고 어떻게 해야 할지 모르는 경우

자료: A. B. Carrol and A. K. Buhholtz, *op. cit.*, p. 359.

2 제품정보 전달(광고)의 문제

기업은 소비자에게 제품이나 서비스에 관한 정보를 공정하고 정확하게 제공할 법률적·윤리적 책임이 있다. 소비자에게 제품이나 서비스에 관한 정보제공의 문제는 광고의 정당성이나 적정성의 문제로 다루어진다. 그 외의 제품에 관한 정보전달 방법으로는 제품의 보증서, 포장, 상표, 사용설명서, 판매자의 설명기법 등이 포함된다.

사회에 있어서 광고의 역할에 관한 논쟁은 다양한 의견이 계속되고 있다. 대부분의 사람들은 광고의 경제적 기능에 관하여 유익하다는 의견과 손실이라는 의견으로

나누어지고 있다. 비판자들에 의하면 광고는 기업의 낭비적·비능률적 수단으로서 사회의 소비수준을 높이게 되고, 또한 광고는 기업의 불필요한 원가요인으로서 제품가격의 인상으로 전가된다. 결과적으로 광고는 소비자의 순수이익을 제공하지 않는 거대한 지출이 되고 말 것이다.[11)]

이에 대하여 다른 사람들에 따르면 광고는 시장 시스템의 유익한 요소로서 생활수준을 향상시키고 소비자 만족을 가져다주며 소비자들에게 변화하는 제품에 대한 필요한 정보를 전달하는 효과적 수단이 된다는 것이다. 따라서 광고는 소비자들에게 신제품이나 개선된 제품에 관한 정보를 보다 효과적이고 값싸게 전달하는 수단이 된다는 것이다.[12)]

기업의 광고가 생산적이라는 주장과 낭비적이라는 논쟁은 앞으로도 끊임없이 계속될 것으로 보인다. 그러나 현실적으로 광고는 자유기업 시스템에 있어서 생활의 원천이 되고 있다. 즉, 광고는 소비자가 비교구매에서 사용할 수 있는 유용한 정보를 제공하고 있으며, 광고는 기업들이 서로 경쟁적으로 대응할 수 있는 경쟁의식을 자극하게 되므로 소비자들에게 사회적·경제적으로 이익을 제공하게 될 것이다.

오늘날 수많은 복잡한 제품들이 시장에 출현하면서 소비자들은 각 제품에 대한 정확한 정보를 원하고 있으므로, 광고의 합리적 목적은 소비자들에게 명확하고 정확하며, 적합한 정보를 제공하여 그들이 제품을 구매하도록 설득하기 위한 것이다. 기업이 소비자에게 제품에 관한 정보를 제공하고 설득하기 위한 광고에 있어서 제기되는 윤리적 문제는 광고의 남용이나 오용에 의한 허위광고 문제로서, 허위광고 유형으로는 모호한 광고, 사실은폐 광고, 과대광고, 심리적 소구 등이 포함된다.

1) 모호한 광고

모호한 광고(ambiguous advertising)는 기업이 소비자를 매혹시키기 위해서 제품이나 서비스에 관하여 분명하지 않게 설명하는 광고를 말하는 것으로서, 광고문안이 여러 가지 의미를 갖는 애매한 용어를 사용함으로써 청취자나 시청자가 광고메시지를 추리하도록 하는 방식이다. 예를 들면 '젊음을 유지하는데 도움이 된다', '소비자의 느낌에 도움이 된다', 또는 '크게 이익이 된다', '가격을 낮춘다' 등의 광

11) W. Leiss, S. Kline & Sut Jhally, *Social Communication in Advertising*, Toronto: Methuen, 1986, p. 13.
12) *Ibid.*

고용어는 소비자들을 애매하게 만든다.

2) 사실은폐광고

사실은폐광고는 제품이나 서비스에 관한 진실을 은폐하거나(conceal facts), 소비자들이 알아야 할 정보를 전달하지 않는 광고를 말하는 것으로서, 예를 들면 어떤 기업이 자기 회사의 기계제품에 대한 무료점검을 제공한다는 광고를 전달하고 점검과정에서 부품이나 소모품의 교환가격을 높게 부과하는 경우를 들 수 있다. 따라서 소비자들은 기업이 제품이나 서비스에 관한 모든 필요한 정보를 전달해 주기를 기대하고 있다.

3) 과대광고

과대광고(exaggerated ads)는 기업광고가 제품이나 서비스의 이익을 과장함으로써 소비자들을 오도하거나 유혹하는 광고를 말하는 것으로서, 광고에서 주장하고 있는 내용들이 어떠한 방식으로도 입증되거나 실현될 수 없는 경우이다. 이러한 과대광고는 궁극적으로 소비자들의 신뢰성을 잃게 되므로 광고담당자들은 소비자들이 제품이나 서비스에 대해서 이해할 수 있는 합리적인 광고방법을 고려하여야 하고 그 광고가 합리적이라는 사실을 입증할 수 있어야 한다.

4) 심리적 소구

심리적 소구(psychological appeal)는 어떤 이유를 설명하기보다는 인간의 감정이나 정서적 욕구를 바탕으로 소비자를 설득하기 위해 설계된 광고를 말한다. 예를 들면 기업이 소비자들에게 자기 회사의 제품이나 서비스를 사용하는 것은 '애국적 활동' 또는 '강력한 한국을 만드는 행동'이라고 호소하는 광고 등이 이에 해당된다.

5) 기타 광고의 비윤리적 문제

최근에 윤리적 문제로 논쟁이 되고 있는 광고로는 비교광고, 성적 행동 및 여성이용 광고, 청소년에 대한 광고, 술·담배광고, 건강 및 환경안전 광고 등이 포함된다.

① 비교광고(comparative advertising)는 기업의 제품을 경쟁자의 제품과 직접 비교하는 광고를 말하는 것으로서, 일반적으로 경쟁자나 경쟁자의 제품을 지명하면서 비교하는 광고는 금기로 되어있다.

② 과거에는 성적 행동이나 여성을 이용한 광고는 윤리적 문제로 사회적 비판이 높았으나 오늘날에는 성적 행동을 풍자하는 광고가 보편화되고 있다. 그러나 공공연한 성적 행동이나 반나체 사진 등을 이용한 광고는 용인되지 않고 있다.

③ 청소년 대상 광고는 많은 사람들에 의하여 뜨거운 논쟁의 문제로 되고 있다. 어린이들은 하루에 많은 시간 TV를 보고 있음에도 불구하고 그들은 광고나 프로그램을 구분하지 못하고 있기 때문에 오해하기 쉽고 부정확한 광고는 그들의 사고와 행동을 오도할 수 있다. 그러나 기업들은 미래의 소비자인 청소년들에게 상표충성도를 강화하기 위해서 광고에 열중하고 있다. 미국의 청소년 광고평가위원회는 청소년에 대한 광고지침을 마련하여 기업들의 광고를 평가하여 자발적인 협력을 요구하고 있다.

④ 술·담배 광고는 최근에 지나친 알콜의 섭취나 흡연이 소비자의 건강을 해친다는 연구보고 결과에 따라 술·담배의 광고를 금지하고 있다. 최근의 담배광고에 대한 지배적인 논쟁은 다음 두 가지로 지적된다.[13] 첫째, 담배는 사용의사에 따라 죽음을 유발하는 유일한 합법적 제품이다. 둘째, 청소년이나 낮은 교육수준의 소비자에 대한 담배광고는 윤리적인 문제가 있다는 것이다. 따라서 위험한 제품에 대한 판매촉진은 금지되어야 한다.

우리나라에서는 술병이나 담배갑에 "지나친 음주는 간경화나 간암을 일으키며, 운전이나 작업 중 사고발생률을 높입니다" 또는 "지나친 흡연은 폐암을 일으킬 수 있습니다"라는 경고문을 기재하고 있다.

⑤ 건강 및 환경안전에 관련된 광고나 상표들이 흔히 사회적 비판의 대상이 되고 있다. 최근에 식품약품관리청이 식품 및 약품의 안전성이나 제품의 성분 및 함량의 기준을 엄격히 규제하고 위반기업에 대하여 처벌을 강화함으로써 소비자들의 관심이 고조되고 있다.

많은 건강 및 환경안전식품 생산기업들은 소비자를 유혹하기 위해서 허위 또는 과대주장이나 광고를 이용하고 있다. 예를 들면 로스앤젤레스 타임즈(Los Angeles Times)의 보고에 따르면 영양제 함량 및 성분시험에서 60%는 그의

13) http://www.eeoc.gov(2001).

주장을 입증하는데 실패하고 있으며, 다이어트 식품회사들은 그들의 제품광고에서 "다이어트하지 않고 체중을 줄여라"(Lose weight without dieting) 또는 "당신이 원하는 어떤 것도 먹어라"(Eat anything that you want)라고 주장함으로써 정직한 광고의 위반자라는 강력한 비난을 받고 있다.

이러한 허위·과대광고나 비윤리적 광고의 사례는 전체의 일부분에 불과하다. 기업들은 소비자들을 유치하기 위해서 표현하거나 주장하는 광고보다 제품이나 서비스의 차이가 존재함으로써 분노하지 않도록 주의를 기울여야 할 것이다.

3 품질과 안전의 문제

대부분의 소비자들은 기업이 공급하고 있는 제품이나 서비스의 품질과 안전에 대해 기대와 욕구를 충족하지 못하기 때문에 제품이나 서비스에 불만을 갖게 된다. [그림 8-2]에서 묘사하고 있는 바와 같이 제품이나 서비스의 우량한 품질과 안전은 소비자의 불만족을 제거하고 만족을 유도함으로써 지속적인 구매가 이루어지고 기업의 수익성과 평판이 향상될 수 있다.

[그림 8-2] 소비자 만족 모형

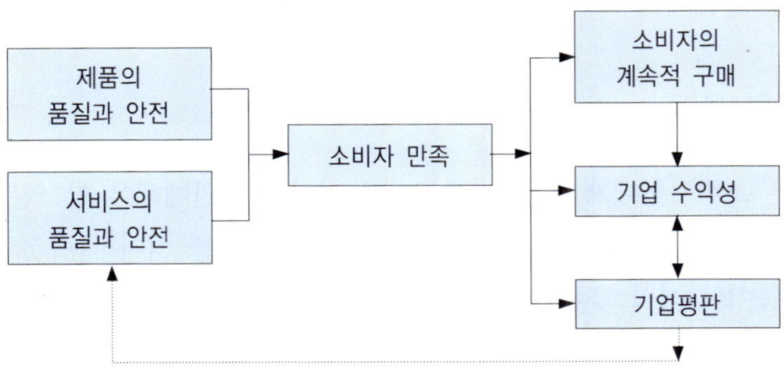

따라서 경영자들은 제품이나 서비스의 품질문제는 기업의 성장발전 차원에서, 제품이나 서비스의 안전문제는 소비자의 권리차원에서 대응하여야 할 법률적 · 윤리적 과제라는 것을 인식하여야 한다.

1) 품질의 문제

현대인들은 가계소득이 증가하면서 보다 좋은 라이프 스타일의 개선을 희망하고 있으므로 품질에 대한 관심이 높아지고 있다. 또한 소비자들은 사무용기계나 가정용품을 수선하기 위해 시간을 소비하는데 대하여 유쾌하게 느끼지 않으며, 오랫동안 사용할 수 있고 수선이 편리한 제품을 선호하고 있다.

타임지(Times)와 CNN의 조사에 따르면 소비자들은 제품의 기술적 혁신이나 디자인의 개선보다는 제품의 약속된 성능, 내구성, 수선편의성에 관심을 갖는다는 것이다.[14] 또 다른 가계조사에 의하면 소비자들의 기업에 대한 평판이나 구매결정에 영향을 미치는 요인으로 첫째는 품질, 둘째는 가격, 셋째는 서비스의 순으로 나타나고 있다.[15]

따라서 기업들은 제품이나 서비스의 가치를 높이기 위해서 경쟁자와 같은 가격에서 보다 높은 품질의 제품이나 서비스를 제공하거나, 보다 낮은 가격으로 동일한 품질을 제공하도록 노력을 기울여야 할 것이다.

여기에서 품질문제는 제품뿐만 아니라 서비스에 있어서도 강조되어야 한다. 우리 사회는 점점 서비스 경제로 발전하고 있으며 빈약한 서비스 품질은 언제나 많은 소비자들을 좌절시킬 것이다.

2) 안전의 문제

기업은 소비자들에게 안전한 제품이나 서비스를 판매해야 할 의무가 있다. 여기에서 안전(safety)이란 손해나 위험으로부터의 자유를 의미하는 것으로서, 즉 소비자가 제품이나 서비스의 사용에서 수반될 수 있는 어떤 정도의 위험이나 손해의 기회를 말한다.

---

14) Janice Castro, "*Making It Better*", *Time*, November 13, 1989, pp. 78~80.

15) Walker Research, "Reputation and Social Performance Assessment Study", Indianapolis: *Walker Research*, August 1994, p. 17.

산업화 초기에 제품안전에 대한 지배적인 법률적 견해는 구매자 위험부담(caveat emptor)이었다. 이 견해에 따르면 소비자도 판매자만큼 제품에 관한 지식을 가지고 위험에 대하여 경계하도록 해야 한다는 것이다. 그러나 산업사회가 발달하면서 소비자가 제품에 대한 완벽한 지식을 갖는다는 것은 불가능하게 됨에 따라 구매자 위험부담 견해는 점점 사회적 지지와 합리성을 잃게 되었으며, 오늘날은 제조업자가 시장에 공급한 모든 제품에 대하여 책임지도록 하고 있다. 즉, 판매자가 소비자의 안전을 보호해야 하는 판매자 위험부담(caveat vendor)견해가 지배적이다.

따라서 법률적 견해나 사회가치관의 변화에 따라 현대 기업들은 제품안전에 대한 중대한 책임을 지도록 하고 있으므로 가능한 한 소비자에게 안전하고 유용하며 값싼 제품을 생산하여 공급하지 않으면 안 된다.

오늘날 일반 공중들은 유전자변형식품, 유독성 산업폐기물 및 핵폐기물 위험, 탄저균 위협 등의 다양한 위험에 대하여 우려하고 있다. 예를 들면 벨기에의 식품에서 암을 유발하는 다이옥신(dioxin)이 검출되면서 많은 국가들은 벨기에로부터 일시적으로 수입을 중지하였고, 벨기에에서 생산된 코카콜라를 마신 어린이들이 복통, 구역질, 두통증세를 보임에 따라 Coca-Cola회사는 제품 2,500,000병을 회수(recall)하였으며, 영국에 있어서 광우병 발병은 유럽연합국가들의 소고기 소비를 27%나 감소시키고, 2001년 구제역 파동은 소와 돼지고기의 소비 및 수출이 급격히 감소함에 따라 축산농가에 커다란 타격을 안겨 주었다.

사회적 경영사례

제조물책임 강화는 기업에도 이익

현대사회는 위험사회이다. 우리나라가 부실공화국 또는 안전불감증의 나라라고 할 정도로 다리 붕괴, 도시가스 폭발, 항공기 추락, 불량식품, 차량 급발진 등 일상생활에서 많은 위험과 사고로부터 위협을 받고 있다. 특히, 대량생산・대량유통・대량소비의 사회에 들어서면서 제조물의 결함으로 인해 소비자에게 재산상의 손실은 물론 신체에 위해를 주거나 심지어 생명까지 위협하는 사고가 자주 발생하고 있다. 이에 결함제조물로 인한 소비자피해를 어떻게 예방하고 구제하여야 하는가 하는 문제는 소비자정책에서 매우 중요한 과제로 등장하였다. 이에 대한 대책으로 가장 실효성 있는 법제도는 사후적 구제수단인 제조물책임법과 사전적 예방수단인 리콜제도이다.

선진국들이 일찍부터 결함제조물로부터 소비자의 안전을 보장하기 위한 법제도적 장치를 마련한 것에 비하면 우리나라는 늦은 감이 있지만 최근의 제조물책임법(PL법)의 제정과 리콜제도의 강화는 21세기 소비자정책의 방향을 제시하여 주는 등대가 되고 있다. 소비자안전제도는 세계화・개방화로 인해 변화하는 사회경제적 환경에 대응하기 위한 것이고 기업의 제품안전성에 대한 인식제고 및 경쟁력 향상에 필요한 것이다.

첫째, 제조물책임법은 우리나라에서 2000년 1월 12일 공포되었고, 2002년 7월 1일부터 시행되고 있다. 이 법의 제정이유는 제조물의 결함으로 인한 생명, 신체 또는 재산상의 손해에 대하여 제조업자 등이 무과실책임의 원칙에 따라 손해배상책임을 지도록 하는 제조물책임제도를 도입함으로써 피해자권리의 구제를 도모하고 국민생활의 안전과 국민경제의 건전한 발전에 기여하며 제품의 안전에 대한 의식을 제고하여 우리 기업들의 경쟁력을 향상시켜 나가고자 하는데 있다. 선진국의 경험에서 보면 제조물책임법이 시행되면 사회적·경제적으로 소비자는 물론 기업에게도 이익이 된다. 특히, 장기적으로는 기업의 국제경쟁력 제고에 도움이 될 것이다.

둘째, 금년 7월 1일부터 시행된 제4차 소비자보호법 개정의 주된 방향이 리콜(recall)제도의 강화이다. 소비자의 안전을 제고하기 위하여 사업자로 하여금 제품의 결함정보를 의무적으로 보고하도록 하고 중대한 결함이 있는 제품에 대하여는 당해 제품의 수거·파기 등 리콜을 권고하거나 명령할 수 있는 근거를 새로 마련하였다. 이는 소비자의 알 권리 및 안전할 권리에 근거한 것으로 소비자의 안전보장에 도움이 되지만 장기적으로는 제품안전성 강화로 기업의 경쟁력 향상에 기여할 것이다. 제조물책임법의 제정과 리콜제도의 강화는 정부의 소비자안전정책은 물론, 기업의 소비자 지향적, 특히 소비자 안전지향적 경영으로의 변화를 요구하고 있다.

그런데 아직도 남의 일인 양 무관심하거나 무시하는 기업들이 많다. 기업은 제품의 안전성 제고를 위한 공정개선 및 정보처리비용과 제조물책임 및 리콜제도와 관련한 인력확충 등 경영에 상당한 영향을 줄 것이다. 그러나 이에 대해 적절한 대응을 하지 못할 경우 기업이미지 훼손과 이에 따른 매출감소 그리고 비용부담이 따를 것이다. 이제 기업은 소비자안전제도에 대비하여 어떠한 대책을 세워야 할 것인가의 문제를 고민하고 준비해야 할 때이다. 리콜제도의 성공 여부는 소비자보호법에 의해 위임된 리콜관련 권한을 얼마나 실효성 있게 행사하느냐 하는 지방자치단체의 의지에 달려있다.

물론, 제조물책임법과 리콜제도의 정착에 있어서 소비자의 역할은 중요하다. 소비자는 스스로의 안전을 향상시키기 위하여 필요한 지식을 습득하는동시에 결함제조물로 피해를 입은 경우 제조물책임법과 리콜제도를 적극적으로 활용하여 결함제조물의 유통이 근절되도록 힘써야 할 것이다.

자료: 한국소비자보호원.

4 기업의 소비자 대응

소비자운동단체들은 기업에게 소비자를 만족시키기 위해서 높은 능률성, 신뢰성, 공정성을 갖도록 요구하고 있다. 오늘날 소비자운동은 보다 완강하고 단호하며 다양한 경로를 이용하여 전개되고 있다. 이와 같이 소비자운동이 성숙되면서 기업들은 소비자운동에 자발적으로 대응하기 위해서 다양한 소비자와의 상호작용을 제도화하려고 노력하고 있다. 즉, 기업들은 소비자 만족을 위해서 무료전화 개설, 사용자 친절 웹사이트 운영, 소비자문제 전담부서 설치, 소비자 서비스 담당자 배치, 총체적 품질경영, 6시그마, 제품 리콜 등 적극적인 대응을 전개하고 있다.

1) 소비자문제 전담부서

많은 기업들은 소비자들의 요구나 불평 등의 문제에 대응하기 위해서 전담부서를 설치하고 태스크 포스팀(task force team)을 구성하거나 담당자를 배치하고 있다. 소비자 전담부서는 회사의 제품이나 서비스에 관한 문의사항, 불평불만 등을 다루게 된다. 어떤 기업들은 소비자 직통상담전화(consumer hot lines)를 설치하여 소비자가 생산담당자와 직접 문의하거나 불만을 해결할 수 있도록 하고 있다.

존스(M. G. Jones)는 소비자문제 전담부서의 기능을 다음과 같이 제시하고 있다.[16]

첫째, 제품이나 서비스의 품질, 가격, 청구서 작성 및 수금방법, 수선 서비스, 제품보증 관행, 불만처리 같은 소비자관련 만족 또는 불만족 수준을 평가하는 포괄적이며 완전하고 정확한 데이터베이스(database)를 구축한다.

둘째, 소비자의 불만이나 이해관계에 대응하고 있는 프로그램이 적절한가를 감사한다.

셋째, 필요한 모든 분야에 있어서 소비자 프로그램, 정책, 관행을 추천한다.

넷째, 일반 공중의 신뢰를 구축하고 회사의 정책이나 관행을 이해시키기 위해서 회사와 소비자 간에 효과적인 커뮤니케이션을 확립한다.

2) 제품안전 전담부서

일반적으로 소비자문제 전담부서에서 제품안전에 관한 업무를 다루어 오고 있으나. 기업이 성장하면서 제품안전문제 전담부서가 독립적으로 설치되고 있다. 위험한 제품은 소비자의 생명과 재산에 직접적인 손해를 가져올 수 있기 때문에 제품안전의 문제는 소비자들의 제일의 관심대상이 되고 있다.

따라서 제품안전문제가 독립적으로 다루어져야 하는 이유를 다음과 같이 들 수 있다.

첫째, 제품의 복잡성이다. 오늘날 대부분의 제품들은 그 자체가 매우 복잡한 하위 시스템들로 구성되어 있다.

---

16) Mary Gardener Jones, "The Consumer Affairs Office: Essential Element in Corporate Policy and Planning", *California Management Review*, Summer 1978, p. 63.

둘째, 제품사용 도중에 발생할 수 있는 복잡하고 미묘한 위험이다. 사람들은 작은 글씨로 쓴 복잡한 사용설명서를 잘 읽으려 하지 않는다.

셋째, 조직이 복잡하여 제품안전에 관한 책임소재가 분명하지 않다. 거대한 조직 내부에 여러 부문들이 존재하므로 커뮤니케이션 문제가 발생할 수 있어 제품안전문제에 대한 책임의 조정이 어렵다. 따라서 이러한 요인들은 제품안전 전담부서의 필요성을 촉진하고 있다.[17]

3) 총체적 품질경영

총체적 품질경영(total quality management: TQM)은 품질, 팀워크, 생산성, 고객만족의 개념을 구축하기 위해서 기업의 모든 기능을 전체(holistic)로 통합하는 철학이다.[18] 총체적 품질경영이란 철저한 고객만족을 실천하기 위해서 전 종업원이 품질의 계획과 통제에 적극적으로 참여하고 실천하도록 하는 품질혁신전략이다.

총체적 품질경영은 다음의 세 가지 기본가정에서 추진되고 있다.

첫째, 품질은 고객에 의하여 정의된다.
둘째, 품질은 경영관리에 의해서 달성된다.
셋째, 품질은 전체 회사의 책임이다.

이와 같이 품질은 고객의 판단에 의하여 결정되기 때문에 총체적 품질경영의 과정은 소비자의 기대와 요구에 부응하지 않으면 안 된다. 따라서 총체적 품질경영은 기업이 소비자운동의 압력에 대응하고, 고객의 욕구에 순응하기 위한 노력이라고 말할 수 있다.

그러므로 전체 기업조직은 제품이나 서비스의 품질이 표준규격에 일치하고 고객의 요구에 적합한 제품이나 서비스를 생산·공급할 수 있도록 재편성되지 않으면 안 된다.

---

17) G. Eads and P. Reuter, "Designing Safety Products: Corporate Response to Product Liability Law and Regulation", *Journal of Products Liability*, Vol. 7, 1984, pp. 265~267.
18) K. Ishikawa, Waht Is Total Quality Conrol?, Milwaukee, WI: Quality Press, 1985.

4) 6(six)시그마

6시그마(six sigma)는 총체적 품질경영에서 발전한 품질관리방법으로서 품질개선과 원가절감을 위한 여러 가지 방법과 기법을 하나의 관리방법으로 집단화한 것이다. 6시그마는 Motorola회사가 처음으로 개발하고 Allied Signal회사가 시험하여 General Electic회사가 완성한 품질관리기법으로서 오늘날 많은 기업들이 하나의 품질관리방식으로 이용하고 있다.

시그마(sigma)는 평균으로부터 편차의 통계적 측정치를 말하는 것으로서, 시그마의 가치가 높을수록 제품의 결함은 더 적어지는 것을 의미하며, 품질운영에 있어서 6시그마 수준은 1,000,000분의 3.4개 결함이 나타나는 것을 의미하는 것이다. 대부분의 기업들은 4 시그마 수준에서 품질을 운영하고 있으므로 이는 1,000,000분의 6,000개 결함이 발생하고 있다는 것을 시사하는 것이다.

6시그마 프로그램은 고객의 중요성과 주의 깊은 측정을 강조하는 철학을 지니고 있으며, 6시그마 실무자들은 의견보다는 사실을 추구하고 제품보다는 과정에 초점을 두는 경향이다.

5) 제품 리콜

기업들은 결함있는 제품을 리콜(회수)함으로써 소비자의 불만을 처리하고 있다. 제품 리콜은 위험한 결함이 발견된 모든 제품을 회수할 때 발생한다. 리콜은 결함있는 제품이 소비자에 의하여 사용되고 있거나, 공장 또는 창고에 있거나, 또는 도매상, 소매상 등의 유통과정에 있는 경우에, 제조기업이 소비자 또는 잠재소비자에게 결함사실을 알리고 반품하도록 하여 문제에 따라 수선하거나, 교체하거나 또는 폐기하도록 하고 있다.

강제적인 리콜을 실시해야 할 책임이 있는 기관으로 식품약품관리청, 고속도로교통안전협회, 환경보호기관(자동차 매연차량 등), 소비자보호단체 등이 있다.

사회적 경영사례

잇단 리콜사건의 교훈

최근 두 달간 미국과 일본에서는 잇달아 발생한 자동차 리콜 사건으로 큰 소동이 일어난 바 있다. 미국 파이어스톤의 타이어 결함사건, 일본 미쓰비시 자동차의 차량결함 은폐사건 등이 하루가 멀다 하고 매스컴의 도마에 오른 것이다.

대우자동차 매각협상 결렬을 계기로 우리에게도 잘 알려진 파이어스톤의 경우, 650만개의 타이어에 대해 교체 또는 보상을 약속했지만 사태는 여기서 끝나지 않고 있다. 이미 파이어스톤의 모회사인 브리지스톤의 주가는 절반 이하로 곤두박질쳤고, 파이어스톤 타이어를 장착한 차량을 생산한 포드사의 주가도 동반 폭락했다. 현재 고속도로안전국, 의회, 포드와 파이어스톤의 합동조사 뿐만 아니라 사법당국이 사고원인 규명에 개입할 뜻을 비춤으로써 형사사건으로까지 비화될 가능성도 배제할 수 없는 상황이다. 일부 외국언론에서는 브리지스톤과 포드 양사가 지불해야 할 손해배상액이 지난 1999년 연료탱크 폭발 사건으로 GM사가 지불한 40억달러에는 미치지 못하더라도 최소한 10억달러에 이를 것이라고 주장하고 있을 정도이다.

일본 미쓰비시 자동차의 경우에는 지난 20여 년간 각종 자동차 결함을 숨겨왔다는 죄목으로 경찰의 압수수색까지 당했다. 새로이 밝혀진 리콜건수만 하더라도 엔진정지・연료누출 등 총 9건에 53만대에 달한다. 사건이 터지자 미쓰비시자동차가 속한 미쓰비시 그룹 측은 사장의 즉각적인 퇴임을 요구하는 등 사태 진화에 나섰으나, 'Three Diamond'로 상징되는 미쓰비시 브랜드의 지루시(雪印) 유업의 식중독사건 등 제품결함으로 인한 크고 작은 사건들이 연이어 발생하고 있어 사회적으로도 큰 문제가 되고 있다. 지난 6월부터 9월초까지 리콜문제로 언론에 사과광고를 낸 기업만도 36개사에 달한다. 이에 따라 일본에서는 재계를 중심으로 그들의 전유물로 여겨졌던 장인정신이 크게 퇴조되고 있는 것이 아닌가하는 우려마저 나오고 있는 실정이다.

사실 제품결함에 따른 리콜사건은 어제 오늘의 일이 아니며, 선・후진국 기업을 가려서 발생하는 것도 아니다. 그런 점에서 선진국 기업들의 실패사례를 강 건너 불로 여길 것이 아니라 타산지석으로 삼을 필요가 있다. 현 시점에서 볼 때, 최근 선진기업에서 발생한 잇단 리콜사건이 우리 기업에 주는 교훈은 적지 않다.

자료: 주간경제 592호.

제3절 기업의 거래관계자

기업은 기본적으로 경제활동을 영위하는 주체로서 제품이나 서비스를 생산하거나 소비자에게 공급하는 과정에서 여러 단계의 상호작용과 거래관계가 형성된다.

다시 말하면 기업은 생산활동에 필요한 자원을 공급업자로부터 조달하여 제품을 생산하고 생산한 제품이나 서비스를 유통업자를 통하여 소비자에게 공급한다. 이러한 일련의 과정에서 협력적인 노력과 거래가 원만하게 진행되면서 기업의 이윤이 창출된다.

기업은 이윤을 극대화하기 위해서 다양한 거래관계자의 협력과 지원이 필요하며, 그들과의 유기적인 상호작용을 유지함으로써 안정된 회사운영을 성취할 수 있다. 유능한 경영자는 효과적인 대인관계 리더십을 발휘하여 공급업자, 유통업자, 채권자들의 적극적인 협조를 유도함으로써 기업의 성공적인 이윤극대화를 이룩할 수 있게 된다.

1 기업과 공급업자

공급업자(suppliers)는 기업이 경영활동을 수행하는데 필요한 원료, 부품, 반제품 및 소모품 등의 경영자원을 공급하는 활동주체이다. 기업이 계획에 따라 안정적인 제조활동을 수행하려면 양질의 자재와 원료의 충분한 양을, 그리고 적절한 시기에 안정된 가격으로 공급받을 수 있어야 한다.

현실적으로 원료의 품귀현상이 일어나고 매점매석(買占賣惜)행위로 인하여 자원의 공급이 중단되어 가격이 폭등하면 기업은 생산・판매활동이 위축되어 수익에 막대한 지장을 받게 되며, 특히 공급업자가 특허권이나 독점적 위치에 있게 되면 구매교섭에 있어서 막강한 권한과 영향력을 갖게 된다. 따라서 자원의 원활한 수급과 가격의 안정을 위하여 공급업자와 원만한 관계를 유지하는 것은 중요한 일이다.

오늘날 사업구조에 있어서 하나의 특징은 많은 중소기업들이 특정 제품에 필요한 부품이나 원료를 생산하고, 대기업 특히 재벌기업들은 여러 중소기업으로부터 공급된 부품을 조립하여 제품을 완성하는 협력관계에 의존하고 있다. 대기업들은 중소기업이 제조한 부품의 품질이 완벽할수록 제품의 성능이 우수해지고, 부품의 공급가격이 낮을수록 제품의 원가는 낮아진다.

어떤 대기업들은 중소기업들에게 높은 품질의 부품을 요구하면서 공급가격은 낮추도록 압력을 가하고 있다. 또한 어떤 대기업들은 지나치게 공급가격을 인하하고 대금지급을 지연시킴으로써 중소기업의 재무상태를 위협하여 신기술개발 투자를 불가능하게 함으로써 산업의 경쟁력을 약화시키고 있다.

따라서 대기업들은 부품 하나하나의 품질이 제품의 경쟁력 향상에 중요하다는 사실을 인식하고, 중소기업의 건전한 기술개발을 촉진하고 협력관계를 유지하기 위해서 그들에게 기술적 · 금융적 지원과 협력에 노력하여야 할 것이다.

2 기업과 유통업자

유통업자(dealers)는 제조기업이 생산한 제품이나 서비스를 전담하여 소비자에게 유통 · 판매하는 판매회사 · 대리점 · 특약점 등 도 · 소매활동의 주체를 말한다. 기업이 시장에서 경쟁적 우위를 확보하기 위해서는 마케팅 활동이 더욱 중요하다. 유통업자는 소비자와 직접 접촉하면서 보다 많은 제품을 아무런 저항 없이 공급하도록 함으로써 기업의 목표달성을 위해 중요한 역할을 담당하고 있다.

한편 유통업자들은 언제나 기업으로부터 독점적 위치를 요구하고, 보다 높은 유통이익을 확보하기 위하여 저렴한 공급가격의 결정, 광고 · 판매촉진의 지원확대, 마케팅 활동의 지원 등을 지속적으로 요청하고 있다. 따라서 경영자는 기업과 유통업자 간에 상호 이익의 균형을 유지하면서 공동의 이익을 위해 지속적으로 관계를 개선해 나아가는 것이 필요하다.

3 기업과 채권자

채권자(creditors)는 기업에 자금을 빌려주는 은행, 보험회사 등의 금융기관과 기업에 원자재를 외상으로 공급하는 개인 또는 단체를 포함한다. 제7장에서는 채권자를 기업에 자본참여(타인자본)를 통한 기업지배의 관점에서 살펴보았으나 여기에서는 기업에 자금을 공급하는 외부의 과업환경으로서 설명하고자 한다.

산업사회가 급속도로 발전하고 세계화가 신속하게 진전되는 경영환경에서는 대규모의 자본조달이 필요하며 자본조달이 사업확장의 핵심이 된다. 사업계획을 원활하게 성취하기 위해서는 불가피하게 방대한 시설자금과 운전자금을 조달하여야 하며, 이러한 대규모의 자본조달은 자본시장의 금융업자에게 의존하게 된다. 이와 같은 기업의 전략적 사업계획에 있어서 자본조달은 결정적으로 중요한 요인이 되므로 채권자의 영향력은 사업성공에 중요한 관건이 될 수 있다.

따라서 경영자는 채권자의 자금지원에 대해 적정한 이자와 원금의 상환을 보장해 줌으로써 상호간의 이해조정을 통하여 자금의 수요가 발생할 경우 원활한 자금조달이 이루어질 수 있도록 채권자와 원만한 신뢰관계를 유지하면서 쌍방의 지속적인 성장의 기회를 모색하여야 할 것이다.

제4절 기업과 경쟁자

경쟁자(competitors)는 특정 기업이 생산한 상품이나 서비스가 판매되는 시장에서 유사한 상품이나 서비스를 공급하는 다른 기업으로서, 소비자들이 자신의 요구를 이 특정 기업과 마찬가지로 충족시켜 줄 수 있다고 지각하고 있는 다른 기업을 말한다.

자유경쟁을 바탕으로 하는 자본주의경제체제 하에서 시장의 지배원리는 경쟁에 의한 적자생존(the survival of the fittest)이다. 이러한 시장체제 하에서는 경영활동의 자유가 보장되므로, 여러 기업이 경쟁적으로 그들의 제품을 소비자에게 판매하려고 경합을 벌이게 된다.

따라서 오늘날 기업들은 이러한 경쟁에 효율적으로 대처하기 위해서 경쟁기업에 비하여 차별적 우위성(differentiated advantage)을 확보할 수 있도록 지속적인 경영혁신을 노력하지 않으면 안 된다.

일반적으로 경쟁자는 경쟁의 상황과 경쟁의 위치에 따라 기존 경쟁자의 경쟁, 새로운 경쟁자의 진입, 대체품(substitute goods)의 위협 등으로 구분하여 대응하는 전략을 수립해야 한다.

1 기존 경쟁자의 경쟁

경쟁관계에 있는 기업들은 자신의 시장점유율(market share)을 높이기 위해서 흔히 제품의 판매가격을 낮추거나 제품의 품질개선을 시도하게 된다. 그리고 경쟁자가 가격·품질 등의 차별화를 통하여 시장을 지배하려고 하는 경우에 다른 경쟁기업들은 기존시장의 유지와 새로운 시장개척에 위협을 받게 된다. 제품가격의 인하는 기업의 이익을 감소시키며 품질의 개선은 원가를 상승시키는 요인이 된다. 따라서 지나친 가격 및 품질경쟁은 기업의 도산을 초래할 수 있으므로 심각한 생존문제를 일으킬 수 있다.

대기업이나 정부기관에 제품이나 서비스를 경쟁적으로 공급하고 있는 경쟁기업들은 경쟁력을 높이기 위해서 공급가격을 인하하거나 새로운 서비스를 제공하거나, 또는 부당한 뒷거래를 통하여 거래를 지속하려는 불공정경쟁을 벌이기도 한다. 또한 어떤 중소기업들은 대기업이나 정부기관에 과당 납품경쟁을 피하기 위해서 공급가격을 사전에 담합함으로써 사회적 물의를 일으키고 있다. 이러한 일련의 불공정경쟁행위들은 법률적·윤리적 규범을 위반하는 행위로서 금지되고 있으며, 우리나라는 공정거래법에 의하여 설치된 공정거래위원회가 불공정거래행위를 시정하거나 예방하는데 노력을 집중하고 있다.

2 새로운 경쟁자의 진입

어떤 산업에 새로운 경쟁자가 나타나게 되면 시장점유는 물론 원자재 획득에 있어서도 새로운 경쟁양상이 벌어지게 된다. 새로운 경쟁자의 진입은 기존 기업의 경영활동에 위협을 줄 수 있으나 새로운 진입자에게도 커다란 부담이 될 수 있다. 즉, 새로운 진입자들은 기존 기업으로부터 완강한 저항을 받게 되는데, 다음과 같은 진입장벽(barriers to entry)이 있을 수 있다.

1) 규모의 경제(economies of scale)

대량생산 비용체감의 법칙에 따라 생산량을 증가시킬 경우에 단위당 생산원가가 낮아지고 기업의 이익이 향상되는 효과를 말한다. 따라서 경쟁기업들은 대규모 생산시설을 준비하여 규모의 경제에 의한 이익을 확보하려고 노력하게 된다.

2) 제품차별화(product differentiation)

기업이 제품의 경쟁적 우위성을 얻기 위해서 품질, 가격, 디자인, 상표이미지, 고객서비스 등에 있어서 고유의 독특성을 갖도록 하는 전략을 말한다. 기업들은 소비자들에게 제품차별화를 알리는 광고・홍보・서비스 등을 통하여 상표정체성(brand identity)을 창출하려 노력하고 있다.

3) 대규모 투자

거액의 투자가 소요되는 경우 투자의 위험이 커지고 자금조달의 어려움과 조달비용 증가로 새로운 진입자의 진입이 저지되고 있다.

4) 정부의 규제

정부는 인허가제도를 통하여 공익성이 높은 산업이나 과당경쟁을 초래할 산업에 대하여는 새로운 경쟁자의 진입을 제한하고 있다.

이외에도 기존기업들은 새로운 진입자를 저지하기 위해서 기존경쟁자들이 연대하여 정부에 로비를 전개하거나 파격적인 가격인하 등을 통하여 저항하고 보복하는 진입장벽을 강화하고 있다.

3 대체품의 위협

기업은 동일한 제품을 생산하는 기업과 경쟁을 할 뿐 아니라, 대체품 또는 대용재(代用材)를 생산하는 기업들과도 경쟁을 하게 된다. 어떤 기업이 생산하는 제품의 가치나 가격조건과 비교하여 다른 제품의 가치와 가격조건에 대하여 소비자가 더 만족할 경우에 대체품(substitutes)의 위험이 발생하게 된다. 예를 들면 컴퓨터의 출력 시스템은 인쇄업의 조판・식자업무를 크게 압박하였고, 소셜 미디어(social media)의 보편화는 인쇄물을 통한 의사소통 방식을 크게 바꾸어 놓았으며, 안전경비업무의 전자감지장치 시스템의 개발은 경비원의 임무를 대체하게 되어 경비원의 과감한 감축이 가능하게 되었다.

제5절 기업과 지역사회

기업과 지역사회의 긴밀한 관계는 지역문제를 다루는데 도움이 된다. 기업은 지역사회로부터 공평하고 지원적인 태도로 대우받기를 기대하고, 지역사회는 기업이 기업활동을 확장하면서 상호 강력한 유대관계를 개발할 것을 기대한다.

한편 기업과 사회는 서로 상대방을 필요로 하며 상호의존적인 관계에 있다. 즉, 기업은 지역사회에 대하여 경찰, 소방, 오락시설, 운송시스템 같은 공공의 서비스를 의존하려 하고, 지역사회는 기업에 대하여 세금이나 기부금 등을 통하여 문화예술, 교육, 건강보호, 불우한 시민 등의 지원을 의존하려 한다.

기업과 지역사회의 이상적인 관계는 기업의 지역사회 지원과 지역사회의 기업 협력이 균형을 유지하는 것이다. 따라서 기업과 지역사회가 긴밀한 관계를 유지함으로써 쌍방의 이익이 된다는 인식을 갖도록 하는 것이 중요하다.

1 기업과 지역사회의 관계

지역사회(community)란 기업이 위치하고 있는 도시, 시도(市道)와 같은 지리적 영역을 의미하는 것으로서, 지역사회는 기업이 경영활동을 수행하고 있는 지리적·행정적 영역 내에서 기업이 경제적·사회적으로 참여함으로써 영향을 받는 개인이나 조직들로 구성된다. 오늘날 세계화 경영이 이루어지고 즉시통신·신속한 여행이 가능해지면서 경영활동의 영역이 확대됨에 따라 전국이나 전 세계가 기업관련 지역사회로 인식되고 있다. 지역사회는 〈표 8-2〉에서 보는 바와 같이 기업들은 다양한 이해관계 형태로 지역사회와 상호작용을 하고 있다.

〈표 8-2〉 기업과 지역사회의 상호작용 유형

지역사회	이 해 관 계
위치 지역사회	회사의 공장, 사무실, 자산의 지리적 위치
경계 지역사회	기업활동의 긍정적 · 부정적 영향을 받는 이웃들
영향 지역사회	시설 외계의 영향(예: 공해, 교통)
인터넷 지역사회	기업에 관하여 인터넷을 사용하는 모든 사람들
이해관계 지역사회	회사에 대하여 실질적 이해관계를 갖는 사람들
활동 지역사회	유사한 활동이나 관행에 종사하는 사람들(IT 전문가, 윤리전문가, 지역사회전문가)
종업원 지역사회	기업시설에서 일하는 사람들

자료: E. M. Burke, *Corporate Community Relations: The Principle of the Neighbor of Choice*, Westport, CT: Praeger, 1999, ch. 6.

기업의 지역사회 관계는 기업을 둘러싼 지방이나 도시의 이해관계자와의 관계로서, 거대한 다국적기업들은 그 기업이 활동하는 세계의 많은 지역사회와 관계를 갖게 된다.

기업과 지역사회의 관계는 경제적 · 사회적 측면에서 중요한 상호의존성을 갖고 있다. 즉, 기업은 지역사회로부터 인적자원을 고용하거나 물적 자원을 공급받고 있으며, 그리고 기업은 지역사회의 구성원으로서 어떤 역할을 수행하도록 요구받고 있고, 또한 지방정부의 행정지도나 규칙을 준수해야 한다. 이와 같이 기업과 지역사회는 인적 · 물적 자원을 교환하는 경제적 관계와 지역사회에 대한 사회적 역할을 수행하는 상호관련성을 갖는다.

이러한 관점에서 기업과 지역사회의 관계는 두 가지 측면에서 고려할 수 있다.

첫째, 기업의 지역사회에 대한 긍정적 공헌이다. 예를 들면 기업은 지역사회에 대한 교육 · 문화 · 지역개발 · 예술 · 시민활동 · 건강복지 등에 자발적으로 지원하는 공헌활동이 포함된다.

둘째, 기업은 지역사회에 대하여 손상을 일으킬 수 있다. 즉, 기업은 환경을 오염시킬 수 있고, 공장폐쇄로 실업자를 배출할 수 있으며, 자원을 낭비하거나 종업원을 착취할 수 있다.

기업과 지역사회는 양측의 협력에 의하여 이익이 될 수 있으며, 특히 건전한 지역사회는 기업의 자발적인 협력과 자유지원활동에 의하여 발전할 수 있다. 기업과 지역사회의 친밀하고 협력적 관계는 모든 사람들이 행복해질 수 있는 이상적인 쌍방승리의 결과(win-win outcomes)를 산출하게 될 것이다.

많은 기업들은 지역사회의 시민들과 상호작용하고, 지역개발 프로그램을 계획하며 지역사회에 기부행위를 관리하고, 지방정부에 협력하며, 시민단체에 대한 종업원들의 지원활동을 장려하기 위해서 지역사회관계 조정관리자를 임명하고 있다.[19] 이러한 활동들은 지역사회와의 보다 긴밀한 관계개선을 형성하기 위한 효과적인 투자가 될 것이다. 기업들은 교육개혁, 범죄예방, 환경위험관리, 지방조세, 극빈자 생활개선 등 다양한 사회문제에 관하여 지역사회 활동에 참여하고 있다.

지역사회관계담당 경영자는 종업원관계, 공중관계, 공공기관과 같은 외부세계에 기업을 긴밀하게 연결하는 직무를 수행한다. 그들의 기본적인 목표는 회사의 직무수행에 필요한 유능한 인재를 유치하고, 기업과 중요한 지역사회단체의 긍정적인 관계를 구축하기 위한 조건을 개선하는 것이다. 다시 말하면 이들은 기업과 지역사회단체의 중요한 가교(架橋)를 연결하는 역할을 수행하고 있다.[20]

2 기업의 지역사회 참여관리

기업의 지역사회 참여는 기업이 지역사회를 지원함으로써 자신에게 도움이 되는 결과를 가져오게 된다. 즉, 기업은 지역사회 청소년들을 위한 좋은 교육 시스템, 우수한 안전시설, 우량한 문화활동 프로그램을 제공함으로써 우수한 인적자원을 유치하고 유지할 수 있으며,[21] 기업이 지역사회의 선량한 시민으로서의 책임을 인식하게 되면 그 기업의 선량한 시민정신(good citizenship)은 기업의 내부 및 외부 이해관계자들에 대한 복지개선과 생활의 질적 향상으로 반영되게 된다. 이러한 일련의 활동은 기업의 사명을 통합하는 기초가 될 것이다.[22]

기업이 선량한 시민정신으로서 지역사회에 효율적으로 참여하기 위해서는 지역

19) J. E. Post and J. J. Griffin, *The State of Corporate Public Affairs*, Washington DC: Foundation for Public Affairs, 1996.

20) Boston College Center for Corporate Community Relations, "Profile of the Community Relations Profession", reguluarly updated in *Community Relations Profile*, See www. bcccr. org.

21) Carole Schweitzer, "Corporate Assets", *Association Management*, January 1998, pp. 30~37.

22) Community Service, 2001, http: //www. lilly. com.

사회의 욕구나 기대를 정확히 파악하고 적합한 지역사회활동 프로그램을 개발하는 것이 중요하다. Norton회사는 지역사회활동 프로그램 개발을 위한 유용한 네 단계의 접근방법으로서 ① 지역사회의 이해, ② 회사자원의 이해, ③ 프로젝트 선택, ④ 프로젝트 검색의 네 단계를 제시하고 있다.[23)]

1) 지역사회의 이해

가치있는 지역사회 참여 프로그램을 개발하기 위해서는 기업이 위치하고 있는 지역사회를 이해하는 것이 중요하다. 지역사회의 이해단계는 경영층이 그 지방의 특징을 평가하는 탐색단계이다. 기업은 지역주민들의 의식구조, 실업수준, 소득수준, 다른 기업들의 지역사회 활동, 지역사회의 사회적 욕구 등을 분석하여 이해하도록 노력하여야 한다.

지역사회는 기업에 대하여 예술・교육・자선활동 등 많은 사회적 활동을 기대하고 있다. 〈표 8-3〉은 지역사회가 기업에 바라는 참여활동과 기업이 지역사회에 바라는 참여활동을 예시하고 있다.

〈표 8-3〉 지역사회와 기업의 상호기대

지역사회의 기업참여 기대	기업의 지역사회 서비스 기대
1. 예술 및 문화활동 지원	1. 종업원의 교육 및 문화 수준
2. 교통시설 지원	2. 가족 리크리에이션 시설
3. 도시계획 및 지역사회 개발 참여	3. 공공서비스: 경찰, 소방, 상하 수도, 전기 등
4. 병원 및 건강보호 프로그램 지원	4. 공평한 세금
5. 학교지원	5. 지역사회활동 참여기회
6. 단합대회 지원	6. 적합한 운송시스템: 도로, 철도, 공항, 항만
7. 불우이웃 지원	7. 정직하고 협력적 공무원
8. 환경오염 억제 지원	8. 협력적 문제해결 접근
9. 비상계획 참여	
10. 자원재활용 지원	

23) Community Action Manual, 1~2.

2) 회사자원의 이해

지역사회의 다양한 요구에 효율적으로 대응하기 위해서는 기업이 가동할 수 있는 자원과 능력을 평가하는 것이 필요하다. 기업은 지역사회 활동에 참여하기 위해 인적 · 금융적 · 물질적 자원의 제공을 필요로 하게 된다. 경영자는 지역사회 활동을 위해서 어떤 자원을 언제 얼마나 제공할 수 있는지를 파악하는 것이 필요하다.

3) 프로젝트 선택

기업의 지역사회 참여 프로젝트는 지역사회의 욕구와 기업의 가용자원을 고려하여 선택하게 된다. 기업은 프로젝트 선택의 과정과 방법에 관한 정책과 지침을 개발함으로써 기업의 지역사회 참여활동을 합리화하고 체계화할 수 있다. 최선의 지역사회 참여 프로젝트의 선택은 지역사회를 돕고 자신의 기업도 도움을 받을 수 있는 최선의 효과를 기대할 수 있는 것이어야 한다.

4) 프로젝트 검색

지역사회 참여 프로젝트의 검색은 프로젝트가 계획이나 일정에 따라 집행되고 있는지를 확인하기 위한 사후평가 및 통제과정이다. 프로젝트 경영자는 프로젝트 진행과정의 여러 단계에서 피드백(feedback)된 정보를 경영층에 제공하여 프로젝트 진전과정을 확인하도록 한다.

3 기업의 자선활동과 기부행위

박애 또는 자선활동(philanthropy)은 "인류를 돕고 사랑하는 것"[24]을 말하는 것으로서, 페이튼(R. L. Payton)에 따르면 "자선활동이란 자발적 서비스, 자발적 협동, 자발적 기부행위에 관련된 활동"[25]이라고 정의하고 있다.

여기에서 기업의 지역사회에 대한 자발적인 금전적 기부행위에 중점을 두고 살펴

24) Webster's *New World Dictionary*, Cleveland: World Publishing Co., 1964, p. 1098.
25) R. L. *Payton, Philanthropy: Voluntary Action for the Public Good*, New York: Macmillan, 1998, p. 32.

보기로 한다.

기업의 지역사회에 대한 기부행위는 크게 두 가지 이유에서 이루어지고 있다. 첫째는 선량한 기업시민정신(good corporate citizenship)을 실천하기 위한 기부행위이고, 둘째는 기업의 전략적 목표를 반영하기 위한 기부행위이다.

전략적 자선활동 또는 기부행위란 기업의 자선활동이나 기부행위가 기업의 전반적인 목표(이익)에 적합하도록 설계하는 접근방법을 말하는 것으로서, 전략적 기부행위는 기업의 광고효과를 고려하여 기부행위나 자선활동을 결정하는 접근방법으로서, 기업의 경제적 이익이나 수익성 목표에 적합하도록 기부금을 전략적으로 결정하는 것을 말한다.

기업은 지역사회의 많은 신청자들의 기부요청을 받아 기업의 기부능력과 자선활동능력을 고려하여 기업의 기부행위 수령자들을 결정하게 된다. 일반적으로 기업의 기부금을 받고 있는 기부행위 수령자들은 ① 교육기관, ② 건강보호기관, ③ 시민 및 지역사회 활동단체, ④ 문화예술 활동, ⑤ 기타 활동 등 다섯 가지 범주로 구분되고 있다.

1) 교육기관

기업들은 경영자 · 전문가 등 인재의 훈련개발을 담당하고 있는 교육기관에 기부금을 지원하고 있다. 기업의 교육기관 기부금은 주로 대학에 제공되고 있으며, 기업들은 교육기관에 주로 자본재보조금(capital grants), 운영보조금, 연구보조금, 장학금, 종업원 고용예약 등으로 기부금을 지급하고 있다.

2) 건강보호기관

기업의 기부금을 받는 기관으로는 병원, 청소년단체(YMCA, Boy Scouts 등), 건강 및 복지기관 등으로서, 기업들은 건강보호기관에 자본재투자(건물 및 기계시설)자금, 운영자금 등을 지원함으로써 시민들의 건강과 청소년들의 건전한 생활에 공헌하고 있다.

3) 시민 및 지역사회 활동

기업들은 지역사회 개선활동, 환경 및 생태계 보호, 학술연구단체, 지역재개발 등을 위한 기부금을 지원하여 지역사회 발전에 기여하고 있다.

4) 문화 및 예술활동

기업은 지역사회의 박물관, 지역방송, 음악회, 극장, 예술활동 등에 기부금을 지원하여 시민들의 문화생활을 풍요롭게 돕고 있다.

제4부
경영윤리와 사회적 책임

c/h/a/p/t/e/r

09

제4부 경영윤리와 사회적 책임

기업의 경영윤리

기업은 경제성장의 원동력이며 국부(國富)의 원천이다. 즉, 기업은 경제성장의 중추적인 역할을 수행하고 있으며 국민경제 발전에 결정적인 공헌을 하고 있다. 기업은 국가의 경제발전이나 경제성장을 위해서 엄청난 공헌을 하고 있으면서도 기업이 경제적 부를 축적하는 과정에서 '해서는 안 될 일'을 빈번하게 자행함으로써 국민들의 지탄을 받으며 비판의 소리가 높아지고 있는 것이 현실이다.

예를 들면 노사분규로 인한 사회혼란, 공해배출로 인한 환경오염, 불량식품 제조로 인한 건강위협, 담합행위에 의한 불공정 거래, 그리고 정경유착에 의한 부정부패 등의 잘못된 기업윤리관행이 사회에 큰 충격을 주고 있다.

따라서 21세기의 기업이 소비자들의 신뢰를 구축하고 세계화 경영에 도전하기 위해서 실무경영자들이 해결해야 할 중요한 과제는 세계화 수준의 경영윤리를 이해하고 사회적 책임을 실천함으로써 국가사회 뿐만 아니라 국제사회에서 정당성을 획득하는 것이다.

제1절 경영윤리의 개념과 가치기준

오늘날 기업경영은 전체 조직이나 기능부문 수준에서 윤리문제가 관심의 주제로 대두되고 있다. 기업은 모든 구성원들이 순응하고 지켜야 할 종합적 윤리프로그램을 창안하여 실천할 수 있도록 촉구하여야 하며, 기업의 윤리성과를 개선하기 위해서 경영윤리문화를 개발하여 정착하도록 해야 할 것이다.

경영윤리문화는 기업에 근무하는 모든 종업원의 정상적인 직무행동을 규정하는 이념, 가치, 신념, 관습, 전통적 관행, 공유된 가치관이나 의미가 혼합적으로 작용하여 형성된다. 이렇게 형성된 기업윤리문화나 분위기는 종업원들이 회사가 바라는 방향으로 행동하도록 압력을 가하는 신호이다.

경영윤리는 기업활동에서 발생하는 옳고 그른 행동이나 관행에 관계되는 것으로 경영자의 의사결정이나 행동의 공정성, 정당성, 형평성을 포함한다. 또한 경영윤리는 경영활동이나 의사결정에 있어서 일관성 있게 사고하고 판단하는 도덕적 시스템을 제공하고 정당화하는 것으로 경영자의 의사결정과 행동을 지도하는 도덕적 원칙을 발굴하고 개발하며 정당화하는 도구가 된다.

이 절에서는 경영윤리의 개념을 설명하고, 경영윤리의 가치판단기준과 경영윤리의 접근방법에 관하여 살펴보기로 한다.

1 경영윤리의 개념

1) 윤리의 의미

윤리(ethics)의 어원은 그리스어의 ethos(풍습) 또는 ythos(성품)에서 유래되었고, 도덕성(morality)의 어원은 라틴어의 mores(관습 · 도덕적 관행)에서 비롯되었다. 웹스터 영어사전(Websters Dictionary)에 따르면 "윤리란 선과 악, 도덕적 책임과 의무에 관계되는 규율"이라고 정의되어 있다.

윤리란 "통상적으로 선한 행동, 악한 행동을 정의하는 규칙이나 원칙"이라고 정의할 수 있다.[1] 윤리는 사람이 지켜야 할 도덕적 행동의 교리이고 규범이며, 도덕은 사람이 마땅히 가져야 할 바른 행동을 말한다. 따라서 윤리는 도덕적 행동에 대한 지침이다. 예를 들면 모든 사회에 있어서 거짓말하고 도둑질하며, 다른 사람을 속이고 해롭게 하는 행동은 비윤리적이고 비도덕적이며, 정직하고 약속을 지키며, 다른 사람을 돕고 다른 사람의 권리를 존중하는 것은 윤리적 · 도덕적으로 바람직한 행동으로 인정되고 있다.

윤리에는 두 가지의 불변하는 의무가 있다.

첫째, 타인에게 해가 되는 일을 하지 않는 것이다. 즉, 자신이 당하기 싫어하는 것을 타인에게 강요해서는 안 된다.

둘째, 타인에게 도움이 되는 일을 해야 하는 것이다. 법은 윤리의 두 가지 의무 가운데에서 타인에게 해가 되는 일을 저지하거나 응징함으로써 사회 전반적으로 최소한의 윤리수준을 유지하기 위한 것이라고 할 수 있다.

그러나 정의롭고 공평한 사회에서도 불법적인 행동이 아니라고 해서 그것이 모두

1) K. Davis and W. C. Frederick, *Business and Society: Management, Public Policy Ethics*, 5th ed., New York, McGraw-Hill, 1984, p. 76.

윤리적인 행동이 되는 것은 아니다. 예를 들면 ① 종업원이 불필요하게 근무시간을 낭비하고, ② 근무시간에 개인적인 용무를 보며, ③ 아프다는 핑계를 대고 결근하거나, ④ 동료가 회사규칙을 위반한 사실을 덮어두는 경우이다.

약속 대 거짓말

지난 봄 나는 대기업의 청구서발급과에서 아르바이트 근로자로 일하고 있었다. 청구서발급과에서 일하는 모든 직원들이 일을 마치고 서로 잡담을 하고 있었다. 우리가 재미있게 이야기를 나누고 있는 화제의 하나는 청구서발급과의 과장에 관한 이야기이다. 모두 그와 함께 일하는 것을 싫어하기 때문에 어떻게 하든지 그 과장을 떠나서 다른 과로 옮기고 싶어하였다. 내가 그 과에서 일하는 동안 나는 바로 옆 사무실에 있는 선임자와 친밀하게 지내고 있었다. 지난 봄 어느날 친한 선임자가 그 회사에서 매우 부러워하는 직무에 제안을 받았다. 그 선임자는 우리에게 새로운 자리로 옮기려 한다고 말하면서 우리 과장에게는 알리지 말도록 하였다. 나는 그 선임자 친구와 친밀한 사이이고 그래서 이러한 사실을 아무에게도 말하지 않았다. 몇 주 후에 선임자는 새로운 직무에 제안받아 옮겨갔고 과장이 그 사실을 알게 되었다. 어느날 과장이 나에게 와서 그 선임자가 다른 사무실로 옮기려고 계획한 사실을 알고 있었느냐고 물어 왔다. 그때 나는 확실히 알지 못했다고 말하였다. 나는 과장에게 거짓말을 하고 싶지도 않았으며, 친한 친구와의 약속을 깨고 싶지도 않고 좋은 친구로 남고 싶었을 뿐이다. 나는 그 상황에서 어떻게 하여야 했는가?

1. 이것이 개인수준 또는 조직수준의 윤리적 딜레머인가?
2. 이 상황에서 어떠한 윤리원칙이 문제가 되는가?
3. 이 윤리적 상황에 직면하여 어떻게 행동해야 하겠는가?

자료: *contributed by Erika Carlson-Durham.*

2) 경영윤리의 정의

우리는 사회윤리, 국민윤리, 직업윤리, 정치윤리, 기업윤리 등 다양한 측면에서 제기되고 있는 윤리 또는 도덕이라는 사회적 규범 속에서 살아가고 있다. 경영윤리는 일반적인 윤리이념을 기업의 행동에 응용한 개념으로서, 경영윤리(business ethics)란 "기업경영이라는 상황에서 나타나는 태도와 행동의 옳고 그름, 선과 악을 구분해 주는 판단기준 또는 도덕적 가치에 관련된 경영행동 또는 의사결정의 원칙이나 지침"으로 이해할 수 있다.

이러한 정의를 중심으로 경영윤리의 특성을 다음과 같이 살펴볼 수 있다.

① 경영윤리는 경영의사결정의 도덕적 가치기준이다. 경영자는 도덕적 정당성을 고려하여 경영활동의 의사결정이나 방향설정을 해야 한다.

② 경영윤리는 경영행동의 옳고 그름에 대한 식별이다. 경영자는 경영행동을 공정하고 정당하게 식별하여 결정하여야 한다.

③ 경영윤리는 행동규범을 제시해 준다. 경영자는 도덕적으로 옳고 그름 또는 좋고 나쁨을 판단하여 기업의 정책, 제도, 관행의 규범으로 삼아야 한다.

④ 경영윤리는 응용윤리(applied ethics)이다. 경영윤리는 기업경영에서 인간행동의 옳고 그름과 인간의 자유와 존엄성을 보호하는데 관심을 둔다.

이와 같이 경영윤리는 기업이 사회 속에서 해야 할 일과 하지 않아야 할 일을 구분하여 행동하도록 규범을 제시함으로써 조직구성원들이 선량한 시민으로서의 자부심을 갖도록 하고 윤리적 성취감을 충족하도록 할 것이다.

여기에서 우리는 기업경영에 있어서 어떤 행동들이 옳고 그르며, 사회가 어떤 행동을 허용하고 용인하지 않는지를 살펴볼 필요가 있다. 〈표 9-1〉은 기업의 비윤리적 행동에 관한 실증적 조사결과를 보여주고 있다.

〈표 9-1〉 기업의 비윤리적 행동조사

비윤리적 행동유형	%
1. 불안전한 작업조건	56%
2. 거짓 판매관행	56
3. 소유자 정보 및 비밀정보 잘못 처리	50
4. 사생활권 침해	38
5. 품질불량 또는 불안전제품 출하	37
6. 고용차별	36
7. 성희롱	34
8. 제품품질 또는 안전검사결과 변경	32
9. 독점금지 위반 또는 불공정경쟁 관행	32
10. 환경파괴	31

자료: *2000 Organizational Integrity Survey: A Summary*, Integrity Management Services, KPMG LLP.

3) 경영윤리의 중요성

기업이 경영윤리를 지켜야 하는가 하는 문제는 기업 또는 경영의 본질적 목적과 관련하여 제기되는 가장 근본적인 문제이다.[2] 기업은 본질적으로 사회에 제품이나 서비스를 공급하고 이윤을 추구하는 경제적 기능을 수행하고, 한편 사회적 가치나 이념에 부합하는 경영활동을 전개함으로써 사회적 정당성을 인정받는 사회적 기능을 수행하고 있다. 현대사회는 기업이 경제적 기능에만 충실하고 경제적 목표만을 추구하려는 경영활동에 대하여 비판하고 있으며, 기업이 경영윤리를 실천함으로써 사회적 기능을 조화롭게 실천하기를 기대하고 있다.

기업이 경영윤리를 지켜야 하는 이유를 〈표 9-2〉에서 설명하고 있다.

〈표 9-2〉 기업이 윤리적이어야 하는 이유

1. 기업에 대한 공중의 기대를 실현한다.
2. 다른 사람에 대한 손상을 예방한다.
3. 기업의 종업원관계와 생산성을 개선한다.
4. 기업의 처벌을 감소시킨다.
5. 사회로부터 기업을 보호한다.
6. 사용자로부터 종업원을 보호한다.
7. 개인적 도덕성을 촉진한다.

자료: J. E. Post, A. T. Lawrence & J. Weber, *Business and Society: Corporate Strategy, Public Policy, Ethics*, McGraw-Hill/Irwin, 2002, p. 104.

따라서 경영윤리는 구체적으로 다음과 같은 중요성을 갖는다.

첫째, 경영윤리의 준수는 사회적 정당성 획득의 기반이 된다. 기업은 그의 역할이나 활동이 사회로부터 수용될 때 비로소 생존·성장할 수 있게 된다.

둘째, 경영윤리의 준수를 통해 장기적인 측면에서 조직유효성의 증대를 기대할 수 있다. 높은 수준의 윤리성을 유지하는 기업은 사회로부터 두터운 신뢰와 좋은 평판을 얻어 성장·발전할 수 있고, 반면에 부도덕하고 비윤리적인 기업은 사회에서 존립할 수 있는 기반을 상실하게 된다.

셋째, 인적자원관리와 생산성 향상의 측면에서도 경영윤리의 중요성이 있다. 비

2) W. M. Hoffman, "Ethics in Business Education: Working toward a Meaningful Reciprocity", *Journal of Business Ethics*, vol. 3, 1984, pp. 260~263.

윤리적 기업에서 부도덕한 행동을 강요받는 구성원은 윤리적 갈등과 스트레스를 받아 근로의욕을 상실하게 되고, 이직률도 높게 된다. 반면에 구성원의 적당한 대우가 보장되는 등 높은 수준의 윤리성을 갖고 있는 기업의 구성원은 자부심과 보람을 느끼고, 열심히 일하려는 의욕이 생겨 생산성이 향상된다.

넷째, 사회의 윤리적 환경 창조라는 측면에서도 경영윤리의 중요성이 있다. 경영의 이념, 가치관 혹은 윤리적 수준은 기업구성원과 사회일반의 가치관이나 신념, 혹은 윤리수준을 변혁시키게 된다.

다섯째, 경영윤리는 조직구성원의 행동규범을 제시해 줄 뿐만 아니라, 하나의 인간 또는 선량한 시민(good citizen)으로서 구성원의 윤리적 성취감을 충족시켜 준다.

2 경영윤리의 가치판단기준

기업이 중대한 문제해결을 위하여 의사결정을 해야 하는 경우에 경영자들은 흔히 매우 복잡하고 애매한 윤리적 판단기준을 경험하게 된다. 다시 말하면 경영자나 종업원들은 경영윤리를 준수하기 위해서 자신들이 하고 있는 행동이나 의사결정이 윤리적인지 비윤리적인지를 판단하게 되는데, 이때 경영자들은 사회적으로 수용되는 윤리적 가치관이나 규범을 고려하여 판단하게 된다.

현대의 사회적 상황에서 경영윤리의 판단기준은 매우 복잡하고 미묘하기 때문에 이러한 모든 상황에서 통용될 수 있는 판단기준을 제공한다는 것은 매우 어려운 일이다. 따라서 기업의 경영행동이 사회적으로 널리 수용되고 있는 국가사회의 법률적 합법성, 전통문화적 특성, 사회이념과 기치관 등의 윤리적 가치기준에서 판단하도록 하는 것이 타당할 것으로 보아 이들을 중심으로 살펴보기로 한다.

1) 법률적 합법성기준

법률(law)은 사회의 안정과 질서, 그리고 공공의 복지를 유지하기 위해서 강제되는 사회적 규범이다. 법률은 국가가 제정하여 국가사회에 공포되어 일반적으로 수용되며, 사회적으로 강제되는 보편화된 규칙의 집합체이다.[3] 자유주의 시장경제체

3) L. T. Hosmer, *The Ethics of Management*, Homewood: Richard D. Irwin Inc., 1991, pp. 78~80.

제에서 법률은 기본적으로 기업활동의 자유를 보장하면서, 한편으로 비정상적인 기업활동에 대하여 강제적으로 규제하는 것이 원칙이다. 특히 현대사회는 사회복지주의 또는 사회다원주의의 이념이 확대됨에 따라 기업 내외부의 이해관계집단에게 피해를 주는 비정상적인 기업행동에 대하여 적극적인 규제를 가하고 있다.

국가의 법률을 위반하는 비합법적 기업행동, 즉 기업범죄(corporate crime)는 횡령이나 내부자거래와 같이 구성원이 기업을 대상으로 저지르는 불법행동, 사생활 침해나 근로기준법 위반과 같이 기업이 구성원을 대상으로 저지르는 불법행동, 가격담합이나 카르텔(cartel)같이 기업 간에 행해지는 불법 연합행동, 그리고 공해유발이나 불량 유해제품 판매와 같이 사회를 상대로 저지르는 불법행동 등이 포함된다.[4]

그러나 현대사회에서는 기업행동의 법률적 규제를 모든 경영윤리의 규범으로 인정하지 않고 있다. 법률은 사회질서와 공공복지를 위해서 반드시 필요하다고 인정되는 최소한의 부문만을 규정하고 있으므로 경영윤리의 모든 부분을 포함할 수는 없는 것이다. 따라서 기업행동의 법률적 기준과 윤리적 기준은 일치할 수 없으며, 또한 기업행동을 법률적 차원과 윤리적 차원에서 동일하게 다룰 수는 없는 것이다.

이를테면 어떤 기업의 경영활동이 합법적이면서 비윤리적일 수 있고, 반대로 비합법적이면서 윤리적일 수 있는 것이다. 따라서 기업행동 판단의 법률적 합법성 기준은 경영윤리의 필요조건이지 충분조건은 될 수 없으며, 기업행동의 판단에 있어서 법률적 차원과 윤리적 차원을 동일하게 다룰 수 없는 것이다.

2) 전통문화 특성기준

경영윤리의 가치판단에 있어서 사회적으로 수용되는 윤리적 기준으로 전통문화 특성을 들 수 있다. 사회문화는 사회구성원들의 전통적 가치관에 의하여 형성되어 전승되고 있으므로 사회는 기업행동의 윤리성을 전통문화의 가치기준에서 판단하려 하고 있다.

서구사회는 전통적으로 개인주의와 청교도사상(protestantism)의 문화적 특성을 지니고 있으며, 서구인들은 서구문화의 개인주의, 합리주의, 실용주의 사고에 바탕을 두고 기업행동을 판단하려 하기 때문에 기업이 자유시장경쟁을 통하여 이익극대화를 추구하는 행동을 자연스럽게 받아들이고 윤리적으로 정당화되고 있다. 특히

4) V. E. Henderson, "Ethical Side of Enterprise", *Sloan Management Review*, vol. 23, No. 9, 1982.

청교도사상의 윤리기준에서는 성공에 대한 방향과 일에 대한 동기부여를 제공하고, 이를 통하여 얻은 부(富)의 정당성을 인정하고 있다.

한편 동양사회는 전통적으로 집단주의와 유교문화의 특성을 지니고 있으며, 중국을 비롯한 동양인들은 유교문화의 가족과 혈연을 중심으로 한 온정주의, 인화주의, 이타주의(altruism) 사상에 기초를 두고 기업행동을 판단하려 하기 때문에 자기가 소속된 집단의 이익을 무시하고 개인적 이익이나 성공을 추구하는 행동에 대해서 거부하고 있으며, 다른 사람이나 집단에 협력하고 지원하는 행동에 대하여 높게 평가하려는 경향이다.

특히 한국사회는 전통적인 청빈사상(淸貧思想)이 뿌리 깊게 자리잡고 있어 부당하게 이익을 추구하며 돈을 많이 모으고 정당하게 돈을 쓰지 않는 행동에 대해서 비판하는 풍토가 조성되어 있다. 이러한 사상은 기업이 어떻게 이익을 올리고 있는가 하는 것보다는 획득한 이익을 어떻게 사용하고 있는가, 즉 사회에 얼마나 공헌하고 있는가에 대하여 평가하는 경향이다.

3) 사회적 이념 및 가치관기준

윤리적 가치판단기준은 법률적 기준이나 문화적 기준과 같이 시대나 사회를 초월한 보편적 기준을 설정할 수는 없으며, 시간이 흐르고 사회가 바뀌면서 상황에 따라 유동적일 수 있다. 사회는 시간이 지나면서 정치 · 경제 · 사회제도의 이념이나 가치관이 변화할 수 있다. 이러한 변화에 따라 기업행동에 대한 사회적 이념이 바뀌고 가치관이 변화하여 사회적 합의가 이루어져 수용되면 새로운 윤리적 판단기준으로 형성될 수 있다.

예를 들면 우리나라는 1987년 6.29 민주화 선언으로 정치, 경제, 사회부문에 있어서 민주 · 평등 · 자율권에 대한 새로운 가치의식이 형성되는 전환점이 되었다. 재계에서도 근로자의 평등권 · 자율권을 요구하는 노동운동이 전국적으로 확산되면서 기업들은 심각한 윤리적 도전에 직면하게 되었다. 다시 말하면 기업들은 경영의 투명성, 민주성, 평등성, 공정성이라는 새로운 경영윤리 가치기준이 형성되게 된 것이다.

3 경영윤리의 접근방법

경영윤리의 접근방법은 경영자가 확실한 근거에서 안정적으로 윤리적 의사결정을 내릴 수 있는 윤리원칙에 관한 접근방법이다. 경영윤리의 접근방법은 경영자가 윤리적 딜레머(dilemma)에 직면하였을 때 윤리적 의사결정을 도울 수 있는 개념, 지침, 규칙을 제공하는 원칙들이다.

경영윤리원칙의 접근방법으로 공리주의, 도덕적 권리, 사회적 정의 등 세 가지를 들 수 있다. 이 세 가지 접근방법은 상호배타적인 개념이 아니고, 사회가 발전하고 성숙됨에 따라 확대되어 가는 것으로 가장 이상적인 기준은 [그림 9-1]에서 보는 바와 같이 세 가지 접근방법을 조화시켜 균형을 이루는 것이다.

[그림 9-1] 의사결정의 윤리적 접근방법

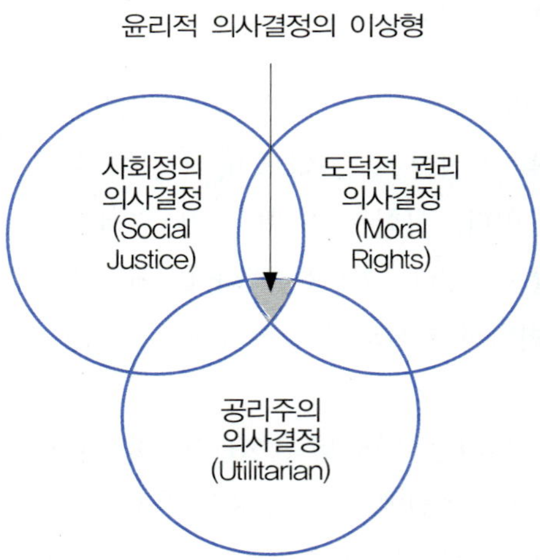

자료: D. Hellriegel and J. W. Slocum, Jr., *Management*, 7th ed., Addison-Wesley, New York, 1996, p. 154.

1) 공리주의 접근방법

공리주의 접근방법(功利主義 接近方法: utilitarian approach)은 최대다수에게 최대의 행복을 제공한다는 기본적 이념(목표)에서 행동과 의사결정의 결과를 판단하는 접근방법이다. 이 접근방법에서 경영자는 해당 결정대안들의 잠재적 효과를 고려하여야 하며, 선택된 대안은 최대다수의 사람에게 유익한 것이어야 한다. 따라서 경영자는 잠재적인 긍정적 결과가 부정적 결과보다 가치가 있다고 판단될 때 유익하다고 인정하여 윤리적 의사결정을 내리게 된다.

예를 들면 성과급제도는 종업원의 업적에 따라 차별적으로 임률을 적용하여 보상액을 결정하는 것으로서, 이 제도는 공리주의 윤리측면에서 정당하고 합리적이다. 또한 시장경제체제 하에서 자유기업(free enterprise) 간의 경쟁결과에서 성공하는 기업이 있는 반면에 실패하는 기업도 생길 수 있다. 우수한 제품과 서비스를 낮은 가격으로 제공하는 경쟁기업 때문에 발생되는 다른 기업의 파산이나 실직도 공리주의적 관점에서 정당하다. 또한 직장에서 동료의 부정을 고발하는 것은 다수의 이익을 위해 정당하며, 오히려 조직구성원의 의무에 해당된다. 이와 같이 공리주의 접근법은 이익극대화, 능률성, 조직이익 우선의 개념을 정당화하고 있다.

공리주의 접근법은 행동지향적 공리주의와 규칙지향적 공리주의로 나누어진다. 행동지향적 공리주의(act utilitarianism)는 최대행복을 제공한다는 결과를 강조하기 때문에 목적은 수단을 정당화한다는 입장이다. 다시 말하면 의사결정이나 행동의 결과가 정당하면 수단으로서의 부정, 공해 등의 부도덕한 행동도 용인될 수 있다는 주장이다.

그러나 규칙지향적 공리주의(rule utilitarianism)는 최대다수의 최대행복을 얻기 위해서는 기본적으로 사전에 규정된 규칙이나 기준을 따라야 한다는 입장이다. 여기에서는 결과보다는 과정을 중시하고 게임룰(game rule)을 존중하며 수단의 정당성에 따른 의사결정과 행동을 평가한다.

2) 도덕적 권리 접근방법

도덕적 권리 접근방법(moral rights approach)은 UN의 인권선언(Declaration of Human Rights)과 미국의 권리장전(Bill of Rights)에 기초를 두고 인간의 생명, 자유, 건강, 사생활권, 사유재산권과 같은 인간의 기본권의 기준에 따라 경영자의 의사결정이 이루어져야 한다는 것이다. 이 접근법은 콜버그(L. Kohlberg)의 도덕발전단계에 관한 일반원칙[5]과 일치하는 것으로서 경영자의 의사결정과 행동은 ① 생명과 안전, ② 진실성, ③ 사생활권, ④ 양심의 자유, ⑤ 언론의 자유, ⑥ 사유재산권 등 여섯 가지의 도덕적 권리를 보전하는 것이어야 한다. 이는 개인적 윤리의 발달단계에서 보면 가장 발전된 형태이며, 주요 선진국에서는 도덕적 권리기준을 보장하도록 법제화하고 있다.

예를 들면 공해방지법, 산업안전과 재해방지법 등에서 인명의 존중과 안전을 명시하고, 소비자보호법, 공정거래법 등에서 소비자의 알 권리와 정보의 진실성을 규정하고 있다. 이외에도 각종의 법적・제도적 장치를 통하여 도덕적 권리를 보장하고 있다.

3) 사회정의 접근방법

사회정의 접근방법(social justice approach)은 경영자가 이익과 비용을 개인이나 집단 간에 얼마나 공정하게 배분하는가에 관하여 경영자의 의사결정과 행동을 평가하는 것을 의미한다.[6] 이 접근법에서는 정당성(equity), 공정성(fairness), 공평성(impartiality)의 원칙을 개념으로 하여 지지를 받고 있다.

정당성은 인간의 생존권을 보장하는 것으로 최소한의 생계를 보장하는 필요의 원칙이며 사회적 의무의 기본이다. 공정성은 공헌도에 따른 분배를 주장하는 능력주의 원칙을 말하고 분배정의의 기준이 된다.

사회정의 원칙은 일반적으로 세 가지 유형으로 응용되고 있다.

첫째, 분배정당성 원칙은 분배는 이익과 비용에 따라 공정하게 결정되어야 한다는 원칙이다.

둘째, 보상정당성 원칙은 보상은 기여한 능력이나 성과에 따라 공정하게 결정되어야 한다는 원칙이다.

셋째, 절차정당성 원칙은 의사결정, 관행, 계약은 공정하게 이루어져야 한다는

---

5) L. Kohlberg, "Stage and Sequence: The Cognitive-Developmental Approach to Socialization", in D. A. Goslin(ed), *Handbook of Socialization Theory and Research*, Chicago: Rand McNally, 1969, pp. 234~248.

6) J. Greenberg, "A Taxonomy of Organizational Justice Theories", *Academy of Management Rewiew*, 1987. 12, pp. 9~22.

원칙이다.[7)]

4) 경영윤리 접근방법의 비교

경영자의 윤리관이 진행되어 온 과정을 살펴보면 기업조직의 특성상 경제적 목적이 강하게 나타나 있고, 경영자의 업적판단기준이 성과지향적이기 때문에 이론적으로 사회적 책임과 경영자의 의무는 동등하여야 하나 현실적으로는 의무가 책임을 능가하고 있다.

따라서 경영자의 관심은 의무사항인 경제적 목적달성을 위해 공리주의 원칙에 입각한 행동을 원할 것이며, 내부집단은 도덕적 권리기준을 선호할 것이고, 사회적 기대나 사회정의 기준에서 기업을 보고자 할 것이다.

그러나 기업의 높은 윤리수준은 사회정의가 설득력을 갖게 될 것이나, 장기적인 측면에서는 경영성과와 조직의 유효성을 증대시킬 수 있고, 조직구성원의 확고한 행동규범을 제시함으로써 조직구성원의 윤리적 성취감을 고취시킬 수 있어야 할 것이다.

이상에서 논의한 세 가지 윤리적 접근방법에 있어서 경영자의 의사결정과 행동에 대한 강·약점을 비교하면 〈표 9-3〉과 같다.

〈표 9-3〉 윤리적 접근법의 의사결정의 강·약점

윤리적 접근방법	강 점	약 점
공리주의 기준: 최대다수의 최대 행복	1. 능률·생산성 증진 2. 이익극대화에 적합 3. 전체적·거시적 안목의 조장	1. 주요변수의 계량화 불가 2. 자원배분의 편향화 초래 3. 소외계층의 권리 묵살
도덕적 권리기준: 개인의 기본권 보장	1. 자유권과 기본인권의 보호 2. 사회적 행동규범에 적합 3. 도덕적 정당성의 설득력 제고	1. 이기적 행동의 초래 우려 2. 생산성, 능률증대의 장애요인
사회정의 기준: 이익과 부담 분배의 정당·공정·공평성	1. 자원과 비용배분의 공평성 2. 민주주의 원칙 3. 사회적 소외계층의 보호	1. 위험, 혁신 및 생산성 약화 명분의 조장 2. 이해관계자 집단의 권리축소 초래

자료: D. Hellriegel and J. W. Slocum, Jr., *op. cit.*, p. 25.

7) R. T. DeGeorge, *Business Ethics*, 5th ed., Upper Saddle River, NJ: Prentice Hall, 1999, pp. 69~72.

제2절 기업의 경영윤리관리

경영윤리의 핵심은 경영자의 윤리적 의사결정에 대한 원칙과 접근방법에 집중된다. 윤리적 의사결정은 기업의 윤리적 관행이나 윤리적 성과를 성취하기 위해서 결정적으로 중요한 경영자의 임무이다. 경영윤리를 효과적으로 관리하기 위해서 경영자는 윤리적 의사결정을 통한 구성원들의 윤리행동을 유도할 수 있는 관리체계를 제도화하고, 조직의 도덕적 경영을 성취하기 위한 윤리적 문화나 분위기를 조성하며, 경영윤리 프로그램을 실천하도록 해야 한다.

여기에서는 우선 경영윤리의 관리모형을 이해하도록 하고 기업의 윤리적 문화와 조직풍토를 살펴보며 경영윤리의 실천 프로그램에 관해서 탐구하도록 한다.

1 경영윤리의 영향요인

경영윤리에 영향을 미치는 요인은 매우 광범위하고 다양하다. 예를 들면 조직규모나 사업종류와 같은 조직특성, 성과에 대한 압력, 최고경영자의 태도, 조직관행 및 통제방식 같은 조직풍토, 그리고 사회일반의 가치의식, 정부규제, 사회적 기대, 문화적 특성, 불확실성 환경 같은 사회적 요인, 또는 개인들의 연령, 학력, 지위, 소유관계, 금전적 필요성, 역할갈등, 정치성향, 조직몰입 등과 같은 개인적 요인들은 윤리적 경영에 영향을 미치게 된다.[8)]

특히 윤리적 조직풍토(ethics climate)는 윤리적 경영에 중요한 영향을 미치는 요인이다. 여기에서 윤리적 조직풍토란 직무수행에서 나타나는 조직구성원들의 정직하고 성실한 행동뿐만 아니라, 기업의 윤리적 행동을 촉진하는 기업조직의 조건이나 상태를 말하는 것으로서, 예를 들면 구성원의 자율성 정도, 직위체계의 확립 정도, 조직성과나 이익지향성 정도, 위험부담 태도, 최고경영자의 태도, 조직관행 등이 포함된다.

8) P. L. Cochran and D. Nigh, "Illegal Corporate Behavior and the Question of Moral Agency: A. Empirical Examination", in W. C. Frederick and L. E. Preston(eds.), *Research in Corporate Social Performance and Policy*, vol. 9, 1987 Greenwich JAI Press, pp. 73~91.

또한 실무경영자들은 거시적 차원의 사회적 요인이나 대중매체의 역할 등을 윤리적 경영에 대한 중요한 요인으로 지적하고 있다.[9] 예를 들면 미국 경영자들이 지적하고 있는 윤리의식이나 행동에 영향을 미치는 요인으로 ① 공공성을 일깨우는 대중매체, ② 경영원리에 대한 일반 공중의 관심과 인식의 증대, ③ 정부의 규제와 개입, ④ 경영자에 대한 윤리교육, ⑤ 기업에 대한 사회적 기대의 확산, ⑥ 경영자 스스로의 책임감 인식 등을 들고 있다.

한편 경영자의 윤리의식이나 행동을 약화시키고 비윤리적 행동을 조장하는 요인으로 ① 물질만능주의 사회풍조 같은 사회의 타락, ② 경쟁적 압력이나 성공에 대한 압박, ③ 정치적 부패와 신뢰할 수 없는 정부, ④ 범죄를 조장하는 대중매체의 왜곡보도, ⑤ 개인적 탐욕과 이기주의, ⑥ 이윤추구에 대한 내부적 압력 등을 들고 있다.

여기에서 살펴본 경영윤리의 영향요인들은 지속적인 산업화가 진행되고 있는 우리나라 기업들의 경영윤리에도 상당한 영향을 미칠 것으로 시사하는 바가 크다 하겠다.

2 경영윤리의 관리모형

경영윤리의 기본개념을 이해하기 위해서는 조직세계에서 발견되고 있는 윤리경영의 유형을 설명해 주는 윤리모형에 관하여 살펴보는 것이 유용하다.[10] 다시 말하면 경영자의 윤리적 의사결정 과정에서 도덕성의 고려여부와 도덕성의 고려 정도에 따라 윤리경영을 도덕적 경영, 비도덕적 경영, 도덕중립적 경영으로 분류하고 있다.

여기에서 윤리경영의 세 가지 모형 또는 유형에 대해서 비교 설명함으로써 기업이 윤리나 도덕성에 대하여 정의하는 특징과 윤리경영의 접근방법을 이해하는데 도움이 될 것이다.

---

9) S. N. Bremer and E. A. Molander, "Is the Ethics of Business Changing?" in K. R. Andrews and D. K. Davis(eds.), *Ethics in Practice–Managing the Moral Corporation*, Boston: Harvard Business School Press, 1989, pp. 119~143.

10) A. B. Carroll, "Models of Management Morality for the New Millennium", *Business Ethics Quarterly*, vol. 11, Issue 3, April 2001, pp. 365~371.

1) 비도덕적 경영

비도덕적 경영(immoral or unethical management)이란 윤리적 원칙이나 규칙이 결여되어 있을 뿐 아니라, 윤리적 경영에 대하여 적극적·능동적으로 저항하는 것을 의미한다.[11] 비도덕적 경영의 의사결정, 행동, 관행은 윤리적 원칙과 합치하지 않는다. 이 모형의 견해에서 경영의 동기는 이기적이므로 주로 경영자나 기업의 이익을 보호해야 한다고 주장하고 있다. 이 모형에 따르면 경영의 목표는 영리추구이고 어떤 대가를 치르더라도 조직의 성공을 도모하여야 하며 다른 외부세력들의 공정성이나 정당성의 요구에 대해서 전혀 고려하지 않는다.

경영층의 법률에 관한 견해는 법률이 도덕적 경영의 최소한을 규정하고 있는 것으로 생각하면서 경영층이 극복해야 할 장애물로 간주하여 쉽게 불법행위를 저지르게 된다.

비도덕적 경영의 관리전략은 개인이나 기업의 이익만을 위해 추구하는데 초점을 둔다. 그러나 여기서 비도덕적 경영의 핵심적 운영문제는 궁극적으로 이러한 의사결정, 행동, 관행이 경제적 이익을 가져올 수 있는가 하는 것이다.

2) 도덕적 경영

도덕적 경영(moral management)은 비도덕적 경영의 반대로서 기업이 최상의 윤리적 행동기준이나 직업행동기준을 준수하는 것을 의미한다. 즉, 도덕적 경영은 언제나 윤리적 규범, 직업행동기준, 동기, 목표, 법률준수, 일반 운영전략 등에 관하여 윤리적 기준을 유지하고 준수하도록 노력하는 것이다.

비도덕적 경영의 이기적 동기에 반하여, 도덕적 경영은 기업의 경제적 성공을 추구하면서 공정성, 정당성, 권리존중, 타당한 과정 등과 같은 규범에 내포되어 있는 건전한 윤리적 교훈을 따르고 있다.

따라서 조직의 목표는 계속해서 수익성을 강조하면서 법률에 대하여 순응하고 윤리기준을 지키는 범위에서 이익을 추구하는 것이다. 도덕적 경영은 적절한 수익성, 필요한 적법성, 바람직한 윤리성의 목표를 추구하는 것이다.

여기에서 법률은 단지 법률규정만을 준수하는 것을 의미하는 것이 아니라, 법정

11) A. B. Carroll and A. K. Buchholtz, *Business & Society: Ethics and Stakeholder Management*, Thomson/South-Western, 2003, p. 180.

신을 강조하는 것이다. 법률은 최소한의 윤리적 행동기준을 규정하는 것이므로 도덕적 경영은 법률이 요구하는 이상의 수준에서 운영하도록 노력하고 있다.

도덕적 경영의 관리전략은 조직이 윤리적 행동의 제약 내에서 가능한 경제적 목표를 추구하면서 건전한 윤리적 기준에 따라 운영하도록 하는 것이다. 그리고 조직이 윤리적 딜레머에 직면한 경우에는 도덕적 경영의 행동, 의사결정, 관행이 그 조직에 대해서 뿐만 아니라 모든 이해관계자들에게 공정한 것인가를 파악하여야 한다.

도덕적 경영에서 무엇보다도 중요한 것은 도덕적 리더십이다. 캐롤(A. B. Carroll)[12)]은 코베이(S. Covey)[13)]의 베스트 셀러 『고도의 도덕적 리더들의 7가지 기질』(*seven habits of highly moral leaders*)을 발표하였다.

도덕적 경영자가 갖추어야 할 7가지 기질은 다음과 같다.

① 올바른 행동을 하려는 열정을 갖는다.
② 도덕적 행동을 호소한다.
③ 모든 이해관계자를 고려한다.
④ 강한 윤리적 인품(특성)을 갖는다.
⑤ 강한 공정성 관념을 갖는다.
⑥ 원칙적 의사결정을 착수한다.
⑦ 윤리적 지혜와 관리적 지혜를 통합한다.

3) 도덕중립적 경영

도덕중립적 경영(amoral management)은 비도덕적 경영과 도덕적 경영의 혼합된 유형으로서, 개념적으로 양자의 연속선상에 위치하는 것은 아니고, 양자와는 서로 다른 특성을 갖는다. 도덕중립적 경영은 다음의 두 가지 종류로 구분되고 있다.

첫째, 의도적인 도덕중립적 경영(intentional amoral management)이다. 이 종류의 도덕중립적 경영자들은 기업활동이 도덕적 판단을 적용할 수 있는 영역 밖

12) A. B. Carroll, "The Moral Leader: Essential for Successful Corporate Citizenship", in J. Andriof and M. McIntosh(eds), *Perspectives on Corporate Citizenship*, Sheffield, UK: Greenleaf Publishing, 2001, pp. 139~151.
13) Stephen Covey, *The Seven Habits of Highly Effective People*, New York: Simon & Schuster, 1989.

에 있다고 믿기 때문에 그들은 의사결정이나 행동에 있어서 윤리적인 측면을 고려하지 않고 행동한다. 그들은 비도덕적이거나 도덕적이지 않으며, 단순히 기업에서는 일상적인 사회생활에서 적용되는 것과 다른 규칙이 적용되는 것으로 생각하고 있다.

둘째, 비의도적인 도덕중립적 경영(unintentional amoral management)이다. 비의도적 도덕중립적 경영자들은 의도적 도덕중립적 경영자들과 마찬가지로 기업활동을 윤리적 조건에서 생각하지 않지만 그 이유는 다르다. 이 종류의 경영자들은 윤리적 감각이나 도덕적 지각이 결여되어 있어 단지 자신의 의사결정이나 행동이 다른 사람들에게 부정적이거나 나쁜 영향을 끼칠 수 있다는 사실에 대해서 무관심하거나 주의를 기울이지 않는다. 즉, 그들은 자신들이 하고 있는 일이 윤리적 측면(차원)에 관계가 있다는 사실을 생각하지 않고 그저 자신들의 조직생활을 유쾌하게 영위해 가고 있다.

도덕중립적 경영은 수익성 목표를 추구하면서도 그 목표추구와 연결된 도덕적 문제에 대해서는 의식적으로 관심을 기울이지 않는다. 도덕중립적 경영에서 윤리적 지침이 있다면 법률에 의하여 제한된다는 기준이며, 여기에서 법률은 법정신보다는 단지 법률규정을 의미한다.

도덕중립적 경영의 관리전략은 경영자를 지나치게 윤리적 구조에 억압하지 않고 자유경제 시스템의 틀 내에서 자유를 허용하는 것이다. 도덕중립적 경영모형은 경영자의 윤리적 사고가 어느 정도 중립적 입장에서 조정되도록 하는 의사결정모형으로 표현되고 있다.

여기에서 의사결정의 지침이 되는 핵심적 경영문제는 과연 이러한 행동이나 의사결정들이 돈을 벌 수 있도록 하는가에 집중되고 있다. 그러나 앞에서 설명한 비도덕적 또는 도덕적 경영과 달리 도덕중립적 경영에서는 도덕적이거나 비도덕적이고자 하는 어떤 능동적인 의도가 없다는데 주목해야 한다.

〈표 9-4〉는 비도덕적·도덕적·도덕중립적 경영모형의 주요 특징을 요약하고 있다.

〈표 9-4〉 윤리적 경영의 세 가지 접근방법

구 분	비도덕적 경영	도덕중립적 경영	도덕적 경영
윤리 규범	· 경영의사결정, 행동이 도덕적이어야 한다는데 대하여 적극적으로 반대 · 의사결정이 윤리적 원칙에 불일치	· 경영활동이 도덕적이지도 비도덕적이지도 않으나 의사결정은 외부의 도덕적 판단에 따라 이루어진다. · 윤리적 지각이나 도덕적 인식이 결여됨	· 경영활동은 윤리적 · 정당성 · 행동적 기준에 합치된다. · 윤리적 리더십이 경영층에 보편화됨
동기	· 이기적이고, 경영은 오직 개인과 회사의 이익만을 보호한다.	· 다른 사람에 대한 영향을 고려하지 않은 선의의 이기적이다.	· 건전한 윤리적 규율(공정성 · 정당성 · 과정타당성) 안에서 경영성공을 추구한다.
목표	· 어떤 대가를 치르더라도 조직의 이익과 성공추구	· 수익성 이외의 다른 목표를 고려하지 않음	· 법률준수와 윤리기준의 한계내에서 이익추구
법률 지향성	· 법률기준은 경영이 원하는 바를 성취시키기 위해 극복해야 할 장애물로 간주함	· 법률적 규정은 윤리적 지침이며, 법령에 라서만 순응함	· 법률규정과 법정신에 순응하며, 법률의 요구 이상에서 경영활동을 수행함
전략	· 기업이익을 위한 기회개발, 유용한 상황이 나타나면 지름길을 선택함	· 경영자에게 자율통제권 부여, 개인적 윤리는 경영자가 선택하는 경우에만 적용함	· 건전한 윤리기준에서 활동수행, 윤리적 딜레머에 직면하면 자기 리더십에 맡기도록 함

자료: A. B. Carroll and A. K. Buchholtz, *Business & Society*, 5th ed., Thomson/South-Western, 2003, p. 186.

3 경영윤리의 성공적 실천방법

1) 경영윤리의 기초형성

기업들이 신속하게 변화하는 환경과 다원화 사회에서 분출하는 사회적 기대에 부응하기 위해서는 윤리적 기준에 따라 의사결정이나 행동이 이루어져야 하고, 윤리적 행동을 실천하기 위해서는 조직구성원들이 윤리행동을 실천할 수 있는 기초를 형성하도록 해야 한다. 여기에서 기업의 윤리적 기초를 형성하기 위한 최고경영자의 윤리철학과 조직분위기의 조성에 관하여 살펴보기로 한다.

(1) 최고경영자의 윤리철학

경영윤리의 기초를 다지기 위해서는 일차적으로 최고경영자의 역할이 무엇보다도 중요하며, 특히 한국사회와 같이 소유경영자가 지배하고 있는 기업들에 있어서 윤리적 기초의 정립은 최고경영자의 철학, 태도, 역할이 더욱이 중요하다고 할 수 있다.

기업은 사회의 하위 시스템이기 때문에 사회의 이데올로기가 기업의 가치나 경영 철학으로 반영될 수 있다. 사회적 환경이 사회 이데올로기를 형성하게 되고, 기업은 사회의 지배적인 이데올로기를 공유하게 되며, 최고경영자는 공유 이데올로기를 기초로 하여 기업에 적합한 경영철학을 정립하게 된다.

앞으로 우리나라 기업에 있어서 경영환경의 변화는 정치의 민주화, 경제의 자율화, 사회의 다양화로 집약할 수 있다. 즉, 우리 사회가 정치적으로는 성숙된 민주주의로, 경제적으로는 선진화된 자본주의로, 사회적으로는 사회권력이 분산된 다원주의로 발전할 전망이다. 이러한 정치 · 경제 · 사회의 변화는 기업과 사회의 관계에 있어서 새로운 경영윤리를 요구하게 될 것이다.

첫째, 기업은 민주주의 사회에 걸맞은 경영이념(business ideology)을 형성하여 공유하도록 해야 한다. 민주주의 사회는 개인의 인권과 자유를 존중하고 평등권과 자율권을 보장하는 사회이며, 개인의 의사와 자율적 판단에 따라 직무행동을 수행하도록 하고 행동결과에 대하여 책임지도록 하는 사회이다. 따라서 경영자들은 경영활동에 있어서 민주주의 이념을 적용하고 확대시켜 감으로써 산업민주주의 · 경제민주주의를 확립해 나가도록 노력해야 할 것이다. 이러한 민주주의 이념에 기초를 둔 바람직한 경영철학으로서 공정성(equity), 정당성(justice), 질서(order) 등의 사회적 · 인간적 가치를 들 수 있다.

둘째, 자본주의는 시장경쟁의 원리에 따라 소비자에게 우수한 품질과 저렴한 가격을 제시할 수 있는 제품을 생산하는 기업은 시장경쟁에서 성공할 수 있고 그렇지 못한 기업은 시장에서 사라지게 될 것이다.

우리나라는 과거에 정부가 경제개발을 계획하고 통제하는 국가자본주의 경제체제를 운영함으로써 초기단계의 경제발전에 공헌한 바가 적지 않았으나, 그 과정에서 정부와 기업 간의 정경유착으로 인한 부정부패, 재벌특혜 같은 비윤리적인 경영관행이 사회 전반에 확산됨에 따라 국민들의 기업과 정부에 대한 불신과 저항이 극단적으로 팽배해졌다. 앞으로 국민들은 기업과 정부의 비정상적인 관계를 더 이상 용인하지 않을 것이며, 경영자들은 충분히 인식하고 있을 것이다. 따라서 경영자들은 경영윤리기준을 준수하고 정상적인 경영활동을 전개하면서 이익극대화를 추구할 수 있는 가치로서 능률(efficiency), 혁신(innovation), 창의성(creativity)에 초점을 두어야 할 것이다.

셋째, 앞으로의 사회는 정부나 재벌과 같은 특정 조직이나 집단에 권력이 집중되지 않고, 노동조합, 소비자단체, 환경보호단체 같은 다양한 조직과 집단에 권력이 분산되어 있는 다원화 사회(pluralistic society)로 발전할 것이다. 다원주의 사회의 다양한 이해관계자들은 각자의 이익을 추구하거나 보호하기 위해서 대항할 것이고, 정부는 집단 간의 이해를 조정하기 위해서 개입함으로써 기업의 경영활동에 영향을 미칠 것이다. 이러한 다원화 사회에서 기업이 추구해야 할 바람직한 가치는 자율성(autonomy), 책임(responsibility), 조화(harmony) 등이 될 것이다.

따라서 미래의 경영자들은 신속하게 변화하는 사회환경에서 민주주의, 자본주의, 다원주의 이념에 기초를 둔 경영철학을 정립함으로써 기업의 이익과 사회의 행복을 승화시키는데 경영활동의 초점을 두어야 할 것이다. 즉, 기업의 경제적 목표인 이윤극대화를 달성하고 미래지향적인 사회적 목표를 성취할 수 있도록 노력하여야 할 것이다.

(2) 윤리적 조직분위기 개선

경영자의 태도와 행동은 조직구성원들의 윤리적 행동에 중요한 영향을 미치며, 특히, 최고경영자의 윤리적 신념과 가치관은 조직의 윤리적 분위기 개선에 결정적으로 중요한 영향을 미친다. 이와 같이 최고경영자가 경영윤리의 개선을 주도하는 과정을 조직의 윤리제도화(institutionalizing ethics)라고 부른다.[14] 경영자들은 흔히 조직의 윤리제도화를 위한 최선의 관행들을 탐색하고 있다. 여기에서 [그림 9-2]는 윤리적 조직분위기 또는 문화를 창출하기 위한 여러 가지 최선의 관행들을 묘사하고 있다.

14) J. Weber, "Institutionalizing Ethics into Business Organizations: A Model and Research Agenda", *Business Ethics Quarterly,* vol. 3, No. 4, October 1993, pp. 419~436.

[그림 9-2] 윤리적 조직분위기 또는 문화의 개선을 위한 최선의 관행들

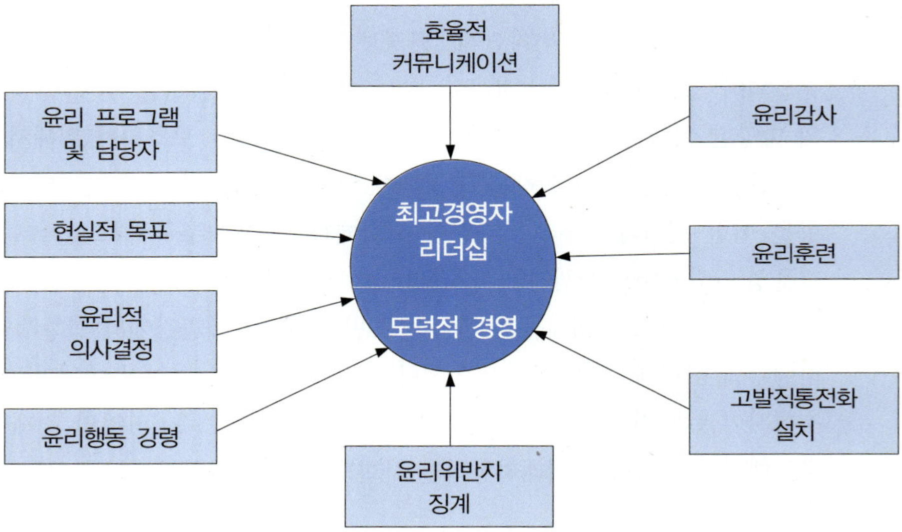

자료: A. B. Carroll and A. K. Buchholtz, *op. cit.*, p. 224.

① **최고경영층의 리더십**

최고경영층의 리더십은 윤리적 조직분위기 개선을 위한 창의성, 행동, 관행의 중심축이 된다. 모든 경영자나 종업원들은 어떤 행동이 윤리적으로 수용할만한 관행인가를 판단하기 위해서 최고경영층의 행동이나 태도를 관망하게 된다. 따라서 조직의 도덕적 분위기는 최고경영층에 의하여 설정되는 것이다.

② **효율적 커뮤니케이션**

경영자들은 효율적인 커뮤니케이션을 통하여 윤리적 행동, 원칙, 조직분위기를 종업원들에게 전달한다.

③ **윤리 프로그램과 담당자**

기업들은 조직의 윤리관리를 관장할 윤리담당자를 임명하여 종업원들이 실천할 윤리 프로그램을 개발하도록 한다.

④ **현실적 목표설정**

모든 경영자들은 최고경영층에 의하여 실천되고 있는 윤리 프로그램과 관련하여 실현 가능한 목표를 설정하도록 한다.

⑤ **윤리적 의사결정**

의사결정은 경영관리 과정의 핵심이다. 최선의 의사결정은 윤리적 결과를 가져올 수 있도록 윤리적으로 의사결정을 하는 것이다.

⑥ **윤리행동 강령**

최고경영층은 윤리적 행동기준을 설정하고 그 기준을 모든 경영자와 종업원에게 효과적으로 커뮤니케이션할 책임을 진다. 회사와 윤리담당자는 그 책임을 이행하기 위해서 윤리강령(code of ethics)을 제정하여 적용하도록 하고 있다.

⑦ **윤리위반자의 징계**

모든 조직구성원들이 신뢰할 수 있는 윤리적 분위기를 조성하고 윤리행동을 강화하기 위해서 경영층은 회사가 규정한 윤리규범을 위반하는 종업원을 징계하도록 해야 한다.

⑧ **고발직통전화 설치**

종업원들이 도덕적 행동과 왜곡된 윤리행동을 정확하게 알도록 해야 한다. 따라서 종업원들이 회사의 윤리강령에 관해서 조화될 수 있고 윤리적으로 잘못된 행동을 보고할 수 있는 직통전화를 설치하도록 한다.

⑨ **경영윤리 훈련**

모든 조직구성원에게 경영윤리에 관한 경영대학 교육, 경영자훈련, 최고경영층 개발계획, 세미나 등에 참여하도록 하는 것이 필요하다.

⑩ **윤리감사 및 자기평가**

오늘날 많은 기업들은 윤리적 분위기나 프로그램을 평가하는 노력을 보이고 있다. 즉, 회사들은 조직의 윤리적 분위기를 개선하기 위해서 윤리 프로그램, 윤리강령, 윤리조회 및 고발 직통전화(hot lines), 윤리 프로그램 등을 평가 및 감사하고 있다.

2) 경영윤리와 경영전략의 연계

경영윤리의 관리는 더 이상 경영활동을 보조하거나 부수적인 일이 아니라 기업성공을 위한 장기목표의 관점에서 기업의 수익성이나 생존에 관련되는 중요한 경영활동의 일부분이 되고 있다. 이러한 관점에서 최근에 경영전략과 윤리를 연계시키는 전략적 관리방안이 논의되고 있다. 여기에서 전략적 경영과정에 경영윤리를 연계시키기 위해서 전략적 경영과정을 목표의 설정, 전략적 계획수립, 전략적 계획의 실행과 평가 등 세 단계로 나누고 단계별로 경영윤리를 결합시키는 방법을 살펴보도록 한다.

(1) 전략적 목표설정

전략적 경영에서 첫 단계는 환경을 분석하고 기업의 강약점을 평가하여 기업목표를 세우는 것이다. 환경을 조사하는 과정에서 사회의 경영윤리 문제를 확인하고 대응할 수 있는 방법을 모색하여야 한다. 여기서 환경조사(environmental scanning)란 체계적인 전략적 목표설정을 위해 기업을 둘러싼 환경변화에 대한 정보를 수집하는 활동을 말하는 것으로서, 앞으로 3~5년 동안에 어떠한 환경변화가 일어날 것인가에 관한 정보를 수집하는 것이다. 기업은 환경조사결과에 따라 환경변화의 경제적 문제와 윤리적 문제를 확인하고 우선순위를 정하여 목표설정에 반영해야 한다.

또한 기업은 경영활동에 필요한 자원과 능력을 평가하는 과정에서 경영윤리를 실행할 수 있는 자원과 능력을 갖고 있으며, 경영자와 종업원들이 경영윤리를 실천할 의지를 갖고 있는지를 평가하여 경영목표설정에 반영하도록 해야 한다.

(2) 전략적 계획의 수립

기업은 경영목표를 설정하고 나면 이를 달성하기 위한 여러 가지 방법과 대안을 개발하고 평가하여 구체적인 행동계획을 수립하게 된다. 행동대안을 평가하는 과정에서 경제적 기준과 윤리적 기준을 고려하여 경제성과 윤리성이 조화될 수 있는 방법과 대안을 선택하도록 한다.

행동대안의 윤리성 평가에서는 다양한 이해관계자에게 미칠 영향관계와 그들의 반응을 분석하고, 윤리적 활동을 위해 투입되는 비용과 효과를 비교·평가하도록 하는 것이 중요하다.

(3) 전략적 계획의 실행과 평가

전략적 계획을 수립하고 나면 경영자는 계획이 편차 없이 실행되도록 통제하고, 실행결과를 평가하며 계획과 결과의 편차를 확인하여 차후의 경영전략의 기초로 활용하도록 한다.

결과에 대한 평가는 실행과정이 적절하였으며, 새로운 문제가 발생하지 않았는가? 실행결과가 계획과 일치하고 있는가? 등에 집중하게 된다. 일반적으로 결과에 대한 평가는 경제적 성과에 집중되고 있으나 기업이 사회적 정당성을 획득하기 위해서는 사회적 성과지표로서의 윤리적 행동에 대한 적극적인 평가가 이루어지도록 해야 한다.

4 경영윤리의 실천 프로그램

기업들은 윤리적 경영을 실현하기 위해서 다양한 아이디어를 제시하고 있다. 여기에서 기업들이 일반적으로 도입할 수 있는 실천 프로그램으로서 윤리강령의 제정, 윤리교육의 강화, 윤리위원회 설치, 제도의 개선 등에 관해서 살펴보도록 한다.

1) 윤리강령의 제정

기업은 구성원들의 윤리행동을 유도하기 위해서 윤리강령을 제정하여 실천하도록 하고 있다. 윤리강령(code of ethics)이란 기업의 구성원들이 지켜야 할 윤리규범을 공식적으로 문서화한 것을 의미한다. 일반적으로 윤리강령에 포함되는 내용으로는 강령준수를 위한 적용 및 관리절차, 기업윤리의 철학에 대한 일반적 서술, 효력발생 시효, 선물의 수령여부, 공급자와의 관계, 경쟁자와의 관계, 소비자와의 관계와 같은 이해의 갈등, 사회의 윤리기준 준수, 주주에 대한 관계 등을 들 수 있다.

기업이 윤리강령을 실천하는 절차를 네 단계로 설명할 수 있다.

첫째, 기업의 윤리적 가치를 명확하게 정의하고 구체적인 행동지침을 설계한다.

둘째, 윤리적 행동에 대한 개인적 책임(responsibility)과 책무(accountability)를 구체적으로 명시하여 규정한다.

셋째, 구체적 관행을 감독하기 위한 내부통제 시스템을 구축한다.

넷째, 올바른 윤리적 행동의 강화와 비윤리적 행동의 처벌을 위한 절차를 마련한다.

사회적 경영사례

우리나라의 기업윤리헌장

우리 기업은 온 국민과 함께 지난날의 가난과 어려움을 딛고 땀과 함께 창의로 오늘날의 자랑스러운 경제발전을 이룩하였다.

세계가 하나의 시장으로 열리고 경제력이 나라의 흥망을 가름하게 될 세기적 변화의 문턱에서, 우리 기업은 나라와 민족의 장래를 떠받쳐야 할 소중한 사명을 짊어지고 있다. 머지않아 다가 올 통일에 대비하기 위해 우리기업은 국부를 늘리고 국력을 키우는 데 더욱 힘을 쏟아야 하며, 지속적인 성장과 발전을 통해 선진복지국가를 만들어 우리 후손에게 평화롭고 풍요로운 삶의 터전을 물려주어야 한다.

우리 기업은 창의와 활력이 넘치는 기업정신을 발휘하여 경영과 기술을 혁신하고, 투명한 기업경영을 통해 새로운 시대정신과 국민적 여망에 부응하는 바람직한 정경문화를 정착시켜, 건강하고 튼튼한 기업으로 키워 나가야 한다.

우리 기업은 자유시장경제체제를 창달하여 국민의 희망과 꿈을 실현시키고, 국민으로부터 신뢰받는 기업으로 만들어 나가야 한다. 세계와 호흡을 같이 하고 국민으로부터 사랑받는 기업문화를 가꾸어 나가는 것이야말로 우리 기업이 나아가야 할 참다운 길이다. 이에 우리 기업은 새로운 마음가짐으로 다음과 같이 우리가 힘써 행할 바를 정하여 이를 실천해 나가고자 한다.

(1) 우리 기업은 기업시민으로서 사회적 책무를 다한다.

기업은 좋은 일자리를 만들고 양질의 제품과 서비스를 제공하여 국민의 삶을 알차고 풍요롭게 일구는 것이 중요한 역할임을 인식하여, 국가사회의 생산주체로서 나라경제 발전의 근간이 되고 있다는 책임성과 긍지를 갖고 기업시민으로 맡은 바 책무를 다한다.

(2) 우리 기업은 창의와 혁신을 통해 정당한 이윤을 창출한다.

기업은 가치창조와 이윤창출을 통해 기업을 영속적으로 유지 · 발전시킬 사명을 띠고 있으며, 부실경영은 국가사회에 대해 폐해를 입히는 것임을 자각하여, 끊임없는 경영혁신과 건전한 이윤창출 경영으로 국제사회에서 환영받는 우량기업으로 키워 나간다.

(3) 우리 기업은 상호간에 공정한 경쟁을 한다.

기업은 자유롭고 공정한 경쟁이 경제의 효율을 높이고 모두가 함께 발전할 수 있는 바른 길임을 깨달아, 경쟁기업을 존중하고 공정거래와 경쟁질서를 확립한다.

(4) 우리 기업은 대 · 중소기업간 협력을 발전시켜 나간다.

기업은 대 · 중소기업간에 보완적 유대관계를 두터이 하여 동반자적 관계를 확립하는 것이 더불어 발전하는 길임을 인식하고, 상호간의 신뢰의 기초 위에 긴밀히 협력한다.

(5) 우리 기업은 소비자와 고객의 권익증진에 힘쓴다.

기업은 소비자와 더불어 존재하는 것이므로 기술개발과 품질향상으로 소비자의 욕구에 부응하는 좋은 제품과 서비스를 제공하고, 참된 고객만족을 실천하여 소비자의 권익증진에 힘쓴다.

(6) 우리 기업은 모든 기업구성원의 이익을 향상시킨다.

기업은 주주, 경영자, 종업원 등 모든 구성원의 공존공영관계를 이룩하고, 창의로운 기업활동으로 건전한 이윤을 창출하여 구성원 개개인의 업적과 노력에 따른 적정한 보상을 함으로써 기업구성원의 보람찬 삶을 영위할 수 있도록 노력한다.

(7) 우리 기업은 환경친화적 경영을 지향한다.

기업은 자연환경이 우리 후손에게 물려줄 귀중한 자산이며 세계시민이 함께 건강하고 쾌적한 삶을 누리는 터전이 됨을 인식, 환경친화적 경영으로 환경오염을 예방하고 자연환경을 보전하여 맑은 물, 깨끗한 공기, 푸른 숲을 가꾸어 나가는 데 노력한다.

(8) 우리 기업은 지역사회의 발전에 기여한다.

기업은 세계 어느 곳에서든지 지역사회를 구성하는 공동체의 일원으로서 전통과 문화를 존중하고 지역주민과의 유대를 돈독히 하며, 지역사회의 고용증진과 경제 및 문화발전에 기여한다.

자료: 조선일보.

미국 윤리자원센터(Ethics Resource Center)의 윤리강령 실천효과에 대한 설문조사에 따르면 경영자들은 기업이 윤리강령을 실천함으로써 〈표 9-5〉에서 보는 바와 같은 가치와 이익을 얻을 수 있는 것으로 응답하고 있다.[15)]

〈표 9-5〉 윤리강령의 효과

윤리강령의 효과	응답률(%)
1. 기업에 대한 법률적 보호	78%
2. 기업의 자부심과 충성심 향상	74
3. 소비자 및 공중의 평판 향상	66
4. 손실예방의 개선	64
5. 뇌물·리베이트(rebate)의 감소	58
6. 제품 품질의 개선	14
7. 생산성 향상	12

자료: *Creating a Workable Company Code of Ethics*, Washington DC: Ethics Resource Center, 1990, Ⅷ-1.

2) 경영윤리 교육의 강화

기업들은 구성원의 윤리의식을 고취시키기 위해서 흔히 경영교육 과정에 윤리교육 프로그램을 포함시키고 있다. 즉, 기업의 경제적 합리성에 관한 경영교육과 사회적 정당성에 관한 경영윤리교육을 동시에 실시하고 있다.

경영윤리교육은 구성원들이 도덕적 가치에 기초를 두고 의사결정하고 행동하도

15) Ethics Resource Center(1990), *Creating a Workable Company Code of Ethics,* Washington DC, Ⅷ-1.

록 하는데 초점을 둔다. 이러한 윤리교육은 개인들이 조직생활에 있어서 윤리적 딜레머에 직면하여 어떻게 의사결정하며 행동할 것인가에 대한 규범적 체계를 가르치게 된다. 여기에서 윤리적 딜레머란 이익 · 비용 · 생산성 등으로 측정되는 경제적 성과와 기업 내외부의 이해관계자집단에 대한 의무와 그들의 기대에 대한 만족으로 나타나는 사회적 · 윤리적 성과와의 갈등을 의미한다.[16)]

경영윤리교육의 목적은 구성원들의 의사결정에 윤리적 문제를 고려해야 한다는 것을 강조하고, 윤리문제의 성격과 해결방법을 학습토록 하며, 윤리문제의 해결능력을 향상시키는 것이다.

경영윤리교육의 내용으로는 윤리의 본질, 경영윤리의 중요성, 윤리적 가치판단의 기준, 비윤리적 행동의 사회적 결과 등이 포함된다. 윤리교육의 방법으로는 강의, 집단토의, 사례연구 등 다양한 훈련방법이 이용되고 있다. 이러한 교육훈련을 통하여 구성원들의 윤리의식을 높이고 윤리적 의사결정과 행동을 강화할 수 있다.

3) 경영윤리위원회의 설치

경영윤리위원회는 기업경영의 경제적 성과측면을 대표하는 내부이사와 기업의 사회적 측면을 대표하는 사회분야 전문가인 외부이사로 구성된다. 윤리위원회는 회사의 윤리정책에 대하여 평가하고 주요 윤리적 문제를 검토하며 바람직한 해결방안을 제시한다. 또한 소유경영자가 기업을 지배하고 있는 경우에는 소유경영자를 보좌하는 중역수준에서 윤리문제를 다룰 특별위원회를 설치하여 합리적인 경영정책을 검토하는 것이 바람직하다.

4) 윤리제도의 개선

기업의 윤리의식을 향상시키기 위해서 실시하는 윤리강령의 제정이나 윤리훈련이 실효를 거두기 위해서는 현실적으로 제도적 뒷받침이 있어야 한다. 즉, 앞에서 논의한 윤리강령의 제정이나 윤리훈련이 윤리의식 향상에 대한 실효를 거두기 위해서는 일과성의 행사로 그치지 않고 현실적인 제도에 의하여 지속적으로 실시되지 않으면 안 된다. 즉, 윤리적 의사결정으로부터 윤리적 행동의 지휘 또는 윤리적 행동의 평가에 이르기까지 기업의 이윤추구 활동과 동일한 수준에서 경영윤리의 관리

16) L. T. Hosmer, *The Ethics of Management*, Homewood: Richard D. Irwin, 1991, pp. 3~4.

체계가 제도화되어야 한다.

구체적으로 예를 들면 상급자가 하급자의 비윤리행위를 지적하여 금지하도록 함은 물론 하급자에게 비윤리적 행동을 강요하는 경우에 이를 거부할 수 있도록 제도적으로 보장되어야 한다. 만일 상사의 비윤리적 행동에 대한 지시를 거부하는 부하가 자신의 직위나 승진기회에 희생될 것을 두려워하게 된다면 대부분의 부하들은 상사의 비윤리적 지시를 말없이 따를 수밖에 없을 것이다.

따라서 종업원들이 자신의 지위에 위협을 받지 않으면서 경영자의 비윤리적 행동을 지적하고 비윤리적 지시를 거부할 수 있는 조직풍토가 조성될 수 있도록 제도장치가 마련되어야 한다.

또한 기업구성원들의 성과평가에 있어서 경제적 성과뿐만 아니라 윤리적 행동의 성과평가도 함께 이루어지도록 하는 것이 바람직하다.

제3절 기업의 기능별 윤리관리

기업경영은 기능부문별로 직무가 전문화되어 있고 기능부문에 따라 활동영역이 전혀 다른 양상을 띠고 있으며, 윤리문제 또한 기능부문에 따라 독특한 특성을 갖는 경향이다. 따라서 기업의 기능에 따라 생산, 마케팅, 인사, 재무, 회계, 경영정보 부문의 활동에 있어서 윤리문제가 어떤 것이 있는가에 관하여 살펴보도록 한다.

1 생산기능의 경영윤리

생산활동에 관련된 윤리문제는 기업 내부활동에 관한 대내적 윤리와 기업 외부활동에 관한 대외적 윤리로 구분하여 살펴볼 수 있다.

1) 생산활동의 대내적 윤리

생산활동에 있어서 대내적으로 준수해야 할 윤리문제는 여러 가지가 있을 수 있으나 여기에서는 생산성과 품질향상, 기술개발, 자원절약, 작업장 안전 등에 관하여 살펴보기로 한다.

(1) 생산성 및 품질향상

한국은 기본적으로 부존자원이 부족한 국가로서 해외로부터 도입하는 원자재가격의 상승이나 환율인상이 수출경쟁력을 약화시키고 있다. 이러한 원자재가격 상승에서 오는 원가압박을 상쇄시키는 길은 생산기술의 개발과 종업원의 동기부여를 통한 생산성 향상과 품질개선을 촉구하는 것이다.

오늘날 경기불황을 극복하고 원가압박으로부터 벗어나는 길은 생산성과 품질향상을 통하여 국제경쟁에서 가격 및 품질경쟁력을 확보하는 것이며, 이것을 달성하는 최선의 방법은 근로자들의 책임의식과 윤리의식을 제고하는 것이다.

(2) 기술개발

기술선진국들은 날로 기술보호주의를 강화해 가고 있는 반면에 국내기업들의 기술수준은 아직도 낙후된 상황을 면치 못하고 있어서 이로 인한 수출경쟁력이 점차 약화되고 있는 실정이다.

우리나라의 과학기술수준을 살펴보면 현재 국내기업의 조립생산기술은 선진국수준에 이르고 있으나 설계, 소재, 소프트웨어 등 기초기술과 핵심기술수준은 아직 매우 취약하여 선진국과의 격차가 크게 벌어져 있다. 예를 들면 일본과 비교하여 전자교환기술은 3년, 자동차기술은 열처리 및 시험검사 등에서 7년, 항공기술은 10년, 공작기계는 5년, 비철금속 소재는 6~10년의 격차를 보이는 것으로 알려져 있다.

이와 같은 기술격차를 극복하기 위해서는 우리나라의 기업들이 연구개발투자를 늘려 스스로 기술개발에 노력을 기울여야 한다. 그러나 한국 기업들의 연구개발투자는 미국이나 일본에 비하여 매우 낮은 수준에 머무르고 있다.

선진국에 대비한 기술개발투자의 부족은 기술격차의 심화로 이어질 수밖에 없고, 이는 결과적으로 기술경쟁력과 수출경쟁력의 약화를 초래하게 된다. 따라서 경영자들은 기술개발의 중요성을 인식하고 기술개발에 적극적으로 투자하여 장기적인 기술향상을 통한 경쟁력 강화를 도모해야 할 책임이 있다.

(3) 자원절약

고도의 산업사회가 발달하면서 대량생산・대량판매의 경영현상이 진전되고 있다. 오늘날 소비자들의 소득수준 향상과 함께 대량소비시대를 맞으면서 기업들은 소비증가에 대응하기 위하여 대량생산을 촉진함으로써 생산자원을 대량으로 소비하게 되었다.

그러나 인류가 사용가능한 생산자원은 유한하며 대부분의 자원은 재생이 불가능하다. 즉, 철, 동, 주석, 아연 등의 광물자원이나 석유, 천연가스 같은 에너지 자원들은 천연부존자원으로서 재생산이 불가능한 것들이다. 따라서 기업은 이러한 유한한 자원을 절약하고 효율적으로 활용하며 적극적으로 보호해야 할 책임이 있다.

특히 에너지 자원은 날이 갈수록 소비는 증가하고 부존자원 매장량은 일정한 수준으로 제한되어 있다. 앞으로 석유는 1세기 안에, 석탄은 4세기 안에 고갈될 것으로 보이며, 과거 5억년 동안에 만들어 놓은 지구의 보물을 불과 5세기 동안에 다 써버리는 결과가 될 것이라는 전망이다.[17] 따라서 기업들은 에너지를 보존하기 위한 다각적인 전략을 강구해야 할 것이다.

첫째, 장기적으로 대체에너지 개발에 노력해야 한다. 태양열, 조력(潮力), 풍력, 지열, 원자력, 수소, 생화학을 이용한 에너지 개발을 위한 투자를 필요로 한다.

둘째, 단기적으로 에너지 자원의 사용량을 줄임으로써 에너지 자원을 보존하도록 해야 한다. 이를 위해서는 제품의 설계변경, 제조공정의 설계변경, 에너지 재생장치의 개발 등에 노력해야 한다. 경영자들은 한정된 자원의 고갈에 대한 심각성을 인식하고 자원절약・자원보전에 적극적으로 노력해야 할 책임이 있다.

2) 생산활동의 대외적 윤리

생산활동에서 대외적으로 지켜야 할 윤리문제는 제품의 안전, 품질보증, 환경오염방지 등으로 집약할 수 있다.

(1) 제품안전과 소비자보호

기업의 대량생산체제의 발전과 함께 신제품 개발경쟁이 가속화되면서 불량제품

17) C. E. Capchella and M. C. Hyland, *Environmental Science*, Allyn and Bacon, 1989, p. 125.

이 속출하고 소비자의 안전을 위협하는 사례가 빈번하게 일어나고 있다. 최근에 발생한 옥시(Oxy)회사의 가습기 살균제로 인한 유아들의 사망사건은 소비자들에게 충격을 주고 있을 뿐 아니라, 소비자단체나 피해가족들의 거센 반발로 이어져 기업의 윤리의식에 대하여 경종을 울리고 있다.

이러한 제품안전의 문제는 생산기업과 소비자 사이에 클레임 및 법적 소송문제로 발전하면서 제품에 대한 모든 책임이나 의무를 생산자에게 부과하는 방향으로 강화되고 있으며, 한편으로 제품안전(안전한 재료 및 부품의 선정, 제품의 안전한 사용방법에 관한 설명서)에 관한 문제는 인간의 존엄성을 보호하는 기업의 윤리문제로 대두되게 되었다.

우리나라 기업들은 정부가 그 동안 수출증대와 성장위주의 경제정책을 실현하기 위해서 기업우선주의를 선호하는 정책에 편승하여 소비자의 안전문제를 등한시하고 제품의 품질불량이나 안전문제에 대하여 윤리적 관점에서 자발적으로 해결하도록 유도하면서 강력한 규제 의지를 보이지 않은 것이 사실이다.

소비자보호는 법률적 보상의 문제이기 이전에 인간의 기본권 보호의 문제로 다루어져야 한다. 따라서 기업들은 소비자 안전에 대하여 법률적 압력만을 회피하려는 수동적 · 소극적 태도에서 벗어나 경영윤리 차원에서 능동적 · 적극적으로 소비자를 보호하려는 정책을 실천함으로써 장기적으로 경제적 · 사회적 이익을 성취할 수 있다는 사실을 인식하여야 할 것이다.

(2) 품질보증

일본 기업들은 일찍부터 미국을 비롯한 서구 선진기업들의 기초기술을 도입하여 제품을 생산하는 과정에서 품질개선에 주력하여 세계 제일의 우수한 제품을 생산함으로써 세계시장을 석권할 수 있었다. 구체적으로 말하면 일본 자동차가 미국을 비롯한 선진국시장에서 잘 팔리는 것은 미국 자동차에 비하여 연료소비량이 적고, 고장률이 낮으며, 유지비가 저렴하므로, 이는 일본 기업이 미국 소비자의 요구에 맞는 승용차를 생산하여 품질을 보장한 때문이라고 할 수 있다.

이와 같이 소비자의 요구에 알맞은 품질을 보증해 줌으로써 생산기업에 반드시 보상이 돌아오는 것으로 생각할 수 있다. 따라서 기업은 소비자가 제품을 구입하여 만족스럽게 사용하고 고장 없이 오래 사용할 수 있도록 품질을 보증해 주어야 할 윤리적 책임이 있다. 그리고 사용 중에 발생한 고장에 대해서는 신속하고 경제적인 사후관리(after service)가 이루어져야 한다.

따라서 기업의 생산부서 경영자들은 제품의 기획・설계단계에서부터 제조, 판매, 아프터 서비스에 이르기까지 모든 과정에서 철저한 품질보증 활동을 전개하여야 한다. 품질보증은 기업이 소비자에게 마땅히 져야 할 사회적・윤리적 책임이며, 한편 기업이 소비자의 신뢰를 높임으로써 재구매를 유발할 수 있고 나아가서 기업의 명성을 높이는데 크게 도움이 될 수 있다.

3) 환경오염 방지

산업에 있어서 '굴뚝산업'이라고 불리는 공업화의 진전에 따라 특히 중화학공업이 발달하면서 제품생산과정에서 대량으로 배출되는 여러 가지 산업폐기물이 자연환경을 오염시키고 자연의 자정능력(自淨能力)을 넘어서 생태계를 파괴시키는 심각한 공해문제를 일으키게 되었다.

공해가 발생하는 이유는 크게 세 가지로 요약할 수 있다.

첫째, 산업의 발달이다. 산업기술의 발달에 따라 수많은 제조기업들이 산업공단에 집중되어 있으면서 제품생산과정에서 배출되는 산업폐기물이 공기・수질・토양을 오염시키고 있다.

둘째, 제품의 폐기이다. 경제성장에 따라 소비자의 소득이 증가하면서 소비자들이 자동차・가전제품 등 많은 상품을 구매하여 사용하는 과정이나 폐기함으로써 생기는 산업 폐기물질, 포장용・농업용 비닐, 플라스틱, 금속 등을 방치함으로써 발생하는 폐기물이 공기・하천・산과 들을 오염시키고 있다.

셋째, 인구의 증가이다. 인구가 증가하고 도시에 집중하면서 많은 소비자들이 공산품(자동차, 기계 등)을 사용하는 과정에서 공해물질을 배출하고 있고, 소비자들이 가정생활・사회생활에서 사용하는 화학제품(세제, 약품 등)이 생활오수에 포함되어 배출되면서 하천, 농지, 해양을 오염시키고 있다.

이러한 공해문제는 정부와 기업과 시민들이 함께 노력해야 할 문제이다. 정부는 제품을 생산하는 과정에서 산업폐기물을 배출하는 기업이나 소비자들이 사용하고 버리는 공산품 폐기에 대하여 엄격하게 지도하고 규제해야 한다. 기업은 충분한 공해방지시설에 투자하여 제품생산에 노력하는 이상으로 공해방지에 힘써야 한다. 소비자들은 현대사회에 있어서 환경오염의 심각성을 인식하고 화학제품의 사용에 있어 표준사용량이나 사용방법을 철저히 준수함으로써 환경오염을 최소화할 수 있을 것이다.

2 마케팅 기능의 경영윤리

다양한 산업기술의 발달에 따라 수많은 신제품이 시장에 출현하고, 자본주의경제의 시장경쟁의 원리가 확산되면서 기업과 소비자 사이에, 기업과 경쟁자 사이에, 그리고 기업과 많은 이해관계자 사이에 끊임없는 법률적·윤리적 마찰이 일어나고 있다.

마케팅 담당자들은 다수의 이해관계자(거래처, 고객, 지역사회 등)와 여러 형태의 접촉을 계속하고 있고, 이해관계의 내용이 다양하고 미묘하며, 이해관계자들의 이해문제가 쉽게 사회문제로 확산될 수 있으므로 마케팅 부문의 윤리문제는 기업의 핵심적 윤리문제로 다루어지지 않으면 안 된다.

1) 마케팅 윤리강령

마케팅 부문의 윤리문제는 가격결정, 판매촉진, 광고, 제품정보, 시장조사 등의 다양한 마케팅 활동에서 제기될 수 있다. 마케팅 직무의 윤리를 개선하기 위해서 미국마케팅학회(The American Marketing Association: AMA)는 회원들에게 윤리강령을 이행하도록 요구하고 있다. 〈표 9-6〉에서 보는 바와 같이 미국마케팅학회의 윤리강령은 마케팅 활동의 윤리, 법률준수, 정직, 공정성에 의한 직무행동을 규정하고 있다.

마케팅 윤리강령은 마케팅 전문가들의 소비대중에 대한 윤리적 책임을 인식시키고 있으며, 특히 소비자를 잘못 유도하는 정보나 광고행위, 소비자를 압박하는 판매전술, 뇌물 및 리베이트 제공 등의 비윤리적 관행을 반대하고 있다. 이러한 윤리강령은 마케팅 전문가들이 일반적인 윤리원칙을 직무규칙으로 삼아서 행동하는데 도움을 주고 있다.[18]

18) L. B. Chonko, *Ethical Decision Making in Marketing*, Thousand Oaks, CA: Sage Pub, 1995.

이러한 윤리강령 규정을 위반하는 사람을 발견한 AMA회원들은 그 사람의 회원 자격을 정지시키거나 취소할 수 있도록 하고 있다.

〈표 9-6〉 마케팅 전문가의 윤리강령(미국마케팅학회)

미국마케팅학회 회원들은 윤리적 직업행동을 수행해야 할 의무를 진다. 회원들은 다음 내용을 포용하도록 하는 윤리강령에 서명함으로써 동참하고 있다.

1. 책임: 마케팅담당자들은 고객・조직・사회 등 모든 관련있는 공중을 확인하고 봉사하며 만족시키기 위해 의사결정하고 추천하여 행동할 것을 다짐하여야 하고, 그들의 모든 활동결과에 대하여 책임을 수용하여야 한다.
2. 정직과 공정성: 마케팅 담당자들은 마케팅직무의 정직성, 명예, 품위를 옹호하고 발전시켜 나아가야 한다.
3. 담당자들의 권리와 의무: 마케팅 거래과정에 참가자들은 ① 제공된 제품이나 서비스가 안전하고 사용에 적합하며, ② 제품이나 서비스에 관하여 제공된 정보가 거짓이 아니고, ③ 모든 당사자들은 그들의 재무책임 및 기타 책임을 선의로 이행하며, ④ 구매관련 불평 불만이 공정하게 조정되고 배상되기 위한 적절한 내부제도가 준비되어 있기를 기대할 수 있어야 한다.
4. 조직관계: 마케팅담당자들은 조직관계에 있어서 자신들의 행동이 다른 사람들의 행동에 어떻게 영향을 미칠 것인가를 알아야 한다. 그들은 다른 사람들과의 관계에서 비윤리적인 행동을 요구하거나 조장하거나 강제하지 않아야 한다.

2) 마케팅 윤리문제의 내용

마케팅 윤리는 문제의 내용에 따라 소비자, 유통업자, 경쟁자, 정부, 일반대중 등 몇몇 집단과의 관계에서 문제가 제기되기도 하고, 어떤 특정집단의 주체와의 관계에서 생기기도 한다.

첫째, 가장 보편적으로 제기되는 마케팅 윤리문제는 기업과 최종소비자의 관계에서 일어난다. 예를 들면 기업이 시장개척 과정에서 속임수로 간주되는 지나친 과대광고, 기대에 미달되는 품질수준, 유사제품의 품질 및 가격과 부당한 경쟁, 최종소비자에게 불리한 거래약관(조건) 제시, 구매자에게 지나치게 높은 가격 제시, 규정된 반품 및 교환 거부, 구매 후 서비스 제공 기피 등 다양하고 광범위한 윤리문제들이 제기될 수 있다.

둘째, 마케팅 윤리문제는 흔히 제조기업과 유통업자 사이에도 일어난다. 예를 들면 인기 있고 잘 팔리는 제품에 잘 안 팔리는 상품을 끼워 파는 행위, 독과점지위에 있는 기업이 특약점을 상대로 불공정한 계약을 요구하는 행위, 특약계약에 판매구역과 판매조건이 명시되어 있는데도 불구하고 같은 지역 내에 새로운 거래처를 개설하는 행위 등이 있을 수 있다.

셋째, 경쟁자와의 경쟁활동에서 제기되는 윤리문제도 있다. 예를 들면 기업이 경쟁자의 거래처를 부당하게 가로채는 행위, 경쟁기업과 담합하여 납품이나 입찰가격을 부당하게 조작하는 행위 등이 있다.

넷째, 일반대중에게 제기되는 마케팅 윤리문제는 흔히 광고활동에서 찾아볼 수 있다. 다시 말해서 기업이 일반 소비대중에게 전달한 제품정보나 광고가 구매자나 소비자가 현실적으로 이해하거나 기대하고 있는 품질, 성능, 가격 등에서 커다란 격차가 존재함으로써 윤리문제가 제기되고 있다. 이러한 광고에 대한 구체적인 윤리문제는 ① 표현이 과장되고, ② 내용이 애매하며, ③ 소비자의 행동을 현혹하는 것 등이다.

일반 소비대중들은 기업의 과장되고 애매하며 소비자를 현혹하는 광고에 표시된 대로 약속을 충분히 이행하지 않음으로써 심각한 도덕성의 문제로 지적되고 있다. 그러나 기업이나 광고대행자들은 과장되거나 애매하거나 현혹하는 광고가 위법적인 것이 아니고 오히려 애교 있고 신비로우며 즐거움을 준다고 주장하고 있다.

따라서 광고와 관련한 명확한 윤리적 기준이 만들어지지 않은 실정에서, 우리나라는 물론 선진국에서도 소비대중과 기업들이 각자의 주관적이고 이기적인 판단에서 광고의 윤리성에 대하여 주장하고 있다.

우리나라에서는 일찍이 한국광고연구협의회가 광고의 사회적 기능을 중시하여 광고의 자율적 정화를 위해 〈표 9-7〉에서 보는 바와 같이 광고윤리강령을 제정

〈표 9-7〉 우리나라의 광고윤리강령

한국광고연구협의회는 광고의 사회적 기능을 중시하여 광고의 자율적인 정화를 위해 다음과 같은 광고윤리강령을 제정하여 이를 실천하는데 최대의 성의와 노력을 경주하며 이를 모든 광고인이 지키도록 촉구한다.

1972. 7. 26

광 고 윤 리 강 령

1. 광고의 목표는 대중의 복지와 편익을 우선하는데 두어야 한다.
2. 광고활동은 사회도의와 규범 및 약속에서 벗어나서는 안 되며 사회대중의 신뢰를 얻을 수 있어야 한다.
3. 광고표현은 진실하여야 하며 허위나 과대한 표현으로 소비자를 현혹시키지 않도록 한다.
4. 광고내용은 타를 중상하거나 비방해서는 안 되며 또한 모방이나 표절해서도 안 된다.
5. 광고거래는 공정하고도 자유로운 거래를 원칙으로 하여 광고발전을 저해하는 거래수단을 지양한다.
6. 광고의 책임은 광고주, 광고매체, 광고대행사 등 모든 관계자가 이를 공동으로 진다.
7. 구체적인 활동기준은 국제상공회의소(I. C. C)의 광고활동기준강령에 준하기로 한다.

하여 준수하도록 촉구하고 있다.

광고윤리강령은 허위, 과대 그리고 소비자를 현혹시키는 광고를 하지 않음으로써 소비대중에게 복지와 편익을 제공하고, 기업이 신뢰를 얻을 수 있도록 하며, 다른 사람(기업)을 중상 · 비방하거나 모방 · 표절하지 않도록 하는 사회적 · 윤리적 행동을 강조하고 있다.

벨라스퀴즈(M. G. Velasguez)에 따르면 기업의 비윤리적 행동은 어떤 개인의 그릇된 인식 때문에 일어나는 것이라기보다는 기업의 경영철학이나 제도의 실천에 따라 좌우된다는 것이다. 따라서 그는 마케팅 윤리의 제고를 위해서 다음의 몇 가지 제도적 방법을 강구하도록 제시하고 있다.[19)]

첫째, 경영자의 실천의지가 있어야 한다. 경영자의 태도가 결정적으로 중요하기 때문이다.

둘째, 윤리문제를 책임질 사람을 지정해야 한다. 윤리문제에 대하여 누가 책임지고, 누가 실천을 담당할 것인가를 명확히 하여야 한다.

셋째, 기업의 윤리기준을 명확히 제정하여야 한다. 경영윤리의 기준을 성문화한 윤리강령을 제정해야 한다.

넷째, 윤리적 행동을 뒷받침할 제도적 장치가 마련되어야 한다. 기업의 윤리를 실천하고 감시할 제도가 마련되지 않으면 실천여부가 의심스러워진다.

다섯째, 기업이 지키려는 윤리적 가치와 신념을 이해관계자들에게 정확하게 전달하여야 한다. 전달기구 또는 전달장치가 마련되지 않으면 윤리에 대한 이해가 부족해지고 실천에 대하여 신뢰하지 않게 된다.

3 재무기능의 경영윤리

기업의 재무활동은 자금흐름을 중심으로 자금이 개인이나 사회로부터 유입되는 자금조달활동과 기업이 조달한 자금을 기업활동에 투자하는 자금운용활동으로 나누어 볼 수 있다. 따라서 재무활동의 자금조달과 자금운용과정에서 제기될 수 있는 경영윤리문제를 살펴보기로 한다.

---

19) M. G. Velasguez, "Corporate Ethics: Losing It, Having It, Getting It", in P. Madsen and J. M. Shafrity(des.), *Essential of Business Ethics*, pp. 237~244.

1) 자금조달 과정의 윤리

기업의 자금조달 관련 윤리문제는 기업공개, 기업공시, 내부자거래, 기업간 이전거래 등이 포함된다.

(1) 기업공개

기업공개란 증권거래법에 의하여 주식회사가 발행할 주식을 일반투자자에게 균일한 조건으로 공모하거나, 이미 발행되어 대주주가 소유하고 있는 주식의 일부를 매각하여 다수의 주주에게 분산시키는 것을 의미한다. 기업공개는 주식을 대중에게 분산시킴으로써 국민들에게 기업에 대한 자본참가 기회를 제공하고 기업의 자본조달을 원활히 하며, 우량증권을 대량으로 공급하여 자본시장 육성에 기여하게 된다.

기업공개에 있어서 나타나는 사회적 문제로는 ① 공개 전에 과도하게 유상·무상증자를 실시하여 주당 기업가치가 하락하였음에도 불구하고, 기업공개 시점에 적정가격보다 높은 수준으로 공모함으로써 상당한 시세차익을 올리는 경우이고, ② 공개 시 주식발행가격을 과대 산정하여 청약 시 실권이 속출하고 공개 후에 주식가격이 발행가 이하로 하락하여 주식인수자의 손실을 초래하는 경우이다. 이러한 부당한 기업공개 행위는 투자자에게 경제적 손실을 안겨주는 비윤리적·비도덕적 행동이 된다.

(2) 기업공시

기업이 투자자에게 사회적 책임을 실천하고 경영윤리를 준수하는 중요한 수단의 하나는 공시제도(公示制度)를 통하여 기업 내용에 관한 중요한 정보를 충분히 공시하도록 하는 것이다. 기업공시(corporate disclosure)란 특정 유가증권의 투자판단에 필요한 기업 내용과 관련된 정보를 투자자에게 보다 신속하고 정확하게 알리는 것을 말한다.

투자자가 특정증권에 투자를 결정하기 위해서는 그 기업에 대한 직접적인 정보와 시장 전반에 대한 정보를 필요로 한다. 따라서 기업공시는 공정거래질서의 정착과 공정한 가격형성을 이룩함으로써 장기적인 증권시장 발전에 반드시 필요한 제도이다.

여기서 투자판단에 필요한 기업 내용이란 기업의 경영실적, 재무상태, 신제품개발, 증자, 새로운 투자계획 등 주가에 영향을 미칠 수 있는 기업의 모든 중요한 정보를 포함한다.

주가는 기업의 내재가치를 반영하는 것이므로 기업공시에 의하여 중요한 기업정보가 모든 시장참여자들에게 공평하고 완벽하게 공개될 때 비로소 공정한 가격이 형성될 수 있다. 공정한 가격의 형성은 정보접근에 대한 균등한 기회가 주어져야 가능하며, 투자정보에 대한 균등한 접근은 철저하고 공정한 기업공시제도에 의하여 보장될 수 있다.

그러나 기업의 자발적인 공시는 한계가 있다. 현실적으로 경영자들은 기업의 유리한 정보만을 알리려 하고, 회사기밀의 유출과 경쟁상의 불이익을 염려하여 자발적인 공시를 유보하려는 경향이 있다. 심지어는 중요한 정보를 은폐하거나 거짓정보를 유포하는 경우도 있다.

공시지연이나 공시불이행, 허위공시 등은 정보배분을 불균등하게 만들어 공평성의 문제가 제기된다. 즉, 정보의 불균등한 배분은 정보를 갖지 못한 투자자들에게 상대적 손실을 주게 되고, 정보소유자에게는 투기적 투자를 조장함으로써 위험부담을 가중시킬 수 있다.

따라서 증권시장에서는 철저한 기업공시를 규제함으로써 모든 기업이 정보를 신속하고 성실하게 공개하도록 유도하고 공시불이행에 대한 제재를 강화해야 할 것이다.

(3) 내부자거래

내부자거래(insider trading)란 기업내부에 있는 사람이 유가증권 가격에 영향을 미칠 수 있는 공개되지 않은 중요한 정보를 직무수행과 관련하여 취득하고 이를 이용하여 당해 증권을 거래함으로써 부당하게 이득을 얻는 행위를 말한다.

우리나라 증권거래법에서 내부자란 “일반적으로 공개되지 아니한 정보를 직무 또는 지위에 의하여 지득한 자”로 규정하고, 불공정거래 금지조항에서는 상장법인 또는 등록법인의 임직원, 주요주주, 상장법인 또는 등록법인이 발행한 주식의 모집·매출을 주선하거나 인수한 증권회사의 임직원 또는 주요주주 등으로 한정하고 있다. 또한 증권거래법은 내부정보에 관하여 “공개되지 아니한 모든 정보”라고 규정하고, 이외에도 투자판단에 중요한 영향을 미칠 수 있는 증자, 합병, 영업양수도, 그리고 재해발생 등의 정보를 포함시키고 있다.

증권관련 기업의 내부자거래 행위는 기본적으로 기업윤리에 위배되는 비윤리적 행위일 뿐 아니라, 행위의 피해가 직접적이고 구체적이므로 법률적 책임이 뒤따르게 된다.

(4) 기업간 이전거래

기업간에 주식의 이전거래, 특히 상장기업과 비상장기업 간의 변칙 주식거래를 통하여 지배주주가 많은 시세차익을 얻고 있어 변칙적 상여문제로 논란이 일고 있다. 예를 들면 상장기업 A의 지배주주(소유경영자) K씨가 100%출자하여 기업 B라는 비상장기업을 설립하였는데 이 기업의 가치는 5억 원이다. 또 K씨는 기업 C에도 투자하여 20%의 주식지분을 소유하고 있다. 이때 K씨는 C기업에게 B기업의 주식 중 90%를 45억의 높은 가격으로 사들이도록 함으로써 40억 5천만 원(45－4억 5천만 원)의 이득을 얻게 된다. 한편 K씨는 C기업에 대해 20%의 지분을 소유하고 있으므로 8억 1천만 원(405,000만 원×20%)의 손실을 보게 되므로, 결국 K씨는 B기업의 주식을 C기업에 인수시킴으로써 32억 4,000만 원(405,000만 원-8억 1천만 원)의 이득을 얻게 된다. 반면에 C기업의 다른 주주들은 많은 손실을 보게 된다.

이와 같이 지배주주가 계열사의 주식이전가격을 조작하여 시세차익을 챙기는데 반하여 일반 소액주주들은 손실을 보게 되므로 어떤 법률적 규제가 만들어지지 않는다면 커다란 사회적·윤리적 문제를 일으키게 될 것이다.

2) 자금운용 과정의 윤리

우리나라의 재벌기업들은 기술 및 제품개발·시장개척·이익창출과 같은 내실있는 성장보다는 계열기업 수의 증가나 부동산 취득 같은 외형확장에 치중함으로써 IMF 경제위기 같은 환경변화에 직면하여 재벌해체·기업도산의 쓰라린 경험을 한 적이 있다. 오늘날 이러한 비효율적인 투자형태는 비도덕적·비윤리적 경영활동의 표본으로서 사회적 비판의 대상이 되고 있다.

(1) 계열기업의 확장

재벌기업들은 기업의 전문적 사업을 중심으로 성장시키기보다는 계열기업의 수를 늘림으로써 재벌의 외형적 성장이나 세력확장에 주력하였다. 재벌기업들은 계열기업의 확장수단으로 계열기업간의 상호출자와 상호지급보증 방식을 이용하였다. 계열기업들은 상호 출자함으로써 각 기업의 자금부담 없이 기업의 자본규모를 확대할 수 있었고, 계열사 간에 상호지급보증을 함으로써 자산규모의 몇 배에 달하는 차입금을 은행으로부터 빌릴 수 있었다.

이렇게 만들어진 자금은 전문성이나 주력산업에 관계없는 새로운 계열기업을 설립하거나 인수하는데 사용함으로써 이른 바 '문어발식' 재벌경영을 할 수 있었다. 이와 같이 전문성이 결여된 재벌기업들은 세계화 경영시대에 경쟁력을 지탱할 수 없었고 경제위기를 극복할 수 없었으므로 재벌붕괴의 비극을 맞게 됨에 따라 사회적 · 윤리적 비판의 대상이 되고 있다.

(2) 부동산투기

우리나라는 인구에 비하여 상대적으로 국토면적이 좁고, 지난 50년 동안 경제성장 과정에서 주택건설, 공장건설, 도로건설 등 토지수요가 크게 증가하면서 토지를 비롯한 부동산가격이 급격히 상승하였다. 1990년대 초반까지 연평균 토지가격 상승률이 20%를 상회함에 따라 영리추구에 민감한 기업들이 사업에 투자하는 것보다 토지에 투자하는 것이 더 높은 이익을 창출할 수 있게 됨으로써 사업용부동산 이외에 투기목적으로 부동산을 경쟁적으로 매입하여 보유하였다. 그리고 기업에 대한 금융기관의 대출관행이 부동산을 담보로 이루어지므로 기업들은 부동산을 매입하여 다른 사업자금 대출을 위한 담보제공으로 활용하고 부동산 가격상승으로 부동산 매각이익도 추구할 수 있으므로 부동산투기는 더욱이 활성화되었다.

부동산투기는 토지가격 상승을 촉진하고, 토지가격의 상승은 기업의 제품원가를 상승시키는 요인이 되므로 사회의 윤리적 차원에서 비판이 고조되고 있다. 어떤 기업들은 토지과대보유에 대한 사회적 비판을 회피하기 위하여 기업의 임직원 또는 친인척 명의로 토지를 매입하거나 미등기전매, 가등기, 명의신탁 같은 불법적인 방법으로 부동산투기를 벌이고 있다.

이러한 부동산투기 행위는 사회의 물가상승을 부추길 뿐 아니라 기업의 제품원가 상승요인으로 작용하게 되므로 정부의 엄격한 부동산투기 규제와 금융기관의 담보대출관행을 과감하게 변경하도록 하는 것이 바람직하다.

4 회계기능의 경영윤리

기업경영의 궁극적 목적은 이윤창출이고 경영윤리는 이윤창출의 수단이다. 이는 기업이 정직 · 성실 · 공정한 경영활동을 통하여 이익을 추구해야 한다는 윤리적 책임을 시사하는 것이다.

경영자의 경영의사결정, 투자자의 투자결정, 정부의 기업정책결정, 세금징수자의 세금결정, 노동조합의 임금협상 등은 모두 기업의 회계지표에 의존하고 있다. 따라서 회계기능은 기업경영의 매우 중요한 역할을 수행하고 있을 뿐 아니라, 특히 회계처리의 정직성 · 성실성 · 공정성이 절대적으로 요구되고 있다.

이러한 관점에서 미국의 전문회계조직인 미국공인회계사회와 재무회계기준위원회는 일찍이 통일된 회계보고 및 감사자료를 작성하기 위한 '일반적으로 인정된 회계원칙'(generally accepted accounting principles: GAAP)를 개발하여 실시하고 있으며, 미국공인회계사회는 1993년 회계사 직무수행기준을 극적으로 개정하여 회계사는 회사가 현실적으로 잘못 작성한 재무제표를 발견할 경우에 폭로하고 고발하도록 요구하고 있다.

〈표 9-8〉은 회계윤리를 추진하기 위한 미국공인회계사회의 직업윤리강령을 소개하고 있다. 미국공인회계사회의 직업윤리강령은 회계사들의 직무수행에 있어서

〈표 9-8〉 미국공인회계사회의 직업윤리 강령

미국공인회계사회의 직업윤리 강령의 원칙은 공중·고객·동료에 대한 책임있는 직업인식을 나타내고 있다. 원칙들은 회원들의 직업상의 책임수행을 지도하고 윤리적·직업적인 기본교리를 나타내고 있다. 원칙들은 개인적 이익이 희생되더라도 명예로운 행동에 대한 확고한 약속을 요구하고 있다.

1. 책임: 전문가로서의 책임수행에 있어서 회원들은 그들의 모든 행동에 있어서 민감한 직업적 · 도덕적 판단을 실천해야 한다.
2. 공공의 이익: 회원들은 공공의 이익에 기여하고, 공공의 이익을 존중하며, 전문가 기질을 과시할 수 있는 행동적 의무를 수용해야 한다.
3. 성실성: 공중의 신뢰를 유지하고 확대하기 위해서 회원들은 최상의 성실성의식을 가지고 모든 직업상의 책임을 이행해야 한다.
4. 객관성과 독립성: 회원들은 직업상의 책임을 수행하는데 있어서 객관성을 유지하고 이해의 갈등으로부터 자유로워야 한다. 회원은 공공의 직무수행에 대한 감사와 의견표명에 있어서 실질적인 독립성을 가져야 한다.
5. 주의의무: 회원은 직업상의 기술적 · 윤리적 기준을 관찰하고, 계속해서 역량과 서비스의 질을 개선하며, 최선의 능력으로써 직업상의 책임을 이행해야 한다.
6. 서비스의 범위와 특성: 회원은 공공의 직무수행을 위해 제공할 서비스의 범위와 특성을 결정함에 있어서 직업윤리 강령의 원칙을 관찰해야 한다.

공공의 이익을 존중하기 위하여 최선의 능력으로 직무상의 책임을 성실히 이행하도록 함으로써 회계사들의 윤리적 행동을 촉구하고 사회적 신뢰를 구축하는데 초점을 두고 있다.

얼마 전에 대우그룹이나 SK그룹이 세칭 '분식회계'라고 부르는 수십조 원대의 회계부정을 감행하여 수많은 투자가와 채권자(금융기관)를 궁지로 몰고 그룹이 해체되는 위기에 직면함으로써 세상을 놀라게 한 사실을 기억하고 있다. 대부분의 경영자들은 조작된 분식회계자료를 믿고 투자한 결과 투자자 · 채권자가 공멸하는 결과를 초래한 것이다.

이와 같이 기업회계자료는 기업의 경영활동 목적을 위해서 중요할 뿐 아니라, 다양한 이해관계자들의 재산을 보호하기 위한 수단으로서도 중요한 가치가 있기 때문에 기업이나 회계사들은 합리적이고 공신력 있는 회계처리절차를 응용하고, 정직하고 성실하며 공정한 회계직무를 수행하는 윤리적 행동이 중요시되고 있다.

또한 위의 재벌기업들은 모두 외부 회계법인에 의하여 수년 동안 감사를 받았음에도 불구하고 지속적인 회계부정 사실이 노출되지 않고 계속되었던 것은 재벌기업의 내부회계 담당자와 외부공인회계사의 총체적 도덕 불감증에서 나타난 결과라고 할 수 있다.

따라서 회계업무와 같이 전문적 지식이나 기술을 이용한 비윤리적 행동은 엄청난 사회적 파장을 일으킬 수 있으면서도 비전문가들에 의해서는 쉽게 발견되거나 규제될 수 없는 특성이 있다. 그러므로 전문직 종사자들은 무엇보다도 스스로 높은 윤리의식을 갖고 자발적으로 비윤리행동을 통제하려는 의지가 중요시되고 있다.

사회적 경영사례

미국회계부정 사건의 교훈

미국 월가에서 발생한 정보기술(IT) 관련업체의 연이은 회계부정은 미국의 주식시장은 물론 한국에까지 심각한 파장을 불러일으키고 있다. 급기야 주가 지상주의 미국식 시장경제에 대한 비판이 고조되고 있다.

지난 10년 미국의 신경제가 진행되는 동안 IT 관련업체 주가는 천정부지로 올랐고, 이들 업종에 관련된 최고경영자(CEO)들은 스톡옵션 등 주가와 연동된 성과급으로 돈방석에 앉을 수 있었다. 경기가 활황국면에 있고 주가가 상승할 때 기업들의 분식회계 징후는 잘 포착되지 않는다. 이해당사자 모두 선순환의 자기만족 상태에 있기 때문이다. 그러나 경기가 불황으로 치닫고 주가가 하락할 때는 주가하락을 최소화하고 기업의 수익성지표를 조금이라도 좋게 만들기 위해 경영자들은 분식회계에 대한 유혹에 빠지기 쉽다. 법이 허용하는 가능한 모든 회계기법을 동원해 자산과 이익은 늘리고, 부채나 손실은 줄이는 '도덕적 해이'(moral hazard)에 빠질 수 있다.

IT산업의 거품이 꺼지면서 엔론에서 월드컴에 이르는 굴지의 미국 IT업체들의 그동안 감추어진 회계부정이 드러나고 있다. 기업경영의 투명성을 금과옥조로 설파하던 월가의 신뢰는 땅에 떨어지고 있다. 엔론은 자회사나 특수목적회사를 설립해 390억 달러에 이르는 경상지출을 자본지출로 분식해 회사의 재무제표를 좋게 보이게 해 선의의 투자자들에게 건강기업으로 오인토록 한 것이다. 우리는 국제통화기금(IMF) 관리체제 아래 구조조정을 진행하면서 미국식 경영기법과 투명성의 정착을 개혁의 핵심적 목표로 설정했다. IMF와 월가의 신용평가기관들은 한국기업과 금융기관들의 '고무줄'회계관행에 대해 강도 높은 질책을 가했다. 미국에서 발생한 분식회계의 파장은 주가 지상주의 시장경제시스템과 회계제도에 대해 우리로 하여금 냉소주의를 불러일으키고 있다. 분식회계와 불법적 내부거래로 경영진은 부자가 될 수 있지만 조작된 허위 기업공시지표를 보고 투자한 선의의 수많은 투자자는 손실을 보게 마련이다. 그 결과 회사가 파산하면 수많은 고용자가 실업을 당하게 된다. 미국 상원은 월가에 발생한 회계부정과 내부자거래를 막기 위해 만장일치로 부시 대통령의 제안보다도 훨씬 강력한 형사처벌규정을 채택했다. 주식관련 부정에 개입하거나 방조한 경영자들을 10년의 징역형에 처할 수 있게 만들었다.

기업 내부사정에 정통한 경영진과 오로지 대외적으로 공표된 재무제표를 신뢰하고 투자한 투자자들 사이에 존재하는 이른바 '정보의 비대칭성'문제를 해결하고 주가가 기업의 건강상태를 정확히 반영할 수 있는 장치와 제도를 마련하는 일은 우리에게 기업 구조조정의 핵심과제로 남아 있다.

우리는 이번 미국 월가 회계부정사건을 우리의 불투명하고 후진적 회계관행을 교정하는 계기로 삼아야 한다. 왜 그 동안 우리에게 고무줄회계라는 말이 나왔는가. 아직도 기업으로부터 수 백억 원대의 불법적 정치자금 스캔들이 연이어 터지고 있다. 회계와 기업경영의 공시제도에서 아직도 바닥권에 있는 것으로 국제신용평가사들은 평가하고 있어 한국의 주가는 자산가치대로 평가받지 못하고 있다. 우리는 월가에서 발생한 회계부정을 미국식 자본주의의 한계로 비판하기 전에 우리의 집안부터 정비해 투명하고 원칙에 맞는 회계와 엄격한 감독규정을 마련하는 구조조정에 박차를 가해야 할 것이다.

특히, 재고에 대한 회계처리방식, 자본적 지출에 대한 개념, 자산의 시가평가 기준에서 선진형 회계시스템을 도입하고 공시기준을 더욱 강화하는 작업을 지속해야 한다. 그리고 오랫동안 한국 경제의 고질병으로 지목되고 있는 정치자금의 투명성을 높일 수 있는 정치자금법을 제정해 정경유착에 따른 회계부정의 가장 큰 소지를 차단해야 한다. 그래서 한국 주식을 제 값대로 평가받을 수 없게 만드는 '코리아 디스카운트'(Korea Discount)를 시장에서 소멸시켜야 한다.

자료: 매일경제.

5 인적자원기능의 경영윤리

1) 인적자원기능 윤리의 기본사고

경영윤리는 경영활동에 있어서 기업구성원(소유자, 경영자, 종업원)의 태도와 행동의 규범체계로서, 그들의 태도와 행동이 옳고 그르며, 좋고 나쁘며, 그리고 윤리적이고 비윤리적이라고 판단하는 기준체계를 말한다. 따라서 경영윤리의 주체는 어디까지나 기업구성원이다. 기업에서 인적자원기능은 기업의 모든 인적자원활동을 다루는 부서로서, 인적자원기능의 경영윤리연구는 모든 기업구성원의 윤리행동을 포함하게 된다.

기업구성원들은 기업에 종사하는 동안에 근로기준법·노동관계법을 비롯한 여러 가지 법률의 규정에 따라 보호받을 권리가 보장되어 있다. 구성원들은 이러한 법률상의 권리와 함께 사회에서 일반적으로 인정되는 도덕적 권리도 보장받기를 기대하고 있다.

기업윤리와 관련하여 구성원들이 기업에 대하여 기대할 수 있는 권리는 여섯 가지로 요약될 수 있다.[20)]

첫째, 구성원들은 직무상의 책임을 수행하는 과정에서 기업과의 계약에 의하여 정해진 보상, 승진, 균등한 대우 등을 받을 정당한 권리를 기대한다.

둘째, 구성원들은 기본적 욕구충족의 권리를 기대한다. 즉, 구성원들은 인간으로서의 의식주 등의 기본욕구를 가지며, 이러한 욕구는 기업으로부터 보상을 통하여 충족되기를 기대한다.

셋째, 구성원들은 기업에서 책임있는 행동을 할 수 있는 권리를 기대한다. 즉, 구성원들은 기업의 비도덕적 지시나 명령, 모든 비윤리적 제품생산에 대하여 이의를 제기하거나 거부할 권리를 기대한다.

넷째, 구성원들은 기업의 이해관계자로서 직무와 관련된 사항에 대하여 참여할 권리를 기대한다. 즉, 참여의 권리는 구성원들의 성장욕구 및 자아실현욕구에 관련된 것으로서 참여를 통한 인간적 발전을 기대하고 있다.

다섯째, 구성원들은 인간으로서의 기본적 자유권, 즉 표현의 자유, 종교의 자유, 사생활권(privacy) 등의 보장을 기대한다.

여섯째, 구성원들은 자신들의 신분에 관련된 문제에 있어서 기업이 임의적으로 처리하지 않고 정당한 절차에 의하여 보장받기를 기대한다. 즉, 구성원들은 부당한 해고나 처우에 대하여 정당한 절차에 의하여 처리되도록 보장받기를 기대한다.

20) D. W. Ewing, *Freedom Inside the Organization*, New York: E. P. Dutton, 1977, pp. 45~53.

또한 기업구성원들은 기업이 자신들을 경영목표달성을 위한 도구로만 인식하기보다는 사회윤리적 관점에서 인간적 가치와 존엄성을 인정해 줄 것을 기대하고 있으며, 기업의 종업원에 대한 도덕적·윤리적 임무에 대하여 다음과 같이 요구하고 있다.[21)]

① 구성원들이 기업에 대하여 기대하는 도덕적 권리를 이해·인정할 것
② 법률과 정부의 규정을 철저히 준수할 것
③ 합의 및 단체교섭 사항을 이행할 것
④ 구성원들과 정직하고 진지하게 커뮤니케이션할 것
⑤ 구성원들의 기본욕구를 충족시켜 줄 것
⑥ 구성원들을 공평하게 대우할 것

2) 인적자원기능의 윤리문제

인적자원기능의 윤리문제는 인적자원관리의 과정에 따라 종업원의 고용, 훈련개발, 보상, 안전보건, 노사관계 등의 측면에서 살펴볼 수 있다.

(1) 고용관행의 윤리

고용관행의 윤리문제는 취업지원자들에게 모집과 선발에 있어서 균등한 기회를 제공하고, 종업원들에 대하여 배치, 전환, 훈련개발, 승진의 기회를 균등하게 부여하는데 집중된다. 고용관행에 있어서 기회균등의 문제는 미국에서 1970년대부터 인간의 기본권 차원에서 추진되어 인종, 성별, 연령, 종교 등에 의한 고용차별을 배제시키는데 큰 성과를 거두었다.

우리나라 기업들은 1960년대부터 공개채용을 실시하기 시작하여 1970년대에는 많은 기업들이 이를 적용하였다. 그러나 공식적으로는 능력위주의 고용관행을 강조하면서도 실제적으로는 남자중심의 명문대학 출신, 그리고 특정한 연령층을 고용기준으로 채용하였으며, 특히 특정 지역 출신을 선호하거나 배제하는 고용관행이 지배적이었다. 그리고 이러한 고용관행은 전환배치, 승진, 교육훈련에 있어서도 마찬가지이었다.

21) K. E. Goodpaster, "Note on the Corporation as a Moral Environment", in K. Andrew (ed.), *Ethics in Practice*, Boston: Harvard Business School, 1989, pp. 89~99.

우리나라 기업들의 학연, 지연, 혈연에 따른 연고중심의 차별적 고용관행은 오늘날도 계속되는 현상으로서 기업윤리 차원에서 사회의 심각한 비판의 대상이 되고 있다. 따라서 경영자들은 기업의 우수한 인재를 선발하고 능력을 개발해야 한다는 인적자원관리 차원이나 종업원들에게 고용, 승진, 경력개발 등에 있어서 균등한 기회를 제공해야 한다는 사회적·윤리적 차원에서도 고용기회 차별관행을 과감하게 시정하지 않으면 안 될 것이다.

(2) 훈련개발관행의 윤리

인적자원관리에 있어서 훈련개발은 구성원들의 지식, 기술, 능력을 개발함으로써 기업에 대한 기여도를 높임은 물론 그들의 자아실현욕구를 충족시킬 수 있으며, 또한 훈련개발은 구성원들의 가치와 태도 그리고 행동변화를 추구함으로써 직무의욕과 동기부여를 향상시킬 수 있다.

훈련개발관행에 있어서의 윤리문제는 두 가지 측면에서 제기될 수 있다.

첫째, 훈련개발의 기회균등의 문제로서 조직의 목표수행과 개인의 희망에 따라 훈련개발의 기회가 균등하게 제공되어야 한다.

둘째, 가치관이나 태도변화의 갈등문제로서 기업의 변화의지와 종업원들의 변화의지의 차이로 인한 갈등은 사회적·윤리적 문제를 일으킬 수 있다.

(3) 보상관행의 윤리

보상(compensation)은 구성원들이 직무수행의 대가로 기업으로부터 받는 임금이나 부가급부를 말한다. 사람들은 높은 임금에 대하여 만족하기보다는 공정한 보상에 대하여 더 만족한다. 보상에 있어서 남녀, 학력, 인종에 따른 차별대우는 종업원들의 직무만족이나 동기부여에 나쁜 영향을 줄 뿐 아니라, 중요한 사회적·윤리적 문제로 대두되고 있다.

선진국에서는 남녀 간의 임금차이를 줄이기 위해서 많은 노력을 기울임으로써 임금격차가 상당히 좁혀지고 있다. 우리나라에서도 여권신장을 강조하는 사회단체들이 노력하고 있어 임금격차가 줄어들 것으로 기대하고 있다.

임금체계를 연공급으로 하고 있는 우리나라에서는 특히 학력간 임금차이가 심하여 많은 사회적 문제를 일으켜 온 것이 사실이다. 최근에 노동운동단체들의 노력으로 임금격차가 점차 줄어들고 있는 것은 다행한 일이다.

또한 우리나라는 중소기업 육성이라는 명분으로 100만 명 이상으로 추산되는 외국인근로자를 불법적으로 고용하여 값싼 임금을 지급하고 있어 국내사회 뿐 아니라 국제사회에서도 사회적 · 윤리적 비판을 받고 있다.

따라서 경영자들은 보상의 결정에 있어서 합리적인 능력 및 성과평가를 실시하고 그에 상응하는 임금을 지급하도록 제도화함으로써 보상차별 문제가 해결될 수 있을 것이다.

(4) 안전보건관행의 윤리

근로자들은 근로기준법이나 산업안전보건법에 따라 안전과 보건에 대하여 보호를 받도록 되어 있다. 이들 법률은 종업원들의 안전보건에 대하여 기업의 책임을 규정하고 위해방지기준을 구체화하며 유해물질에 대한 제조와 유통을 규제하는 동시에 안전보건교육을 충실히 실시하도록 유도하고 있다.

한편 종업원들에게 안전한 직무환경을 제공하고 건강을 유지하도록 하는 것은 인간의 생명을 보호하려는 기본욕구를 충족시키는 것으로서 기업이 준수해야 할 사회적 · 윤리적 책임이다. 그리고 종업원들의 육체적 건강 뿐 아니라 최근에 직무스트레스로 인한 정신적 건강의 문제가 사회적으로 높은 관심의 대상이 되고 있다. 따라서 경영자들은 안전보건 관련 법률을 철저히 준수하고 환경개선이나 교육훈련 등에 보다 많은 노력을 기울이도록 해야 할 것이다.

(5) 노사관계관행의 윤리

노사안정과 산업평화는 경영자와 근로자 그리고 사회가 바라는 공통된 이상이다. 노사분규는 기업의 생산성을 저하시키고 근로자들에게 위협을 주며 사회의 중대한 불안요소가 되고 있다. 특히 외국기업들은 극렬한 노사분규가 계속되고 있는 우리나라에 투자를 꺼리고 있어 경제성장에도 중대한 영향을 미치고 있다.

노동운동은 대부분 노동관계법의 규정에 의하여 합법적으로 보장된 범위에서 이루어져야 한다. 즉, 노동조합과 사용자는 노동관계법을 성실히 준수함으로써 기업의 산업평화가 유지될 수 있다. 그러나 노사양측은 노동관계법률을 어기거나 법률규정을 교묘히 해석하고 적용하여 탈법적 노동행동을 유도함으로써 사회적 · 윤리적 문제를 일으키고 있다.

노사관계에서 흔히 제기되는 윤리문제는 기업이 노동조합 설립과 활동에 대한 부정적 시각으로 보고 있으며, 또한 노동조합은 기업의 운영에 대하여 투명성과 신뢰성이 결여된 것으로 보는데서 비롯되고 있다. 다시 말하면 기업은 노동조합이 불법적이고 비도덕적이며 무리한 임금이나 근로조건을 요구하고 노사분규를 유도하는 것으로 보고 있으며, 노동조합은 기업이 투명성을 은폐하기 위하여 노조의 결성이나 활동을 방해하려 하고, 노동조합을 탄압하거나 어용화하려 하며, 노동조합 임원에 대하여 불이익을 주려한다고 불신하는 경향이 강하게 자리잡고 있다.

이러한 노사 간의 불신과 부정적 시각은 불법적 노동운동을 유발하게 되고 불법적 노사분규는 정치 · 경제 · 사회의 불안요소로 작용하게 되므로 궁극적으로 사회로부터 윤리적 비판을 받게 된다. 따라서 사용자와 노동조합은 충분한 대화로서 경영투명성과 상호신뢰를 촉진하고 단기적인 노사의 이해관계보다는 기업의 성장과 발전을 위한 장기적인 경영정책이나 전략에 대하여 상호협의하고 협력하는 파트너로서의 노사관계를 유도하도록 노력하여야 할 것이다.

6 경영정보기능의 경영윤리

최근에 정보통신기술의 급속한 발전과 컴퓨터의 폭발적인 보급에 따라 개인 및 기업정보와 관련된 심각한 윤리문제가 급증하고 있다. 앞으로 경영자가 도전해야 할 중요한 경영윤리의 과제는 사생활침해, 개인 및 기업정보의 보호, 전자상거래, 전자통신기밀, 지적소유권 보호 등에 관련된 정보처리의 윤리문제가 될 것이다.

1) 사생활 침해

현대 경영에서 컴퓨터를 이용한 정보처리는 기업의 의사결정이나 커뮤니케이션을 효과적으로 수행하기 위해서 없어서는 안 될 중요한 수단이다. 기업은 보다 신속하고 정확한 의사결정을 위해서 기업 내부 또는 외부에 있는 개인들에 관한 많은 자세한 정보를 필요로 하고 있다. 즉, 기업들은 직무와 관련된 개인의 능력과 적성에 관한 정보 이외에 건강상태, 가족관계, 취미, 구매형태, 성격, 범죄기록 등 모든 정보를 수집하여 보관하고 있다. 그러나 이러한 정보가 경영활동에 활용되고 있는가에 대하여 의문이 제기되고 있으며, 또한 많은 개인정보가 불필요하게 외부에 유출됨으로써 개인의 사생활을 침해할 것으로 우려하는 심각한 윤리문제를 일으키고 있다.

경영정보 시스템에 있어서 개인기록의 전산화는 많은 부정적 결과를 초래할 수 있다. 이러한 부정적 결과를 예방하기 위해서 미국의 계산기계협회(The Association for Computing Machinery)는 직업윤리강령을 제정하여 모든 회원들이 개인에 관한 정보를 다룰 때 개인의 사생활권(privacy)을 존중하도록 다음과 같은 원칙을 정하여 따르도록 하고 있다.

① 정보 수집을 최소화한다.
② 정보에 접근 허용자의 범위를 지정한다.
③ 정보에 대한 적절한 보안조치를 한다.
④ 정보의 보유기간을 정한다.
⑤ 정보를 적절하게 폐기한다.

2) 기업정보의 보호

정보화 사회에서 많은 정보는 사업에 결정적인 영향을 미치며, 다른 경쟁자보다 경쟁적 우위를 차지할 수 있는 기회를 제공할 수 있다. 따라서 경쟁관계에 있는 기업들은 서로 자기 정보의 공유를 거부하고 있다.

어떤 기업의 연구관리팀 연구원이 신기술이나 신제품을 개발한 사실을 확인한 경쟁기업이 스카웃 제의를 하여 경쟁기업으로 옮기거나, 또는 어떤 기업의 마케팅 관리직원이 상세한 고객정보를 가지고 경쟁기업으로 옮김으로써 그 기업은 치명적인 상처를 입을 수 있다. 따라서 경영자들은 기업에 영향을 미칠 수 있는 특정한 정보에 대해서는 종업원들의 부도덕한 정보유출을 방지하기 위해 보안조치를 취하는 것이 가장 정당한 방법이 될 것이다.

한편 기업의 경영전략이나 계획이 포함된 정보들이 외부에 유출되거나, 종업원들의 개인신상정보가 유출되어 외부사람의 이익을 위해 사용됨으로써 기업의 경쟁력을 손상시키거나, 구성원들의 사회적 인간관계에 불이익을 초래할 수 있다. 이 경우에 정보를 유출하는 사람은 법률적으로 책임을 지게 되는 것은 당연하며, 도덕적으로도 비난을 받게 된다. 그러나 기업도 정보관리에 대한 사회적·윤리적 책임을 면할 수 없게 된다.

3) 컴퓨터 범죄

다른 사람의 재산을 훔치는 것은 범죄행위인 동시에 비윤리적 행동이다. 마찬가지로 컴퓨터나 스마트 폰을 이용하여 자금을 도용하고 정보를 이용하며 컴퓨터 바이러스를 조작하는 행위도 법률적·윤리적인 범죄행위이다.

금융기관의 창구직원이 컴퓨터를 이용하여 고객의 예금을 가로채는 행위가 종종 일어나고 있고, 어떤 개인이나 기업들은 다른 기업의 정보 시스템에 침입하여 거래상의 기밀이나 전자통신기밀을 도용함으로써 지적소유권 및 개인의 사생활권을 침해하는 비윤리적 행동을 일으키고 있으며, 회사직원이 회사의 컴퓨터를 이용하여 개인적인 용무를 처리하기 위해서 많은 시간을 소비하는 것도 비윤리적 행동이 된다.

또한 최근에 컴퓨터바이러스에 의한 피해가 갈수록 증가하고 있어 새로운 윤리문제로 등장하고 있다. 대부분의 컴퓨터바이러스는 컴퓨터에 열광적인 컴퓨터 해커들이나 아마추어 프로그래머들이 자기가 개발한 소프트웨어를 일반 사용자들의 불법적 복제를 막기 위해 기존의 프로그램에 비밀리에 바이러스를 첨가시킴으로써 발생하게 된다. 이들이 바이러스를 조작하는 것은 어떤 이유이든지 사회질서를 파괴하는 비윤리적 행동이 된다.

이외에도 컴퓨터를 이용한 많은 범죄행위나 비윤리적 행위가 일어나고 있으므로 기업들은 범죄행위를 예방할 수 있는 기술적·제도적 장치를 마련해야 할 것이다.

4) 정보의 지적소유권

컴퓨터에 관련된 재산권의 문제는 프로그램, 데이터, 정보, 컴퓨터 시간 등의 문제와 관련된다. 미국의 컴퓨터 소프트웨어 보호법(Computer Software Protection Act: 1980)에서는 컴퓨터 프로그램을 일종의 저작물(literary works)로 간주하여 저작권을 인정하고 있으며, 저작물로서의 형식을 갖춘 프로그램은 아이디어의 표현물로서 보호되고 있다.

정보의 지적소유권에 대한 기업과 종업원 사이의 분쟁에 대하여 예를 들어 살펴보면 어떤 직원이 업무의 효율성을 높이기 위하여 편리한 프로그램을 개발하였다. 얼마동안 사용하다가 다른 기업으로 직장을 옮기게 되어 그 프로그램을 가지고 나오면서 회사의 프로그램을 지워버렸다. 이때 기업은 프로그램이 회사의 소유라고 주장하고, 그 종업원은 자신이 개발한 프로그램은 종업원의 소유라고 주장한다면 분쟁이 있을 수 있다. 종업원이 회사와 협의하여 근무시간에 프로그램을 개발한 것이라면 소유권이 회사에 귀속하는 것이 타당할 것이나, 프로그램을 회사와 협의 없이 근무시간 이외에 별도로 개발한 것이라면 소유권이 종업원에게 귀속한다고 보는 것이 설득력이 있다.

c/h/a/p/t/e/r

10

제4부 경영윤리와 사회적 책임

기업의 사회적 책임

현대 기업들은 규모가 확대되고 많은 이익을 창출하며 사회의 이해관계자들에 대하여 막강한 권력(영향력)을 행사하게 되면서 사회의 이해관계자들은 기업에 대하여 권력에 상응하는 책임이행을 요구하고 나섰다. 즉, 기업의 권력이 커질수록 사회는 더 많은 사회적 책임의 이행을 요구하므로 기업들은 기업과 사회의 바람직한 관계 증진을 위하여 사회적 활동을 적극화하고 있다.

미국의 다국적 정보기술업체인 Hewlett-Packard(HP)회사의 전세계 사회적 책임담당 부사장은 2010년 그 회사가 당면한 사회적 책임의 계획을 다음과 같이 설명하고 있다. "우리가 전 세계 지역사회의 변화에 직면하여 극복해야 할 도전은 상당한 두려움이 앞서는 일이다. 우리는 현재 차별화를 이룩할 전문성, 기술, 자원을 가지고 있다. 그러나 우리는 전 세계 수백만 명이 지속적으로 변화를 요구할 것으로 예측되는 해법을 혁신하기 위해서 전 세계의 이해관계집단과 협력하지 않으면 안 된다."

HP회사는 세계적인 지역사회의 기대와 요구 변화에 대응하기 위해서 전 세계 지역사회단체에 연간 4천 5백만 달러의 기부금 전달, 회사제품의 사은품 제공, 102,000시간의 종업원 자원봉사를 실시하였다. 그리고 50만 명의 학생, 최근 졸업생, 청년 창업자들에게 HP회사의 교육과 기업가정신 지원 프로그램을 제공하였다.[1)]

많은 기업의 리더들은 모든 이해관계자들의 이해관계 균형이 구성원이나 고객의 보다 좋은 충성심을 구축하고, 기업이나 상표의 평판을 높여 줌으로써 장기적인 기업의 이익에 공헌하게 될 것으로 믿기 때문에 기업들은 윤리적 가치관을 존중하고 이해관계자, 지역사회, 환경개선에 대한 사회적 책임의 이행에 노력하고 있다. 이 장에서는 사회적 책임의 개념, 사회적 책임의 논쟁에 관한 견해와 범위, 사회적 책임의 구체적 내용과 실천과제에 관하여 살펴보도록 한다.

---

1) A. T. Lawrence / J. Weber(2014), *Business and Society: Stakeholders, Ethics, Public Policy,* 14th ed., McGraw-Hill, p. 46.

제1절 사회적 책임의 개념과 수준

오늘날 기업들은 지역사회로부터 광범위한 사회적 책임에 대한 청원과 요구를 받고 있다. 기업의 사회적 책임에 관한 사상은 19세기 말 기업이 온정주의(paternalism)를 수용하면서 표면화되기 시작하였다. 1930년대 이후에 기업이 지역사회에 도서관을 건립하고 복지사업을 확대하면서 기업에 대한 거부인식이 바뀌고 기업에 대한 협력적 분위기가 조성되기 시작하였다.

1950년대에 들어 기업의 사회적 책임 사고는 종업원들의 직무만족과 동기부여 차원에서 종업원 복지(연금, 보험가입), 안전, 의료지원, 퇴직금프로그램 등을 제공하는 방향으로 확대되었다.

현대 사회의 선진기업들은 사회적 책임에 대한 관심의 범위가 점점 확대되어 경제적 · 법률적 · 윤리적 · 박애적 책임을 포괄하고 있다.

오늘날 경영자들은 기업의 사회적 책임과 관련하여 '기업의 시민정신'(corporate citizenship)이라는 광범위한 개념을 선호하여 사회적 책임활동을 수행하고 있다.

기업시민정신의 개념

기업의 사회적 책임(responsibility) — 의무와 책무의 강조
기업의 사회적 보응(responsiveness) — 행동과 활동의 강조
기업의 사회적 성과(performance) — 결과와 성과의 강조

1 사회적 책임의 개념

1) 사회적 책임의 정의

기업은 사회에서 많은 자원을 활용하고 막강한 영향력을 가지고 경제활동을 수행하면서 영리추구에 급급하여 흔히 법률적 · 윤리적 규범을 위반하고 사회적 책임을 이행하지 않음으로써 사회적 저항에 직면하고 있다. 기업의 사회적 책임에 관한 핵심적 논의는 첫째 기업이 사회에 긍정적 · 부정적인 영향을 미치는 모든 활동에 대

하여 어떤 책임을 져야하고, 둘째 사회적 문제를 경감하거나 해결하기 위해서 얼마만큼의 책임을 져야 할 것인가를 의사결정해야 하는 것이다.[2)]

기업의 사회적 책임(corporate social responsibility : CSR)에 관한 정의는 여러 연구자들의 견해에 의하여 발전하였다. 일찍이 바우어(Raymond Bauer)는 “사회적 책임이란 기업의 행동이 사회에 미치는 영향을 심각하게 고려하는 것”이라고 상당히 애매하고 광범위하게 정의하고 있다.[3)] 데이비스와 불럼스트럼(K. Davis and R. L. Blomstrom)은[4)] “사회적 책임이란 자신의 이해관계에 따라서 전체 사회의 복지를 옹호하고 개선하기 위해서 의사결정자가 취해야 할 의무”라고 정의하고 있다. 그는 사회적 책임을 두 가지 측면에서 강조하고 있다. 즉, 사회적 책임은 기업이 사회의 부정적 영향을 회피하기 위해서 사회복지를 옹호하고, 사회에 대한 긍정적 이익을 제공함으로써 사회복지를 개선하는 것임을 시사하고 있다. 맥가이어(J. W. McGuire)는 기업의 사회적 책임에 대한 이념으로서 기업이 경제적 · 법률적 책임을 우선적으로 수행하고 사회적 책임도 이행하여야 한다고 주장함으로써 기업의 경제적 · 법률적 책임과 병행하여 사회적 책임을 수행하도록 촉구하고 있다.[5)]

또한 엡스타인(E. M. Epstein)에 의하면 사회적 책임은 기본적으로 조직의 적절한 이해관계자들에 대한 불리한 결과를 가져오는 문제에 대해서 보다는 유리한 결과를 가져오는 문제에 대한 의사결정에 관계된다고 주장하고 있다. 따라서 그는 이해관계자들에 대한 기업행동의 결과내지는 효과에 중점을 두고 있다.[6)]

한편, 로렌스와 베버(A. T. Lawrence/ J. Weber)는 사회적 책임이란 “기업이 지역주민과 지역사회의 발전을 지원하고 그들의 환경에 긍정적 영향을 주는 행동을 하여야 할 책임을 말한다.”고 정의하고 있다.[7)] 이는 기업이 지역사회의 사람들과 이해관계자들에게 유익하고 긍정적인 영향을 미치는 것을 의미한다.

---

2) P. F. Drucker, *Management: Tasks, Responsibilities, Practices*, New York: Harper & Row, 1974, pp. 312~325.

3) J. L. Paluszek, *Business and Society*: 1976–2000, New York: AMACOM, p. 1.

4) K. Davis and R. L. Blomstrom, *Business and Society: Environment and Responsibility*, 3rd ed., New York: McGraw–Hill, 1975, p. 39.

5) J. W. McGuire, *Business and Society*, New York: McGraw–Hill, 1963, p. 144.

6) E. M. Epstein, “The Corporate Social Policy Process: Beyond Business Ethics, Corporate Social Responsibility and Corporate Social Responsiveness”, *California Management Review*, 29, 3, 1987, p. 104.

7) A. T. Lawrence / J. Weber(2014), *Business and Society: Stakeholders, Ethics, Publics*, 14th ed., McGraw–Hill, p. 49.

따라서 기업은 소비자 대중이 필요로 하는 제품이나 서비스를 제공하는 경제적 책임을 수행하는 과정에서 법률이나 윤리에 어긋나는 행동을 하지 않아야 하며, 모든 이해관계자들에게 미치게 될 영향을 고려하여 그들에게 최선의 결과가 주어질 수 있도록 의사결정을 해야 할 책임이 있다.

사회적 경영사례

NBS: 남아공의 지역사회 은행업무

NBS는 BoE의 사업부로서 남아공화국의 선진금융기관이다. BoE는 남아공화국에서 5번째 큰 투자금융회사이고 요하네스버그 증권거래소에 상장되어 있으며, 미화 150억 달러 이상의 자산규모를 갖고 있다. NBS는 지역사회에 기반을 두고 예금과 대출 전문의 현대적 금융기관으로서 남아공에 149개의 지점과 2,200명의 종업원을 갖고 있다. 현재 금융서비스를 제공하는 NBS는 선진의 전화 및 인터넷 금융서비스를 실시하고 있다.

기업의 사회투자는 NBS사업계획의 일부이다. 회사의 금융사업 성공은 기업과 국가가 지니고 있는 지역사회의 힘에 달려 있다. 그 이유는 NBS가 보다 강력한 지역사회를 구축하게 될 사회사업 프로젝트에 투자하고 있기 때문이다. NBS의 기업사회투자(CSI) 프로그램은 세 가지 메커니즘을 통해서 운영되고 있다.

1. 1982년에 설립된 NBS 100주년 기금(Centenary Foundation)을 통해서 NBS는 여러 지역사회에서 34개의 유치원에 대해 후원하고 있어 3,000명의 어린이들이 혜택을 받고 있다. 처음 7년이 어린이들의 발전에 가장 중요하였으나 현재 남아공정부가 유치원 교육을 위해서 아무런 자금지원을하지 않는 것으로 알려져 있다. 이러한 자금수요를 충당하기 위해서 NBS기금은 도시 및 농촌사회 유치원에 대한 교사훈련과 현장지원을 제공하기 위해서 교육당국과 어린이보호기관과 함께 노력하고 있다. 지역사회는 유치원 비용의 10%정도 기여하고 있다.

2. 이러한 일반개발기금을 통하여 NBS는 기업의 훈련개발, 예술문화활동, 건강복지, 환경보호, 교육사업에 종사하고 있는 자선단체나 비정부조직(NGO)을 지원할 연간 기부금을 조성하고 기업회원제를 유지하고 있다. NBS는 금융능력을 개발하고 국가의 저축문화를 구축하는데 특별한 관심을 갖고 있다. SMILE(St. Mary의 상호작용적 학습경험)과의 제휴는 초등학교 교사들에 대한 돈 프로그램(money program)을 가져왔다. 그 프로그램의 초점은 영어, 교육, 커뮤니케이션 능력을 개발하는 동안 돈에 대한 생활능력, 저축, 은행업무, 기업가정신의 개발에 두고 있다. NBS는 학교나 교육자들이 각 지점을 방문하도록 장려하는 문호개방 정책을 갖고 있다. 많은 어린이들이 처음으로 은행을 방문하게 되었다.

3. NBS는 직원참여 캠페인을 통하여 지역사회 프로젝트에 직원들의 참여를 지원하고 있다. 직원들의 지역사회활동에 대한 기금조성은 회사의 공중업무부서의 공헌이 결합되어 지역사회에 대한 가용자원이 배로 늘어나게 되었다. 이러한 CSI 프로그램은 NBS의 3대 이해관계자인 종업원, 고객, 지역사회의 관심과 연계되어 중요한 사업기반으로 인식되고 있다.

자료: Lora Rossler, Vice President of Public Affairs, NBS, presentation at annual meeting of business for social responsibility.

2) 기업시민정신의 정의

최근에 기업경영자들은 사회적 책임의 포괄적 개념으로서 기업시민정신(corporate citizenship)이란 용어를 자주 사용하고 있다. 기업시민정신은 기업의 사회적 책임에서 발전된 광범위한 개념으로서 기업의 사회적 보응(報應: corporate social responsiveness)과 사회적 수행(corporate social performance)를 포함한다. 그렇다면 기업시민정신이란 무엇인가? 우리가 기업을 어떤 국가 내에 거주하고 있는 시민으로 생각한다면 기업시민정신은 기업이 '선량한 기업시민'으로서 인식되기 위해서 수행하여야 할 어떤 책임을 갖는 것을 의미한다. 따라서 기업시민정신은 기업의 사회적 책임, 사회적 보응(報應), 사회적 수행의 개념에서 시사하고 있는 모든 내용을 포함하는 광범위한 의미로 사용되고 있다. 그레이브즈(S. P. Graves)[8] 등은 선량한 기업시민정신이란 "다양한 이해관계자들에게 기여하는 행위"라고 정의하고 있으며, 데이븐 포트(K. S. Davenport)[9]는 그의 연구에서 "기업시민정신은 ① 윤리적 기업행동 등에 대한 몰입, ② 이해관계자 욕구의 균형화, ③ 환경보호를 위한 활동을 포함하는 것"으로 정의하고 있다. 한편 캐롤(A. B. Carroll)[10]은 기업시민정신의 네 가지 측면, 즉 경제적 · 법률적 · 윤리적 · 자선적 책임을 포용하는 기업의 사회적 책임의 네 가지 범주를 재정의하면서, 일반시민이나 기업들은 이들 책임을 이행하도록 요구받는다고 주장하고 있다.

따라서 기업들은 이러한 기업시민정신에 바탕을 두고 지역사회의 비영리조직, 시민집단, 기타 이해관계자들과 의도적으로 상호작용하고 있으며, 또한 국제경영을 수행하고 있는 기업들은 그 기업이 활동하고 있는 국가사회에서 적절하게 기업시민정신을 발휘하고 있다.

기업시민정신은 이해관계자나 지역사회에 많은 이익을 제공하고 있다는 사실을 분명히 알 수 있다. 여기에서 기업시민정신이 기업에 대해서 주는 이익에 관하여 살펴보는 것이 의미가 있겠다. 어떤 연구자들은 기업시민정신의 기업에 대한 효과

---

8) S. P. Graves, S. Waddock & M. Kelly, "How Do You Measure Corporate Citizenship", *Business Ethics,* March/April 2001, p. 17.

9) K. S. Davenport, "Corporate Citizenship: A Stakeholder Approach for Defining Corportate Social Performance and Identifying Measures for Assessing It", doctorial dissertation, The Fielding Institute, Santa Barbara, CA.

10) A. B. C Carroll, "The Four Faces of Coporate Citizenship", *Business Society Review,* 100/101, 1008, pp. 1~7.

를 검증하기 위해서 많은 실증적 · 이론적 연구결과를 중심으로 문헌을 분석하여 다음과 같이 기업시민정신의 기업에 대한 유익한 결과를 요약하여 발표하고 있다.[11)]

① 종업원관계 개선(예: 종업원의 모집, 유지, 사기, 충성심, 동기부여, 생산성의 개선)
② 고객관계 개선(예: 고객충성도 향상, 고객 구매결정 행동, 상표이미지 향상)
③ 사업성과 개선(예: 당기순이익에 긍정적 영향, 경쟁적 우위 향상, 부서간 통합촉진)
④ 마케팅 노력 향상(예: 긍정적 기업이미지 창출, 기업평판 제고, 기업명성에 따른 높은 가격결정, 대정부활동 편리)

기업시민정신은 지역사회에 존재하는 기업의 사회적 책임이나 사회적 요구에 잘 대응할 수 있으므로 경영자들로 하여금 특별한 매력을 갖게 된다. 따라서 기업들은 멀지 않은 장래에 기업의 사회적 책임, 사회적 보응, 사회적 수행을 포함하는 기업시민정신의 개념을 확인하게 될 것이다.

2 사회적 책임의 수준

앞에서 캐롤(A. B. Carroll)의 정의는 기업의 사회적 책임을 구성하는 네 가지 요소를 설명하고 있으며, 이는 기업이 수행하는 사회적 책임의 네 가지 유형으로 불리고 있다. 다시 말하면 기업의 사회적 책임은 사회가 일정한 시점에 기업에 대하여 갖는 경제적 · 법률적 · 윤리적 · 박애적(또는 재량적) 기대를 포함하는 것으로서, 이는 [그림 10-1]에서 보는 바와 같이 사회적 책임의 네 가지 요소가 피라미드형의 계층을 형성하는 것으로 묘사되고 있다.

11) A. B. Carroll, K. Davenport & D. Grisaffe, "Appraising the Business Value of Corporate Citizenship: What Does the Literature Say?" Proceedings of the International Association for Business and Society, Essex Junction, VT, 2000.

[그림 10-1] 사회적 책임의 피라미드

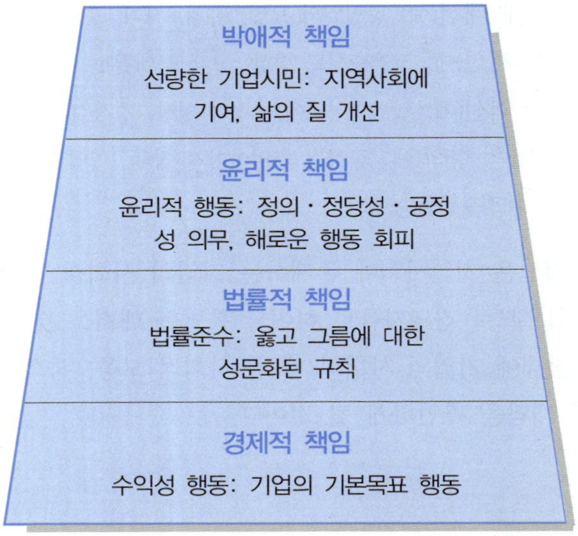

자료: A. B. Carroll, "The Pyramid of Corporate Social Responsibility: Toward the Moral Management of Organizational Stakeholders", *Business Horizons*, July-August, 1991, p. 42.

사회적 책임의 피라미드는 기본적으로 경제적 목표수행의 기초 위에서 시작된다. 기업은 사회가 수용할 수 있는 성문화된 법률적 규범을 준수해야 하고, 그리고 기업은 정의 · 정당성 · 공정성을 따르고 이해관계자들(종업원, 소비자, 환경 등)에게 유해한 행동을 회피해야 할 윤리적 의무를 가지며, 기업은 지역사회에 금융적 · 인적자원을 지원하고, 지역주민의 삶의 질을 개선하기 위해 자발적으로 박애적 책임을 이행하는 선량한 기업시민이 되어야 한다.

여기에서 사회적 책임의 네 가지 수준에 관하여 구체적으로 살펴보기로 한다.

1) 경제적 책임

기업의 경제적 책임은 사회가 원하는 제품이나 서비스를 생산하고 공정한 가격으로 판매함으로써 기업의 생존과 성장을 유지하고 투자자에게 보상할 수 있는 적정한 이윤을 창출해야 하는 책임이다. 다시 말하면 기업의 경제적 책임은 매출신장, 원가절감, 생산성 향상과 같은 단기적 재무성과의 개선이나 장기적 재무성과의 극대화에 초점을 두고 있다.

2) 법률적 책임

기업의 법률적 책임은 기업이 경제적 책임을 수행하는 과정에서 여러 가지 법률과 규정을 준수해야 하는 책임이다. 법률은 사회적으로 옳고 그른 행동에 대하여 보편화된 견해를 반영하여 '성문화한 윤리'로서 기업이 지켜야 할 행동규범이다. 예를 들면 환경보존법, 소비자보호법, 근로기준법 등은 기업이 반드시 지켜야 하고 이를 위반하는 경우에는 정부로부터 강제적인 규제를 받게 된다.

그러나 법률적 책임이 아무리 중요할지라도 법률은 사회가 기업에 대하여 기대하는 모든 범위를 규정할 수는 없다. 즉, 법률이 기업의 책임을 적합하게 규정할 수 없는 이유를 세 가지로 설명할 수 있다. 첫째, 법률은 기업과 사회의 관계에서 일어나는 모든 사실, 영역, 문제를 망라할 수 없고, 둘째, 법률은 항상 최근에 일어나는 사건이나 행동보다 뒤늦게 만들어지며, 셋째, 법률은 입법자들의 윤리적 정당성보다는 개인적 이해관계, 정치적 동기부여에 의하여 제정된다.

3) 윤리적 책임

윤리적 책임은 법률로는 적합하게 성문화하여 규정할 수 없으나 사회구성원들이 기업에 대하여 요구하고 금지하는 활동이나 관행을 포괄하는 것으로서, 구체적으로 소비자, 종업원, 이해관계자, 지역사회가 정당하고 공정하다고 인정하고, 이해관계자들의 도덕적 권리를 존중하려는 신념을 반영하고 있는 규범, 기준, 기대를 말한다.[12)]

윤리나 가치관의 변화는 법률제정 추진세력들을 자극하여 새로운 법률을 제정하도록 유도하기 때문에 법률제정에 선행한다. 예를 들면 민권운동, 환경운동, 소비자운동 등의 사회가치관이 입법과정에 반영되어 입법을 유도하거나 예고하는 윤리 선도자로서의 역할을 수행한다.

---

12) A. B. Garroll, "The Four Faces of Corporate Citizenship", *Business and Society Review*, Vol. 100~101, 1998, p. 1~7.

4) 박애적 책임

박애적(자선적) 책임(philanthropic responsibilites)은 법률에 의해서 강제되지도, 윤리에 의하여 요구되지도, 사회에 의하여 기대되지 않으면서 기업이 자발적인 재량에 의하여 수행하는 책임을 말한다. 그럼에도 불구하고 사회의 일반 공중은 기업이 자선활동을 수행해 주기를 기대하고 있고, 어느 정도의 자선활동은 기업과 사회 사이의 사회계약의 일부분으로 생각하고 있다.

사회공중이 기업에 대하여 기대하고 있는 자선활동으로는 기업의 기부행위, 제품이나 서비스의 기증, 자발적 지원활동, 지방정부나 다른 조직과의 파트너십, 기업이나 종업원의 자발적 지역사회 참여 등이 포함된다.

지역사회는 흔히 기업이 지역사회의 자선 프로그램에 금전 · 시설 · 종업원(시간과 노력)을 지원해 주도록 기대하고 있다. 그러나 그들은 기업이 바람직한 수준의 지원을 해 주지 않는다고 해서 비윤리적이라고는 생각하지 않는다. 따라서 박애적 책임을 재량적 또는 자발적 책임으로 부르고 있으며, 흔히 선량한 기업시민정신의 범주에 포함시키고 있다.

기업들은 기업과 사회에 있어서 이익에 대한 관심과 사회에 대한 관심 사이에서 갈등하고 있다. 즉, 기업이 이행해야 할 경제적 책임과 법률적 책임, 경제적 책임과 윤리적 책임, 경제적 책임과 박애적 책임의 이행범위에 대해서 긴장하고 있다. 그러나 현실적으로 사회는 기업이 모든 네 가지 사회적 책임을 동시에 수행하도록 기대하고 있다. 이와 같이 사회가 기업에 대하여 기대하는 사회적 책임을 등식으로 표현하면 다음과 같다.

경제적 책임 + 법률적 책임 + 윤리적 책임 + 자선적 책임 = 기업의 총체적 사회적 책임, 즉 사회적 책임을 이행하는 기업은 이익창출 + 법률준수 + 윤리행동 + 선량한 기업시민정신을 지키고 이행하는 기업이 되어야 한다.

3 경영윤리와 사회적 책임의 비교

경영윤리와 사회적 책임은 탄생배경이나 개념상의 해석에 있어서 차이가 있다. 경영윤리는 '해서는 안 된다'(should not)는 점을 강조하는 소극적인 개념인 반면에, 사회적 책임은 '하는 것이 좋다'(had better)는 데 역점을 두는 적극적인 성격을 갖고 있다. 그러나 기업의 사회적 보응(corporate social responsiveness)이란 점에서 통합가능성이 있고 또한 표리의 관계 내지는 선후의 관계로 볼 수 있다.

경영윤리와 경영자의 사회적 책임은 다음과 같은 네 가지 관점에서 개념상의 차이가 있다.

첫째, 경영윤리는 의사결정과 행동에 대하여 옳고, 그름을 가리는 가치판단의 기준이 되고, 사회적 책임은 의사결정과 행동의 사회에 대한 영향력이라는 사회적 결과를 중시한다.

둘째, 경영윤리는 사회적 윤리규범에 대응하는 개념이고, 사회적 책임은 사회적 요구나 기대에 대응하는 규범체계이다.

셋째, 경영윤리는 외부환경의 압력에 의해 강제되는 소극적·수동적 개념이고, 사회적 책임은 기업의 자유의지에 따른 적극적·능동적 개념이다.

넷째, 경영윤리는 조직구성원이라는 인적 차원을 강조하고, 사회적 책임은 조직의 환경차원에 중점을 둔다. 여기에서는 경영의 윤리와 기업의 사회적 책임에 있어서 경영을 인적 개념으로, 기업을 조직개념으로 구분하고 있다.

제2절 사회적 책임의 견해와 범위

기업의 사회적 책임에 관한 개념은 고전경제학이론의 '보이지 않는 손'(invisible hand)의 견해에서 비롯되었다. 기업의 생산(공급)활동은 사회(시장)의 보이지 않는 손에 의하여 결정된다는 관점에서 사회의 중요성이 강조되고 있다.

1800년대 후반에 들어 소규모기업들의 참여에 의한 자유시장경쟁구조에서 기업규모가 확대되어 거대기업이 출현하게 되고, 그들에 의하여 시장이 지배되고 권력이 집중되면서 기업의 사회에 대한 책임문제가 표면화되기 시작하였다.[13)]

일찍이(1889년) 카네기(Andrew Carnegie)는 그의 수필 『부(富)의 진리』(*Gospel of Wealth*)에서 "기업은 마땅히 이익을 추구하여야 한다. 그러나 재산(부)은 지역

13) J. W. McKie, "Changing Views", *Social Responsibility and the Business Predicament*, Washington, DC: The Brookings Institute, 1974, p. 22.

사회의 이익을 위해서 사용되어야 한다."고 주장한 그의 철학은 대기업의 사회적 선행(social good)을 요구하는 새로운 기업이념으로 반영되기 시작하였다.

1930년대에 들어서 정부가 이제까지 경영활동에 대하여 기업의 자유로운 결정에 맡겨 온 자유방임주의 경제(laissez-faire economy)에서 기업활동을 적극적으로 감독·간섭하는 혼합경제(mixed economy)체제로 전환하면서 기업의 사회적 책임에 대한 인식이 확산되었다.

1953년 보웬(H. R. Bowen)[14)]이 『기업가의 사회적 책임』을 출간하면서 기업의 사회적 책임에 관한 논의가 본격적으로 착수되었고 수많은 연구들이 속출하였다. 이를 계기로 기업의 사회적 책임은 종업원 복지(연금, 보험), 안전, 의료보호, 퇴직금 제도 등을 포함하는 방향으로 확대되었으며, 이러한 기업의 사회적 책임의 발전은 정부의 강제적인 제도화와 기업의 사회적 책임개념의 확대에 의하여 박차를 가하게 되었다.

1 사회적 책임의 등장

1960년대를 전후하여 기업의 사회적 책임문제가 본격적으로 대두된 것은 일부 기업들이 배출하고 있는 공해물질이 사회문제로 제기되면서 기업의 책임문제가 논의되기 시작하였으며, 특히 사회적 책임론이 본격적으로 대두된 것은 1960년대 미국 Dow Chemical회사가 월남전쟁에 공급할 목적으로 맹독성 화학무기인 고엽제(枯葉劑)를 생산하여 높은 수익을 올렸으나, 자연생태계의 파괴는 물론 많은 인명피해를 가져옴으로써 전 세계적인 비판을 면치 못하게 되었다. 이어서 1970년대 기업의 환경오염, 성적 차별, 인종차별, 독점가격 결정 등 여러 가지 측면에서 사회적 책임에 대한 주장이 강도 높게 제기되었다.

기업의 사회적 책임문제가 등장하게 된 배경을 구체적으로 살펴보면 다음과 같이 요약할 수 있다.

---

14) H. R. Bowen, *Social Responsibilities of the Businessman*, New York: Harper & Row, 1953.

1) 시장의 자기조절 능력 약화

기업의 사회적 책임 개념이 도입된 근원은 고전경제학자인 아담스미스(Adam Smith)의 '보이지 않는 손'의 개념에서 찾아 볼 수 있다. 고전 경제학이론가들은 사회가 시장기능을 통하여 사회의 수요와 요구를 가장 잘 결정할 수 있다고 주장하고 있다.

모든 사람들이 자기 이익추구를 위한 행동을 하더라도 각자의 이해관계는 시장의 보이지 않는 손에 의하여 개인들의 이익을 사회의 이익으로 변환시켜 준다는 것이다. 그러나 시장은 기업의 제품 및 서비스 공급을 합리적으로 결정해 주지 못하고 있으며, 기업은 언제나 윤리적으로 행동하도록 순조롭게 작용하지 못하고 있다.

완전경쟁시장에 있어서 가격은 수요와 공급의 원칙에 따라 자동적으로 결정되기 때문에 생산자와 소비자가 모두 최선의 이익과 효용을 얻게 되는 것이다. 그러나 소규모 개인기업들이 지배하고 있는 완전경쟁시장에서는 시장의 자동조절 능력에 의하여 합리적 가격결정이나 수요·공급의 조절이 가능할 수 있겠으나, 규모의 경제를 추구하는 대기업들이 등장하면서 시장은 자동조절 능력을 상실하게 되었고 대기업의 지배 하에서 통제됨에 따라 시장기능에 의한 사회복지의 최적화를 기대할 수 없게 되고 이해관계자들의 이해관계의 균형이 유지될 수 없게 되었다.

2) 대기업의 영향력 증대

기업의 규모가 확대되고 대기업이 시장을 독점하게 되면서 사회에 대한 영향력도 크게 증대하였다. 즉, 기업의 대규모화는 종업원, 소비자, 정부, 공급업자, 경쟁자, 지역사회 등에 부정적인 영향을 미치게 되었다. 예를 들면 근로자 인격무시, 대기업의 중소기업 고유업종 침투, 높은 독점가격 결정, 소비자 욕구무시, 제품개발 소홀, 오염물질 배출 등 사회에 대한 부정적인 행동을 자행하게 된다.

이와 같은 대기업의 권력남용을 방지하고 부정적 관행을 규제하기 위해서 정부와 사회가 기업의 사회적·윤리적 책임을 요구할 필요성이 대두된 것이다.

3) 법률적 규제의 한계성

아무리 시장경제의 원리를 존중하고 있는 자본주의 사회일지라도 모든 사회집단의 이해관계가 '보이지 않는 손'에 의하여 조절될 것으로 기대하기는 불가능하기 때문에 정부가 법률을 제정하여 기업의 사회적 책임을 규제하고 있다.

그러나 앞의 법률적 책임에서도 언급한 바와 같이 신속하게 변화하는 환경에서 복잡한 경영활동을 일일이 법률로써 규제한다는 것은 현실적으로 불가능할 뿐 아니라 바람직하지도 않기 때문에 사회가 기업에 대하여 윤리적·박애적 차원의 사회적 책임을 기대하게 된 것이다.

사회가 기업에 대하여 사회적 책임을 강조하는 것은 법률적 차원의 책임을 넘어서 경영자의 도덕적 양심에 호소하여 윤리적·박애적 차원의 책임을 기대하고 유도하는 것이다.

2 사회적 책임의 찬반견해

경영자의 사회적 책임에 대해서는 찬성·반대의 주장이 엇갈리고 있다. 즉, 사회적 책임의 기능과 역할이 기업의 성과를 위해서 반드시 필요하다고 보는 긍정론과 기업이 경제적 기능만을 수행하는 것으로 충분하다고 보는 부정론으로 나누어지고 있다. 그러나 오늘날 대부분의 경영자들이나 연구자들 사이에 사회적 책임의 긍정론이 지배적임은 틀림없는 사실이다.

1) 사회적 책임의 부정론

기업의 본래 기능을 생산적 행동, 즉 경제활동에 한정시키고, 환경집단이 요청하는 사회적 책임에 대해서는 정부를 비롯한 기타의 제도에 맡겨야 한다는 견해이다. 기업의 사회적 책임에 반대하는 대표적인 학자는 프리드만(M. Friedman)[15]이며, 그의 주요 논리를 종합해 보면 다음과 같다.

(1) 이윤극대화의 제한

기업은 이윤극대화를 위해 능률향상과 원가절감에 노력함으로써 시장기능을 통하여 사회에 최대의 이익을 가져다주게 된다. 이윤극대화를 방해하는 행동을 해서는 안 되며 이는 다른 제도에 맡겨야 한다는 주장이다.

15) Milton Friedman, "The Social Responsibility of Business Is to Increase Its Profits", *New York Times*, September, 1962, p. 126.

(2) 비용의 증대

사회적 책임의 이행은 기업에게 많은 비용을 부담시키게 된다. 이러한 비용은 제품가격에 반영되어 소비자에게 이전된다. 또한 기업은 투자자원의 부족으로 해야 할 투자를 못하는 경우가 발생할 수 있다.

(3) 기능의 부족

기업경영자들은 사회적 문제들을 해결할 수 있는 자질이 부족하다. 따라서 사회적 책임은 정부와 같은 전문가들이 수행하도록 하는 것이 바람직하다.

(4) 목표달성의 방해

사회적 목표의 달성추구로 기업의 경제적 생산활동에 지장을 줄 수 있다. 따라서 경제적 목표나 사회적 목표 그 어느 쪽도 달성하지 못하는 경우가 발생할 수 있다.

2) 사회적 책임의 긍정론

기업이 적극적·자발적으로 환경집단의 요청을 받아들여 이에 순응하는 것이 기업 자체의 존속·성장에 있어 필요하다는 견해이다. 대표적인 학자는 데이비스(K. Davis)와 블럼스트롬(R. L. Blomstrom)이다. 그들이 주장하는 주요 근거는 다음과 같다.

(1) 일반대중의 기대

일반대중은 기업이 사회적 요구를 충족시키고 사회적으로 지원하기를 기대하고 있다.

(2) 대중의 이미지

사회적 책임을 수행하는 기업은 대중의 우호적이고 양호한 이미지를 창출할 수 있다.

(3) 책임과 권한의 균형

기업은 사회적으로 많은 권한을 가지고 있으므로 이에 상응하는 책임을 부담하여야 한다.

(4) 기업의 자원보유

기업은 사회봉사를 할 수 있는 전문적 지식과 자본 그리고 인적자원을 충분히 보유하고 있으므로 기업이 사회적 책임을 이행한다면 사회적 문제해결에 도움이 된다.

(5) 주주의 이익

사회적 책임활동을 수행하는 기업은 대중의 비판을 받지 않고, 높은 사회적 평판을 받게 되므로 주식시장에 반영되어 주가가 상승될 수 있다.

(6) 치료보다 예방효과

현재의 사회적 문제를 해결하지 않으면 미래의 사회적 비난과 공격의 대상이 될 수 있다. 사회적 문제가 적어지면 기업 환경도 개선되어 결국 기업이익도 증대된다.

한편 사회적 책임을 수행하여야 한다는 사명감은 기업에만 한정되는 것이 아니라, 노동조합, 대학, 병원, 정부 등 많은 조직에 있어서 사회적 책임과 윤리적 행동이 요청되고 있다.

(7) 사회환경의 개선

기업의 사회적 책임 이행은 사회의 삶의 질을 개선하고 풍요로운 사회를 만들어 간다. 기업의 경제적 책임은 사회의 소득수준을 높이고 경제성장을 촉진하며, 법률적 책임은 사회질서를 개선하고 사회안정을 유도한다. 윤리적 책임은 사회의 도덕적 의식을 높이고 신뢰사회를 창출하며, 박애적 책임은 건전한 시민정신을 유도하고 기업과 사회의 협력적·친화적 환경을 개선한다.

3 사회적 책임의 범위확대

일반적으로 받아들여지고 있는 사회적 책임의 범위에 관한 견해는 전통적 견해, 이해관계자 견해, 적극적 견해로 구분된다. 전통적 견해는 미국과 캐나다에서 대기업이 발달하던 1880년대에 등장하였고, 이해관계자 책임개념은 강력한 미국의 정부가 대공황을 타개하던 1930년대에 등장하였으며, 적극적 개념은 사회적 소요와 기업에 대한 사회적 불만이 고조되던 1960년대에 등장하였다.

1) 전통적 사회적 책임

전통적 사회적 책임(traditional social responsibility) 견해는 경영자의 주된 의무는 기업의 이윤과 주주의 장기적 이익을 극대화하여야 한다는 주장이다. 노벨 경제학상 수상자인 밀튼 프리드만(M. Friedman)이 전통적인 사회적 책임의 주창자로 잘 알려져 있다.[16)]

그는 주주의 이익을 극대화하지 않는 자원의 사용은 주주의 동의 없이 기업의 자금을 낭비하는 것과 같다고 주장하면서 경영자의 행동은 회사의 경제적 욕구를 위해 수행되어야 한다는 것이다. 이를 요약하면 "기업의 유일한 사회적 책임은 기업이 게임의 법칙에 놓여 있는 한 기업의 모든 자원을 활용하여 기업의 이윤을 증대시키는 것, 다시 말하면 끊임없이 개방적이고 자유로운 경쟁을 위해서 일하는 것"이라는 것이다.

이러한 견해는 많은 경영자와 주주들 사이에 매우 가치 있는 것으로 받아들여지고 있지만 일반대중 사이에서는 그다지 지지를 받지 못하고 있다.[17)]

2) 이해관계자 사회적 책임

이해관계자 사회적 책임(stakeholder social responsibility) 개념은 경영자는 조직의 목표달성에 영향을 줄 수 있는 특정 이해관계집단에 대해 의무를 갖는다고 주장하고 있다.[18)] 여기서 이해관계자란 그 조직의 의사결정과 경영활동에 영향을 미칠 수 있는 잠재적 또는 실제적인 세력을 가진 집단을 말하는 것으로서 주주, 고객, 경쟁자, 정부기관, 노동조합, 종업원, 채권자, 공급업자 및 소비자단체 등이 포함된다.

이러한 이해관계자 사회적 책임은 일반대중으로부터 폭넓은 지지를 받고 있으므로 많은 경영자들이 이해관계자 책임 개념을 보다 적극적으로 수용할 것으로 보인다.

---

16) M. Friedman, "A Friedman Doctrine: The Social Responsibility of Business is to Increase Its Profits", *New York Times Magazine,* September 13, 1970.

17) Don Hellriegel & J. W. Slocum, Jr., *Management*, 7th ed., Addison-Wesley, New York, 1996, p. 27.

18) Fred Luthans, Richard M. Hodgetts, and K. P. Thompson, *Social Issues in Business*, 6th ed., New York: Macmillan, 1990, pp. 16~18.

사회적 경영사례

'클린 코리아' 아직 멀었다. 부패인식지수 여전히 OECD 최하위권

한국, 전년比 1점 오른 56점, 6계단 상승한 37위 … 기존 상위 5개국, 조사에서 빠져 큰 변화 없어
OECD 34개국 중 공동 27위로 최하위권
덴마크, 핀란드, 스웨덴 등 북유럽국 상위권 휩쓸어 … 북한은 8점으로 소말리아와 공동 최하위

매년 반복되고 있는 법질서 확립 및 부정부패 척결이란 공약이 무색할 정도로 한국의 부패인식지수는 여전히 경제협력개발기구(OECD) 최하위권에 머무르고 있는 것으로 나타났다.

27일 세계적인 반부패운동 단체인 국제투명성기구(TI)가 발표한 '2015년 국가별 부패인식지수(CPI)'에 따르면 한국은 지난해보다 1점 높아진 56점(100점 만점)을 받았다. 이로써 5.6점(당시 기준 10점 만점)을 받았던 2008년 이후 7년 연속 점수가 정체된 모습을 보였다.

국가별 순위는 지난 해와 비슷한 수준을 기록한 것으로 분석됐다. 한국은 전체 조사대상 168개국 가운데 37위를 기록하며 지난 해 43위와 비교했을 때 6계단 상승했지만, 기존 상위 5개국(17위 바베이도스, 24위 바하마, 29위 세인트빈센트그레나딘, 31위 푸에르토리코, 39위 도미니카)이 이번 조사에서는 제외된 가운데 나온 결과라 의미가 퇴색됐다.

특히, OECD 가입 34개국 중에서는 지난해와 동일한 공동 27위를 기록하며 하위권에 머물렀다.

아시아권 국가 중에서도 싱가포르(8위, 85점), 홍콩 · 일본(공동 18위, 75점), 카타르(22위, 71점), 부탄(27위, 65점), 대만(공동 30위, 62점)에 이어 7번째로 높은 순위를 기록했다.

세계적으로는 덴마크가 91점으로 지난해에 이어 1위를 기록했고, 핀란드(90점)와 스웨덴(89점)이 그 뒤를 따르며 북유럽국이 상위권을 휩쓸었다.

또, 북한은 8점을 받아 지난 해에 이어 소말리아와 함께 최하위(공동 167위)를 기록했다.

한국투명성기구는 "지난해 '부정청탁 및 금품 등 수수의 금지에 관한 법률(청탁금지법)' 제정 등 부패를 막아내기 위한 우리 사회의 노력이 국제사회 전문가들의 부패인식지수 평가에 작게나마 영향을 미쳤다고 생각한다"며 "독립적인 반부패기관을 복원하고 고위공직자비리수사처의 설치와 검찰개혁, 내부고발자 보호범위 확대, 공공 · 기업 · 시민사회의 협력적 거버넌스 복원 등의 반부패 정책을 조속히 시행해야 한다"고 촉구했다.

한편, CPI는 공공부문의 부패에 대한 전문가의 인식을 반영해 이를 100점 만점으로 환산하고 있다. 70점대를 '사회가 전반적으로 투명한 상태'로, 50점대는 '절대부패로부터 벗어난 정도'로 해석된다.

자료: 헤럴드경제.

3) 적극적 사회적 책임

적극적 사회적 책임(affirmative social responsibility) 견해는 의무의 범위가 가장 넓은 것으로, 경영자는 환경변화에 단순히 반응하기보다는 환경의 변화를 예측함으로써 문제를 회피하고 조직의 목적을 이해관계자와 일반대중의 목적에 잘 융합시키며, 기업이 여러 이해관계자 및 일반대중의 상호이익을 증진시키기 위해 구체적인 행동을 사전에 취하지 않으면 안 된다는 것이다.[19)]

적극적 사회적 책임 견해는 앞서 언급한 윤리적 접근방법의 사회정의 및 도덕적 권리 접근방법에서 주로 비롯된 것이다. 만약 어떤 회사가 적극적 사회적 책임 하에서 기업을 운영하고 있다면 그 회사는 변화의 압력을 받거나 법률적 소송에 직면하기 전에 법률을 준수할 것이고, 또는 제품의 리콜 요구가 발생하기 전에 우수한 제품을 최상의 서비스로 고객에게 공급하는 기업이 될 것이다.

제3절 사회적 책임의 실천과제

경영자는 경영환경에 적절히 대응하면서 기업의 생존과 번영을 위해 최선의 노력을 기울이지 않으면 안 된다. 이는 경영자가 안으로는 기업을 유지・발전시킴으로써 주주에 대한 책임을 실천하는 것이고, 밖으로는 많은 이해관계자들의 이해를 조정해야 할 책임이 있음을 의미하는 것이다. 따라서 경영자의 책임은 크게 대내적 책임과 대외적 책임으로 나누어 볼 수 있다.

1 대내적 책임

1) 기업유지・발전의 책임

오늘날 기업은 지배 주주의 사적 소유물이 아니라 전체 사회를 구성하는 하나의 공적 기관으로서 존재하고 있다. 즉, 기업은 수많은 주주가 출자한 자본과 기업에서 생활의 원천을 구하는 많은 종업원, 그리고 여러 이해관계집단 또는 많은 고객

19) E. M. Epstein, "Business Ethics, Corporate Good Citizenship and the Corporate Social Policy Process: A View from the United States", *Journal of Business Ethics*, vol. 8, 1989, pp. 583~595.

에 의해서 유지되고 있다. 이러한 공공성을 갖는 기업이 제대로 역할을 수행하려면 우선 계속기업(going concern)으로서 건전한 유지·존속이 선행되어야 한다.

따라서 경영자는 기업을 유지 및 발전시켜 국민경제 발전에 기여하도록 책임을 수행해야 한다. 그러기 위해서는 기업유지를 위한 적정이윤의 확보와 적절한 배분이 계속적으로 이루어져야 한다. 그러나 여기서 기업의 유지를 위해 필요한 수익은 제3자의 부당한 손실에서가 아니라, 경영자의 합리적인 경영관리와 창의적 아이디어에 의해서 얻어지는 것이라야 할 것이다.

2) 종업원 복지향상의 책임

경영자는 기업의 인적자원인 종업원의 협력적 행동을 확보하지 못하면 경영성과의 달성을 기대할 수 없다. 따라서 종업원에게 인간적·사회적·심리적·경제적 만족을 제공하고, 사기를 높여 자주적 협력을 유도할 수 있는 적절한 리더십이 필요하다. 이들 종업원에게 경영참가제도, 복지후생제도, 노사협의제도를 도입·활용함으로써 기업조직의 안정과 산업평화를 유지하도록 노력하는 것이 중요하다.

3) 기술개발의 책임

오늘날 소비자 요구의 다양화, 기술경쟁의 심화는 기업에 있어서 기술혁신에 의한 신제품개발의 필요성을 가속화시키고 있다. 따라서 기업은 끊임없는 연구개발을 통하여 생산성을 향상시켜 경쟁력을 높여 나아가야 할 것이다. 더욱이 선진국은 기술보호의 장벽을 높이고 국제기술 질서(Technology Round: TR)를 강화해 가고 있으므로 경영자는 기술혁신에 많은 노력과 투자를 집중하여야 할 것이다.

4) 후계자육성의 책임

기업을 계속적으로 유지·발전시키기 위해서는 유능한 후계경영자를 양성하여 기업의 미래 발전을 도모해야 한다. 내일을 위한 유능한 경영자의 양성 없이는 기업성장을 기대할 수 없기 때문이다.

유능한 전문경영자를 개발하고 육성하기 위해서는 무엇보다도 계획적인 경영자 훈련·개발이 철저히 이루어져야 할 것이다.

2 대외적 책임

1) 이해관계집단의 이해조정 책임

이해관계집단이란 경영환경을 형성하는 환경요인으로서 경영자는 주주에게 일정한 이익배당을 보장하며, 노동자에게는 적정한 임금을 지급하고 고용의 안정과 양호한 근로조건을 확보하며, 소비자에게는 소비지향적인 기업경영을 통해 보다 좋은 상품을 보다 낮은 가격으로 공급하며, 지역사회에 대한 협력 등을 통하여 사회적 책임을 충실히 이행하여야 한다. 그러나 경영자가 모든 이해관계집단에게 만족스럽고 공평하게 이해를 조정한다는 것은 대단히 어려운 일이다.

모든 이해관계집단은 각기 자기이익(self-interest)만을 보호・증진하기 위해서 행동하므로 집단 간의 이해상충(conflict of interests)은 불가피하기 때문이다. 이러한 이해관계자의 이해를 조정하여 균형을 유지하는 것이 현대경영자의 중요한 사회적 책임의 과제이다.

경영자는 이해조정에 있어서 주식회사법, 정관, 증권거래법, 노동관계 법규, 공정거래법, 소비자보호법, 환경보호법 등의 법규를 따라야 함은 물론 시장경제와 자유기업제도의 원리・원칙, 경영윤리, 대중여론, 정부정책 등에 순응하여야 한다.

2) 공해발생 방지의 책임

최근에 기업의 공해물질 배출이 급격히 증가됨으로써 수질오염, 대기오염, 토양오염, 폐기물처리와 같은 환경파괴가 큰 사회문제로 대두되고 있다. 그러나 기업이 대규모화하고 산업이 고도화됨에 따라 기업이 배출하는 오염물질의 양이 자연의 자정능력을 초월하여 인간의 생활환경을 크게 파괴하고 나아가 인간의 건강과 생존을 위협하고 있다.

유럽의 자동차회사 Volkswagen사는 2016년 공해배출 사실을 은폐하기 위하여 자동차 가스배출장치를 조작한 사실이 확인됨에 따라 미국과 유럽에서는 리콜을 결정하고 100억 달러의 보상을 결정하면서 사과하였으나, 한국에서 판매한 12만대에 대하여 가스배출장치의 조작사실을 부인함에 따라 한국정부의 사법당국이 「대기환경보전법」 위반으로 리콜(결함시정)을 명령하고 불이행 시에는 벌금 또는 형사처벌을 계획하고 있다.

따라서 기업은 공해배출을 차단할 수 있는 시설을 개량하고, 충분한 사회비용을 투입하여 공해방지시설을 갖추어 보다 적극적인 방법으로 자연환경을 보존하기 위한 노력이 뒤따라야 한다.

또한 많은 기업은 물질의 낭비를 줄이고, 자원을 재생하여 활용하며, 환경적으로 우수한 제품을 생산·공급함으로써 환경에 대한 소비자들의 관심에 부응하는 방안을 모색하여야 한다.

3) 지역사회 발전의 책임

기업이익의 사회환원이라는 차원에서 사회구성원의 복리증진, 교육지원 및 문화활동 지원 등은 실로 바람직한 활동이라고 할 수 있다. 많은 기업이 병원이나 복지시설에 투자하여 지역사회의 건강과 복리증진을 지원하고, 교육기관을 설립·운영하여 지역주민들의 지식교육이나 기능교육을 실시함으로써 기업에 대한 만족도를 높이고 유능한 노동력을 확보할 수 있으며, 지역사회의 각종 문화행사를 지원하고 참여함으로써 사회구성원의 삶의 질을 향상시키는데 기여하고 있다.

종국적으로 이러한 활동은 기업과 지역사회 간에 긴밀한 유대와 협력관계를 유지하게 될 뿐 아니라, 기업에 대한 이미지 제고와 제품에 대한 신뢰성 구축으로 이어져 장기적으로 시장에 있어서 높은 시장점유율을 확보하면서 기업의 이윤 개선효과를 얻게 된다.

c/h/a/p/t/e/r

11

제4부 경영윤리와 사회적 책임

세계화 경영의 윤리행동

지난 반세기 동안 세계경제의 가장 괄목할만한 발전을 이룩한 결정적인 요소는 기업경영의 국제화·세계화를 주도한 다국적기업들의 활약이다. 다국적기업들은 현지국가에 자본을 투자하고 기술을 제공하며 생산시설을 구축하여 제품 및 서비스를 생산 공급하는 경영세계화를 실현함으로써 현지 개발도상국에 대하여 기술전수와 일자리 창출을 통한 경제성장에 공헌하였다.

또한 세계화 기업들은 세계적 생존경쟁을 극복하면서 전 세계 여러 개발도상국에 진출하여 현지 국가의 경제성장을 이룩하고 국민들의 생활수준을 향상시키며, 고품질의 제품과 서비스의 공급을 통하여 삶의 질을 개선하는 중요한 역할을 주도하였다.

그럼에도 불구하고 현지국의 언론이나 시민단체들은 세계화 기업의 경영관행에 대하여 여러 가지 측면에서 비난하고 저항하며 반발하고 있다. 즉, 세계화 기업을 반대하는 사람들은 막강한 자금력이나 영향력을 소유한 세계화 기업들의 경영활동으로 인하여 현지국 경제의 부익부 빈익빈 현상을 심화시키고, 무절제한 국토개발로 인한 자연환경의 생태계 파괴와 환경오염을 심화시키며, 불법적 부당행위로 인한 근로자 남용, 근로자 인종차별, 소년 및 부녀자 노동학대, 종교적 압박 등의 비윤리적 행동을 자행하며, 정치적 뇌물공여, 국가문화 억압 같은 사회적 환경을 변질시킨다고 주장하고 있다.

따라서 이 장에서는 세계화 경영에서 직면하게 되는 정치·경제·사회·윤리적 환경 문제를 규명하고, 이러한 문제들을 현지국 정부 및 시민단체 등과 협력하여 합리적으로 대응할 수 있는 방안을 살펴보기로 한다.

제1절 세계화 경영의 사회환경

기업들은 이익극대화를 추구하기 위해서 세계화 경영에 진출하고 있으며, 기업이 세계무대에서 보다 높은 수익성과 성장을 도모하고 경쟁적 우위성을 유지하기 위해서는 기술개발·시장개척의 기초가 될 수 있는 사회적·윤리적 문제에 관심을 두지 않으면 안 된다.

여기에서 세계화 경영의 주체인 다국적기업들이 흔히 직면하게 될 사회적·윤리적 문제에 대하여 살펴보기로 한다.

1 세계화 경영의 사회문제

1) 경영 세계화의 찬반론 등장

경영 세계화(business globalization)는 미국을 비롯한 선진 자본주의 국가의 거대기업들이 세계의 여러 개발도상국에 진출하여 주도적으로 사업을 추진하고 확산시켜 나아가는 새로운 세계적 경영방식으로서, 선진 기업들의 경영성과와 선진국들의 경제성장을 획기적으로 개선하는 효과를 거두고 있다.

경영 세계화는 지난 50년 동안 세계 경제를 신속하게 발전시킨 가장 중요한 결정적 요소의 하나라고 평가받고 있다. 그 동안 미국, 유럽 등 선진 개발국 기업들은 많은 다른 나라에 직접투자를 통하여 막대한 경영성과를 실현하고 신속한 경제성장을 이룩하였다. 그러나 경영 세계화는 정치적 · 사회적 · 문화적으로 부정적인 결과를 초래하는 문제를 야기하고 있다. 이러한 관점에서 경영 세계화는 많은 좌우파 극단주의자, 노동조합, 환경단체, 비정부조직기구(NGO) 등의 저항과 거부운동에 직면하고 있다.

세계화 거부운동은 1999년 미국 시애틀에서 개최된 WTO총회에 대하여 세계적 자본주의와 자유무역을 중단할 것을 주장하는 항의시위가 발생한 이래, 2000년 워싱턴에서 개최된 IMF와 World Bank 총회에서 또는 2001년 이탈리아 제노아에서 열린 세계의 부자국가 집단인 G8정상회의에서 개발도상국의 환경파괴와 빈곤을 촉진하는 경영 세계화를 규탄하는 강력한 저항과 파괴행위가 발생하였다.

이러한 일련의 경영 세계화에 대한 전 세계 시민운동가단체의 반대와 저항에 대하여 세계의 경제연구단체들은 회의에 참여하여 경영 세계화의 찬성과 반대에 관한 논의를 시작하였다. 일부 회의참석자들은 경영 세계화는 세계경제의 발전을 고려하여 불가피한 선택이라고 주장하였고, 또 다른 참석자들은 잘못된 편견이라고 반대의견을 제시하였다.

2001년 미국경영연구센터(Center for Study of American Business)는 경영 세계화의 찬성과 반대에 관한 보고서를 발행하였다.[1] 보고서의 주장에 따르면 세계화주의자들은 시장개방에 따라 개인 기업들이 세계시장을 이동하면서 자유롭게 경

---

1) R. Batterson and M. Weidenbaum(2001), *The Pros and Cons of Globalization*, St. Louis: Center for the Study of American Business, pp. 3~12.

영활동을 할 수 있으며 투자자, 소비자, 종업원, 환경주의자들도 세계화 때문에 더 좋아질 것이라고 주장하고 있다.

한편 세계화 반대자들은 경영 세계화는 세계화 기업들의 탐욕이라고 단정하고, 현지국가의 환경파괴, 인권침해, 현지문화의 파괴, 국가지배 등의 책임이 있다고 주장하고 있다.

〈표 11-1〉에서 경영 세계화에 대한 소비자, 근로자, 환경, 국가발전, 인권 등에 미치는 영향에 대하여 찬성과 반대의견을 요약하고 있다.

〈표 11-1〉 경영 세계화의 찬성과 반대

영향요인	세계화주의자(찬성론)	세계화반대주의자(반대론)
소비자	시장개방은 제품·서비스의 자유무역 보장, 원가절감, 능률향상, 가격인하, 제품·서비스의 다양성, 생활수준 향상 효과	부익부 빈익빈 현상 초래, 세계적 빈부격차 확대, 저소득 소비자에 불리
근로자	신속한 경제성장, 높은 임금, 고용증대, 근로조건 개선	세계주의는 근로자 및 임금보다 이익 중시, 본사국 근로자 추방, 근로자 권리 침해
환 경	세계 자본주의는 신속한 경제성장, 환경정화, 필요자원 확보, 능률적 탄산가스 감소기술 개발, 생태시스템 보호, 오염감소 효과	**기업의 탐욕으로 생태계 파괴, 환경에 역효과, 탄산**가스 환경오염 증가, 지구온난화 가속
국가발전	시장개방과 국경초월 투자는 국가경제 발전의 핵심, 생활표준 향상, 근로조건 개선, 환경정화 향상	세계 자본주의는 세계무역 및 금융기관의 책략으로 부채누적, 현지국 경제 파산, 국민의 빈곤 가속화
인 권	자유와 개방으로 법치와 표현자유 문화·제도 정착, 한국/대만 같은 나라에 경제·정치의 자유 확산	맹목적 이윤추구, 세계화 기업들의 정치·종교적 압박과 인권남용, 불법감금 및 고문, 언론자유 무시, 부녀자·아동 근로자 등 남용

자료 : R. Batterson and M. Weidenbaum(2001), *The Pros and Cons of Globalization*, St. Louis: Center for the Study of American Business, pp. 3~12.

2) 비정부조직의 활동

세계화 경영은 환경위험, 근로자 권리, 지역사회 개발, 인권과 같은 사회문제에 관심을 갖는 많은 비정부조직들(non-governmental organizations: NGOs)의 형성과 확산을 자극하고 있다. World-Watch연구소에 따르면 최근에 NGO의 숫자가 급상승하고 있으며, 1960년에 176개이던 국제 NGO가 1996년에는 20,000

개를 넘어섰고, 국내 NGO의 국가별 평균 숫자도 1960년대에 122개였던 것이 1988년 485개로 증가하였다. 미국의 경우 NGO는 2백만 개 이상이 되는 것으로 추산되며 이들의 70%는 창립된지 30년이 안 되는 단체들이다.[2)]

NGO의 형성과 확산을 가져오게 된 요인으로는 ① 냉전종식 이후에 독재정권이 사라지고 민주정부가 들어서면서 사회의 여러 분야에서 개방성·투명성이 정립되고, ② 여러 가지 견해를 갖는 많은 사람들이 정부·기업·기타 조직에 대하여 그들의 불만과 분노를 표현할 수 있는 자유가 보장되며, ③ NGO들이 환경이나 인권 같은 사회문제의 토론에 참여하여 목소리를 높일 수 있게 되며, ④ 특히 최근에는 컴퓨터 원거리통신의 혁명으로 NGO들이 전 세계의 사회문제에 관하여 정보에 즉시 접근할 수 있게 되었기 때문이다.

많은 국제 NGO들은 세계화에 대하여 거부운동을 벌이고 있다. 1999년 세계무역기구(WTO) 시애틀총회에서 극좌익 및 극우익단체, 노동조합운동단체, 환경보호단체, 자칭 시민사회단체들은 혼합적으로 집결하여 경제개발로부터 개발도상국의 빈민층 구제요구를 주장하면서 세계적 자본주의(global capitalism)의 확대를 중지하도록 주장하였고,[3)] 2000년 가을 IMF 및 세계은행 프라하총회와 2001년 퀘벡회의에서 환경운동단체와 빈곤퇴치운동단체들은 개발도상국들에 대한 고통과 빈곤을 가하는 세계화를 비난하고 나섰으며, 2001년 여름 이태리 제노아에서 개최된 세계 G8정상회의에서 세계의 여러 NGO들은 세계적 자본주의의 개혁을 요구하는 집회를 갖고 격렬한 시위를 벌이는 과정에서 많은 인명피해와 재산파괴가 발생하였다.

이러한 NGO들의 세계화에 대한 거부운동이나 항의소동은 중대한 사회문제가 될 뿐만 아니라 세계화 경영을 추진하는 기업이나 세계화의 책임을 맡고 있는 국제기구들에 대한 중대한 도전이 되고 있다.

3) 문화차이

기업이 국경을 넘어서 사업활동을 수행하려면 지리적 국경뿐만 아니라, 문화적·정치적·사회적 국경도 넘어야 한다. 즉, 국제경영자들은 세계화 경영을 성공하기 위해서 각국이 갖는 가치관, 신념, 상징 등을 이해하지 않으면 안 된다.

---

2) C. Runyan, "Action on the Front Lines", *World-Watch*, November-December 1999, pp. 12~22.
3) Ernesto Zedillo, "Globaphobia", *Forbes*, March 19, 2001, p. 49.

특히 언어차이는 자유롭게 커뮤니케이션을 할 수 있는 능력을 제한하기 때문에 현지국가의 문화를 이해하는데 가장 큰 장벽이 되고 있다.

하나의 지역사회나 국가에서 경영활동을 수행하고 있는 기업들은 다양한 이해관계자의 욕구나 이해관계를 인식하지 못하기 때문에 세계화 경영에 성공적으로 적응하지 못하는 경향이다.

전통적 국제경영활동을 수행하고 있는 기업들은 흔히 민족중심적 견해(ethnocentric perspective)를 갖는 경향을 보이고 있다. 민족중심적 견해를 갖고 있는 기업들은 본사국(home country)을 자본 · 수익 · 인적자원의 주된 원천으로 생각하고 있으며, 본사국의 법률을 따르려 하고, 현지국(host country)의 회사에서도 본사국의 국기를 게양하고 있다.

그러나 오늘날 대부분의 기업들은 본사국을 고려하기보다는 전 세계를 고려하는 경향을 보이고 있다. 지구중심적(세계적) 견해(geocentric perspective)를 갖고 있는 기업들은 그들의 전 세계적 정체성이나 기업사명을 유지하면서 다른 나라의 문화나 환경에 그들의 경영정책이나 관행을 잘 적응해 나아가고 있다.

미국의 기업들은 중소기업들도 국경을 넘어 다른 나라의 문화에서 경영활동을 수행하는 경우에 지구중심적 견해를 잘 개발하고 있다. 예를 들면 미국 남부의 멕시코인들이 많이 사는 지역에서는 스페인어를 사용하고 멕시코 문화를 잘 이해하고 있고, 한국인들이 모여 사는 서부지역에서는 한국어를 사용하면서 한국문화에 익숙해 있다. 기업들은 지리적 전망을 고려하고 있기 때문에 지리적 위치와 이해관계자들의 사회문화적 특성에 대한 인식이 문화적 차이에 대한 접근방법의 중요성을 일깨워 주고 있다. 따라서 현대경제에서 세계화 기업들은 기업조직의 모든 측면에서 지구중심적 견해를 구축하고 있다.

오늘날 포장식품, 의류, 자동차, 통신기기 등 소비자제품을 생산하는 기업들은 라틴아메리카나 동남아시아 같이 소비자가 많은 세계의 인구밀집지역으로 몰려들고 있다. 세계화 경영에서 성공하기 위해서는 기업들이 언어 · 종교 · 관습 등에 의하여 특성화된 다양한 사회의 문화적 · 경쟁적 · 정치적 현실에 적합한 사업계획을 설계하여야 한다.[4)]

---

4) L. A. Tavis, *Power and Responsibility: Multinational Managers and Developing Country Concerns*, South Bend, IN: University of Notre Dame Press, 1997.

4) 풍요증후군

풍요증후군(affluenza)은 affluence와 influenza의 합성어로 '부자병'이라고도 부르는데, 엄청난 재산을 상속받은 사람이 무력감·권태감·자책감 등을 겪는 병적 증상을 말하는 것으로서, 사회가 과소비를 통하여 얻게 되는 병적 현상을 일컫는다.

선진국 사람들이 누리고 있는 경제적 번영이나 풍요로운 생활수준은 전 세계의 다른 나라 사람들로부터 비판의 표적이 되고 있다. 많은 사람들은 선진사회의 경제적 풍요와 문화생활을 모방하려고 애쓰고 있으나, 어떤 국가들은 국민들이 지나친 경제적 번영만을 추구하고 인간적 가치를 도외시하는 풍요증후군에 대하여 고통스러워하고 있다. 우리가 전통적으로 절약을 미덕으로 삼고 부적절한 소비를 비판해 온 것은 우리만의 관습이 아니다.

그러나 20세기에 들어 자본주의의 발전과정에서 나타난 지나친 물질만능사상이나 빈부의 격차는 사회의 비판과 저항을 불러일으키기에 충분하다. 21세기에는 풍요한 나라가 빈곤한 국가보다 더 많은 자원을 소비함으로써 제13장에서 살펴보게 될 에너지 과소비, 대기 및 수질오염, 생태계파괴와 같은 환경문제에 대한 비판이 강화될 것이며, 사회에 깊이 자리잡고 있는 지구의 만성적인 빈곤문제가 해결되지 않는 한 선진국의 지나친 물질만능주의에 대한 비판과 저항이 거세질 것으로 예상된다.

따라서 세계화 기업의 경영자나 정치지도자들은 저개발국가의 빈곤을 퇴치하고 건전한 생태적·사회적 환경을 지속할 수 있는 쌍방승리 경제성장전략을 창출하기 위해 함께 노력해야 할 것이다.

2 세계화 경영의 윤리문제

세계화 경영에서 발생하는 윤리문제는 국내 경영환경에서 일어나는 동일한 범주의 문제들이다. 그리고 윤리문제는 기업의 생산, 마케팅, 재무, 인적자원 등 모든 기능분야에서 일어나고 있다. 이러한 윤리문제는 종업원·고객·경쟁자·지역사회 같은 이해관계자의 공정한 처우에 관계되며, 또한 제품 및 공장의 안전, 광고관행, 법률준수, 뇌물제공, 인적자원관리, 환경문제 등이 포함된다.

세계화 경영의 윤리문제는 선진국에서보다 경제개발의 초기단계에 있는 저개발국이나 개발도상국가에서 더 악화되어 있는 실정이다. 그것은 개발도상국가들이 환경에 대한 기준을 설정하지 않거나 낮은 기준에서 규정하고 있으며, 정부나 사회운동단체들이 이해관계자들의 이익보호를 염두에 두지 않기 때문이다.

전 세계적으로 기업의 비윤리적 관행을 규제하기 위한 다각적인 노력이 진행되고 있다. 가장 보편적인 규제는 정부가 입법을 통하여 기업의 비윤리적 행동을 방지하는 것이다. 또한 UN이나 국제노동기구(International Labor Organization: ILO) 같은 여러 국제기구들은 다국적기업들이 국제경영 활동에서 준수해야 할 보편화된 윤리지침으로서 국제경영윤리 행동강령을 개발하고 있다.

〈표 11-2〉에서는 다국적기업들이 세계화 경영에서 직면하게 되는 윤리문제와 국제기구들이 제정한 윤리강령을 보여주고 있다.

윤리학자 도널드슨(Thomas Donaldson)은 모든 다국적기업들이 존중해야 할 안전의 권리, 자유이동의 권리, 생활소득의 권리 등을 포함한 기본적인 인권을 제시하고 있으며, 이러한 행동기준이나 윤리적 가치는 UN이나 그 외의 국제기구들이 촉구하고 있는 세계화 기업들의 행동강령 개발의 핵심이 되고 있다.[5)]

〈표 11-2〉 국제경영의 윤리문제와 국제기구의 윤리강령

윤리문제	국제기구의 윤리강령			
	ICC	OECD	ILO	UN/CTC
경제개발	○	○	○	○
기술이전	○	○	○	○
규제행동	○	○		○
고 용	○	○	○	
인 권			○	○
환경보호	○	○		○
소비자 보호		○		○
정치적 행동		○		○

참고: ICC: International Chamber of Commerce Code(1972)
OECD: Organization for Economic Cooperation and Development Code(1976)
ILO: International Labor Organization Code(1977)
UN/CTC: United Nations Commission on Transnational Corporation Code (1984)

자료: W. C. Frederick, "The Moral Authority of Transnational Corporate Codes", *Journal of Business Ethics*, 10, 1991, pp. 165~177.

5) Thomas Donaldson, *The Ethics of International Business*, New York: Oxford University Press, 1989.

최근에 많은 기업들은 종업원들의 비윤리적 행동을 직접 통제하기 위한 노력에 착수하고 있다. 이들 기업은 세계시장에서 바람직하지 않은 관행을 규제하기 위하여 기업윤리강령을 제정하고 또한 수정하고 있다. 다국적기업들의 윤리강령에는 보편적으로 뇌물 및 부적절한 금품제공, 이해의 갈등, 선물수령 등의 국제적 비윤리 문제들이 포함되어 있다.

특히 Motorola나 Reebok 같은 기업들은 현지국가의 관습을 존중하고, 공정성 · 정직성 · 인권존중의 기본 윤리원칙을 준수하도록 하는 교육을 실시하고 동기부여를 촉구하고 있다.[6]

여기에서 세계화 경영에서 준수해야 할 윤리문제로서 법률준수, 공장안전사고, 근로자의 착취와 학대, 부패와 뇌물제공에 관하여 살펴보기로 한다.

1) 법률준수

기업이 어떤 국가의 영토 내에서 경영활동을 수행하면서 지켜야 할 최소한의 규제는 법률이다. 어떤 국가가 기업에 대하여 모든 윤리행동을 법률로 규정하고 그 법률만을 준수하도록 요구하고 있다면 기업은 법률을 지킴으로써 모든 윤리적 경영활동을 수행하는 것으로 볼 수 있다. 그러나 어떤 국가도 경영활동의 모든 윤리기준을 법률로써 규정하기는 현실적으로 어렵다. 따라서 법률은 정부, 소비자, 근로자, 지역사회 등의 다양한 사회공중이 경영활동의 옳고 그름에 대한 아이디어를 반영하여 공식적으로 문서화한 최소한의 행동기준이므로 특정 국가에서 경영활동을 수행하는 기업들은 그 나라의 법률을 반드시 지키지 않으면 안 된다.

사회적 경영사례

나의 상사

몇 년 전에 나는 뉴욕에 있는 건강관련 상품판매가게에서 일하였다. 그 가게는 비타민, 마리화나, 건강식품, 운동기구, 의류 등을 판매하고 있었다. 나는 게으르고 항상 퇴근시간 전에 일찍이 퇴근하는 상사와 함께 일하였다. 그 상사는 일찍이 퇴근하면서 종업원들에게는 만일 윗사람이 찾거든 잘 이야기하라고 요구하였다.

6) R. S. Moorthy, T. Donaldson, W. J. Ellos, JJ, R. C. Solomon & R. B. Textor, *Uncompromising Integrity: Motorola's Global Challenge*, Schaumberg, IL: Motorola University Press, 1998.

그 상사는 우리가 항상 1주일에 40시간을 일하고 있는가에 대한 근무시간 기록을 담당하고 있었다. 그 상사는 대부분 1주일에 30시간 정도 일하고 일찍이 퇴근하고 있었다. 우리들의 근무시간은 항상 고정되어 있었고, 우리의 근무시간은 그 상사의 출근시간표에 기록되기 때문에 우리가 더 늦도록 있어도 아무런 문제가 되지 않는다. 여기에서 딜레머는 그 상사가 그 가게 밖에서 보내고 있는 시간에 대하여도 실지로 임금을 받고 있는 것이다. 나는 그가 나의 상사이기 때문에 이 사실을 다른 사람에게 이야기해야 할 것인지 아니면 어떻게 하여야 할 것인지 잘 모르겠다.

나는 그의 행동이 옳지 않고, 특히 경영자로서 자기의 문제를 은폐하기 위해서 우리들에게 거짓말을 하도록 요구하고 있는 그의 비윤리적인 행동이 나쁘다고 생각하였다.

1. 이 경우에 어떤 비윤리적인 문제들이 있는가?
2. 상위층 경영자는 하위층 경영자의 행동에 관하여 알고 있어야 하는가?
3. 당신이 나의 위치에 있다면 어떻게 하였겠는가?

자료: *contributed by Terence O'Brien.*

다국적기업의 현지법인은 현지국가의 법률에 의하여 설립된 회사이므로 현지국가의 법률은 물론 현지국가의 사회적 윤리규범을 준수해야 한다. 다국적기업은 세계의 여러 나라에서 경영활동을 하게 되므로 각국의 법률체계와 사회규범을 충분히 파악하고 법률에 순응하며 사회규범을 따라야 한다.

그러나 어떤 국가에 진출한 현지법인이 그 나라의 법률과 사회규범을 지키더라도 다른 나라의 법률체계나 사회규범에 상충됨으로써 사회문제를 야기할 수 있다. 예를 들면 어떤 다국적기업이 인종차별이 불법화되어 있는 미국에서는 인종차별을 하지 않고 있으나, 그 기업의 한국지사가 한국에서 인종차별이 불법화되지 않고 있는 것을 이유로 외국인근로자들에 대하여 고용과 임금에서 차별적 대우를 하는 경우에 그 다국적기업이 위치하고 있는 여러 나라 현지에서 NGO들의 항의나 불매동맹이 일어날 수 있다. 이러한 법률체계의 상충은 본사국의 법률과 현지국의 법률 사이에, 또는 본사국의 법률과 국제법 사이에 발생할 수 있다.

2) 공장안전사고

세계의 많은 다국적기업들은 사회적 책임이나 윤리적 의무 없이 수익성을 극대화할 수 있는 지역, 즉 환경오염 규제를 회피하고 세금감면 혜택이 주어지며, 저렴한 노동력 공급이 가능한 저개발국(less developed countries)을 찾아서 공장을 건설

하고 경영활동을 전개하려는 경향이 있다.

다국적기업의 공장안전사고의 대표적인 사례는 1984년 Union Carbide회사의 인도 보팔공장(Bhopal Plant)에서 일어난 메틸 이소사이아네이트 가스(methyl isocyanate gas) 누출사고로 인한 최악의 산업재해사건이다. 이 사고로 2,000명 이상이 숨졌고 200,000명 이상이 상처를 입었다. 이 엄청난 보팔비극으로 다국적기업들에 대한 법률 · 윤리 · 사회 · 기술적 문제가 제기되게 되었다.[7)]

목격자들에 따르면 보팔비극의 실질적인 인명피해와 재산손실은 공식적으로 발표된 것보다 몇 배나 더 크다고 말하고 있으며, 또한 이 사고를 지켜본 전문가들은 사고의 책임을 Union Carbide회사와 인도정부가 공동으로 져야 한다고 주장하고 있다.

이 회사의 안전검사담당자에 따르면 보팔공장은 미국의 안전기준을 충족시키지 못하였으며, 2년 동안 안전검사를 실시하지 않았다는 것이다. 또한 인도정부는 수천 명의 주민들이 공장근처에 살도록 허용하였으며, 어떤 재난대피 절차도 마련하지 않고 있었다는 것이다.[8)] 따라서 보팔공장 가스누출사고는 다국적기업들의 다음과 같은 몇 가지 문제를 시사하고 있다.

① 다국적기업들은 현지국의 엄격하지 않은 법률에 관계없이 해외지사(공장)에서도 본사국과 동일한 기준을 적용해야 한다.

② 근로자들이 위험하고 복잡한 공장에 대해서 숙지하도록 하고, 주민들에게 공장의 위험성을 알리도록 해야 한다.

③ 가능한 한 현지인 근로자들을 고용하고 훈련시키도록 해야 한다.

④ 기업과 정부는 그 지역 상태를 고려하여 안전한 원자재를 사용하고, 안전한 제품을 생산하도록 노력해야 한다.

⑤ 다국적기업은 저개발국가의 모든 안전 · 사회문제를 검토하고 공장입지를 결정하도록 해야 한다.

---

7) S. Diamond, "The Disaster in Bhopal: Lessons for the Future", *The New York Times*, February 5, 1985, p. 1.

8) S. Diamond, "Disaster in India Sharpens Debate on Doing Business in Third World", *The New York Times*, December 16, 1984, p. 1.

보팔공장 폭발사고의 핵심적 윤리문제는 세계 각국의 안전기준이나 사회적 규범이 차이가 있다는 것이다. 이러한 딜레머는 1970년대에도 흔히 있었던 일이다.

미국의 화학회사들은 중금속이 함유된 물질이 사람의 암을 유발할 수 있기 때문에 미국에서는 사용이 금지된 의약품이나 농약제품(예: DDT)을 저개발국가에 수출함에 따라 그 제품의 위험성을 인식하지 못한 농민들이 농작물에 사용함으로써 많은 인명피해를 일으켰다.

1972년 미국이 수은처리된(mercury-treated) 곡물을 이라크에 수출하여 이 곡물을 먹은 이라크인 수천 명이 죽었고, 1975년에는 미국에서 만든 농약에 중독된 수많은 에집트 농민들이 죽어갔다. 그리고 미국에서는 생산이 금지된 맹독성 제품(예: 석면, 농약)의 생산을 위해서 저개발국가로 공장을 이전하거나 새로 설립하였다.

많은 전문가들에 따르면 다국적기업들의 이러한 경영활동이 분명히 현지국가의 법률을 위반하는 것은 아닐지라도, 많은 선진 다국적기업들은 보팔비극으로부터 기업의 안전사고를 규제할 능력이 없는 개발도상국가에서 높은 수준의 안전기준이나 사회규범을 준수해야 할 도덕적 책임이 있다는 사실을 배워야 한다고 주장하고 있다.[9]

Union Carbide회사는 보팔사고 희생자와 희생자 가족들에게 보상금을 지급하도록 4억 7천만 달러를 인도정부에 전달하기로 합의하고 그 문제로부터 손을 떼기로 하였으나, 인도정부는 많은 부정부패의 늪에 빠지게 되었다. 즉, 정부가 희생자에게 보상금을 지급하는 과정에서 공무원들은 무지한 희생자들의 보상금신청서류 작성 과정에서 뇌물을 요구하고, 의사들은 희생자의 진단서를 발급하면서 뇌물을 요청하였으며, 부도덕한 보상금 신청대행자들은 소송촉진비 명목으로 뇌물을 강요하는 부정부패의 온상이 되어 버렸다.

결국 Union Carbide회사는 보팔공장의 주식지분 50.9% 전액을 매각하였고, 매각대금으로 보팔에 병원건립을 위해서 헌금하였다.[10] 우리는 Union Carbide회사의 붕괴모습에서 다국적기업들이 해외 기업활동에서 어떻게 안전사고의 위험에 엄격하게 대비하여야 하고, 법률적·윤리적 문제가 얼마나 중요한가를 이해하게 되었다.

---

9) *Ibid.*

10) "The Bhopal Tragedy", *Around Dow: Special Commemorative Issue*, 41.

3) 근로자 착취와 학대

(1) 다국적기업의 근로자 착취문제

다국적기업들의 해외 개발도상국 공장에서 근로자 착취와 학대가 사회문제로 대두된 것은 1990년대 초 이후의 일이다. 근로자착취 공장(sweatshop)이란 기업이 국제경쟁이 과열하면서 원가를 절감하고 생산성을 향상시키기 위해서 값싼 청소년이나 부녀자를 고용하고, 임금을 낮추며, 열악한 근로조건에서 근로자를 학대하고 건강과 안전규칙을 위반하는 공장을 의미한다.

Nike, Walmart, Kmart, Reebok 같은 거대한 다국적기업들의 청소년근로자 · 부녀자에 대한 착취와 학대행위는 동남아시아, 인도네시아, 파키스탄, 혼듀라스, 도미니카, 필리핀, 베트남 등의 저개발국가에서 빈번하게 일어나고 있으며 미국 자체에서도 완전히 제거된 것은 아니다.[11)]

근로자 착취문제가 획기적 사건으로 등장한 것은 1996년 노동운동가 클리포드(K. L. Cifford)가 토크쇼(talk-show)에 출연하여 Walmart회사 혼듀라스(Honduras) 공장에서 의류를 만드는 재봉사들이 1시간에 31센트를 받고 하루에 20시간을 노예처럼 일하고 있는 사실을 폭로하면서 부터 시작되었다.

한편 전 미국 UN대사 영(Andrew Young)은 최근의 청소년근로자에 관한 논쟁을 '세계의 다음 도덕적 십자군'이라고 부르고 근로자 착취문제를 민권운동에 비유하면서, UN국제아동기금(UNICEF)으로 『세계청소년의 나라』(*The State of Worlds Children* 1997)를 출간하여 공장에 사로잡혀 하루에 20시간 이상 일하면서 고통받고 있는 수백만 청소년근로자 보호를 호소하였다.[12)]

많은 사회운동단체나 사회시민집단들은 다국적기업들이 청소년근로자와 부녀자들을 저임금으로 착취하고, 그들이 지치도록 일을 시키며, 작은 위반에 대하여도 처벌하고, 건강과 안전기준을 위반하며, 가족들과 격리시키는 등의 근로자 학대행위에 대하여 비판하고 있다.

이에 대하여 많은 다국적기업들은 청소년근로자나 부녀자들의 임금수준이 선진국의 기준에는 미치지 못하고 있으나, 대부분 개발도상국의 법정최저임금수준을 상

---

11) M. Clifford, M. Shari & L. Himelstein, "Pangs of Conscience: Sweatshops Haunt U. S. Consumers", *Business Week*, July 29, 1996, pp. 46~47.

12) Andrew Young, "A Debatd over Child Labor: The World's Next Moral Crusade", *The Atlanta Journal*, March 9, 1997, R_2.

회하는 임금을 지급하고 있으며, 대부분의 저개발국들은 농업에 종사하고 있으므로 그들의 평균임금보다는 높은 임금을 지급하고 있다고 주장하고 있다.[13)]

최근에 다국적기업들은 근로자 착취에 대한 사회적 비판에 대응하기 위해서 하청기업들과 공동으로 근로조건을 개선하고, 윤리강령이나 근로기준을 제정하며, 사회적·윤리적 감사를 실시하도록 하는 노력을 기울이고 있다.

『*Economist*』지는 기사를 통하여 근로자 착취공장을 제거하기 위해 다음과 같은 제안을 발표하였다.

① 의류회사와 하청업자들은 청소년근로자, 강요된 근로자 등의 학대를 금지하는 행동강령을 제정하도록 한다.
② 근로자의 건강과 안전에 관한 규정을 제정한다.
③ 근로자의 노동조합 가입 권리를 인정한다.
④ 1주일에 60시간 근로로 제한한다.(예외 기업환경 제외)
⑤ 모든 국가의 법정 최저임금 이상을 지급한다.

이 제안에 따라 의류산업은 이 합의를 단속할 수 있는 협회를 설립하기로 하였다.[14)]

(2) 경제우선위원회의 사회적 책임인증제

경제우선위원회(The Council on Economic Priorities: CEP)는 근로자 착취조건을 개선하기 위해서 사회적 책임을 인증하는 SA8000(social accountability 8000)제도를 제시하였다. SA8000제도는 국제표준화기구(International Standardization Organization: ISO)의 품질인증시스템인 ISO8000에서 아이디어를 원용하여 설계된 사회적 책임 인증제도로서 전 세계 80개 국가에서 활용되고 있다.[15)]

SA8000인증제도는 1997년 가을부터 시행되기 시작하여 다음과 같은 근로기준을 설정하고 있다.

① 청소년근로자나 강요된 근로자를 사용하지 말 것
② 안전한 작업환경을 제공할 것

---

13) *Ibid.*
14) *The Economist*, April 19, 1997, p. 82.
15) A. Bernstein, "Sweatshop Police: Business Backs on Initiative on Global Working Conditions", *Business Week*, October 20, 1997, p. 39.

③ 근로자의 노동조합활동 권리를 존중할 것
④ 정규적인 주당 48시간 이상 근로를 요구하지 말 것
⑤ 근로자의 기본욕구를 충족시킬 수 있는 충분한 임금을 지급할 것

CEP는 SA8000인증제도를 마련하고 SA8000인증기준을 따르고자 하는 기업들은 외부감사기관(대부분 공인회계법인)에 인증을 신청할 수 있도록 하고 있다. 많은 다국적기업들의 하청기업이나 공급업자들이 'SA8000인증서'를 획득하도록 요구하고 있다. CEP는 대부분의 소비자들이 결국 SA8000인증제품을 요구하고 구매할 것이므로, 이 제도가 근로자 착취조건의 개선을 위해서 성공적으로 작용하게 될 것으로 기대하고 있다.

4) 부패와 뇌물제공

다국적기업들은 해외시장에서 거래를 촉진하기 위해 외국정부의 공무원, 정당, 기타 영향력 있는 사람들에게 부정한 뇌물을 제공하는 비윤리적 행동이 발견됨으로써 국제사회의 물의를 일으키고 있다. 예를 들면 Gulf Oil회사가 한국에서 사업권을 얻기 위해서 박대통령이 이끄는 공화당정권에 420만 달러의 뇌물을 제공하였고, Lockheed회사는 일본에 항공기 판매를 촉진하기 위해서 타나가(田中) 수상이 이끄는 일본 여당에 1,250만 달러의 뇌물을 제공한 사실이 발각되어 세계를 놀라게 만들었다.[16] Lockheed회사의 사장은 이러한 부도덕한 뇌물제공행동에 대하여 일본에서는 보편화된 관행이라고 주장하고 있으나, 일본정부의 타나가 수상과 네 사람의 관련자들이 사임하고 재판에 회부되고 말았다.

한편 다국적기업들의 또 다른 문제는 부정부패행위이다. 기업들의 부정행위로는 정치적 특혜를 위한 회사재산의 오용, 경찰에 보호기금 지급, 정치헌금 납부, 공무원들에 대한 향응제공, 가격담합행위, 내부자거래 등이 포함된다. 이러한 행동들은 기업의 권력남용으로서 사회적 비판의 대상이 되고 있다.

미국정부는 다국적기업의 비윤리적인 뇌물제공이나 부패행위를 규제하기 위해서 1977년 외국부패관행법(Foreign Corrupt Practices Act: FCPA)를 제정하였다. FCPA의 제정으로 미국기업들이 사업을 착수하거나 유지하기 위한 목적으로 다른

16) D. R. Ladd, "The Bribery Business", in T. L. Beauchamp(ed.), *Case Studies in Business, Society and Ethics*, Englewood Chiffs, NJ: Prentice Hall, 1983, p. 251.

나라 정부의 공무원들에게 금품을 제공하는 행위를 범죄행위로 규정하고, 회사나 경영자가 위반하는 경우에 결과에 따라 벌금형이나 징역형을 명확히 규정하고 있다.

그러나 FCPA는 논쟁의 대상이 되고 있는 사업촉진비용(grease or facilitating payment)에 대해서는 금지하지 않고 있다. 사업촉진비는 FCPA의 예외규정으로서, 많은 나라에서 보편화된 관행이며, 지급액이 소액이고, 정부의 법령을 위반하여 될 수 없는 일을 되도록 요구하기 위한 것이 아니고, 정부가 일상적으로 수행하는 직무에 대하여 신속한 처리를 촉진하기 위한 비용 범위에서 허용되고 있다.

사회적 경영사례

OECD 뇌물방지협약: 반 부패 바이블

최근 A상사는 수출계약과정에서 발생한 부당손실에 대해 한국수출보험공사에 보험금을 청구했다. 방글라데시 보건복지부가 발주한 의료기기 공급계약을 성공시켰지만 현지의 조달계약담당 공무원과 커미션 제공문제로 마찰을 빚어 계약대금 일부를 받지 못했던 것이다. 그러나 보험공사는 "청구인의 수출계약이 뇌물방지법을 위반하여 체결된 것이므로 불법계약에 대한 보험금은 지급할 수 없다"며 거부, A상사는 손실을 껴안아야만 했다.

이처럼 불과 몇 년 전까지만 해도 해외 대형건설이나 조달계약 과정에서 관행이었던 외국 공무원에 뇌물을 건네는 일은 이제 곧바로 '패사망신'으로 이어진다. 1999년 2월 경제협력개발기구(OECD)가 이 같은 뇌물성의 기름칠을 형사처벌하도록 하는 뇌물방지협약을 발효시킨 이후부터이다.

OECD가 '부패야말로 OECD가 추구하는 시장경제와 민주주의를 좀먹는 최대의 적'이라고 선포한지 올해로 11년. 프랑스 파리 서쪽 앙드레 파스칼 거리에 있는 OECD본부 '샤토 드 라 뮈에트'(Chateau de la Muette)는 세계적인 반부패 네트워크를 구축하는 사령부가 됐다. 한때 루이 16세와 마리 앙트와네트 왕비가 신혼의 달콤한 시간을 보내기도 한 이 고풍스러운 건물에서는 반부패를 통한 새로운 국제질서를 만드느라 여념이 없다.

'국제상거래에 있어서 외국 공무원에 대한 뇌물제공방지를 위한 협약'(이하 뇌물방지협약)은 이제 명실상부한 '반부패 바이블'로 평가받고 있다. 1997년 12월 OECD 이사회에서 체결된 이 협약은 뇌물제공을 형사범죄로 명시한 최초의 국제협약이다. 협약 발효 이후 각 서명국 정부를 비롯해 기업과 개인에게도 반부패는 이미 국제사회의 가장 중요한 윤리가 됐다.

각 서명국이 앞다퉈 뇌물방지법을 입안하고 각 기업이 뇌물수수를 금지하는 윤리강령 제정에 나서는 등 지난 2년여 동안 전 세계적으로 협약의 영향력은 급속히 확산됐다. 미국 록히드 마틴은 무기회사가 국제적 뇌물거래에 가장 많은 책임이 있다는 비판에 따라 각 종업원에 대해 ▲ 거래선에 20달러 이상의 식사 대접을 금지하고 ▲ 100달러 이상의 선물을 금지하는 등의 윤리강령을 제정했다.

세계적인 석유회사 로열더치셸은 "우리는 뇌물을 받지 않는다"고 대내외에 선포하고 자사 종업원이 연루된 23건의 뇌물수수행위를 내부감사를 통해 적발, 관련자 전원을 해고하는 등 강력한 반부패운동을 벌여오고 있다.

OECD는 협약 이행에 대한 다단계 후속 심사체계를 통해 각국에 대한 반부패 압력을 계속 강화하고 있다. 올 상반기 중 각국의 뇌물방지법에 대한 서류심사를 마치고 오는 9월부터 핀란드를 선두로 2단계 현지실사를 시작한다. OECD 부패방지반 프레데릭 베를 담당관은 "심사 대상국과 별도의 2개국이 파견한 심사단이 직접 대상국을 방문, 실제로 뇌물수수에 대한 처벌이나 수사가 이뤄지고 있는지를 중점적으로 평가한다"고 설명했다. 심사에서 평가가 나쁘면 즉각적인 제재는 없지만 국가신인도의 하락과 국가 이미지 실추로 '보이지 않는 제재'를 받게 된다. 아직까지 협약 가입국 가운데 실제 뇌물방지법 적용 사례는 거의 없는 것으로 알려져 있다.

한국은 1999년 7월 실시된 1단계 심사에서 몇 가지 모호한 표현을 제외하고 대체로 긍정적인 평가를 받았다. 2단계 심사는 앞으로 2년 내에 받게 될 예정이다. 현재 국내에서 뇌물방지법에 대한 수사나 처벌 실적은 아직 없다.

OECD는 공무원에 대한 뇌물제공에 한정돼 있는 뇌물방지협약의 영역을 계속 확대한다는 방침이다. OECD 반부패활동을 진두지휘하고 있는 마크 피에트 스위스 바젤대 교수는 "민간부문의 뇌물제공 문제를 가장 심도 있게 논의하고 있다"며 "앞으로 이 부분에 대해서도 별도의 국제규약이나 협약제정을 고려하고 있다"고 말했다.

OECD의 반부패 논의는 89년으로 거슬러 올라간다. 부패가 OECD 양대 이념인 시장경제와 민주주의를 해친다는 인식에서 출발했다. 당시 유일하게 외국 공무원에 대한 뇌물공여를 처벌하던 미국이 "특히 개도국 시장에서 뇌물을 사용하는 다른 나라 기업에 비해 국제입찰에서 상대적으로 불리한 위치에 있다"며 전 세계적인 뇌물방지책 마련을 주장하고 나선 것이 도화선이 됐다. 극제거래에서 뇌물제공이 주로 선진국 중심의 다국적기업에 집중돼 있기 때문에 소위 '선진국 클럽'인 OECD가 뇌물제공에 책임있는 모습을 보여야 한다는 의견도 반영됐다.

회원국 간의 반부패 논의는 1994년 5월 OECD 이사회가 외국 공무원에 대한 뇌물공여를 억제하는 최초의 국제합의인 '국제상거래 뇌물방지 권고'를 채택하면서부터 구체화됐다. 이후 ▲ 96년 4월 '외국 공무원에 대한 뇌물공여 손비처리에 관한 권고' ▲ 97년 5월 외국 공무원에 대한 뇌물공여를 형사처벌하도록 한 '개정 뇌물방지 권고'를 거쳐 97년 12월 각료급 회의에서 뇌물방지협약이 탄생했다. 체결 당시 OECD 회원국 29개국과 브라질, 불가리아, 아르헨티나, 칠레, 슬로바키아 등 55개 비회원국 등 34개국이 협약에 참여했다. 이들 34개국 가운데 지금까지 국내 발효절차를 거친 국가는 한국 등 32개국이다. 아일랜드와 뉴질랜드가 아직 의회 비준을 받지 못했다.

뇌물방지협약의 핵심은 국제상거래에서 가입국의 기업 또는 기업인이 해외 공무원에게 뇌물을 주거나 의사표시 또는 약속을 했을 때 기업의 소속국가가 국내법에 따라 이를 형사처벌토록 하는 내용이다. 협약은 뇌물을 준 기업인 개인뿐 아니라 법인까지도 형사처벌하도록 했으며, 뇌물공여로 인한 이익에 대해서도 몰수할 것을 명시하고 있다. 그러나 통과편의 등을 위한 소액의 급행료 지급은 처벌대상에서 제외하도록 했다.

우리나라는 1999년 2월 미국, 영국, 독일, 일본 등 11개국과 함께 가장 먼저 OECD에 비준서를 기탁함에 따라 곧바로 국내 이행법인 '국제상거래에 있어서 외국 공무원에 대한 뇌물방지법'을 발효시켰다. 이 법에 따르면 외국 공무원에 뇌물을 약속-공여-의사표시한 경우 5년 이하의 징역 또는 2,000만원 이하의 벌금에 처하도록 돼 있다. 법인에 대해서는 10억 원 이하의 벌금에 처하게 돼 있다.

자료: 세계일보.

세계의 사회운동단체들은 세계 각국의 기업 부패방지 행동을 촉구하기 위해서 1993년 투명성 인터내셔널(Transparency International: TI)을 결성하였다. TI는 세계 170여개 국가에서 기업인, 정치분석가, 일반 공중의 조사에 의하여 매년 각국의 부패행동 정도를 평가하여 '가장 덜 부패한 국가'와 '가장 많이 부패한 국가'를 등급으로 도표화하는 부패지각지수(corruption perception index: CPI)를 작성하여 발표하고 있다. 2015년 CPI에서 가장 부패하지 않은 나라는 덴마크, 핀란드, 스웨덴, 뉴질란드, 네델란드, 노르웨이, 스위스, 싱가폴 순이고, 영국은 10위, 미국은 16위, 일본은 18위, 한국은 37위, 중국은 83위이며, 가장 부패한 나라는 소말리아, 북한, 아프가니스탄, 수단, 앙고라, 남수단, 이란, 리비아 순이다.[17] TI는 부패등급을 공공연하게 발표함으로써 각 나라와 기업들이 반부패행동을 전개할 것으로 기대하고 있다.

한편 UN이나 세계노동기구 같은 국제기구들은 다국적기업의 윤리적 행동을 개발하기 위해 시도하고 있으며, 특히 경제협력개발기구(Organization for Economic Cooperation and Development: OECD)는 1997년 29개 회원국과 기타 5개국이 국제적 뇌물제공을 금지하도록 뇌물과의 전쟁을 위한 다국적기업의 국제행동강령의 협정에 합의하고 1999년 2월 15일부터 시행하도록 하였다.

이 협정의 기본취지는 외국정부의 물품조달이나 국유재산 민영화를 담당하는 공무원에 대한 뇌물제공 행위를 범죄로 규정한 것이다. 그리고 OECD는 2001년 21개 국가에 대하여 검증을 실시하였다. 이와 같이 OECD는 협정에 서명한 국가들이 부패방지협정을 실천하고 있는가를 확인하고 실천을 촉구함으로써 국제사회의 상업적 거래에서 야기되는 부패방지를 위한 세계적인 전쟁을 주도적으로 실천하고 있다.

부패와 뇌물은 경제시스템을 부패시키고 사업관계를 파괴시키며 모든 관련 기관들(정부, 기업, 기타 기관)을 파멸시키는 요인이 되므로 세계화의 경영활동에서 국제기구의 협정이나 세계적인 윤리기준을 준수하려는 노력이 무엇보다도 중요한 일이다.

---

17) Transparency International, "2015 Corruption Perception Index", Http:// www. Transparency International.

제2절 세계화 경영의 윤리개선

세계화 경영의 윤리는 국내경영에서보다 훨씬 복잡하다. 세계화 경영에서 윤리문제가 복잡한 것은 전 세계의 다양한 가치 시스템, 이해관계자, 문화, 정부의 형태, 사회경제적 조건, 윤리행동기준으로부터 윤리적 기대가 제기되기 때문이다. 따라서 다국적기업의 경영자들은 세계 각국의 다양한 윤리적 행동기준을 이해하는 것이 매우 중요하다.

여기에서는 본사국의 기본적 윤리와 현지국의 전통적 윤리의 균형화를 위한 도전에 대하여 논의하고, 해외환경에 있어서 국제경영윤리의 개선을 위한 행동방향에 대하여 탐구하며, Donaldson이 주장하고 있는 10가지 기본적인 국제윤리의 존중과제와 DeGeorge가 제시하고 있는 다국적기업을 위한 7가지 도덕적 지침에 관하여 살펴보기로 한다.

1 본사국 윤리와 현지국 윤리의 균형

다국적기업이 해외에서 경영활동을 수행하면서 대처해야 할 가장 중요한 도전의 하나는 본사국과 현지국의 문화적 · 도덕적 기준을 존중하는데 있어서 조화와 균형을 이루는 것이다. 즉, 기업이 해외에서 사업을 운영하는데 있어서 본사국의 윤리기준을 따라야 할 것인가 또는 현지국의 윤리기준을 지켜야 할 것인가 하는 결정은 간단한 문제가 아니다. [그림 11-1]은 기업이 세계화 경영에서 선택해야 할 의사결정의 틀을 제시하고 있다.

윤리적 제국주의(ethical imperialism)는 다국적기업이 다른 나라에서 경영활동을 하는 동안에도 본사국의 윤리기준을 계속해서 따르는 것을 의미한다. 예를 들면 개발도상국이나 저개발국에 진출한 미국의 다국적기업들이 현지에서 우수한 인력을 확보하고 기업 이미지를 높이기 위해서 임금, 근로자 안전, 복지후생, 근로자 권리 등에서 본사국의 기준에 따라 처우하며 전략을 실천하고 있다. 이러한 다국적기업의 현지 지사에 대한 높은 윤리기준의 적용은 현지국의 윤리기준을 향상시키는데 중요한 영향을 미치고 있다.

[그림 11-1] 본사국과 현지국 상황에서의 윤리적 선택

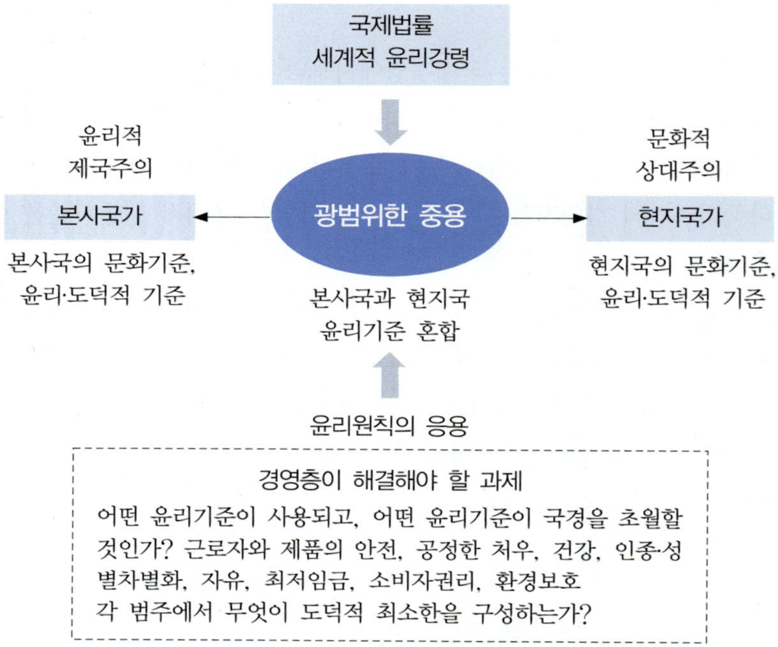

자료: A. B. Carroll and A. K. Buchholtz, *op. cit.*, p. 292.

문화적 상대주의(cultural relativism)는 해외에 진출한 다국적기업이 현지국가의 윤리적 · 문화적 기준을 따르는 것을 말한다. 문화적 상대주의는 "로마에 가면 로마사람처럼 행동하라"(When in Rome, do as the Romans)는 격언을 반영한 윤리적 자세로서, 다국적기업이 해외에 진출하여 본사국의 윤리기준을 무시하고 현지국의 윤리기준을 적용하려는 자세이다. 예를 들면 사우디 아라비아에서 여성을 관리자로 고용하는 것을 불법적 관행이라고 주장한다면 그 나라에 투자한 다국적기업들은 본사국에서 고용차별을 불법으로 규정하고 있을지라도 현지국의 기준을 수용하고 적용할 수 있을 것이다. 또 다른 예로는 현지국가에서 환경보호에 관한 법률이 제정되어 있지 않다면 다국적기업은 환경기준에 대하여 민감할 필요가 없다는 입장이다.

도널드슨(T. Donaldson)에 따르면 문화적 상대주의는 어떤 나라의 문화적 윤리가 모든 나라에서 좋은 윤리기준으로 인정될 수 없기 때문에 윤리기준이 국제적으로 옳고 그르다고 할 수 없다고 주장하고 있다.[18] 예를 들면 태국에서 정부공무원에 대한 뇌물제공이 허용된다면 태국에서의 뇌물허용이 독일 같은 나라에서 뇌물금지관행보다 나쁘다고는 말할 수 없다는 것이다. 따라서 대부분의 윤리론자들은 문화적 상대주의가 윤리적 상대주의에 응용되고 있다는 사실을 발견하고 있다.

결론적으로 다국적기업들은 본사국 윤리기준과 현지국 윤리기준을 혼합적으로 적용하고 광범위한 '중용'(中庸 : broad middle ground)의 자세에서 경영활동을 전개하는 것이 필요하다. 따라서 경영자들은 어떤 윤리적 기준을 어떻게 혼합할 것인가를 결정하는 것이 중요한 도전이 될 것이며, 그러기 위해서는 기업이 직면한 상황에서 적용할 수 있는 도덕적 기준을 검토하고, 제9장에서 설명한 공리주의, 도덕적 권리, 사회적 정당성의 원칙과 같은 윤리원칙을 응용하도록 하는 것이 바람직하다. 다시 말하면 다국적기업의 경영자들은 국경을 초월하여 근로자의 건강, 제품 및 공장의 안전, 자유, 차별적 대우, 최저임금, 소비자권리, 환경보호 등에 관한 윤리적 기준을 결정하여야 하고, 국제법률이나 세계적 윤리행동강령을 실천할 수 있는 방안을 검토하여야 한다.

2 다국적기업의 윤리개선 방향

여러 나라에서 경영활동을 수행하고 있는 다국적기업들은 경영관행이나 의사결정에 있어서 민감한 윤리기준 문제를 해결하기 위해서 다각적으로 접근하고 있다. 락츠냑과 나오르(G. R. Laczniak & J. Naor)는 다국적기업이 세계적 환경에서 응용할 수 있는 윤리적 행동개선 방향으로서, 세계적 윤리강령의 개발, 세계적 경영전략과 윤리의 통합, 윤리적 차이를 연결할 수 없는 경우의 경영활동 중지, 정기적 윤리영향명세서 작성 등 네 가지를 제시하고 있다.[19]

---

18) Tom Donaldson, "Global Business Must Mind Its Morals", *The New York Times*, February 13, 1994, F. 11.

19) G. R. Laczniak and J. Naor, "Global Ethics: Wrestling with the Corporate Concience", *Business*, July–September 1985, pp. 3~10.

1) 세계적 윤리강령의 개발

기업이 고려할 수 있는 세계적 윤리행동강령은 첫째, 개별기업이 특수한 자기기업의 윤리강령을 개발하여 실천하는 것이고, 둘째, 여러 국제기구들이 보편적인 윤리강령을 개발하여 기업들이 응용하도록 하는 것이다.

우선 지구촌에서 경영활동을 전개하는 다국적기업들은 서로 다른 나라에서 어긋나는 윤리기준을 운영함에 따라 현지국가를 이용하고 착취하고 있다는 인상을 줌으로써 심각한 비판의 대상이 되고 있다. 따라서 Caterpillar Tractor회사 같은 다국적기업들은 전 세계의 경영활동에 적합한 윤리강령을 개발하여 실천하고 있다.[20] 그 회사의 "세계경영행동강령"(A Code of Worldwide Business)은 상당히 많은 내용을 상세하게 규정하고 있으며, 중요한 부분으로는 소유권과 투자, 기업시설, 종업원관계, 제품품질, 기술공유, 재무 및 회계기록, 상이한 경영관행, 경쟁적 행동, 현지국 법률 엄수, 경영윤리, 공무원관계, 국제경영관행 등을 포함하고 있다.

한편 여러 국제기구들은 다국적기업들이 전 세계의 지구촌에서 보편적으로 응용할 수 있는 세계경영 행동강령이나 기준을 개발하여 기업들로 하여금 행동강령이나 윤리기준을 적용하고 따르도록 하고 있다. 〈표 11-3〉에서 여러 국제기구들이 개발한 세계적 행동강령과 윤리기준의 초점을 요약하고 있다.

〈표 11-3〉 국제기구에 의하여 개발된 세계적 행동강령

강령, 기준, 지침	요 약
코옥스 원칙 (Caux Principles)	1999년 유럽, 일본, 북미의 최고경영자들이 참석한 Caux Round Table 회의에서 발표되었으며, 기업의 윤리적 책임행동에 대한 세계적 표준을 추구하는 기업행동에 관한 일련의 열망적인 추천이 있음. 이 원칙은 기업활동의 지역사회에 대한 영향을 전달하고 법률과 윤리를 존중하고자 하고 있음.
세계보고 기준 (Global Reporting Initiative)	2000년 비정부기관, 기업, 컨설턴트, 회계법인, 기업협회, 학계 등이 포함된 '환경책임경제연합'(CERES)에 의하여 개정된 기준임. GRI는 기업의 활동, 제품, 서비스의 경제・환경・사회적 차원에 관한 조직들의 자발적인 보고에 대한 국제적 보고기준임.
설리반 원칙 (Global Sullivan Priciples)	1999년 여러 다국적기업의 협력으로 Rev. L. Sullivan에 의하여 개발되고 제안된 열망적인 기준임. 이 원칙은 다국적기업이나 그들 파트너의 근로자, 윤리, 환경관행에 관한 명령을 포함하고 있음.

20) *Ibid.*, p. 73.

강령, 기준, 지침	요 약
다국적기업에 대한 OECD 지침	2000년에 개정된 지침은 다국적기업에 대하여 여러 나라 정부가 추천하여 자발적으로 준수하도록 한 원칙과 기준임. 정부가 각국에서 활동하고 있는 기업들에 대하여 지침을 관찰하고 준수할 것을 촉구하도록 하고 있음. 2000년 개정에서 인권과 환경문제를 강화하고 있음.
세계적 기업책임의 원칙: 지표 (Principles for Global Corporate Responsibility: Benchmarks)	1999년 미국의 기업책임 종교센터, 캐나다의 교회 및 기업책임 태스크포스, 영국의 기업책임 기독교위원회에 의하여 개정된 원칙임. 이 원칙은 기업의 사회적 책임에 관련된 행동강령, 정책, 관행을 평가할 수 있는 틀을 제공하고 있음. 기준은 기업의 성과평가에 사용될 60개의 원칙과 지표를 포함하고 있음.
UN지구협약 (UN Global Compact)	1999년 UN에 의하여 발표되어 2000년 공식적으로 발효되었음. 9개의 원칙은 기업들이 자체에서 규정하도록 약속하는 특별한 기준을 포함하고 있음.

자료: A. B. Carroll and A. K. Buchholtz, *Business & Society Ethics and Stakeholder Management*, 5th ed., Thomson/South-Western, 2003, p. 279.

2) 세계적 경영전략과 윤리의 통합

다국적기업의 세계화 경영에 있어서 윤리적 차원의 중요한 핵심과제는 경영윤리의 목표와 행동이 최고경영층의 전략형성이나 실천에 통합되도록 하는 것이다. 기업은 최고경영층의 의사결정에서 경영전략이 설정되고, 기업이 행동해야 할 특성이나 정체성이 정의되며, 기업의 전반적인 도덕적·윤리적 행동정도가 전략적 수준에서 결정된다.

세계화 경영에서 전략적 의사결정은 윤리적 차원에 의하여 영향을 받게 되는데 제품이나 서비스의 결정, 공장의 입지결정, 생산정책, 마케팅 정책과 관행, 인적자원관리 정책 등이 포함된다. 예를 들면 여러 나라의 다양한 문화에서 경영활동을 전개하고 있는 청바지 생산기업 Levi Strauss회사는 제품생산을 위해 진출하고자 하는 국가와 하청계약자를 선택하는데 있어서 그 회사의 가치관이나 명성을 고려하여 전략적으로 결정하고 있다.

이 회사는 1990년 세계적 공급원 지침(global sourcing guidelines)을 개발하여 하청계약기업들이 그 지침을 준수하도록 하고 있다. 구체적으로 그 지침은 청소년이나 죄수근자로자의 사용을 금지하고 있고, 환경기준을 설정하여 지키도록 하고 있으며, 현지국가의 임금관행이나 최저임금을 준수하도록 하고 있다.

한편 경영윤리를 경영전략에 통합시키고 있는 또 하나의 사례기업은 커피생산기업인 Starbucks Coffee회사이다. 이 회사는 1995년에 제정한 윤리강령의 실천방향에서 커피농장근로자들의 생활개선을 위한 보너스로 커피구입대금을 시장가격보다 높은 수준에서 프리미엄으로 지급계획을 수립하고 있으며, 과테말라와 코스타리카에 있는 커피농장과 생산공장에 선금을 지급하여 근로자건강센터, 농장학교, 근로자 자녀장학금을 지원하고 있다.

3) 경영활동의 중지

다국적기업들은 종종 본사국과 현지국 사이에 연결할 수 없는 윤리가치의 차이에 직면하여 경영활동을 중지하게 된다. 예를 들면 IBM이나 Coca-Cola회사는 인도에 진출하였다가 인도의 소유권과 통제권 문제로 경영활동을 중단하였으며, 어떤 기업들은 라오스에 진출하였다가 인권위반혐의로 라오스사업에서 손을 떼고 말았다. 그러나 다국적기업이 현지국의 윤리적 환경의 사정으로 중지된 활동은 조건이 개선되면서 다시 진출하여 활동을 재개하는 경우가 흔히 있다.

4) 윤리영향명세서의 작성

다국적기업들은 항상 진출하고 있는 현지 외국사회에 영향을 미치고 있는 내용에 대해서 알고 있어야 한다. 그러기 위해서는 기업이 사회에 미치는 영향을 정기적으로 평가하고 평가내용을 명확하게 명시하는 윤리영향명세서(ethical impact statement)를 작성하도록 하는 것이다. 윤리영향명세서는 기업의 사회적 책임 감사보고서와 유사한 것으로서, 사회적 감사는 제9장에서 논의한 바와 같이 기업경영의 사회(사회집단) 및 공중복지에 미치는 효과를 확인하고, 분석하며, 측정하고, 평가하며, 검색하기 위한 체계적인 시도이다.[21] 윤리영향명세서는 기업행동에 대한 기본적인 도덕적 정당성과 그 행동의 결과를 평가하기 위한 시도이다. 윤리영향명세서가 다국적기업의 바람직한 행동을 제시하고 있다면 그 정보는 기업의 윤리적 행동을 수정하거나 변화시키는데 기여하게 될 것이다.

---

21) D. H. Blake, W. C. Frederick & M. S. Myers, *Social Auditing: Evaluating the Impact of Corporate Programs*, New York: Praeger, 1976, p. 3.

3 기본적 국제권리의 존중

지구촌에서 기업을 경영하고 있는 다국적기업들은 국제적 차원의 기준권리(또는 지침)를 준수하고 존중하지 않으면 안 된다. 도널드슨(T. Donaldson)은 정부나 기업의 모든 국제경영자들에 의하여 존중되어야 할 10가지 기본적 국제기준의 권리를 제시하고 있으며, 이들 권리는 모든 국제경제관계자들의 행동에 대한 '도덕적 최소수준'(moral minimum)을 설정하는데 기여하게 될 것으로 주장하고 있다.[22]

그의 10가지 기본적 권리는 ① 신체적 운동의 자유권, ② 재산소유권, ③ 고통으로부터의 자유권, ④ 공정한 재판권, ⑤ 차별적 대우를 받지 않을 권리(인종 · 성별에 따른), ⑥ 육체적 안전권, ⑦ 언론 · 결사의 자유권, ⑧ 최저교육의 권리, ⑨ 참정권, ⑩ 생존권 등을 포함하고 있다. 이러한 기본적 권리들은 다국적기업이 국제시장에서 이행해야 할 책임을 고려하는데 기초를 제공하게 된다.

4 다국적기업의 도덕적 지침

다국적기업이 세계무대에서 경영활동을 수행하면서 반드시 따라야 할 행동양식으로서 도덕적 지침이 강조되고 있다. 디 죠지(R. T. DeGeorge)에 따르면 다국적기업들은 국제경영에 있어서 7가지 도덕적 지침(moral guidelines)을 응용해야 한다고 주장하고 있다.[23] 이들 지침은 아래에서 보는 바와 같이 세계적 경영환경에서 경영활동을 수행하고 있는 다국적기업의 경영활동 개선에 유용한 도덕적 행동지침이 될 것이다.

① 다국적기업들은 의도적 · 직접적인 유해한 행동을 하지 않아야 한다.
② 현지국을 위해 나쁜 것보다 더 좋은 것을 많이 생산해야 한다.
③ 경영활동을 통해서 현지국의 발전에 공헌해야 한다.
④ 종업원들의 인권을 존중해야 한다.
⑤ 공정한 세금을 납부해야 한다.

---

22) T. Donaldson, *The Ethics of International Business*, New York: Oxford University Press, 1989, p. 81.
23) R. T. DeGeorge, *Business Ethics*, 5th., Englewood Cliffs, NJ: Prentice Hall, 1999.

⑥ 현지문화가 도덕적 규범을 위반하지 않는 범위에서 현지문화를 존중하면서 일해야 한다.

⑦ 현지국가의 정부와 관련기관의 발전이나 업무집행(세금, 건강, 안전 등)에 협력해야 한다.

위의 7가지 도덕적 지침은 만병통치약은 될 수 없을지라도 회사가 현지 사회로부터 도덕적인 비난의 고통을 피할 수 있는 유용한 방법이 될 것이며, 7가지 도덕적 지침의 정신을 응용하는 다국적기업들은 현지국가와 선량한 관계를 개선하는데 편리한 길을 열게 될 것이다.

제 5 부

기업의 환경경영

c/h/a/p/t/e/r

12

기업의 일반환경

기업은 환경과 상호작용하면서 존속·성장하는 개방 시스템(open system)이다. 기업은 협동적 조직시스템으로서 기업의 내부환경 및 외부환경과의 상호작용·교호작용을 통하여 성공을 추구하고 있다. 우선 기업은 여러 하위시스템 간의 상호작용을 통하여 목표달성 행동을 수행하고 있으며, 한편으로 기업은 환경과의 교호작용을 통하여 환경으로부터 생산에 필요한 자원을 제공받고, 생산활동에서 만들어진 재화나 서비스를 환경에 공급하게 된다.

환경은 기업에 대하여 한편으로는 사업성장의 기회(opportunity)를 제공하며, 다른 한편으로는 기업활동을 제약하는 위협(threats)을 가하기도 한다. 다시 말하면 사회환경은 잠재적으로 이용 가능한 자원과 정보를 제공할 수 있으나, 경영자가 환경에 대한 인식을 잘못하면 기업의 존속과 성장을 위협하는 제약요인이 될 수도 있다. 따라서 경영자는 경영환경을 정확하게 인식하고 적절하게 대응하지 않으면 안 된다.

제1절 경영환경의 개념과 중요성

기업은 사회에 존재하는 외부환경과 상호작용을 통하여 목표를 달성하는 유기체로서 모든 생산활동을 사회환경에 의존하고 있으며, 사회(환경)를 위하여 생산활동을 계속하면서 이윤을 창출하고 사회발전에 공헌하고 있다. 따라서 사회 없는 기업은 존재할 수 없으며, 기업 없는 사회는 발전을 기대할 수 없다.

경영환경은 기업의 의사결정과 경영활동에 직접·간접으로 영향을 미치는 외부요인으로서 환경요소가 다양하고 영향정도가 광범위하며 형태도 매우 복잡하다. 경영의 일반환경은 모든 기업에 공통적·보편적으로 영향을 미치는 환경요인으로서 경제적·정치법률적·사회문화적·윤리적·기술적·자연적 환경 등이 포함된다.

1 경영환경의 개념

1) 경영환경의 정의

환경(environment)이란 일반적으로 인간의 생활과 활동에 영향을 주는 외부적 상황이라고 정의하고 있다. 그러나 인간의 외부에 있는 모든 사물이나 조건을 환경이라고 할 수는 없으며, 그러나 외부적 조건을 인간생활이나 활동전개의 틀(frame)에 연결하여 접촉하고 이용하는 경우에 환경이 되는 것이다.

외계(外界: surroundings)와 환경은 다르다. 외계란 인간이나 조직과 같은 유기체를 둘러싸고 있는 모든 사물 및 현상(예: 공기, 바람, 돌 등)으로서 이는 유기체의 활동을 둘러싼 모든 요소의 집합이다. 이에 대하여 환경이란 외계의 사물이나 현상 중에서 유기체의 의사결정이나 행동에 유의적(有意的)인 관련성을 갖는 요인만을 의미한다. 그러므로 환경은 외계의 일부이며, 이에 대한 부분집합이 되는 것이다.

경영환경(business environment)이란 조직의 의사결정과 경영활동에 직접 · 간접적으로 영향을 주는 외부의 모든 요인이라고 말할 수 있다.[1] 다시 말하면 경영환경은 조직을 둘러싸고 있으면서 경영에 기회(opportunities)나 위협(threats)이 될 수 있는 각종의 조건 · 상황 · 세력들을 총칭한다. 이처럼 경영환경은 기업의 내 · 외부에서 경영활동에 영향을 미치는 요인으로서, 그러한 환경을 구성하는 요소는 매우 다양하고 광범위하다. 경영환경에는 어떠한 형태로든 기업과 관련하여 영향을 미치거나 영향을 받는 경제적 · 사회적 · 정치적 · 법률적 · 문화적 · 윤리적 · 기술적 · 자연적 측면의 모든 상황이 포함된다.

여기에서 경영환경의 특성을 살펴보면 첫째, 경영환경은 단일 환경요인에 의하여 영향을 받을 뿐 아니라, 다양하고 다차원적 요인에 의하여 영향을 받는 복합적인 영향력을 나타낸다. 둘째, 기업은 환경에 적응하는 수동적 관계만이 아니고, 상호작용에 의하여 적극적으로 환경의 변화를 유도할 수도 있다. 따라서 경영조직이 생존과 성장을 유지하기 위해서는 기업을 둘러싸고 있는 경영환경을 올바르게 인식하고 이를 토대로 환경적응을 도모하지 않으면 안 된다.

---

1) D. Hellriegel and J. W. Slocum, Jr., *Managemet*, 10th ed., Addison-Wesley, 1996, p. 77.

2) 경영환경의 중요성

오늘날 경영환경은 매우 복잡하고 다양하며 그 범위도 확대되어 가고 있다. 특히, 기업은 변화하는 환경에 적응하지 않으면 생존·성장할 수 없기 때문에 경영환경과 기업과의 관계는 매우 중요한 의미를 갖는다. 급변하는 경영환경에 적절한 대응을 강조하는 중요성을 다음과 같이 설명할 수 있다.

(1) 의사결정의 곤란

급변하는 기술의 변화·경쟁의 심화는 경영자의 환경예측과 대책수립에 있어서 의사결정을 곤란하게 만들고 있다.

(2) 사회적 책임의 강조

기업의 경영활동이 인간생활에 미치는 영향이 증대함에 따라 기업의 사회적 영향을 고려하게 된다. 즉, 기업은 사회(환경)로부터 많은 혜택과 지원을 받으면서 경영활동을 영위하고, 사회와 더불어 이윤추구를 성취해 가고 있으므로 환경을 이해하고 예측하며 환경에 대하여 책임을 다하지 않으면 안 된다.

(3) 정부의 규제강화

경제적·사회적·문화적 환경의 신속한 변화와 더불어 대중의 소비생활 패턴이 바뀌면서 소비자들의 안전과 편의를 위해 기업의 경제활동에 대한 정부의 규제가 강화되고 있다.

(4) 환경오염에 대한 인식증대

기업의 생산활동 과정에서 각종 오염물질이나 유해물질의 배출로 인하여 산업공해를 유발시켜 생태계를 파괴하고 인간생명을 위협함에 따라 환경파괴에 대한 사회적 인식이 증대하고 있다. 이는 경영자의 환경관리에 대한 새로운 과제로 등장하게 되었다.

(5) 환경표준화의 실시

선진국들은 지구환경 보호문제를 무역과 연계시켜 다자간 국제무역 질서를 표준화하기 위해서 그린라운드(GR)를 출범시켜 국제적 차원에서 기업의 환경보호를 유도하고 있다. 이것은 국제표준화기구(ISO)에서 환경관련 규격을 통일하여 환경인증을 주는 제도로서 기업경영 전반에 대하여 평가한다는데 의의가 있다.

그러므로 경영자는 이와 같은 환경의 중요성을 이해하고 환경변화에 대한 분석·예측하는 기법과 능력을 습득하는 것이 보다 중요한 과제이다.

제2절 경영환경의 변화

21세기 기업들은 정보화·세계화의 진전에 따라 기술혁신과 시장수요에 있어서 무한경쟁의 새로운 환경변화의 국면에 직면하고 있다. 환경은 기업에 대하여 사업성장의 기회(opportunity)를 제공하기도 하고, 한편 기업활동을 제약하는 위협(threats) 요인이 되기도 한다. 다시 말하면 환경은 잠재적으로 이용 가능한 자원과 정보를 제공할 수 있으나, 경영자가 환경의 실체에 대하여 잘못 인식하게 되면 의사결정을 그르치게 되어 기업의 성장과 생존을 위협하는 제약요인이 될 수 있다.

경영환경은 살아있는 동태적 특성을 지니고 있으며, 특히 오늘날처럼 급변하는 난기류(turbulent)의 환경변화는 경영자가 예측할 수 없을 뿐 아니라 대응방법을 판단하기 어려운 위협적인 결과를 초래할 수 있다.

경영자는 세계경제의 변화, 정부의 기업규제 동향, 경쟁기술이나 기업의 출현, 노동조합의 요구 변화 등의 급격한 변화에 대하여 예의 주시하고 환경변화에 조직적으로 대처할 수 있는 전략적 접근방법을 개발하여야 할 것이다.

1 경영환경 변화의 동태성

1) 환경변화의 동태성 이해

기업경영에 있어서 경영환경이 더욱이 중요시되는 이유는 기업경영에 영향을 미치는 경영환경이 끊임없이 변화하기 때문이다. 만일 경영환경이 변화하지 않고 안정된 상태를 유지한다면 기업이 환경에 능동적으로 대응하지 않아도 될 것이다. 그러나 오늘날 기업을 둘러싼 환경요인들은 변화의 강도와 속도에 있어서 매우 동태적으로 변화하고 있다. 동태적으로 변화하는 경영환경은 기업의 경영의사결정에 충격적인 영향을 미칠 뿐 아니라, 기업과 사회의 관계에 여러 가지 사회적 파장을 일으키게 된다.

오늘날 경영환경의 변화는 동태성(dynamics)의 개념으로 이해하여야 한다. 경영환경의 동태성이란 현대 산업사회에서 나타나고 있는 경영환경 범위의 확장, 복잡성의 증대, 변화의 가속화 등에 의해서 촉진되고 있는 복합적 현상을 일컫는다. 이러한 현상은 산업사회가 발전하면서 사회의 경제제도, 산업기술, 생활양식의 변화에 따라 사회경제적 변화가 일어나고, 사회경제적 변화는 사회구성원의 태도와 행동의 변화를 가져오며, 사회구성원의 태도와 행동의 변화는 여러 가지 사회운동으로 확산된다. 다양한 사회운동은 새로운 법률 · 경제 · 사회제도의 변화를 요구하게 되므로 전반적인 경영환경의 변화를 촉진하게 된다. [그림 12-1]에서 경영환경의 동태성과 기업의 관계를 보여주고 있다.

[그림 12-1] 경영환경의 동태성

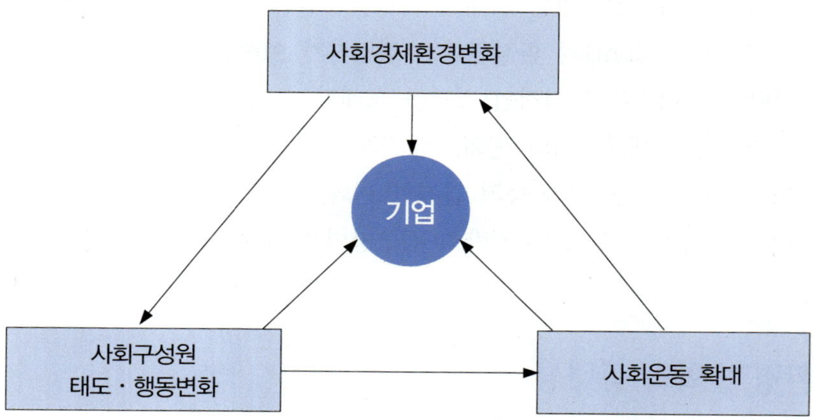

2) 동태적 환경변화의 영향관계

환경변화의 영향관계를 다음과 같이 요약하여 설명할 수 있다.

① 사회경제적 환경의 변화는 교육수준의 향상, 소득의 증대, 기술의 발전, 생산성의 향상, 인구의 증가 등이 기업경영의 영향요인으로 작용하게 된다.

② 구성원의 태도와 행동의 변화는 사회의 소득 및 교육수준의 향상, 자동차, 가전제품 등의 기술발달에 의한 생활양식의 변화에 따라 구성원들의 가치관이나 태도의 변화에 영향을 미치고, 이는 기업의 경영이념이나 구성원의 의식구조에 반영된다.

③ 사회운동의 확산은 사회구성원들의 권리의식의 증대와 가치관의 변화에 따라 사회의 어떤 주체적 사회집단으로 하여금 사회운동을 촉발하도록 하는 것을 일컫는다. 현대 산업사회에서 흔히 전개되고 있는 사회운동으로는 노동운동, 소비자보호운동, 생태환경보호운동, 인권보호운동, 남녀평등주의운동 등을 들 수 있다. 현대의 다원화 사회에 있어서 이러한 사회운동은 기업이나 정부의 의사결정에 대하여 중대한 영향을 미치게 된다.

따라서 경영자들은 개별 환경요인의 변화를 이해하려 하기 보다는 환경변화의 동태적 메커니즘을 이해하고 넓은 시야에서 접근하여 경영환경의 변화를 능동적으로 대응해 나아가야 할 것이다.

2 경영환경 변화의 대응방법

기업은 다양한 경영환경의 변화에 대응하면서 성장·발전하고 있으며 또한 기업과 경영환경은 상호의존적 관계를 유지하고 있다. 즉, 기업과 사회는 상호작용을 통하여 서로 영향을 주고 받는다. 따라서 기업이 계속적으로 목표를 달성하고 성장하기 위해서는 경영환경의 변화에 적합하게 적응해야 하며 환경변화를 기업활동의 유리한 기회로 변환시키는 것이 바람직하다.

현실적으로 기업들은 환경변화에 대하여 다양한 방식으로 대응하는 것으로 나타나고 있다. 어떤 기업은 환경이나 사회로부터 오는 압력에 대하여 민감하게 대응하지 않고 기본 경영 패턴을 유지하려 하고, 다른 기업은 외부환경의 강력한 압력에 어쩔 수 없이 변화를 시도하며, 또 어떤 기업은 환경변화에 적극적으로 대응하여 자기 기업에 유리한 방향으로 유도하려 노력하고 있고, 또 다른 기업은 변화하는 환경이나 사회의 기대와 요구에 기업의 목표를 조화시키려 노력하고 있다.

이러한 기업의 환경변화 대응양식은 비적극적 대응, 반응적 대응, 사전행동적 대응, 상호작용적 대응으로 구분하여 설명할 수 있다.[2]

1) 비적극적 대응

비적극적 대응(inactive response)은 기업의 환경변화에 의한 압력이나 사회의 비난에 대하여 강력하게 반발하고 기업의 정책이나 전략의 변화를 거부하는 대응방식이다. 예를 들면 사회로부터 기업의 주력제품에 대하여 생산을 금지하도록 압박하는 경우에 회사의 존립을 위해서 극단적인 전략으로 대응하는 방식이다.

2) 반응적 대응

반응적 대응(reactive response)은 기업이 예기치 않은 중대한 환경변화에 대하여 사후적으로 대처하려는 대응방식이다. 어떤 기업들은 환경변화의 압력정도를 파악하여 압력이 강화될 때까지 의도적으로 기다리면서 적절하게 반응하려는 방식을 취하고 있다.

3) 사전행동적 대응

사전행동적 대응(proactive response)은 기업이 경영활동에 영향을 미칠 수 있는 환경변화를 미리 예측하고 이러한 환경변화가 경영활동에 유리한 방향으로 이루어질 수 있도록 영향력을 행사하는 대응방식이다. 예를 들면 경영활동에 커다란 영향을 미칠 수 있는 정부의 정책변화가 예상되는 경우에 대정부 설득이나 로비를 통하여 정부의 정책결정에 영향력을 행사는 방식이다.

---

2) W. C. Frederick, K. Davis & J. E. Post, *Business and Society: Corporate Strategy, Public Policy, Ethics*, 6th ed., New York: McGraw-Hill, 1988, pp. 100~103.

4) 상호작용적 대응

상호작용적 대응(interactive response)은 기업이 예상되는 환경변화에 조화할 수 있도록 기업의 정책이나 목표를 미리 조정해 나가는 대응방식이다. 이러한 대응방식은 기업에 대한 사회적 기대와 기업의 경영관행 간의 격차를 줄임으로써 기업과 사회의 우호적 관계를 형성하도록 노력하는 방식이다.

3 우리나라 경영환경 변화의 전망

미래학자들은 21세기의 사회변화를 정보화 사회의 도래, 경제의 세계화와 세계경제의 침체, 노동운동 및 여성운동의 확산으로 약자의 권리신장, 환경오염 규제의 심화, 중앙집권사회에서 지방분권사회로 전환, 정보망의 발달로 피라미드형 계층구조에서 네트워크형 구조로의 변환 등을 점치고 있다. 이러한 미래사회에 대한 예측들은 앞으로 우리나라의 경영환경 변화에도 상당한 부분 전망이 가능할 수 있으며, 특히 21세기를 맞는 우리나라 기업들에 있어서 다음과 같은 환경변화가 두드러지게 나타날 것으로 전망되고 있다.

1) 정보통신기술의 발달

정보통신기술의 발달로 글로벌 경영에 있어서 의사결정의 신속성 · 정확성을 확보할 수 있으며, 컴퓨터시스템에 의한 로봇화, 전문가 시스템, 인공지능, 컴퓨터 통합제조설계 등이 기업경영에 응용됨으로써 생산 시스템이나 조직 시스템에 커다란 변화가 예상되고 있다.

2) 자유시장경제체제의 진전

자유시장경제의 원리를 존중하여 경제활동에 대한 정부의 직접적인 규제나 개입을 줄이면서 금융자율화, 공기업민영화와 함께 경제력집중의 완화, 업종전문화, 산업구조개편, 경영민주화 등을 유도하려는 산업정책을 강화할 것이다.

3) 다원화 사회의 도래

사회가 다원화되면서 기업을 둘러싼 다양한 이해관계자들의 요구가 강화됨으로써 보다 투명하고 책임있는 기업경영이 요구될 것이다. 즉, 노동조합운동, 소비자운동, 환경보호운동, 지역사회운동 등 다양한 이익단체들의 운동이 활성화되면서 기업활동에 보다 큰 압력을 행사할 것이다.

4) 세계화 경제체제의 발전

WTO체제의 출범으로 국내시장의 개방과 글러벌화가 촉진되고, EU, NAFTA(북미자유무역협정), APEC(아시아태평양 경제협력체) 등 세계경제의 블록화가 진행되는 등 세계경제가 개편되면서 기업들은 제품의 품질이나 가격에 있어서 세계수준의 경쟁력을 갖추지 않으면 생존을 위협받게 될 것이다.

5) 자연환경 규제의 강화

21세기의 가장 중요한 사회경제문제는 환경오염의 문제가 될 것이다. 경제성장은 환경오염이라는 대가를 치르게 되며, 환경오염은 어느 한 나라의 노력만으로 해결될 수 있는 일이 아니다. 국제표준화기구 내에 설치된 환경관련 기술위원회가 국제적 협력을 통하여 환경오염 규제를 강화해 나아갈 것이다. 기업들은 환경오염을 방지하기 위한 투자와 노력을 기울이지 않으면 안 될 것이다.

21세기에 예상되는 이러한 경영환경의 변화는 지금까지의 한국기업들이 새로운 모습으로 다시 태어나는 기업변신을 요구할 것이다. 앞으로 우리 기업들이 세계화 경영에서 경쟁력을 유지하기 위해서는 기술개발 · 시장개척에 집중할 뿐만 아니라, 기업내부의 공정성과 외부의 사회적 정당성을 제고하는 노력을 강화해야 할 것이다.

제3절 일반적 경영환경

경영환경은 일반적으로 조직경계를 중심으로 내부환경과 외부환경으로 분류하기도 하고, 기업에 미치는 영향의 범위에 따라 내부환경, 이해관계자 환경, 일반환경으로 분류하기도 한다. 내부환경은 종업원, 조직구조, 기술시스템, 정보시스템, 기업문화와 같은 조직경계 내부에 존재하는 여러 가지 세력들을 말하며, 이해관계자 환경은 기업의 경영활동과 관련하여 거래 또는 교류를 통하여 직접적인 이해관계를 가지거나 상호의존관계에 있으면서 영향을 미치는 모든 개인 및 조직을 일컫는다.

우리는 제7장과 제8장에서 기업의 내부 및 외부 이해관계자환경에 대하여 다루었으며, 이 장에서는 기업의 일반환경에 대하여 살펴보기로 한다.

일반적 경영환경은 모든 기업에 보편적으로 광범위하게 영향을 주어 경영활동에 간접적인 영향을 미치는 모든 외부환경요인을 말하며, 거시적 환경(macro environment)이라고도 한다. 일반적 환경은 기업을 둘러싸고 있는 외부 시스템 전체를 포괄하며, 경영자가 직접 통제할 수 없는 특성을 지니고 있기 때문에 그들의 기대와 요구에 적절히 대응하지 않으면 안 된다.

일반적 경영환경은 ① 경제적 환경, ② 정치법률적 환경, ③ 사회문화적 환경, ④ 기술적 환경, ⑤ 윤리적 환경, ⑥ 자연적 환경 등이 포함된다.

1 경제적 환경

경제적 환경(economic environment)이란 경영활동에 직접적인 영향을 주는 전반적인 경제 시스템을 말한다. 국민경제에 있어서 생산활동을 수행하는 기업은 자유시장경제체제에 있어서 시장으로부터 원자재, 기계시설, 노동력, 경영자본 등의 자원을 공급받으며, 기업이 생산한 제품이나 서비스는 역시 시장을 통하여 판매하고 있다. 따라서 기업은 시장조건이나 경기변동 등의 경제적 환경에 직접적이고 즉각적인 영향을 받는다. 이러한 경제적 환경요인에는 경제체제, 경제성장, 산업구조, 국민총생산, 재정금융정책, 시장, 인플레이션, 소비성향 변화, 경쟁상황, 수출입동향, 외환상황 등 다양한 요인이 포함된다.

1) 경제체제

우리의 경제체제는 자유자본주의 경제체제에 바탕을 둔 자유기업제도(free enterprise system)로서 사유재산제, 영리주의 및 자유경쟁을 기본원리로 하고 있다. 즉, 영리를 추구하는 기업은 생산시설을 사유화하고, 생산된 제품의 수량과 가격은 시장에서 '보이지 않는 손'(invisible hands)에 의하여 자동적으로 조절된다. 따라서 모든 생산활동은 시장의 수요와 공급에 의한 시장 메커니즘(market mechanism)을 통하여 결정된다.

모든 재산을 국가가 소유하고, 생산 및 유통활동이 국가에 의해서 중앙집권적으로 계획 · 통제 · 관리되는 사회주의체제와는 달리, 자본주의 경제체제 하에서의 기업은 정부의 최소한의 규제와 통제를 원칙으로 하고, 시장을 통하여 생산에 필요한 여러 자원을 얻는 반면, 그들이 생산한 재화를 역시 시장을 통하여 판매하고 있다. 따라서 기업활동은 이러한 시장조건에 따라 영향을 받지 않을 수 없으므로 경기변동에 따른 호황이나 불황에 대처하는 기업의 성장전략이 마련되어야 한다.

2) 경제성장

경제성장(economic growth)은 생활수준의 향상을 위한 재화 및 서비스의 생산이 증대하고 일반 소비대중의 실질소득이 증가하는 것을 말한다. 즉, 국민총생산(gross national product: GNP) 및 국민소득(national income: NI)의 증대에 의해서 국가사회 구성원의 경제적 복지가 향상되는 것을 의미한다.

경제성장에 따라 국민총생산이 증가하고 국민소득이 향상되면 유효수요(effective demand) 또는 구매력이 창출되어, 결과적으로 기업의 성장과 확장을 유발하는 요인으로 작용하게 된다. 이러한 기업의 성장과 확장을 유발하는 생산의 증대는 고용창출과 소득수준의 향상을 가져오게 되어 결국 국민경제의 성장을 실현하게 된다. 그러므로 경제성장과 기업발전은 상호불가분의 관계에 있는 것이다.

3) 산업구조

산업구조(industrial structure)는 한 나라의 국민경제 내에 여러 산업이 어떠한 비중으로 구성되어 있는가를 나타내는 것이다. 한 나라의 경제는 여러 산업으로 구성되어 있으며, 기업들은 특정의 업종에 속하여 산업을 형성하고 있다. 산업의 분류는 일반적으로 기업이 수행하는 활동이나 생산하는 제품의 유형에 따라 나누어지는데, 이는 제1차산업(농·림·수산업), 제2차산업(광·공·건설업 및 전기·가스업) 및 제3차산업(운수·통신·상업 및 금융·서비스업)으로 나누는 가장 기본적인 분류법이다.

산업구조가 경제적 환경으로서 중요한 의미를 갖는 것은 한 나라의 경제를 주도하는 산업이 어떠한 것인가에 따라 그 산업에 속한 기업들의 경영활동과 경영전략이 직접적인 영향을 받기 때문이다.

4) 재정금융정책

정부는 경기변동의 여건에 따라 적절한 재정금융정책을 통해 재정지출, 조세, 통화공급 및 금리의 조정 등으로 경기의 부양과 진정을 주도하고 있다. 즉, 정부와 한국은행은 경기가 과열되면 금리를 인상하고 통화를 수축하여 경기를 안정시키려 하고, 반대로 경기가 장기간 침체하여 소비시장이 냉각되고 기업의 가동률이 떨어지면 경기부양을 위하여 금리를 인하하고 통화를 공급하여 경기활성화를 촉진하는 금융정책을 동원하고 있다.

따라서 기업의 성장과 위축은 이러한 경기변동에 따른 금융정책의 영향을 받게 되므로 기업은 경기변동을 예측하여 성장 또는 안정전략으로 미리 대처해 나아가야 한다.

5) 시 장

시장(market)은 기업이 생산한 재화나 서비스의 매매교환이 이루어지는 유형·무형의 기구이며, 상품의 수요와 공급이 이루어지는 시스템이라고 할 수 있다. 시장의 유형에는 노동시장, 소비재시장, 생산재시장, 증권시장 및 금융시장 등 넓은 의미의 추상적인 시장이 있으며, 이에 대하여 상품의 매매가 직접적으로 이루어지는 좁은 의미의 구체적인 시장이 있다.

기업은 경쟁기업의 경영전략과 경영활동을 과학적으로 조사·분석하여 시장정책을 수립하고, 기술혁신과 신제품의 개발에 의해서 시장점유율(market share)을 높이고 확대해 나아가야 한다. 따라서 기업경영에 있어서 시장문제의 중요성을 인식하고, 경쟁적 우위를 확보하기 위해서 시장조사·제품계획·광고·가격결정·판매정책 및 소비자 행동에 대한 연구가 필요하게 된다.

요컨대 기업의 경영활동은 그 기업이 속하고 있는 경제적 환경의 기회와 위협에 의하여 커다란 영향을 받는다. 따라서 경영자는 그 밖에 중요한 경제요인으로서 인플레이션, 유통구조, 이자율, 환율, 소비성향의 변화, 수출입동향 및 국제무역 환경 변화 등에 대한 충분한 이해와 대비가 필요할 것이다.

2 정치법률적 환경

정치(politics)란 권력을 이용하여 사회(국가 · 산업 등)의 목표를 설정하고 그 목표와 관련된 당사자들의 이해를 조정하며 합의를 유도하여 사회의 목표달성을 실현하는 것이다. 권력(power)은 어떤 개인이나 집단이 자신이 원하는대로 다른 개인이나 집단에게 행동하도록 영향을 미칠 수 있는 잠재능력을 말한다. 이러한 권력은 어떤 사회문제를 해결할 수 있는 사회적 자원이며, 질서의 원천이 될 수 있다. 따라서 정부는 정치적 목표를 달성하기 위하여 법률을 제정하고 법률적 권력을 이용하여 사회구성원인 개인이나 조직(예: 기업)의 의사결정이나 행동방향에 영향을 미친다.

정치법률적 환경(political-legal environment)은 여러 가지 법률적 규제와 행정적 조치를 말한다. 정부는 법률을 제정하여 기업에 대하여 의무를 부여하기도 하고, 한편 자유로운 경제활동을 보호 · 지원하는 역할을 하기도 한다.

정치법률적 환경을 형성하는 행정부나 입법부의 공직자들은 그들의 신념이나 사회적 가치에 따라 법령을 제정하여 시행함으로써 기업의 경영활동에 영향을 미치고 있다. 그러므로 정부의 정책과 방침, 법률제도, 각 정치집단의 기업활동에 대한 태도 등은 기업의 전략적 의사결정이나 기업의 행동방향 결정에 매우 중요한 영향을 미치게 된다.

정치법률적 환경은 정부의 입법활동에 의하여 기업의 경영활동을 촉진하거나 규제하는 두 가지 측면에서 매우 중요한 역할을 하기 때문에 경영자가 주의깊은 관심을 가져야 한다.

첫째, 기업활동을 촉진하고 보호하며 지원하는 긍정적 역할을 수행한다. 정부는 기업의 생산활동을 촉진하기 위해서 사회간접자본 시설, 산업공단 조성, 첨단기술 개발, 조세감면, 수입제한, 관세부과, 반덤핑규제 등의 법률적 · 행정적 지원을 하고 있다.

둘째, 기업활동을 제약하거나 규제하는 부정적 역할을 수행한다. 정부는 소비자의 안전과 건전한 사회질서를 유지하기 위하여 기업의 공해배출, 소비자 안전위협, 독과점행위, 불공정거래, 허위과대광고 등을 엄격하게 규제하고 있다.

한편 우리나라의 경영환경은 국제화 · 개방화 시대를 맞아 우루과이라운드(UR), 환경문제(GR), 기술문제(TR), 노동관계 문제(BR), 경쟁관계 문제(CR) 등의 다섯 가지 라운드의 어려운 파도를 극복하지 않으면 안 되는 처지에 있다. 한편 정치법률적 환경측면에서도 공정거래, 소비자보호, 환경보호 등 기업활동 규제법이 강화되고 있으며, 또한 소비자단체, 시민운동단체, 사회운동단체 등 이해관계집단의 활동이 크게 강화되고 있다.

3 사회문화적 환경

사회문화적 환경(socio-cultural environment)은 사회를 구성하는 인간이 이룩한 사회와 문화에 관련된 요인에 의하여 형성되는 환경으로서, 사회문화적 환경은 사회를 구성하는 개인이나 집단의 행동에 영향을 주는 사회의 가치관 · 전통 · 관습 · 규범 · 사회제도 · 사회적 태도 등에 의하여 결정된다. 이러한 요인들은 기업구성원의 행동이나 소비자의 행동패턴에 영향을 미치게 되며, 나아가서 기업 이미지나 사회여론을 형성하는 바탕이 된다.

1) 사회적 환경

사회(society)란 인류(인간)가 서로 협력하고 공동으로 생활하는 공동체를 말한다. 일찍이 아리스토텔레스가 인간을 '사회적 동물'이라고 지적한 바와 같이, 사실상 인간은 보다 나은 생활을 영위하기 위해서 집단을 형성하여 다른 사람과 상호작용하고 사회관계(social relation)를 맺으면서 살아가고 있다.

사회적 환경은 기업을 둘러싸고 있는 각종 사회적 집단 · 제도 · 태도를 포함한다. 사회적 집단은 구체적으로 노동조합 · 경제단체 · 동업자협회 · 언론단체 · 종교단체와 같은 사회적 공동체가 있고, 사회적 제도는 교육제도 · 종교제도 · 정치제도 · 사회제도 등의 사회적 관행이 있으며, 그리고 사회적 태도로는 전통·관습·가치관과 같은 사회적 행동기준이 있다.

사회적 환경의 영향요인으로는, ① 전통지향적 가치관 때문에 기술혁신을 통하여 개발된 신제품의 수용을 기피하거나 지연시키는 경우가 있다. ② 사회계층에 따라 저마다 다른 생활양식이나 소비패턴을 갖는 경향이 있다. ③ 준거집단의 영향을 받아 다른 사람들과 서로 다른 행동양식을 갖기도 한다. ④ 사회적 태도에 따라 사회생활이나 직무수행에 접근하는 태도에 다른 영향을 미칠 수 있다는 것 등이다.

그러므로 경영자는 기업의 구성원이 보다 능률적이고 의욕적으로 일하도록 사회적 환경요인을 분석하고 파악하여 적절히 대처하여야 할 것이다.

2) 문화적 환경

문화(culture)란 사회구성원들이 공통적으로 지니고 있는 가치관과 신념, 이념과 관습, 그리고 지식과 기술을 포함하는 거시적이고 종합적인 개념으로서 사회구성원의 행동형성에 영향을 미치는 중요한 요소이다.[3] 따라서 문화는 사회구성원의 행동과 사회체계를 형성하고 이들을 연결·조정하는 총합요소라고 할 수 있다.[4]

문화적 환경(cultural environment)은 구성원들의 행동패턴을 규제하는 인간의 가치체계(value system)로서 지식·신념·예술·윤리·도덕·관습 등을 포함한다. 이러한 문화적 환경은 사회 또는 집단의 문화적 조건의 차이에 따라 구성원의 가치관이 달라지기 때문에 기업에 미치는 영향도 달라지게 된다. 경영자는 조직구성원들의 가치체계를 이해함으로써 대인관계에 영향을 줄 수 있고, 문제에 대한 해결의 실마리를 찾을 수 있게 되며, 조직구성원의 합리적인 지휘·통제가 가능하게 된다. 특히 세계화 시대에 있어서 경영은 현지화를 지향해야 하기 때문에 인종·종교·전통과 같은 문화적 환경에 대한 이해가 무엇보다도 중요시되고 있다.

---

3) D. Light. Jr. and S. Keller, *Sociology*, New York: Alfred A. Knopf, 1975, p. 82.

4) Talcott Parsons, *Culture and Social System Revisited*, in L. Schneider(ed.), *The Idea of Culture on the Social Science*, London: Cambridge University Press, 1973, pp. 33~45.

4 기술적 환경

기술(technology)이란 원자재, 물적 시설, 노동력, 정보 등의 투입물을 제품이나 서비스로 변형시키는데 사용되는 지식·기구·기법·작업을 일컫는다. 구체적으로 기술은 어떤 작업집단에 투입된 자원을 필요한 산출물로 변형시키는 일련의 원리와 기법(principles and technology)을 의미하며, 기술에는 시스템의 운영, 자재와 설비, 그리고 지식(knowledge)이 모두 포함된다.[5] 여기서 말하는 자원의 변형과정은 작업집단 또는 작업의 흐름이라는 조직활동을 수반하게 된다. 따라서 기술에 대한 정의는 기술 자체의 특성뿐만 아니라 기술지식의 활용까지도 포함하는 개념으로서, '기술적 지식이 생산방법으로 이전된'(transition of technological knowledge into method of production) 현상까지 포함하여 정의하는 것으로 실제 응용에 중점을 두고 있다.

기술적 환경(technological environment)이란 기업에 영향을 미치는 산업기술의 수준 또는 상태를 말한다. 기술수준이 높으면 특정의 목적을 보다 능률적으로 달성할 수 있게 되며, 기술수준이 향상되지 않으면 제품의 경쟁적 우위성을 기대할 수 없게 된다. 다시 말해서 사회의 전반적인 기술환경은 그 사회가 생산할 수 있는 상품이나 서비스의 수준을 결정짓게 되며, 조직의 제품은 그 사회의 기술환경에 의하여 제약을 받는다. 따라서 오늘날 대부분의 기업들은 경쟁력을 강화하기 위한 주된 수단으로 기술혁신을 서두르고 있으며, 산업에 따라서는 기술개발을 기업의 사활을 결정할 만큼 중요한 요인으로 다루고 있다.

오늘날 산업과 사회에 지대한 영향을 미치는 과학과 기술의 발전은 컴퓨터, 레이저광선, 반도체, 위성통신, 원자력, 산업용 로봇, 우주항공, 유전자공학 등에서 사례를 찾아 볼 수 있다. 고도의 기술개발능력을 보유하고 있는 기업은 새로운 기술환경 변화에 신속하게 대응할 수 있고, 스스로 기술혁신을 할 수 없는 기업은 생존에 위협을 받게 될 것이다.

5) 문화(culture)란 어떤 집단의 구성원을 다른 집단의 구성원과 구별할 수 있는 공유된 특성이나 가치관으로 구성된다. 가치(value)는 개인이 어떤 의미를 갖는 기본적 신념으로서 시간적으로 비교적 안정적이다. 가치체계는 상호간에 양립될 수 있는 복수의 신념(가치)으로 구성된다.

1) 기술혁신

오늘날 기술혁신은 새로운 제품·원료·공정 등의 개발에 영향을 주어 관련 산업의 변혁을 가져오고, 인류의 복지향상에 지대한 공헌을 하고 있다.

기술혁신(technological innovation)이란 흔히 기술개발·기술발전이라는 용어와 동의어로 사용되기도 한다. 혁신이란 용어는 슘페터(J. A. Schumpeter)[6]에 의하여 사용된 경제적 개념으로서 그는 경제·사회에 현저한 이익을 가져오는 새로운 기술의 출현을 기술혁신으로 보고 있으며, 제품, 생산공정, 판매경로, 경영조직, 원료공급원 등을 구체적인 기술혁신의 예로 들고 있다. 한편, 마이어즈와 마퀴스(S. Myers and D. G. Marquis)는[7] "기업이 새로운 재화나 서비스를 생산하거나 새로운 생산방법이나 투입요소를 이용하여 기술적 변화를 가져오는 상대적으로 새로운 것"을 기술혁신으로 보고 있다.

이러한 기술혁신의 견해를 요약해 보면 ① 새로운 원재료 및 소재를 사용한 제품의 생산, ② 기존제품에 대한 성능의 개량, ③ 소비자의 수요에 부응하기 위한 기존제품의 개선·응용, ④ 소비자의 새로운 요구에 따른 신제품개발, ⑤ 기존 제품의 개선·개량, ⑥ 생산비용 절감을 위한 새로운 공정의 개발 등의 내용을 포함한다.

따라서 경영자는 기술혁신의 중요성, 기술투자의 경제성을 충분히 이해하고 보다 효율적으로 기술혁신을 성공시킬 수 있는 기술경영관리에 초점을 두어야 한다. 여기에서 기술경영(technology management)이란 기업의 경쟁력을 높이기 위해서 신기술의 창출과 기존기술을 개선하는 전반적인 혁신과정을 전략적으로 관리하는 경영활동을 말한다.

기술경영은 기업의 전체 사업계획에 바탕을 두어야 하므로 사업투자 프로젝트와 기술개발 프로젝트를 연계하여 고려하여야 한다. 즉, 기술경영은 기업의 전략적 목표와 기술개발전략에 필요한 자원배분이 함께 고려되어야 한다. 따라서 기술경영은 기술경영전략과 기술개발전략으로 구분하여 살펴볼 필요가 있다.

기술경영전략은 사회의 기술발전과 시장변화에 대응하고 경쟁력을 향상시키기 위해서 기업이 환경변화의 기회와 위협을 분석하고 효과적으로 대응하며 경쟁적 우위와 승리를 확보할 수 있는 기술차원의 경영전략을 말하며, 기술개발전략은 기업

6) J. A. Schumpeter, *Business Cycle*, New York: McGraw-Hill, 1939, p. 106.
7) S. Myers and D. G. Marquis, *Successful Industrial Innovation*, Washington D. C.: Nation Science Foundation, NSF 69-17, 1969.

의 목표달성을 위하여 기술환경 변화에 대응하고 기술경쟁의 우위를 유지할 수 있는 기술차원의 개발전략을 말한다. 따라서 경영자는 시장 및 기술환경 변화를 예측하여 기술경쟁력을 향상시키기 위해 기술혁신 · 기술개발을 촉진할 수 있는 기술경영체제를 확립하여야 한다.

2) 기술도입

기술도입(technology introduction)이란 다른 나라로부터 대가(기술료 · 로열티)를 지급하고 선진기술을 도입하는 것을 말하는 것으로서, 흔히 선진국의 기술이전을 받아들이는 개발도상국의 수용자 입장에서 사용하는 용어이다. 기술이전(technology transfer)은 "새로운 기술의 활용을 위해서 새로운 기술의 사용자가 기술의 대가를 지불하고 기술을 응용하는 것"이라고 정의할 수 있다.[8]

국제간 기술이전에 있어서 기술제공과 함께 경영권 지배가 어느 정도 개입되느냐에 따라 외국지사, 직접투자, 외국인 지배의 합작투자, 국내인 지배의 합작투자, 국내기업의 외국기술 도입, 순수 국내기술의 국내기업 도입 등으로 분류되며, 각 경우별로 기술이전의 형태가 달라진다.

선진기술의 도입은 기술개발 비용을 절약하고, 생산성을 향상시키며, 기업의 경쟁력을 높일 수 있다. 그리고 수출의 증대와 수입대체효과를 얻을 수 있으며 기술능력을 향상시킬 수 있는 효과가 있다. 따라서 기술도입의 효과를 극대화하고 기술도입의 흐름을 촉진하기 위해서는 미래지향적인 기술이전전략과 장기적 기술개발전략을 효과적으로 결합하여 탄력성 있게 실시해 나가야 한다.

우리나라와 같이 중화학공업의 선진화를 통한 수출주도형 전략산업을 중점적으로 개발 · 육성해 가고 있는 경우는 우선적으로 선진국의 기술을 도입하여 새로운 기술과 지식을 습득하고, 이를 확산하여 선진기술의 토착화를 기하고, 자주적인 기술개발능력을 강화하여 기술력을 개량해 나가는 것이 바람직하다.

8) S. Gee, "The Role of Technology Transfer in Innovation", *Research Management*, November 1974, pp. 32~36.

5 윤리적 환경

윤리(ethics)는 사회에서 일반적으로 받아들여지고 보편적으로 실천되고 있는 개인행동에 관한 일련의 표준 내지는 기준이다. 이는 넓은 의미로 '개인의 행동에 관한 원칙'으로서 보편적으로 널리 적용될 수 있고, 여러 사람의 행동을 비교할 수 있는 기준이 된다. 이에 대하여 행동의 기준으로서 도덕은 윤리와 동의어처럼 쓰이고 있으나 실제로는 구분되어야 한다. 도덕은 어떤 사회에 있어서 일반적으로 받아들여지고 있는 행동관행이나 올바른 삶(right living)을 뜻한다. 그러므로 여러 사회가 각기 다른 도덕적 표준을 발전시켜 놓고 있기 때문에 어떤 사회에서 도덕적인 것이 다른 사회에서는 비도덕적인 것으로 될 수 있다.

어떤 사회에 있어서 사람들의 행동을 올바르게 이끌어 줄 윤리적 기준이 확립되어 있다는 것은 바람직한 일이며, 만일 이러한 윤리기준이 제대로 확립되어 있지 않다면, 개인들은 여러 가지 갈등과 혼란으로 건전한 사회발전을 기대할 수 없을 것이다. 이와 같은 윤리기준은 법에 의하여 강행되지 않고 있으므로 사람들이 자율적으로 지키지 않으면 무의미하게 된다. 따라서 경영자나 종업원 또는 모든 사람이 사회인으로서 건전한 윤리의식을 가지고 그에 따라 행동하지 않으면 안 된다.

한편 사회가 변화함에 따라 가치관이 변화하게 되고, 이에 따라 윤리 자체나 이에 대한 가치관도 달라질 수 있다. 예를 들면 서구인들의 청교도적 윤리관이나 우리나라 사람들의 전통적 유교사상도 현대화 또는 선진화 과정에서 크게 변질되어 가고 있다. 그러므로 중요한 것은 윤리적 표준도 불변의 상태로 남아 있는 것이 아니라, 외적인 여러 요인과 인간의 내적 요인의 상호작용을 통해서 꾸준히 변화해 가고 있다는 사실이다. 그러므로 윤리적 결정이란 어떤 절대적인 기준에 따라 이루어지는 것이 아니라, 그것이 형성되는 특정 상황에 따라 부분적으로 이루어져야 한다고 보는 상황윤리(situational ethics)를 주장하는 경우도 있다.

기업이나 사회조직들은 어떤 윤리강령(code of ethics)을 제정하여 실천함으로써 그들이 제공하는 서비스에 대한 고객·환자·유권자들의 신뢰도를 높이고, 결국 그들이 서비스에 대한 수요를 증대시키는 결과를 기대하고 있다. 또한 윤리강령은 비윤리적 행동을 자행하도록 강요받는 종업원에게 윤리적 행동을 실천할 수 있는 구실을 제공해 주는 동시에, 경쟁자나 거래처의 비윤리적 행동을 탐지해 내는 수단이 되기도 한다.

우리나라의 경제단체들도 나름대로의 윤리강령을 마련해 놓고 있음을 볼 수 있다. 예를 들면 대한상공회의소 · 전국경제인연합회 · 중소기업협동조합중앙회 · 무역협회 등 경제 4단체들은 1980년 7월 10일 ① 기업인들은 국제수지 방어와 인플레이션 수습에 앞장서고, ② 기업의 소유와 경영을 분리하여 전문경영체제를 확립하며, ③ 원만한 노사관계의 확립과 지나친 기업집중을 지양하고, ④ 정당한 이윤의 추구, ⑤ 복지사회의 건설에 앞장설 것을 내용으로 하는 기업윤리강령을 채택한 바 있다.

그러나 문제는 윤리강령의 실효성이다. 윤리강령의 실천은 강제성이 없기 때문에 그 준수여부는 전적으로 회원들의 양식에 맡겨지고 있다. 따라서 윤리강령을 위반하는 사람이나 기업에 대해서는 소정의 제재를 가하도록 하고, 성실히 준수하는 기업이나 사람에게는 어떤 특혜를 부여하도록 하는 제도적 장치를 마련하는 것이 바람직하겠다.

6 자연적 환경

메도우즈(D. H. Meadows) 등은 시스템 시뮬레이션 결과를 통하여 무절제한 자원개발, 오염확대, 자연자원 남용으로 인하여 생활의 질이 낮아지고 있음을 경고한 『성장의 한계』를 발표함으로써 미래의 경제성장을 위해서 사용될 자연자원의 불충분성에 대한 관심을 불러 일으켰다.[9] 이에 따라 자연환경 파괴방지 및 보호에 관한 입법과 감시체제가 강화되고 기업활동을 규제하는 여러 가지 방안이 제기되고 있다.

자연적 환경(natural environment)이란 기업을 둘러싸고 있는 자연적 조건과 관련되는 환경을 말한다. 자연적 환경은 경영활동과 관련하여 크게 두 가지의 문제영역으로 나누어지는데, 첫째는 자연에 부존되어 있는 천연자원과 관련하여 자원부족, 자원가격의 상승, 자원민족주의 등 자원의 공급과 유통을 제약하는 문제이며, 둘째는 자원의 투입을 수반하는 경영활동 과정에서 파생되는 공해 내지 환경파괴의 문제이다.

---

9) P. Kotler, *Marketing Management, Analysis, Plaining, Implementation and Control*, 6th ed., 1988, p. 151.

1) 자원환경과 공급부족

자연에 부존되어 있는 토지나 천연자원의 조건은 한 나라의 경제나 기업의 성장·발전에 중대한 영향을 미치는 요인이다. 우리나라는 부존자원이 상대적으로 부족한 여건 하에 있으므로 중요한 원자재는 물론 석유와 같은 에너지 자원도 거의 수입에 의존하고 있다. 중요한 자연자원으로는 에너지 자원, 광물자원, 수자원, 공간자원 및 식량자원 등 여러 가지가 있다. 이러한 자연자원은 그 성격에 따라 다음과 같이 세 가지로 나누어진다.

(1) 무한자원

물이나 대기와 같은 무한자원(unfinite resource)은 당장 자원부족과 같은 문제는 없으나 오염의 정도가 심하여 사용할 수 없게 될 수도 있다.

(2) 유한재생가능자원

삼림이나 식량과 같은 유한재생가능자원(finite renewable resources)은 당장 문제가 되는 것은 아니나, 장기적으로 삼림자원이 고갈되고 농경지가 감소되는 문제를 가져올 수 있으므로 벌목장을 식재(植栽)하거나 농지개발을 확대하는 것이 필요하다.

(3) 유한재생불능자원

석유·석탄 같은 유한재생불능자원(finite nonrenewable resources)은 중대한 자원고갈의 문제를 안고 있다. 1970년도의 한 보고서는 자원부족의 문제를 다음과 같이 제기하고 있다. 즉, "백금·금·아연 및 납은 현재의 수요를 충족시키지 못하고 있으며, 은·주석·우라늄은 금세기 말에는 그 값이 아무리 비싸져도 공급부족이 생길 것이며, 이대로 소비율이 계속되면 2050년까지는 더 많은 광물이 소진되어 버릴 것이다."[10)]

1970년대의 두 차례에 걸친 석유파동 이후에 세계적으로 자원부족 문제가 제기되기 시작하였으며, 이는 자원보유국들의 자원민족주의에 의하여 더욱 부채질되고 있다. 이러한 자원부족 현상은 기업의 제품생산원가의 상승을 가져올 것이고, 기업

10) Council on Environmental Quality, *First Annual Report of Council on Environmental Quality*, 1970.

은 이를 소비자에게 전가시킴으로써 물가의 상승과 인플레이션를 가속화시키게 되므로 경영자는 자연자원의 부족이라는 환경여건에 맞추어 대체자원을 개발하거나 자원절약형 산업구조로 조정·변경하여 진출하여야 할 것이다.

2) 공해와 환경파괴

오늘날 산업기술의 발달과 함께 기업의 규모가 확대됨에 따라 종래에는 인식하지 못하였던 환경오염 내지 환경파괴가 가속적으로 악화되고 있다. 우리가 숨쉬는 공기, 마시는 물, 먹는 음식, 우리를 따뜻하게 하는 햇빛 등은 우리가 주식으로 하고 있는 쌀을 포함한 식품자원들의 공급원천이며, 모든 생물체가 공기·햇빛·물·토양으로부터 화합물을 얻어 자라게 해준다. 그러므로 이러한 자연환경이 공해물질로 오염되어 환경파괴가 계속되면, 인류는 삶에 필요한 식량이나 일광 및 물 등을 얻을 수 없어 생존의 위협을 받게 될 것이다.

자연환경은 생태학적[11]으로 균형이 유지되어야 하는데, 만일 자연환경 속에 지나치게 많은 오염물질이 끊임없이 쏟아져 들어간다면 자연은 스스로 오염물질을 분해하여 자연에 동화시킬 수 있는 자기정화(自己淨化: self-purification)능력을 잃게 되어 환경파괴가 일어날 것이다. 이와 같이 자연환경이 오염되어 파괴되는 현상을 공해(公害: public nuisance)라고 하는데 기업활동과 관련된 주요 공해의 종류를 〈표 12-1〉에서 보여주고 있다.

〈표 12-1〉 주요 공해의 종류

① 대기오염(air pollution)	② 수질오염(water pollution)
③ 폐기물오염(solid wastes)	④ 소음오염(noise pollution)
⑤ 살충제(insecticide)	⑥ 식품오염(food pollution)

그렇다면 이러한 공해에 대한 책임은 누가 어떻게 져야 할 것인가? 공해 없는 생활환경을 유지하기 위해서 기업은 공해배출산업에 대하여 가능한 한 방제기술을 개발하여 공해의 발생을 예방하도록 하고, 폐기물공해의 경우에는 이것이 자연에 동화되도록 하는 재활용기술(recycle technology)을 적극적으로 개발하여야 한다.

11) 생태학(ecology)은 동물과 식물 및 유기물과 무기물의 복합·교류의 관계, 즉 생태시스템과 그것의 상황을 연구하는 과학이다.

그리고 정부는 공해방지법과 같은 법률로서 공해물질의 배출허용기준을 엄격히 규정하고 시행을 강화하여 공해를 최소한으로 줄이도록 노력해야 할 것이다.

3) 환경보호와 국제표준화

1972년 '하나뿐인 지구를 지키자'는 UN환경선언이 나온 이후에 선진국들은 지구환경보호를 명분으로 각종 국제협약을 통하여 무역제재 조치, 환경세 부과 등 각종 규제조치를 포함시켜 나간다는 입장으로, 수출을 위주로 하는 우리나라로서는 철저한 대비가 절실한 실정이다.

환경보호를 국제무역질서에 연계시키고자 하는 그린라운드(GR)의 구체적인 추진계획은 GATT가 1993년 말 우루과이라운드(UR)협정에서 합의된 사항의 하나로서 본격적으로 시행하게 되었다. 그리고 여러 가지 새로운 무역질서를 모색하고자 하는 움직임이 곧 UR협상의 태동배경이라 할 수 있으며, 그 구체적인 협상결과로 생겨난 새로운 무역체제가 세계무역기구(WTO)이다.

국제표준화기구(International Standardization Organization: ISO) 내에 설치된 환경관련 기술위원회(Technical Committee)가 7개 있다. 우리나라에서는 1993년에 국제표준화기구의 환경관련 기술위원회에 대부분 정회원으로 가입하여 중요 회의에 참가하고 있으며, 규격 초안단계에서부터 국내산업계의 의견을 수립하여 ISO에 그 결과를 반영하고 있다.

ISO 14000은 생산・소비활동의 전 과정에 대한 환경인증제도로서 기업경영 전반에 대한 평가를 한다는 점에서 의미가 매우 크다고 할 수 있다.

ISO환경경영표준은 기업이 생산활동의 환경영향을 사전에 자율적으로 평가・관리하도록 하여 환경오염 규제로부터 야기되는 기업의 사회적・경제적 손실을 예방하고, 기업의 환경경영체제와 활동이 환경보호를 위하여 충실히 이행하고 있음을 인증해 줌으로써 경영활동의 신뢰성을 확보하고 지구환경 보전에 기여하도록 하고 있으며, 향후 GR범위에 제조과정과 기업활동까지 포함될 경우 국제환경협약과 연계되어 실질적인 무역장벽 수단으로 활용될 것으로 예상된다.

c/h/a/p/t/e/r

13

제5부 기업의 환경경영

기업의 자연환경 보호

지구의 생태계 건강에 관하여 정치 · 기업 · 사회 리더들이 환경보호를 강조하고 있는 가운데, 기업의 환경문제에 대한 요구가 광범위하고 강력하게 촉구되고 있다. 이에 대하여 정부는 환경규제에 관한 법령을 제정하여 기업들이 환경목표를 달성하도록 명령 · 통제하고 있으며, 기업들은 효과적인 환경관리를 위하여 사전적 행동으로 환경보호를 위한 새로운 접근방법을 개척하고 있다.

1992년 UN환경회의(Green Round)에서 경제개발과 지구환경 보존을 조화시키기 위한 원칙을 선언하였고, 2001년 모로코총회에서 UN기후변화협약 '교토의정서의 이행안이 승인됨으로써 2012년까지 1990년 기준으로 온실가스 배출량을 5% 이상 감축시키기로 하였다. 또한 유럽연합(EU)은 2007년부터 모든 전기 · 전자제품의 생산공정에 있어서 납이나 수은 등 중금속을 사용하지 못하도록 결의하였고, 2003년 7월부터 EU지역 내에서는 중금속을 함유한 자동차부품의 사용이 금지되었다.

기업은 경영활동에 있어서 환경오염을 방지해야 할 사회적 책임과 의무가 있다. 세계의 선진국들은 환경보호의 절박성을 인식하고 환경을 새로운 무역조건으로 규정하고 있다. 따라서 '기업의 깨끗한 환경 만들기'는 기업경쟁력의 원천으로 부상하고 있으며, 우리의 모든 기업들이 '환경친화적' 경영을 실천하는 것은 경영자의 선택의 문제가 아니라 필수조건으로 되고 있다.

포스코(POSCO)는 이미 환경경영의 일환으로 '그린구매제도'를 도입하고 있어 재계의 주목을 받고 있다. 포스코의 그린구매제도는 유해화학물질 사용을 감축시킨 자재, 에너지 절약형 자재, 재활용 가능한 자재 등 환경친화형 자재를 우선적으로 구매하는 제도로서 자재공급업체들의 친환경제품 개발을 유도하고 있다.

일부 기업들의 이러한 노력에도 불구하고 세계환경포럼(World Environment Forum)이 실시한 환경지속성지수(ESI) 조사에서 우리나라는 조사대상 142개 국가 중에서 136위를 기록함으로써 환경경영의 실천이 매우 부족한 실정이다.

앞으로 UN의 기후변화협약 이행이나 선진국들의 환경보호 압력은 더욱 강화될 것으로 예상되며, 이러한 환경보호의 요구는 강력한 무역장벽으로 작용하게 될 것이므로 UN의 기후변화협약이나 선진국의 환경보호 요구를 이행하지 않는 국가는 수출뿐만 아니라 수입에서도 규제를 받게 될 것이다.

오늘날 세계적인 공통의 관심은 자연보호에 있으며 환경규제가 날로 강화되고 있다. 환경경영이 취약하고 수출의존도가 높은 우리나라 기업들의 경쟁력은 어떻게 환경문제에 대응할 것인가에 달려있다. 따라서 기업과 정부는 신속하게 친환경경영체제로 전환하여 앞으로 예견되는 환경규제로 인한 무역장벽을 회피할 수 있도록 철저하게 준비하지 않으면 안 될 것이다.

이 장에서는 기업의 자연환경에 미치는 영향, 환경보호의 책임, 환경보호의 관리에 대하여 살펴보기로 한다.

사회적 경영사례

환경규제 예고제

정부가 현재 부분적으로 시행중인 환경규제 사전예고제를 내년부터 모든 오염원에 전면 적용키로 한 것은 시의적절한 조치라고 본다. 환경오염 방지노력이 기업이미지에 결정적인 영향을 미치고 경쟁력을 좌우하는 현실을 감안할 때 정부당국이 환경규제를 시행하기 앞서 기업들에 사전준비에 필요한 충분한 시간적 여유를 줘야 하는 것은 너무나 당연한 일이다.

수출의존도가 매우 높고 산업구조 자체가 에너지 다소비형인 우리 입장에서는 강화된 국제환경기준이 새로운 무역장벽으로 작용할 가능성에도 대비해야 하기 때문에 더욱 그렇다. 이번 방안이 지금까지의 정부규제 일변도에서 벗어나 시장원리에 바탕을 두고 기업의 자발적인 친환경 경영을 유도하는데 초점을 맞추고 있는 것도 긍정적으로 평가할 만하다.

구체적으로, 환경규제를 신설할 때 규제영향평가서를 공개해 사회적 합의를 거치도록 하는 한편, 배출시설 설치허가, 저유황유 의무사용 등의 단계적 폐지 또는 완화 ▲배출부과금, 환경개선부담금, 수질개선부담금의 제도개선 ▲생산자 재활용 책임제 단계적 도입 ▲경유차 배출가스 기준 현실화 등을 꼽을 수 있다. 또한 전자, 자동차, 철강 등 주요 산업의 청정기술 개발을 위해 향후 10년 동안 5천억 원을 투자하고 '청정생산 비전'을 마련키로 한 것도 주목된다.

문제는 이 같은 개선방안이 효과를 거두려면 관계부처 간 또는 중앙부처와 지자체 간 유기적인 협력을 바탕으로 일관성 있게 시행될 때만이 가능하다는 데 있다. 당장 올 하반기 중 발전소 등을 대상으로 시범 시행할 예정인 오염물질 배출권 모의거래제만 해도 산업별 형평, 에너지세제 개편 등 산자부와 환경부, 그리고 재경부가 긴밀히 협의해야 할 대목이 한두 가지가 아니다. 그리고 수도권과 기타 지역 간 형평성 시비가 생기지 않도록 사전 조율하는 것도 현실적으로 시급한 과제다.

또 한 가지 유의해야 할 점은, 친환경적 산업경쟁력 강화방안의 하나로 국제적인 협력을 활발하게 모색할 필요가 있다는 것이다. 얼마전 한·중·일 3국 환경장관들이 역내 환경오염 방지는 물론이고 환경관련 다자간 협상에서 공동 대응하는 방안을 논의한 것이 좋은 예다. 온실가스 배출을 규제하는 교토의정서 이행안이 2001년 말 타결돼 각국의 비준절차를 거쳐 빠르면 내년부터 발효될 예정인데, 이 경우 오염물질 배출권의 국제거래가 활발하게 추진될 가능성이 높다는 점도 감안해야 한다. 관계당국은 이 모든 방안들을 다각적으로 검토해야 마땅하다.

자료: 한국경제.

제1절 기업의 자연환경 보호대상

우리가 살고 있는 지구는 경제개발의 후유증으로 환경오염에 시달리고 있으며, 우리 인류는 경제성장의 대가로 환경보호의 책임을 떠맡게 되었다. 지난 2세기 동안 기업들은 획기적인 기술개발을 통한 생산활동을 수행하면서 혁혁한 경제발전을 이룩하여 인류의 풍요화에 지대한 공헌을 하였다. 그러나 한편으로 자연환경의 오염, 천연자원의 고갈 등 환경파괴에 대한 심각한 역기능도 초래하였다. 다시 말하면 세계 각국의 수많은 기업들은 현실적으로 경제발전을 위하여 엄청난 자원과 에너지를 소비하고 있으며, 그 결과로 심각한 산업폐기물의 양산과 자원감소의 부작용을 낳고 있다. 예를 들면 우라늄, 석탄, 석유 등 지하자원을 개발하는 기업들은 지하자원 발굴 · 운송 · 처리 과정에서 많은 산림훼손, 공기 · 수질오염, 토양오염을 일으키고 있으며, 철강, 석유화학, 원자력발전 같은 중화학공업들은 오랫동안 수질 · 대기 · 토양오염의 주요 원천이 되고 있다.

기업에 있어서 환경오염의 문제는 제품의 생산이나 공장의 운전과정에서만 일어나는 것은 아니며, 환경보호의 문제도 생산 · 제조부문의 노력에 의해서만 해결될 수 있는 것도 아니다. 기업 내의 모든 부서가 자연환경에 영향을 미칠 수 있는 잠재성을 지니고 있다. 즉, 연구개발부서는 제품의 실험이나 설계과정에서 유독성 물질이나 재생불가능한 원자재를 사용하면서 공기 · 수질 · 토양을 오염시킬 수 있고, 인적자원관리부서는 종업원의 모집 · 선발 · 배치 · 훈련에 있어서 기업의 환경적 가치를 연계하여 관리하지 않음으로써 환경문제를 소홀히 할 수 있으며, 마케팅 부서는 환경오염을 유발할 수 있는 제품이나 서비스의 광고나 판매에 있어서 소비자들에게 환경오염의 가능성을 알리지 않음으로써 환경문제를 일으킬 수 있다. 따라서 여기에서는 자연환경관리를 개념화하는 관련 용어들을 정의하고 환경오염에 관련된 여러 문제들을 살펴보기로 한다.

1 자연환경의 정의

자연환경(natural environment)이란 사람이 생활하고 기업이 활동하는 지상이나 지하 그리고 공간에 존재하는 모든 물질이나 사람을 의미하는 것으로서, 동식물이 살고 있는 산이나 들, 가족이나 국민들이 즐기는 휴양지, 가축들이 자라는 목초지, 물고기가 서식하는 하천이나 바다, 식물이나 미생물이 존재하는 토양, 사람이나 생물이 숨 쉬는 공기, 사람이나 기업이 활동하는 지구 등을 포함하고 있다.

여기에서는 특별히 자연환경에 초점을 두고, 자연환경이 왜 중요하고, 사회의 주요관심은 무엇이며, 기업이나 조직이 어떻게 자연환경을 보호하고 문제를 해결해야 하는가에 관하여 중점을 두고 설명하기로 한다.

오늘날 기업의 자연환경 오염문제가 점점 심각하고 다양해지면서 정부, 환경단체, 이해관계자들이 자연환경을 보호해야 한다는 목소리가 강하게 제기되고 있으며, 언론이나 사회관계기관에서 다양한 측면으로 자연환경 보호문제를 접근하고 있고, 환경보호를 위한 노력이 기술적·행정적 측면에서 계속되고 있다.

사회 각 계층의 전문기관에서 자연환경의 오염이 국가나 사회에 미치는 영향에 관하여 다각적으로 연구하고 있으며, 환경전문가들이 사용하는 기술적 용어도 다양하고 매우 복잡하므로 여기에서 기업의 환경의사결정자들이나 환경보호 관계자들의 이해를 돕기 위해서 〈표 13-1〉에서 환경관련 어휘들의 정의를 요약하고 있다.

〈표 13-1〉 환경관련 중요 용어의 정의

용어	정의
환 경 (environment)	환경은 광범위한 내부적·외부적 어떤 실체를 말하는 것으로서, 환경은 인류가 살고, 일하며, 노는 외부적 공간과 천연자원, 그리고 내부의 육체적·정신적·정서적 상태를 포함한다.
부존능력 (carrying capacity)	적정한 자원사용량을 감축하지 않고도 미래의 특별한 시점에 특별한 장소에서 지속적으로 사용할 수 있는 자원의 양이나 강도를 말하는 것으로, 자원의 부존능력은 계속적인 사용에 대하여 한계를 갖는다.
엔트로피 (entropy)	에너지의 재생 불가능성을 나타내는 에너지 장애측정치로서, 에너지가 일단 사용됨으로써 품질이 낮아지는 경향을 말한다. 예를 들면 전기는 일단 생산되어 소비되면 전기로서 재생될 수 없으며, 저장한다 하더라도 보다 적은 양이 가능할 수 있다.
생태계 (ecosystem)	특별한 장소에서 생물이나 무생물이 존재하는 것을 말하는 것으로, 이들은 흔히 다른 것들과 상호작용을 한다.

용 어	정 의
생태범위 (niche)	자연계에서 유기체가 생존하기 위해서 먹고 조건화하는 등의 역할 수행을 말하는 것으로서, 서식지와 생태범위는 상관된 개념이다.
순환활동 (cycle)	물, 공기, 영양소(질소 · 인 · 유황 등)들이 환경을 통하여 계속적인 순환을 말하는 것으로서, 그러한 순환활동은 인간의 환경오염이나 자원고갈에 의하여 손상될 수 있다.
오 염 (pollution)	변형과정을 통하여 생성된 원자재나 에너지가 특정한 시점에 특정한 장소에서 불필요하고 가치 없는 것으로 지각되는 존재물을 말한다.
불개변성 (irreversibility)	환경조건을 어떤 기간 내에 이전의 상태로 회복시킬 수 없는 인간이나 자연의 무능력함을 말한다. 돌이킬 수 없는 인간의 환경관련 행동은 열대우림지대 또는 환경보전지역의 파괴이며 종(種)의 전멸이다.
지속가능성 (sustainability)	경제시스템이나 환경시스템이 장기간 생존하고 번영할 수 있는 능력에 관계되는 특성을 말한다.

자료: A. B. Carroll and A. K. Buchholtz, *Business & Society: Ethics and Stakeholder Management*, 5th ed., Thomson/South-Western, 2003, p. 409.

2 자연환경의 오염

최근에 지구환경 오염문제가 시간이 갈수록 심각하게 악화되고 있다는 일반공중의 주장이 높아짐에 따라 환경보전주의운동이 거세게 전개되고 있다. 지구의 자연환경 오염문제가 대두되고 있는 주요내용들로는 오존감소, 지구온난화, 독성산업폐기물, 수질 · 수량악화, 해양환경 퇴화, 산림개발 심화, 토양퇴화, 생물학적 다양성 위협 등이 포함된다.[1)]

1) 오존감소

오존(ozone)은 지구표면의 생물체에 유해한 가스로서 성층권에서 태양으로부터 오는 위험한 자외선 방사를 차단하는 결정적인 역할을 하고 있다. 1985년 미국항공우주국(NASA) 과학자들은 남극대륙 상공에서 거대한 오존의 감소현상을 관찰하였고, 이어서 북미대륙만한 크기의 오존층의 구멍을 발견하였으며, 그리고 오존층 구멍 아래에서 흐르고 있는 증가된 자외선광선을 측정하였다. 이는 인간의 피부암을 유발할 수 있는 결정적인 위험요인이 된다.

1) A. B. Carroll and A. K. Buchholtz, *Businesse & Society: Ethics and Stakeholder Management*, 5th ed., Thomson/South-Wstern, 2003, p. 410.

이러한 현상은 인간이 만든 화학물질인 냉각용 CFCs가스(chlorofluorocarbons), 소방시스템용 헬론(halons)가스, 기타 오존파괴 화학물질의 사용에서 기인된 것이다. 1987년 국제사회는 UN '몬트리얼 의정서'를 통하여 오존을 감소시키는 가스의 사용을 엄격히 통제하도록 규정하였다. 최근에 과학자들은 모든 인류의 공동노력이 성공한다면 오존구멍은 약 50년이 걸려서 스스로 수선될 수 있을 것이라고 보고하고 있다.

2015년 9월 미국 매사추세츠(Massachusetts) 공과대학 솔로몬(S. Solomon) 교수팀이 확인한 바에 따르면 몬트리얼 의정서 체결 이후에 15년 동안 CFCs(염화불화탄소)가스 등의 사용이 규제되면서 남극 상공에 인도대륙의 면적보다 큰 400km^2 정도의 오존층 구멍이 축소되었다고 보고하고 있다.

[그림 13-1]에서 미국 항공우주국(NASA)이 촬영한 사진의 왼쪽은 2000년 남극 상공의 오존층 구멍이고, 오른쪽은 2015년 오존층 구멍으로 사진의 크기와 오존층 구멍색의 농도에서 오존층이 회복되고 있음을 확연히 보여주고 있다.

[그림 13-1] 남극 상공 오존층 구멍 비교

2000년 오존층 구멍 2015 오존층 구멍

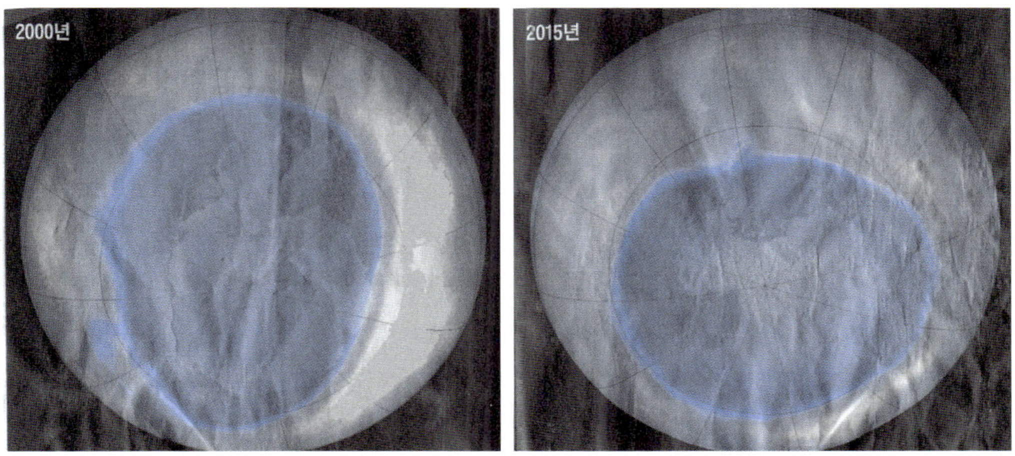

2) 지구온난화

최근에 지구의 대기온도가 위험스럽게 상승하고 있다. [그림 13-2]에서 보는 바와 같이 지구온난화는 태양열이 대기에 의하여 공중으로 흡수되는 것이 방지됨으로써 온실효과(greenhouse effect)가 나타나는 현상으로서, 지난 10,000년 동안 전례 없었던 지구온난화(globe warming) 현상이 가속화될 것으로 예상되고 있다.[2)]

지구온난화 현상의 기본적인 원인은 화석연료의 사용(75%)에 있으며, 그 다음은 산림벌채와 같은 토지사용의 변화이다. 2001년 UN 과학자들은 지구의 온도가 섭씨 1.4도에서 5.8도 정도 오를 것으로 예상하고 있으며, 이러한 최근의 기온상승은 지난 10,000년 동안에 일어났던 전체 지구온난화의 절반에 해당되는 것이다.[3)]

[그림 13-2] 지구온난화 현상

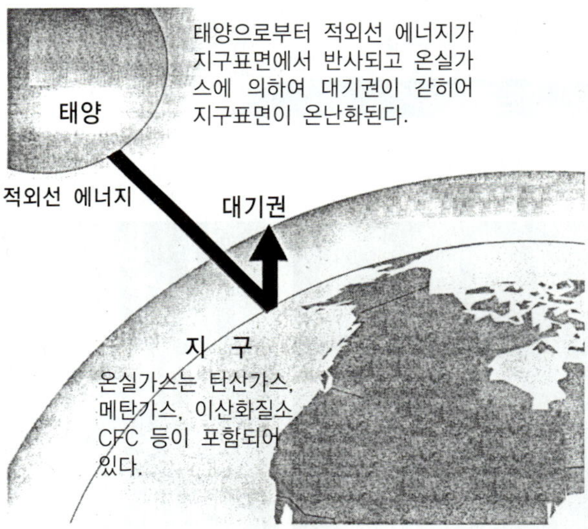

2) N. Wilkes, "Global Warming Will be Greater Says UN.", *Professional Engineering*, January 31, 2001.

3) *Ibid*.

어떤 대기온도 예상모델에 따르면 지구온난화는 금세기 중반까지 화씨2도에서 9도까지 계속될 것이며, 이는 빙하가 녹아내려 바닷물을 증가시켜 해안지대가 범람할 것이고, 산림, 농경지대, 야생생물 서식지, 사막 등의 생태계가 크게 변화할 것이다. 이러한 지구변화의 심각한 결과는 자세하게 알려지지 않고 있으나 인류를 포함한 모든 생명체의 생태계에 대한 적응성의 문제를 가져 올 것이다.[4] [그림 13-3]에서 보는 바와 같이 미국의 온실가스 배출 증가율은 1996년을 정점으로 낮아지고 있다.

[그림 13-3] 미국의 온실가스배출 증가율

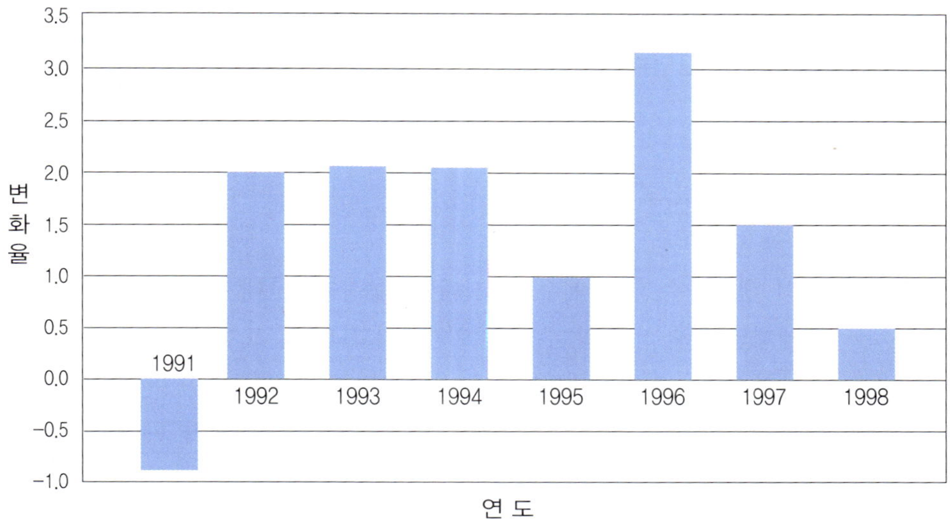

자료 : United State Environmental Protection Agency.

4) UNEP Profile, 6-7; W. H. Corson(ed.), *The Global Ecology Handbook*, Boston: Beacon Press, 1990, p. 231~233.

3) 독성산업폐기물

산업폐기물은 선진공업국들에 의하여 생산된 제품들이 폐기된 것으로서 그 중에 약 90%는 유해독성물질을 함유하고 있으므로 인류와 환경보호를 위해 특별한 조치가 요청되고 있다. 유독성산업폐기물(hazardous wastes)은 다이옥신이나 중금속 같은 물질이 함유된 농약제품, 석유화학제품, 유기화학제품 등이 포함된다.

불행하게도 1970년대까지는 이들 산업폐기물에 대한 독성이 확인되지 않음에 따라 폐기물이 무관심하게 사용되거나 마구 버려짐으로써 이들이 강물에 흘러들고 지하수에 침출되어 자연을 오염시키게 되었다. 미국의 경우 1996년에 주민, 기업, 사회기관 등이 배출한 도시지역의 산업폐기물은 무려 2억9백만톤을 넘고 있으며, 그 중에서 5천700만톤 정도는 재활용을 실시함으로써 환경오염을 예방하고 있다.[5)] 최근에 산업폐기물의 단속이 강화되면서 강력하게 통제하는 국가로부터 통제가 느슨한 국가로 산업폐기물이 운송되고 있어 환경오염이 세계화되어 가고 있는 실정이다.

4) 수질 · 수량악화

도시의 생활하수, 공장폐수, 도시폐수, 농장폐수, 대기의 중금속, 방사성낙진 등은 전 세계의 강과 바다의 수질을 오염시키고 있다. 또한 댐바닥의 침전물, 산림벌채, 지나친 방목, 관개수 범람 등도 마찬가지로 수질을 악화시키는 원인이 되고 있다. 우리나라는 대부분의 강과 하천에서 낚시나 수영하기가 곤란할 정도로 심각하게 오염되어 있다. 그것은 많은 기업들이 환경보호 관련 법률을 위반하고 공장폐수를 정화되지 않은 상태에서 흘려보내고 있기 때문이며, 어떤 기업들은 밤중이나 비오는 날을 틈타서 정화되지 않은 폐수를 흘려보내는 것으로 적발되고 있다.

세계는 시간이 흐를수록 인간이 사용하기에 적합한 물의 공급이 줄어들고 있기 때문에 전 세계에서 물부족 국가가 점점 증가하고 있다. 우리나라도 미래의 물부족 국가로 분류되고 있어 가까운 장래에 심각한 물부족 현상에 직면할 것으로 예상되고 있다. 이러한 현상은 개발도상국에 있어서 심각한 가뭄, 사막화, 수인성 질병을 유발할 것이고, 선진국에서는 대규모의 하천, 호수, 항만, 지하수 등의 오염을 초래

5) The statistics were cited from the EPA Website: http://www.epa.gov.

하게 될 것이다. 그렇게 되면 2025년에 가서 세계인구의 3분2는 물부족 상태의 국가에서 살아가게 될 것이다.[6)]

5) 해양환경 퇴화

앞에서 설명한 수질에 미치는 영향요인들은 마찬가지로 해양환경에 영향을 주고 있다. 매년 엄청난 양의 생활오수와 산업폐기물이 바닷물에 흘러들어 해양을 오염시키고 있으며, 기름, 플라스틱, 비닐 같은 오염물질들이 해변의 초지, 숲, 늪, 포구, 산호초 같은 해변생태계를 손상시키고 있다. 이러한 현상은 해양의 조개양식장 폐사, 어종감소, 해산물 질병발생, 홍수・폭풍우 피해 등을 초래하고 있다. 또한 독성이나 자양분이 함유된 빗물이 바다로 유입되어 해조류(algal)의 성장을 퇴색시키고, 저인망어업은 해저층을 파괴시키며, 기후변화는 바닷물 온도를 상승시켜 산호초를 죽게 만들고 어족자원을 사라지게 한다.

6) 산림개발 심화

인류는 건축자재, 연료, 의약품, 화학약품, 식품, 오락시설, 휴양시설 등을 산림에 의존하고 있으므로 세계의 산림은 다양한 인류의 용도에 의하여 신속하게 황폐화되어 가고 있다. 산림개발(deforestation)은 토양의 침식을 가져오며 지구온실효과의 원인이 된다. 벌채된 나무는 더 이상 이산화탄소(탄산가스)를 흡수할 수 없고 산림을 개간하고 숯을 만들기 위해 삼림을 불태우게 되면 오히려 이산화탄소 배출을 증가시키게 된다.

어떤 연구에 따르면 울창한 삼림은 폭풍우를 흡수함으로써 빗물의 흐름을 늦추고 홍수의 위험을 감소시킨다는 것이다. 예를 들면 미국 벌티모어(Baltimore)시의 경우에 울창한 삼림이 폭풍우의 물 흐름을 조절할 수 있는 능력을 갖추게 됨에 따라 저수지 건축비용 10억 달러를 절약할 수 있었다는 것이다.[7)] 그리고 울창한 삼림은 공기로부터 오염물질을 제거하여 공기정화에 크게 기여하게 된다. 또한 어떤 연구에 의하면 열대지역의 삼림훼손으로 2030년까지 세계에서 원숭이와 같은 영장류동

---

6) "Commission on Sustainable Development Holds First & Four Dialogues", Press release from the United Nations, April 2000.
7) "What Tree Loss Cost", *The Futurist*, August-September 1999.

물(primates)이 25%는 사라질 수 있다고 경고하고 있다.[8)]

다행스럽게도 UN 식량농업기구(FAO)의 강력한 지시로 1990년대 이후에 열대지역의 삼림훼손이 10%정도 줄어들고 있으며, 이러한 결과는 앞으로 식량농업기구와 같은 국제기구의 삼림훼손방지 노력이 보다 강화되어야 한다는 것을 의미하는 것이다.

7) 토양퇴화

인류가 직면한 또 다른 환경문제는 계속적으로 증가하고 있는 토지의 침식과 토양의 황폐화이다. 토지를 보호하지 않으면 생산적이고 영양분이 풍부한 토양은 바람에 날라 버리고 비에 씻겨 나가게 된다. 산림개발, 산성비, 오존감소, 지나친 방목 등은 1980년대에 2,400만톤의 표토(topsoil) 손실을 가져왔다.[9)] 1984년 이래 세계 곡물생산이 14% 감소하였고, 기근·가뭄·인구과잉·배급불균형 등으로 굶주림과 굶주림관련 질병으로 인하여 4,000~6,000만 명이 죽어갔다.[10)] 세계인구는 계속하여 증가하고 생산적인 토지는 점점 감소하고 있어 식량부족, 물부족, 대기오염 등의 심각한 생태계의 파괴가 예상되고 있다.

8) 생물학적 다양성 위협

과거에는 생명체의 종(species)이 평균 백만 년을 살아 왔고, 백만 년에 평균 하나의 종이 사라지고 있었다. 그러나 현재의 종(種)의 소멸비율은 그때보다 100~1,000배나 더 높게 나타나고 있다. 더욱이 점점 종의 소멸률이 상승하고 있는 반면에, 새로운 종의 탄생률은 감소하고 있다.[11)] 아프리카의 코끼리, 코뿔소 같은 거대한 포유동물이나 아메리카 독수리 같은 새들은 사냥이나 밀렵에 의하여 종의 소멸위협을 받고 있다. 그리고 농업이나 도시개발에 의한 생태계 및 서식지의 파괴 또는 오염에 의한 야생동물이나 유익한 식물들의 종이 소멸될 위기에 직면하고 있다. 예를 들면 우리나라는 지난 반세기 동안에 무분별한 밀렵이나 맹독성 농약 및 독극

---

8) E. Check, "The Silence of the Woods", *Newsweek*, November 13, 2000, p. 65.

9) S. Postel, "Saving Water for Agriculture" in L. R. Brown et al., *State of World*, New York: Norton, 1990, p. 60.

10) W. H. Corson,(ed.), *The Ecology Handbook*, Boston: Beacon Press, 1990, p. 68.

11) E. Wilson, "Vanishing Before Our Eyes", Time-Special Edition on How to Save the Earth, Spring 2000, pp. 29~34.

물을 이용한 야생동물의 포획으로 호랑이, 늑대, 표범, 여우 등은 멸종되고 말았다.

인류의 질병을 치료하고 건강을 보호하는 의약품의 절반 이상이 세계의 생산적 생태계, 특히 열대우림지역에서 서식하는 식물들로부터 채취되고 있다. 따라서 비극적인 생태계를 보호하고 생명체의 종의 퇴화를 방지할 수 있는 특단의 조치가 필요한 때이다.

사회적 경영사례

산성비와 투쟁을 위해 산을 이동?

산성비를 통제하기 위한 노력의 일환으로 미국정부는 1990년 공공시설에 의한 아황산가스 배출에 대하여 보다 엄격한 규제를 착수하였다. 많은 전력회사들은 연소과정에서 보다 많은 아황산가스를 배출하는 고유황석탄의 사용에서 저유황석탄의 사용으로 전환하도록 하는 법률을 준수하게 되었다. 이러한 준법행동들은 산성비 감소에 유익한 효과를 가져왔다. 미국에서 많은 고품질 저유황석탄이 많이 나는 곳은 버지니아 남쪽과 중서부에 있는 우뚝솟은 산의 지표층이다. 석탄회사들은 석탄재취에 있어서 가장 효율적인 방법으로 산정상을 옮겨놓은 채탄법을 발견하였다. 산정상의 500피트까지 폭파하기 위해서 폭약이 사용되었다. 20층 높이의 1억달러짜리 육중한 굴착기(dragline) 몇 대가 매장된 석탄층을 파내기 위해서 지표면의 바위덩이를 제거하는 데 사용되었다. 1990년대 후반에 버지니아 서부지역에 있는 산의 15~25%가 평면화될 것으로 예측하였다. 석탄회사들은 석탄채취가 끝난 다음에 패어진 계곡을 채우고 나무와 풀을 심어서 땅을 재생시키도록 되어 있으나 많은 환경보전주의자들은 산정상이 제거되는 산림의 훼손을 매우 심각하게 우려하고 있다. 많은 강과 하천이 오염되고 생명체의 서식지가 파괴되며, 많은 지하수층이 고갈되고 모든 지역이 홍수로 손상되기 쉽게 되었다. 많은 사람들은 한편에서 환경에 유익하도록 법률을 만들고, 다른 한편에서는 간접적으로 환경이 훼손되도록 허용하고 있는 정부의 역설적 결정에 대하여 의아하고 있다.

자료: "Sheer Madness", *U. S. News and World Report*, For an account of EPA's acid rain program.

제2절 자연환경 보호의 책임

스모그, 유독성 산업폐기물, 산성비 같은 위험한 환경문제는 어떤 하나의 요인에 의하여 생기는 것이 아니고, 불특정다수의 요인들에 의하여 복합적으로 발생하는 것으로서 발생요인에 있어서 상호연관성, 복잡성, 불확실성, 모호성이 있으며, 이는 사회적 갈등이나 사회적 규제의 대상이 되는 문제들이다. 이렇게 번잡하고 애매한 상황에서 어떤 개인이나 기업에게 책임을 지우기는 매우 어려운 일이다.

또한 이렇게 어렵고 위험한 환경문제는 많은 이해관계자들의 복잡한 이해관계로 인하여 쉽게 해결되기 어렵고 사회적 갈등을 초래할 수 있으며 또한 사회적 규제의 어려움이 따른다. 따라서 위험하고 복잡한 환경문제를 단기간에 완벽하게 해결하기는 더욱이 용이한 일이 아니다. 여기에서는 자연환경을 보호하고 자연환경 문제를 해결하기 위한 환경오염의 사회적 책임, 환경오염에 대한 정부의 역할, 자연환경 이해관계자의 책임 등을 살펴보기로 한다.

1 자연환경 오염의 사회적 책임

1) 님비현상

님비(NIMBY)는 “Not In My Back Yard”(나의 뒷마당에는 안 된다)의 약성어(略成語)로서, 환경오염의 사회적 책임에 관하여 자동차유리 스티커, 회의의제, 신문제목, 강의주제에서 흔히 볼 수 있는 커뮤니케이션 수단이다. 님비현상은 나(우리)의 주변에 환경을 학대하는 불편한 건축물 설치를 반대하는 주민운동을 말하는 것으로서, 예를 들면 전기공급량의 증가를 희망하는 지역사회가 자기의 주변에 전기를 생산하기 위한 핵발전소 건설을 반대하는 현상이다. 다른 예로는 산업폐기물을 점점 많이 배출하는 회사가 폐기물처리 비용의 부담을 꺼리는 현상을 일컫는다. 근본적으로 님비현상은 환경관리의 현장에 대한 책임을 회피하거나 거절하려는 일련의 태도와 행동에서 생기는 큰 마찰이나 충돌을 의미한다.

님비증후군은 환경의 오염이나 퇴화를 일으키는 실체(개인이나 조직)가 문제의 원천으로서 분명히 확인되지 않고 있으며, 따라서 오염문제를 감소시키거나 방지하기 위한 어떤 행동도 취할 수 없는 어려움이 있다. 님비현상은 사람들이 환경손상의 근본원인을 반대하고 거절하면서도, “나는 환경문제를 만들 것이다. 그러나 그 문제의 해결에 가능한 한 관계가 없기를 바란다.”는 접근방식으로 무책임한 태도를 나타내고 있다. 어떤 님비문제를 상징화하는 인기 있는 만화를 예로 들면 오염되고 있는 냇물의 그림과 함께 "당신이 환경을 사랑한다면 경적을 울리시오"라고 쓰여진 광고게시판(billboard)을 보고 그 앞의 고속도로를 달리는 자동차들이 기꺼이 경적을 울리고 지나가는 모습이 님비현상을 적절하게 표현하고 있는 것으로 생각된다.

2) 환경윤리

자연환경은 인간에 의해서만 오염되고 파괴되는 것은 아니다. 자연은 지구의 자연현상에 의해서도 오염되고 파괴될 수 있다. 예를 들면 화산이 분출하여 유독성 가스나 중금속이 대기를 오염시키거나 생태계를 파괴하기도 하고, 홍수가 발생하여 산과 하천을 씻겨 버리기도 하며, 자연발생한 산불이 공기와 수질을 오염시키고 토양을 황폐화시켜 생명의 종(種: species)를 소멸시키기도 한다.

한편 인간은 살기 위해서 적어도 자연에서 산출되는 식물·동물·물 등을 소비하지 않으면 안 된다. 그리고 인간이나 조직은 생존하기 위해서 어느 정도 자연을 오염시키고 파괴하지 않을 수 없다. 그렇다면 인간에 의한 어느 정도의 환경파괴(퇴화)가 윤리적인가? 인간에 의하여 멸종되는 생명체의 권리와 인간의 권리는 어떤 윤리수준에서 유지되어야 하는가? 그리고 인간에 의한 인간의 지배(예: 다른 사람에 의한 국가·인종·성의 지배)와 인간에 의한 자연의 지배 간의 관련성은 무엇인가? 이러한 문제가 환경에 대한 윤리사고의 핵심이 된다.

무엇이 윤리적이고 윤리적이 아닌가를 결정하는 기준은 무엇인가? 여러 나라의 많은 시민들에 대한 의견조사에서 대부분의 사람들은 환경보호의 개념을 지지하고 있다.

'녹색운동'(green movement)에 관련된 어떤 소식통에 따르면 많은 환경보호론자들은 기본적인 환경가치에 대한 네 가지 신념을 주장하고 있다. 즉, ① 지구에 생명체가 계속 존재해야 한다. ② 지구에 인간의 생명이 계속되어야 한다. ③ 자연보호의 정당성이 존중되어야 한다. ④ 생명의 비물질적 가치를 추구하도록 한다.[12] 이 네 가지 원칙은 〈표 13-2〉에서 보는 '녹색선언서'(green manifesto)의 12가지 주요 가치의 기초가 되고 있다.

12) S. Irvine A. Pouton, *A Green Manifesto*, London: Optima, 1988, pp. 14~16.

〈표 13-2〉 녹색선언서의 12가지 녹색가치

1. 지구 제일의 가치를 부여하라: 자연의 생명지원시스템을 존중한다.
2. 자연의 한계내에서 살아가라: 무제한의 확장은 자기파멸이다.
3. 충분함을 생각하도록 하라: 충분한 것은 너무 많은 것으로 생각해야 한다.
4. 문제를 신중히 다루어라: 지배가 아닌 생산적 공존을 추구한다.
5. 다양성을 옹호하라: 환경과 문화의 다양성을 촉진한다.
6. 우리 후손의 권리를 존중하라: 미래 세대를 위해서 저축한다.
7. 자연과 함께 설계하라: 장기적이고 안정된 패턴을 존중한다.
8. 사물들을 비율에 따라 유지하라: 인간이 만든 시스템의 비율을 인간이 정한다.
9. 권리와 책임의 균형을 유지하라: 사회는 가치를 갖는다.
10. 분권화·민주화하라: 지방 제일주의와 참가를 촉진한다.
11. 주의 깊게 다루도록 하라: 기술은 예상치 않은 결과를 가져올 수 있다.
12. 나쁜 수단은 나쁜 결과를 산출한다: 방법이 목적만큼이나 중요하다.

자료: S. Irvine and A. Pouton, *A Green Manifesto*, London: Optima, 1988. pp. 14~16.

이 녹색선언에서 전반적인 녹색목표는 모든 사람으로 하여금 삶을 실현하고, 다음 세대나 다른 생명체가 서로 보호하고 공유하며, 제한된 세계의 수용능력 내에서 지속적인 삶을 살아갈 수 있는 기회를 갖도록 하는 것으로 요약할 수 있다.[13]

콜버그(L. Kohlberg)의 도덕적 개발모형(moral development model)은 무엇이 환경윤리이고 어떻게 실행될 수 있는가에 관한 아이디어를 개발할 수 있으며, 발전단계에 따른 환경관련 태도와 행동을 규명하기 위해서 사용될 수 있다.

환경윤리의 초보단계에서 개인이나 조직은 자신이나 자신의 종족과 환경에 대해서만 관심을 갖는 것으로 지각될 수 있고, 성장단계에서는 자연에 대한 평가가 언제 어디서나 보편적으로 수반되고 있으며, 성숙단계에서의 환경윤리는 모든 생명체나 그의 서식지를 포함하고, 태어나지 않은 다음 세대까지도 포함하며, 인간이나 모든 생명체도 생존할 권리가 있다는 보편성을 포함하고 있다.

또한 공리주의의 도덕적 원칙은 최대다수에게 최대의 행복을 위해서 행동하고 의사결정해야 한다는 원칙으로서, 최대다수의 종족과 생태 시스템의 최대행복을 위하여 환경윤리를 확대해 나아가야 한다는 견해이다.

13) *Ibid.*, 16.

2 자연환경 오염에 대한 정부역할

정부는 자연환경을 보호하기 위하여 기업의 활동규제에 적극적으로 개입하고 있다. 다시 말하면 정부는 국민들이 거주할 수 있는 토지나 기타 자원을 조달하고 분배하며 개발하기도 하고, 정부는 자연환경을 보호하고 평가하며 세금을 부과하기도 하며, 또한 정부는 자연환경을 잘 활용할 수 있도록 투자하고 규제하기도 한다.

특히 정부는 환경보호관련 법령을 제정하여 ① 사람과 환경의 생산적이고 쾌적한 조화를 촉진하고, ② 인간의 건강과 복지를 증진하며, ③ 환경과 자연생태계의 손상을 예방하고, ④ 중요한 생태계와 자원을 풍요롭게 하기 위하여 노력하고 있다. 환경보호법령에 의한 자연환경 보호를 위한 규제의 영역은 대기오염, 수질오염, 토양오염, 기타 환경오염에 대하여 규제를 강화하고 있다.

1) 대기오염 규제

대기오염(air pollution)은 인체나 생물체에 해로운 오존, 분진, 일산화탄소, 아황산가스, 납성분, 이산화질소 등의 오염물질이 공중에 배출되어 공기를 오염시키는 상태를 말하는 것으로서, 그러한 오염물질들이 자연의 순환과정에서 흡수되거나 희석되거나 중화되지 않고 대기권으로 방출되면서 대기를 오염시키게 된다. 이러한 대기오염을 일으키는 주요 요인으로는 산불이나 화산에서 분출되는 재와 연기, 공장에서 배출하는 매연, 자동차 · 선박 등 기계에서 뿜어내는 배기가스 등을 들 수 있다.

이러한 대기오염은 건축물의 부식, 농장물 수확의 감소, 자연경관의 훼손, 무엇보다도 인간의 건강을 해치는 결과를 초래한다. 특히 공기오염의 문제는 아황산가스, 이산화질소, 석유 · 석탄 · 천연가스 등의 화석연료에서 배출되는 탄산가스와 공기 중의 수증기가 결합하여 형성되는 산성비(acid rain)이다. 산성비는 비나 눈과 함께 지면에 떨어져 생태계를 위협하고 농작물 수확을 감소시키며 자연의 가치를 훼손시킨다. 그럼에도 불구하고 산성비는 흔히 먼 지역이나 중국대륙과 같은 다른 나라로부터 국경을 넘어서 날아오기 때문에 규제하거나 단속하기가 어렵다.

미국폐학회(American Lung Association)는 2011년 미국 인구의 절반인 1억 5천4백만 명이 연중 호흡하기 불안전한 공기 속에서 생활하고 있으며, 폐암위험이 있는 70%는 디젤연료를 사용하는 자동차, 농기계, 건설장비, 선박, 발전소 등에서 배출되는 공기오염 때문이라고 발표하고 있다.[14)]

정부는 대기를 오염시키는 공장의 매연, 자동차, 건설장비, 선박 등의 배기가스 배출기준을 설정하여 단속하고 있으며, 대기오염도를 측정하여 국민들에게 주의·경계경보를 발령하여 주의하도록 하고 있다.

2) 수질오염 규제

수질오염(water pollution)은 공장폐수, 생활오수나 분뇨, 생산공정의 화학물질, 분해되지 않는 제품, 중금속 및 유독성 화학물질, 농경지의 살충제 및 살균제 등이 하천이나 호수 그리고 바다에 흘러들어 수질을 악화시키는 것을 말한다. 수질오염의 문제는 실질적으로 규제되지 않고 있는 시가지(city street), 건설현장, 농경지, 가축사육장 등에서 흘러나온 자양분이 풍부하고 독성이 강한 공해물질이 하천이나 강으로 유입되어 식물·동물·인류가 사용할 수 없도록 수질을 퇴화시키고 있다. 수질오염은 대기오염과 마찬가지로 농작물에 피해를 주고, 물고기가 살 수 없도록 하여 휴양지나 해수욕장을 파괴시키고, 사람들의 건강을 해치는 결과를 가져온다.

수질오염을 규제하는 목적은 물고기, 조개류, 야생동물의 서식과 인간의 안전한 수중오락을 보호하고 양질의 농업용수와 공업용수를 확보하며, 시민들을 위한 안전하고 청정한 식수를 충분하게 공급하기 위한 것이다.

3) 토양오염 규제

토양오염(land pollution)은 고체유독성 산업폐기물이 처리되지 않고 버려지거나 지하에 매립됨으로써 토양에 침출되어 토지가 퇴화되는 것을 말한다. 부도덕하게 버려지거나 처리된 산업폐기물은 지하수에 용해되어 하천으로 흘러들거나 공중으로 증발되어 사람들의 건강을 해치고 농작물의 성장을 억제하거나 생태계를 파괴하는 피해를 준다.

정부는 산업폐기물에 의한 토양오염을 규제하기 위해서 전국적으로 쓰레기 분리수거를 의무화하고, 쓰레기 투기행위 신고자에 대하여 포상을 실시하고 있으며, 건

14) American Lung Association, "State of the Air 2011, and Health Effects of Diesel Exhaust ; A. T. Lawrence and J. Weber(2014)", *Business and Society*, 14th ed., McGraw-Hill, p. 236.

축철거물이나 산업폐기물의 불법매립이나 불법처리에 대하여 엄격하게 처벌하고 있으며, 한편으로 분리수거된 재활용 가능한 자재에 대하여 재생산공장으로 보내고 있다. 즉, 정부는 전국적으로 학교 · 기업 · 관공서 · 모든 가정에서 쓰레기 분리수거를 실시하여 종이, 철, 알미늄캔, 플라스틱, 유리 등은 재활용을 위해서 재생산공장으로 보내도록 하고 있다. 정부는 유독성 산업폐기물의 안전한 처리와 재생기술을 개발하여 소비자가 재생제품을 믿고 사용하도록 홍보하고 권장하는 운영체계를 갖추어야 할 것이다.

최근에는 많은 기업이나 지역사회가 여러 종류의 산업폐기물에 대하여 재활용 프로그램을 실천하여 자원절약과 환경오염 방지에 노력하고 있다. 그러나 불행하게도 소비자들이 재활용된 제품을 선호하지 않음으로써 수요가 공급을 따라가지 못하여 가격이 일정하지 않고 재활용품 생산기업들은 손실을 기록하고 있다. 이러한 문제를 해결하기 위해서는 시민들의 철저한 쓰레기 분리수거, 재생공장의 생산기술 개발, 정부의 인센티브 제공, 소비자들의 재활용품에 대한 의식변화가 필요하다.

4) 국제기구의 환경규제

기류를 타고 날아오는 대기오염(산성비), 해류를 따라 흘러드는 해양오염, 특히 순환성냉매제(chlorofluorocarbon: CFC)의 사용에 의한 오존층 파괴 등은 어느 한 국가의 노력이나 규제로 해결될 수 있는 환경문제가 아니다. 이와 같은 세계적인 자연환경 문제를 규명하고 해결하기 위해서 UN 산하에 1972년 UNEP(United Nations Environment Programme)를 창설하였다. UNEP는 1977년부터 오존감소 문제의 해결을 위한 연구에 착수하여 1987년 마침내 전 세계 각국이 모여 몬트리얼 의정서에 합의하였다. 이는 전 세계가 오존층 파괴의 주범인 CFC를 생산하거나 사용하는 국가들이 오존감소물질을 제거하는데 합의한 것이다. 그 결과 전 세계에서 오존감소물질 사용이 1994년부터 2001년 사이에 75%나 감소하였다. UNEP는 2060년까지 150만 명의 흑색종(melanoma)환자 발생을 피할 수 있을 것으로 예상하면서, 이는 몬트리얼 의정서의 덕택이라고 보고하고 있다.[15]

UNEP는 지구수질평가위원회를 설치하여 국제적 수질보호에 관한 정보를 교환하고 국경을 초월한 수질문제를 검토하며, 미래 세계의 수질상태 시나리오를 개발

15) UNEP Achievements 2001, http://www.unep.org.

하여 여러 가지 정책을 수립하도록 하고 있다. 이에 더하여 UNEP는 지구차원에서 유독성 화학물질의 건전한 관리를 주도하기 위한 방안을 추진하고 있으며, 또한 지구의 생태계 다양성을 막기 위한 일환으로서 코끼리를 멸종위기로부터 되돌리기 위해 노력하고 있다.[16)]

5) 그린라운드 환경협약

UN은 경제개발과 환경보존의 조화를 실현하기 위해서 1992년 6월3일부터 14일까지 브라질의 리우데자네이로에서 유엔환경개발회의(United Nations Conference on Environment and Development)를 개최하였고, 세계 178개국의 공식대표단과 360개의 민간환경단체가 참석하였으며, 이 회의의 주제는 지구의 지속가능한 개발이었다. 이 회의를 흔히 리우환경회의라고 부르고 있으며 이 회의의 결의를 가리켜 그린라운드(Green Round)라고 일컫는다. 이 회의에서 참가국들은 경제개발을 지구의 환경보존과 조화시키면서 실현하기 위한 5개 항의 선언문과 27개 항의 원칙을 선언하고 이의 실천 강령으로서 아젠다 21(Agenda 21)을 채택하였으며, 기후협약과 생물다양성 보장협약에 서명하였다.

(1) 아젠다 21

아젠다 21(Agenda 21)은 리우환경회의 선언원칙을 실천하기 위한 행동계획으로서 세계 178개 참가국대표에 의해 만장일치로 통과되었다. 아젠다 21은 전문 4개 항과 의제 38개 항으로 구성되어 있으며, 생태계, 빈곤퇴치, 산업폐기물, 기타 환경관련 문제와 이를 해결하기 위한 각국 정부 및 민간단체의 역할, 법제도, 기술이전, 재정지원 등을 포함하고 있다. 리우선언과 아젠다 21은 국제법적 구속력은 없으나 정치적으로 세계 환경질서의 기초가 된다는 관점에서 참가국들이 자국의 이익을 보호하기 위해 의견의 차이를 보이기도 하였다.

재정지원에 있어서는 앞으로 선진국들의 개발도상국가에 대한 공식적 개발원조(Official Development Assistance: ODA)를 현재의 2배인 GNP의 0.7% 수준으로 합의하였고, 기술이전에 대해서는 선진국들이 국가기관 보유기술의 이전을 위한 정책을 실천하고, 민간기업 보유기술은 선진국 정부가 ODA기금으로 사서 이전하

16) *Ibid.*

도록 하였으며, 대기보존에 관해서는 이산화탄소 등의 배출규제에 대하여 산유국들의 석유수출 감소 우려와 도시국가들의 해수면 상승 우려로 의견대립을 보임으로써 대기오염 규제에 대해서는 의무사항이 아닌 권장사항으로 실천하도록 합의하였다.

(2) 기후변화협약

기후변화협약은 지구온난화를 방지하기 위하여 지구온실효과의 주범인 이산화탄소 등 화석연료 배출가스의 규제를 목표로 하고 있다. 기후변화협약은 1992년 4월 기본협약이 확정되어 리우환경회의 기간 동안에 150여개국이 서명하였다. 이 협약은 산유국과 이산화탄소 최대 배출국인 미국의 반대로 2000년까지 1990년 수준으로 이산화탄소의 배출량을 동결하도록 권유하는 정도에서 합의하였다.

(3) 생물다양성 보장협약

생물다양성 보장협약은 급속도로 진행되고 있는 생명체 종(種: species)의 멸종을 방지하기 위해 특히 원시림 보호에 목표를 둔 협약이다. 이 협약도 리우환경회의가 개최되기 전인 1992년 5월에 기본협약이 확정되어 리우환경회의 기간 중에 158개국의 정부대표가 서명하였다. 이 협약의 주요내용은 유전자공학 연구를 위해서 선진국들이 개발도상국의 원시림을 무상으로 사용해 온 원시림 사용료를 지불하고, 새로운 유전자개발로 얻는 이익을 개발도상국과 공유하도록 하며, 유전자공학으로 개발된 결과가 인류와 생태계에 무해한지를 검토한 후에 판매할 수 있도록 규정하고 있다.

3 자연환경 이해관계자의 책임

현대사회에서는 환경이해관계집단들이 강도 높은 환경운동(environmental movement)을 전개함으로써 국가 녹색화(greening of nation)를 위해 책임을 맡고 있다. 환경이해관계집단들은 비영리단체 회원 및 지식인들(think-tank)에 의한 조직으로서 시위운동, 불매운동, 공중교육, 정부로비, 연구조사 등의 활동을 주도하여 환경책임을 수행함으로써 세계 각국의 정부·기업·공중으로부터 신뢰를 얻고 있다.

환경연합·그린피스(Green Peace) 같은 환경이해관계집단들은 기업의 환경정책에 중요한 영향을 미치고 있다. 특정기업과 함께 산업폐기물을 감소시키기 위한 연구·계획·목표설정에 공동으로 참여하고 있다. 즉, 환경이해관계집단들은 특정 기업의 산업폐기물 감소를 위한 연구·계획·의사결정에 공동으로 참여하고, 환경정화사업에 참여하며, 환경보전 프로그램을 위한 헌금과 노력에 관하여 협의하기도 한다.

환경이해관계집단에 더하여 기업들은 녹색소비자, 녹색종업원, 녹색투자자 등의 녹색운동에 주목하고 있다. 녹색소비자(green consumer)란 경쟁기업이나 경쟁기업의 제품보다 환경을 더 친화적으로 지각하고 있는 기업이나 그의 제품을 선호하는 현재적·잠재적 고객을 말한다. 미국의 어떤 시장조사 전문가들은 환경교육을 받은 젊은 세대들(1977~1994출생)이 책임을 맡게 될 다음 15~25년 동안에는 녹색소비자들이 크게 증가할 것으로 기대하고 있으며,[17] 그 결과 그들은 그들의 부모세대보다 환경친화적 제품을 더 선호하고 구매할 것으로 주장하고 있다.[18]

기업들이 가장 관심을 갖는 이해관계집단은 녹색종업원(green employee)이다. 종업원들은 직장에서 환경보전주의를 촉진하는데 중요한 역할을 수행한다. 노동조합이나 종업원들은 공장·창고·사무실의 안전에 대하여 관심을 가질 뿐 아니라 공해방지, 산업폐기물 재활용, 에너지 및 환경감사, 지역사회 환경 프로젝트 등에 관심을 가지고 경영층을 지원하려 노력한다. Goldman Sachs, Eastman Kodak, Apple Computer 같은 회사들은 그린팀(Green Team)을 운영하여 성공적인 효과를 거두고 있다.[19]

환경문제에 참여하고 있는 중요한 환경이해관계자는 녹색투자자(green investor)이다. 많은 개인 및 기관투자자들은 환경지향적 기업의 재무제표에 나타난 환경관련 비용을 검토하고, 환경적 가치나 지출내용을 분석하여 투자를 결정하는 경향이다. 어떤 연구자들에 따르면 강력한 환경관리를 실천하고 있는 기업들은 환경적 책임을 이행하지 않는 기업들보다 월등히 우수한 성과를 올리고 있다는 것이다.[20]

---

17) R. Gardyn, "Saving the Earth, One Click at a Time". *American Demographic,* January 2001, pp. 30~33.

18) *Ibid.*

19) J. Makower, "Green Teams". *The Green Business Letter,* November 6, 1991, p. 1.

20) H. French, *Vanishing Borders*, New York: W. W. Norton & Co., 2000.

제3절 기업의 자연환경관리

자연환경 보존에 대한 일반공중의 관심이 높아지면서 정부기관이나 기업의 경영자들은 환경문제에 대하여 보다 적극적으로 대응하기 위한 노력을 기울이고 있다. 오늘날 정부의 정책입안자들은 환경보존 목표를 효과적으로 달성하기 위해서 법률이나 명령으로 규제하기보다는 시장기준 메커니즘에 의존하려는 경향을 보이고 있다. 법률에 의한 환경규제는 정부가 대기·수질·토양의 청정도를 최저한의 수준에서 법률적 기준을 설정해 놓고 기업으로 하여금 준수하도록 하는 것이다. 따라서 대부분의 기업들은 소송, 벌금, 형사처벌을 회피할 수 있는 수준에서 법률적 규제에 순응하려는 경향이다.

그러나 많은 기업들은 국가적·세계적 차원의 환경보호기준에 미리 대응하기 위해서 사전행동적 대응방법(proactive approach)을 모색하고 있으며, 효율적인 환경관리의 새로운 접근방법을 개척하고 있다. 즉, 오늘날 많은 기업들은 모든 경영활동분야 있어서 법률적 환경보호기준을 초월하여 환경보호활동을 개선하기 위해 자발적으로 행동하고 있다. 연구자들은 사전행동적 환경관리를 위해 행동하는 과정을 경영의 녹색화(greening of management)라고 부르고 있다.[21] 여기에서는 기업의 환경관리 접근방법, 효율적 환경관리요소에 관하여 살펴보도록 한다.

1 기업의 자연환경관리 접근방법

1) 법률적 접근방법

법률적 접근방법은 전통적인 환경규제 접근방법으로서, 민법 또는 형법상의 강제규정을 이용하여 환경을 보호하려는 정책적 관리방식이다. 이 접근방법에서는 법률로 환경기준을 규정하고 정부와 법원에 의하여 개인이나 기업들이 그 기준을 준수하도록 요구하며 기준을 위반하는 경우에 고발하여 벌금이나 형사처벌을 부과하도

21) J. E. Post, A. T. Lawrence & J. Weber, *Business and Society: Corporate Strategy, Public Policy, Ethics*, 10th ed., McGraw-Hill/Irwin, 2002, p. 273.

록 하고 있다.

기업이 법률적 환경기준을 철저하게 따르기 위해서는 많은 시간과 비용이 수반되므로 때로는 경영활동을 원활히 수행할 수 없게 된다. 따라서 정부나 환경위원회는 기업들이 경영목표를 달성할 수 있도록 어느 정도의 허용한도 내에서 환경기준을 조정하고 있다.

2) 경제적 접근방법

경제적 접근방법은 시장원리에 근거를 둔 메커니즘으로서 기업이 오염물질을 배출하거나 판매한 제품이 소비자에 의하여 사용된 이후에 회수하기 위한 경제적 비용을 부담시키는 접근방식이다. 오염물질을 배출한 기업에 대하여 무거운 공해부담금을 부과하여, 사용 후 회수할 제품의 회수비용을 미리 징수하는 제도이다. 예를 들면 미국의회는 지구온난화 방지를 위한 이산화탄소세 도입을, 미국 환경보호청(EPA)은 식수오염 방지, 중고타이어 처리, 살충제 처리에 대한 환경세와 생태계보존세를 징수하여 환경보호를 위해 사용하도록 하고 있다.

3) 사회적 접근방법

사회적 접근방법은 기업의 환경오염 가능성에 관한 정보를 발표함으로써 환경오염을 규제하려는 방식으로서, 기업이 배출하는 화학물질이나, 생산한 제품에 대하여 환경오염이 발생할 수 있다는 정보를 발표하거나 홍보함으로써 사회의 부정적 여론이 형성되고 판매 감소를 가져올 수 있다는 인식을 갖도록 하여 기업이 자발적으로 환경오염 방지에 노력하도록 하는 것이다.

미국의 경우 많은 공익기금 투자기관들은 오염물질 배출수준과 환경법령 준수 성과의 공개를 공식적으로 요구하고, 이를 거부하는 기업에 대해서는 거래정지, 대외관계, 매출 등에 있어서 결정적인 영향을 받게 된다.

2 기업의 자연환경 책임단계와 녹색화 경영

1) 자연환경관리의 책임단계

정부나 사회는 모든 기업들에게 새로운 방식으로 환경문제를 관리하도록 요구하고 있으나 모든 회사들이 균등하게 환경문제에 사전행동적으로 대응하는 녹색관리를 실천하는 것은 아니다. 환경보전주의자들은 기업의 환경오염 행위는 주변의 누군가에게 피해를 주게 되고 궁극적으로 부메랑 효과에 따라 자신의 피해로 돌아오게 되므로 기업들은 환경오염을 근본적으로 방지할 수 있는 책임있는 행동을 해야 한다고 주장하고 있다. 연구자들은 〈표 13-3〉에서 묘사하고 있는 바와 같이 환경책임의 다섯 가지 단계를 규명하고 있다.

이 모형에 따르면 기업들은 녹색경영관행이 초보단계, 소방단계, 관심단계, 실용주의단계, 사전행동단계의 다섯 가지 발전단계를 거치게 된다는 것이다.

〈표 13-3〉 기업의 환경책임 5단계 모형

		조직의 몰입	
개발단계	경영자들의 일반적 사고방식	자원몰입	최고경영층의 지원과 몰입
초보단계	환경관리 불필요	최소의 자원몰입	몰입 없음
소방단계	환경문제의 필요성 인식	문제발생에 대한 예산 편성	다소의 몰입
관심단계	환경관리의 가치 인식	일관된 예산편성	이론에 몰입
실용주의 단계	환경관리 기능의 중요성 인식	충분한 자금제공	인지와 적절한 몰입
사전행동 단계	환경관리 우선적 사고	우선적 자금제공	적극적 몰입

자료: C. B. Hunt and E. R. Auster, "Proactive Environmental Management: Avoiding the Toxic Trap", *Sloan Management Review*, Winter 1990, pp. 7~18.

(1) 초보단계

초보단계(beginner)는 경영자들이 환경관리의 잠재적 책임을 무시하고 특별한 환경 프로그램을 염두에 두지 않는 단계이다. 초보단계의 기업은 현대사회 이전에 설립되었거나 규모가 작은 중소기업으로서 최소한의 법률적 규제에 대해서 책임을 지각하는 기업들이다.

(2) 소방단계

소방단계(fire fighter)는 기업이 예상하지 않은 사고가 발생하여 직접적인 위협에 직면하는 경우에 환경문제에 역점을 두게 되는 단계로서, 마치 화재가 발생하면 불을 꺼야 한다는 사고방식에서 환경관리를 하나의 예외 사건의 문제로 여기는 정도이다.

(3) 관심단계

관심단계(concerned citizen)는 기업이 환경보호를 가치 있는 중요한 임무로 믿는 단계이다. 기업은 환경보호 전문직원을 배치하고, 많지 않은 자원을 사용하며, 최고경영층이 녹색경영에 대하여 다소 주목하는 단계이다.

(4) 실용주의단계

실용주의단계(pragmatist)는 기업이 환경문제의 위험을 평가하고, 우수한 환경기금 프로그램을 가지며, 적극적으로 환경문제를 관리하는 단계이다. 환경문제의 모든 실용적인 요소에 대하여 프로그램을 준비한다.

(5) 사전행동단계

사전행동단계(proactivist)는 기업이 환경경영에 최우선순위를 두고 우선적으로 자금을 제공하며, 최고경영층이 적극적으로 참여하는 단계이다. 회사는 환경책임전문가를 최고경영층에 임명하고, 광범위한 훈련을 제공하며, 환경경영담당자와 다른 부서간의 긴밀한 연계를 갖도록 한다.

어떤 연구결과에 따르면 대부분의 기업들은 환경책임이 낮은 단계에서 높은 단계로 발전하는 것으로 발표하고 있으며, 기업이 환경책임수준을 향상시키려는 세 가지 녹색화 경영의 동기부여요인을 확인할 수 있다. 즉, ① 경쟁적 우위성 획득의 기회, ② 합법성 획득의 기대(규제기관이나 공중의 승인), ③ 생태적 책임에 대한 도덕적 몰입 등이다.

2) 녹색화 경영의 실천

정부가 자연환경관리에 있어서 청정한 공기, 수질, 토양의 기준을 법률로 규제하는 것은 기업들이 법률이 정하는 최소한의 기준만을 지키려 하기 때문에 좋은 환경을 달성하기에는 한계가 있다. 기업이 법률적 소송이나 벌금, 형사처벌을 회피하기 위해서 환경관련 법령에 순응하는 것으로는 충분하지 않으며, 기업경영의 모든 분야에서 그들의 환경성과를 자발적으로 개선하려는 실천의지가 있을 때 성공할 수 있게 된다. 이와 같이 기업이 청정한 자연환경의 필요성과 타당성을 인지하고 사전 행동적으로 환경경영을 실천하는 과정을 녹색화 경영(greening of management)이라고 부른다.[22)]

여기에서 기업이 자연환경 문제를 효과적으로 관리하기 위해서 조직적으로 접근하는 녹색화 경영의 과정과 녹색경영이 기업의 전략적 경쟁력을 개선할 수 있는 이유를 설명하도록 한다.

하트(Stuart Hart)는 기업의 자연환경책임의 3단계 모형을 확인하고 광범위하게 사용하였다. 그의 모델에 따르면 기업은 녹색경영 관행의 발전에 있어서 다음의 독특한 3단계 과정을 거친다는 것이다.[23)]

(1) 환경오염 예방단계(제1단계)

환경오염 예방단계는 산업폐기물이 만들어지기 전에 제거하거나 최소화하는 데 초점을 둔다. 산업폐기물의 발생을 억제하고 발생한 폐기물은 회수하여 수질이나 토양의 오염을 방지하도록 노력한다.

(2) 제품의 환경전담단계(제2단계)

경영자가 제품의 전체 수명주기 동안 모든 환경에 관련된 영향에 초점을 두는 단계이다. 즉, 제품의 설계부터 최종 사용시기를 거쳐 처분될 때까지 환경오염을 방지하고 환경보호에 책임을 지는 단계이다.

(3) 청정기술단계(제3단계)

기업이 환경손실을 예방하는 차원을 넘어서 사회나 이해관계자들에게 지속적으로 자연환경의 이익을 제공하기 위해서 혁신적 신기술을 개발하는 단계이다. 예를

---

22) A. T. Lawrence / J. Weber(2014), *Business and Society: Stakeholders, Ethics, Public Policy*, 14th ed., McGraw-Hill, p. 248.

23) Stuart Hart(1997), "Beyond Greening: Strategies for a Sustainable World", *Harvard Business Review*, January~February.

들면 (General Electric: GE)회사의 Jeffrey Immelt 회장은 재생 에너지, 연료전지(fuel cell), 수질여과장치, 청정젯트엔진 등의 신기술을 개발하기 위해서 두 배의 투자를 하였다고 언급하면서 청정기술의 개발이야말로 기업의 엄청난 사업기회를 가져오게 될 것이라고 주장하였다. 2010년 GE회사는 청정기술 연구개발에 50억 달러를 투자하였으며, 그 기술관련 제품과 서비스로부터 850억 달러의 수익을 얻었다고 보고하고 있다.[24)]

3 자연환경의 관리체계

1) 자연환경 규제의 장단점

자연환경 보호는 국가나 기업이 자연환경을 청정하게 관리하고 유지하기 위해서 많은 돈과 노력을 소비해야 하고, 기업이 본연의 생산활동을 소홀히 함에 따라 많은 비용과 손실을 초래하게 된다. 실제로 기업은 직무수행능력을 잃게 되고, 투자자본이 부족하게 되며, 생산성이 감소함으로써 이익보다 비용이 초과할 수 있다. 반대로 환경보호는 기업이나 사회의 삶의 질을 개선할 수 있고 청정환경에 따른 경제적 · 사회적 이익을 얻을 수 있다.

미국 조사국에 따르면 미국의 제조기업들은 환경규제법률에 순응하여 자연환경 보호를 위하여 연간 오염방지시설에 투자하는 자본적 지출이 60억 달러에 이르고 시설 운전비용으로 210억 달러를 지출한 것으로 알려지고 있다.[25)]

환경개선의 효과는 지역이나 산업에 따라 차이가 나타난다. 즉, 어떤 분야에서는 지출비용이 이익발생 효과보다 크게 나타나기도 하고, 또 다른 산업이나 지역에서는 비용보다 이익이 높게 나타나는 경우가 있다. 예를 들면 목재산업, 탄광산업에서는 실직자가 증가하는 반면에 자원재생, 환경컨설팅, 풍력발전, 태양에너지 생산, 폐기물처리장비, 공기오염통제장치 등의 산업에서는 새로운 일자리가 창출되는 효과가 있다.

환경규제는 에너지 보존 관련 산업의 운영에 긍정적인 영향을 줄 것이며, 사회적으로는 환경오염으로 인한 건강문제 처리비용이 적게 지출될 것이다. 또한 환경규

24) 2010 Ecomagination Annual Report, *at www.ecomagination*. com.
25) U.S, Census Bureau, "Pollution Abatement Costs and Expenditures: April 2008.

제는 풍력 에너지, 태양광 발전 같은 대체에너지산업의 신속한 성장을 자극하게 될 것이다.

따라서 경제학자들은 자연환경의 보호정책이나 규제의 결과를 환경문제의 복잡성을 고려하여 〈표 13-4 〉에서 보는 바와 같이 장단점을 설명하고 있다.[26]

〈표 13-4〉 자연환경 규제의 장단점

자연환경 규제의 장점	자연환경 규제의 단점
1. 1970년 이후에 오염물질 배출이 거의 없어졌다.	1. 제조기업들은 환경규제에 순응하기 위하여 연간 자본적 지출 60억 달러와 운영비용 210억 달러를 지출한다.
2. 공기·수질이 개선되고, 독성 산업폐기물 처리장은 청정해졌으며, 사람들의 건강이 개선되고, 자연경관이 보존·향상되었다.	2. 오염산업에서 일자리가 사라졌다.
3. 환경제품 및 서비스, 대체에너지, 관광산업 같은 청정경제 분야에서 일자리가 창출되었다.	3. 자본집약적 산업이나 환경오염산업의 경쟁력이 추락하였다.

2) 자연환경의 관리시스템

자연환경 보전활동을 적극적으로 수행하는 기업들은 새로운 구조, 과정, 인센티브 제공이 필요하다는 것을 인식하고 조직적으로 관리하고 있다. 그들 기업이 사전행동적 녹색경영을 공유하고 있는 조직관리 요소들은 다음과 같다.[27]

(1) 환경책임 최고경영자

기업이 환경책임을 전담할 최고경영층 임원을 임명하고 그에게 보다 큰 권한을 부여하고 있다. 많은 선진기업들은 환경관리 직무를 전담하는 부사장을 두고 CEO에게 직접 보고하도록 하고 있다. 환경관리 담당부사장은 광범위한 환경담당전문가들을 감독하고 연구개발, 생산, 마케팅 등 다른 부서경영자들과 환경관련 직무를 조정하도록 한다.

---

26) A. T. Lawrence / J. Weber(2014), *op. cit.*, p. 247.

27) A. T. Lawrence and D. Morell, "Leading-Edge Environmental Management: Motivation, Opportunity, Resources, and Processes", *Research in Corporate Social Performance and Policy*, supp. 1, 1995, pp. 99~127.

(2) 이해관계자와의 대화

환경보전을 위해 정부규제에 앞서 사전행동을 취하는 기업은 환경단체와 같은 외부 이해관계자들과 자주 대화를 갖는다. 어떤 기업들은 지속적인 개발가능성을 검토하기 위해서 환경보전주의자, 학자, 주요 고객을 포함한 외부 자문위원회를 구성하는 경향이다. 기업은 여러 가지 환경문제에 관하여 이해관계자들과 토론하기 위해 공식적인 회의에 정규적으로 참여하고 있다.

(3) 라인 경영자의 참여

환경보전 전문가나 전담부서는 회사의 여러 부서에서 일하는 사람들과 밀접하게 협력하는 경우에 보다 높은 효과를 얻게 된다. 많은 녹색기업들은 라인부문의 경영자나 근로자들이 환경관리의 과정에 직접 참여하도록 하고 있다.

(4) 환경적 행동강령

환경요구에 사전행동적으로 대응하는 기업들은 기업의 환경목표를 명확히 정의하고 행동강령이나 헌장의 형태로 기업의 환경보전 몰입방식을 문서화하고 있다. 이렇게 문서화된 행동강령은 모든 종업원에게 잘 커뮤니케이션되도록 하는 것이 바람직하다. 최근의 유럽 기업에 대한 연구에서 기업의 환경정책을 잘 알고 있는 종업원일수록 환경보전을 위한 창의적인 제안을 창안해 낸다는 것이다.[28)]

(5) 기능부서 간 팀

기능부서 간 팀(cross-functional team)이란 환경보호 문제를 해결하기 위해서 여러 부서로부터 환경보호 팀구성원을 차출하여 구성한 팀을 말한다. 이 팀은 전체 기업의 환경문제나 각 기능부서로부터 제안된 문제를 다루게 된다.

(6) 보상과 인센티브

기업구성원들은 자신들의 환경보호 행동에 대해서 적절한 보상이나 인센티브가 제공될 때 보다 적극적으로 환경책임을 수행하는 경향이 있다. 최상의 녹색기업들은 경영자나 구성원들의 보상을 환경성취에 연계시키고 있으며, 그들의 환경성취를

---

28) C. A. Ramus and U. Steger, "The Roles of Supervisory Support Behaviors and Environmental Policy in Employee Ecoinitiatives at Leading European Companies", *Academy of Management Review*, August 2000, pp. 605~626.

공공연하게 인정하는 절차를 이행한다.

(7) 환경감사

녹색기업들은 환경목표의 달성 정도를 평가하고 환경관리의 주도적 행동을 정기적으로 검토하는 환경감사를 실시하고 있다. 선진기업들은 회사의 대기오염 통제, 수질오염 통제, 유독성 산업폐기물관리, 지하수보호와 같은 환경관리영역의 시설을 평가하기 위한 감사기준을 마련하여 환경관리의 진행과정이나 상태를 감사하고 있다. 그리고 기업은 연간사업보고서(annual report)에 환경관리활동을 포함하여 보고하도록 하고 있다.

(8) 조직간 제휴

어떤 기업들은 공통의 환경목표 달성을 촉진하기 위해서 다른 기업들과 제휴하여 환경책임을 이행하고 있다. 예를 들면 자연환경을 손상시킬 위험성이 큰 화학제품 생산기업들은 화학공업협회를 통하여 화학물질에 관한 공중의 관심에 공동으로 대처하기 위해서 회원기업들이 제휴하여 환경경영 책임을 수행하고 있다.

(9) 환경 파트너십

환경 파트너십(environmental partnership)이란 기업이 특별한 환경목표를 달성하기 위해서 환경보호운동단체나 환경규제기관과 자발적이고 협력적인 파트너십을 형성하는 것을 말한다. 이러한 협력적 환경 파트너십은 환경의 질을 개선하고 환경자원을 보존하기 위해서 다른 파트너들의 독특한 강점을 활용하기 위한 것이다.

로써 많은 이익을 얻게 된다. 즉, 그러한 기업은 이해관계자의 변화하는 요구에 대응능력이 향상됨으로써 사회적 평판이 오르게 되고, 회사 경영에서 야기되는 문제에 대한 비판을 예방할 수 있게 되며, 올바른 기업으로 인식됨으로써 정부의 규제를 회피할 수 있고, 종업원, 고객, 주민들의 충성심을 유도할 수 있다.

기업이 정당한 기업으로 인식되지 않으면 지역사회 이해관계자들은 그 기업에 대하여 교통체증 유발, 공기와 수질의 오염, 주민생활에 부적절한 간섭 등의 이유를 들어 저항하게 될 것이다.

기업과 지역사회 이해관계자 사이의 긍정적인 상호작용은 지역사회의 반대나 저항을 회피할 수 있으며, 기업이 지역사회의 혈액부족, 빈곤, 무너진 주택 등의 사회문제에 사회적 자본(social capital)을 지원하여 지역사회의 삶의 질을 향상시키는 행위는 기업과 지역사회 관계를 굳건히 정립함으로써 기업은 그 지역에서 완벽한 영업권(goodwill)을 확보하게 된다.[1)]

이러한 기업과 사회환경의 협조에 따른 신뢰의 조성은 기업의 생산성을 증대시키며 경비를 감소시키는 결과를 가져오게 된다. 따라서 기업의 사회적 자본의 형성과 투자는 기업과 사회가 함께 행복해지는 쌍방승리(win-win victory) 결과를 산출하게 된다.

1 사회환경 대응의 정의

기업은 다양한 이해관계자들의 기대와 요구에 부응하지 않으면 원만한 경영활동을 수행할 수 없으며 생존과 번영을 이룩할 수 없게 된다. 기업이 사회의 압력을 최소화하기 위해서 사회공중이나 이해관계집단의 요구에 대하여 적절하게 대응하지 않으면 안 된다.

기업의 사회적 대응(social responsiveness)이란 "기업이 이해관계자들의 사회적 요구에 적응하여 사회적 행동을 취하는 과정"[2)]이라고 정의할 수 있다. 다시 말하면 기업이 사회의 요구를 이해하고 환경조건을 개선하기 위해서 적극적으로 대응

---

1) P. S. Adler and S. W. Kwon(2002), "Social Capital: Prospects fr a New Concept", *Academy of Management Review*, 27, no. 1.

2) J. E. Post, A. T. Lawrence & J. Weber, *Business Society: Corporate Strategy, Public Policy, Ethics*, 10th ed., McGraw-Hill/Irwin, 2002, p. 81.

하는 것을 말한다. 여기에서 기업의 사회적 대응에 대한 이해를 돕기 위해서 기업의 사회적 책임과 기업시민정신을 비교하여 설명하는 것이 바람직하다. 제10장에서 살펴본 바와 같이 기업의 사회적 책임은 "기업이 그들의 행동에 대하여 책임을 지고 사회적·경제적으로 유익한 결과를 추구하려는 이념"이며, 기업시민정신은 "이해관계자의 협력을 사전행동적으로 구축하고, 사회의 전략적 목표를 통한 사업기회를 발견하며, 기업의 재무적·사회적 성과의 비전을 창출하는 기업의 관행"을 말한다. 〈표 14-1〉에서 기업의 사회적 책임, 사회적 대응, 기업시민정신의 특징을 비교하여 설명하고 있다.

〈표 14-1〉 사회적 책임, 사회적 대응, 기업시민정신의 비교

	사회적 책임	사회적 대응	기업시민정신
등장시기	1920년대	1960년대	1990년대
근거	자선 및 사회적 책무의 원칙	사회의 이해관계집단의 요구	이해관계집단과의 협력 구축
초점	사회에 대한 도전적 의무	이해관계자에 대한 기업의 실질적 대응	협력을 통한 사업 기회 발견
행동	자선행동, 공중이익의 수탁자	사회적 프로그램	기업의 사회적·재무적 성과 관리

자료: J. E. Post, A. T. Lawrence & J. Weber, *op. cit.*, p. 83.

2 사회환경 대응의 견해

여러 연구자들은 기업이 사회적 책임에 대하여 대응하는 행동방식을 각각 다른 견해와 측면에서 접근하고 있다. 여기에서 몇몇 연구자들이 주장하고 있는 사회적 대응에 관한 견해를 살펴보기로 한다.

세티(S. P. Sethi)[3]는 사회적 요구에 대한 대응행동을 분류하기 위한 3단계의 틀, 즉 사회적 의무, 사회적 책임, 사회적 대응을 제안하고 있다. 사회적 의무는 시장의 요구나 법률적 규제에 대응하는 기업의 행동을 말하고, 사회적 책임은 사회에 보편화된 규범, 가치관, 기대에 일치하는 수준까지 기업행동을 유도하는 것을 의미하며, 사회적 대응은 기업이 사회의 압력에 대응하기보다는 동태적인 사회 시스템에 대한 장기적인 역할수행이라고 주장하고 있다.

3) S. P. Sethi, "Dimensions of Corporate Social Performance: An Analytical Framework", *California Management Review*, Spring 1975, pp. 58~64.

프레데릭(W. C. Frederick)[4]은 사회적 책임과 사회적 대응을 구분하고 "사회적 대응이란 사회적 압력에 대처하기 위한 기업의 능력"이라고 정의하고, 사회적 대응은 환경의 압력에 효율적으로 대응하기 위한 실용적인 문제에 중점을 둔다고 주장하고 있다.

또한 엡스타인(E. M. Epstein)[5]은 기업의 사회적 대응에 관하여 보다 광범위한 개념에서 논의하고 사회적 대응의 정책과정을 강조하고 있다. 그는 기업의 내부 및 외부 이해관계자들의 다양한 주장이나 기대에서 제기되는 문제들을 예상하고 대응하며 관리하기 위한 능력을 개발하고 실천하며 평가하기 위한 개인 및 조직의 과정에 초점을 둔다고 주장하고 있다.

그 외에 데이비스와 블럼스트럼(K. Davis and R. L. Blomstrom)[6]은 기업이 사회적 압력에 대응하는 접근방법으로 철회, 공중관계 접근, 법률적 접근, 교섭, 문제해결 등을 제시하고 있으며, 포스트(J. E. Post)[7]는 기업의 사회적 대응의 범주를 적응적 대응, 사전행동적 대응, 상호작용적 대응의 세 가지 접근방법으로 구분하고 있다.

기업의 사회적 대응은 이해관계자들이 요구하는 사회적 책임에 대하여 행동대안을 선택하고 행동을 취하는 과정이다. 따라서 경영자는 사회적 책임으로 인한 기업의 어려운 문제를 합리적이고 현실적으로 해결하기 위하여 대응행동 대안을 결정하고 행동을 실천하게 된다.

제2절 사회환경의 대응전략

사회적 대응은 사회적 압력에 대응하기 위하여 전략적 차원에서 정책을 결정하고 실천방향을 설정하는 것으로서, 여기에서는 기업의 사회적 대응모형, 정책적 틀, 실천전략에 대하여 살펴보기로 한다.

---

4) W. C. Frederick, "From CSR_1 to CSR_2 : The Maturing of Business-and-Society Thought" Working Paper No. 279(Graduate School of Business University of Pittsburgh, 1978, p. 6.

5) E. M. Epstein, "The Corporate Social Policy Process: Beyond Business Ethics, Corporate Social Responsibility and Corporate Social Responsiveness", *California Management Review*, Vol. 24, No. 3, 1987, p. 104.

6) K. Davis and R. L. Blomstrom, *Business and Society: Environment and Responsibility*, 3rd ed., New York: McGraw-Hill, 1975, pp. 85~86.

7) J. E. Post, *Corporate Behavior and Social Change*, Reston, VA: Reston Publishing Co., 1978, p. 39.

1 사회환경 대응모형

기업의 사회적 대응은 간단하고 쉽게 이루어지지 않는다. 기업은 이해관계자들의 요구나 사회적 환경에 대응할 수 있는 사회적 목표를 달성하기 위해서 새로운 정책이나 전략을 결정하고 실행을 준비해야 하는 시간과 과정을 필요로 한다. 기업의 사회적 환경에 대한 효율적인 대응전략의 과정을 [그림 14-1]에서 보는 바와 같이 세 단계 모형으로 설명할 수 있다.

[그림 14-1] 기업의 사회적 대응 3단계 모형

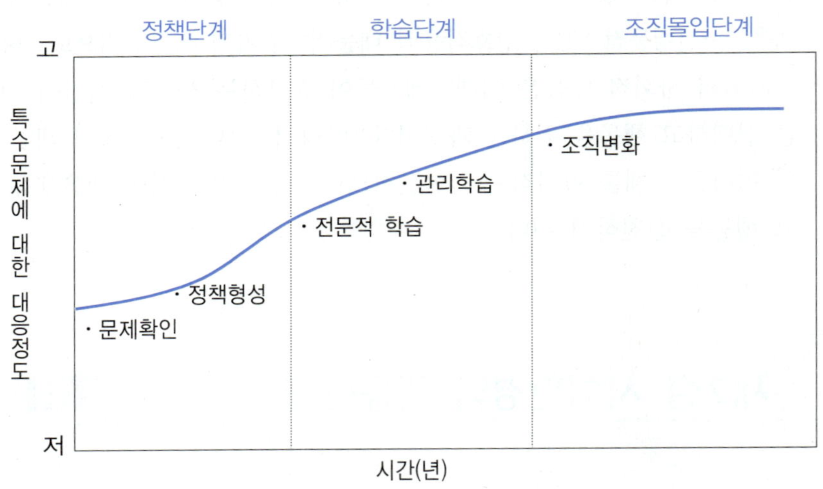

자료: R. W. Ackerman and R. A. Bauer, *Corporate Social Responsiveness: The Modern Dilemma*, Reston, VA: Reston, 1976.

1) 정책단계

정책단계(policy stage)는 기업의 최고경영자가 사회적 환경의 문제를 이해하고 이를 근본적으로 대응하기 위한 정책을 결정하는 단계이다. 사회적 대응정책은 최고경영층이나 이사회에 의하여 개발되고 지도되는 것으로서 이러한 정책들은 기업의 대응행동을 형성하는 기본 틀을 제공하게 된다.

2) 학습단계

기업이 사회적 이슈를 확인하여 정책을 결정하고 나면 문제를 해결하고 새로운 정책을 개발하기 위한 방법을 학습하여야 한다. 학습의 유형으로는 전문적 학습과 관리적 학습이 있다. 전자는 사회적 대응기술 전문가를 이용하여 관리자나 경영자들에게 지역사회의 인식부족, 고용차별, 환경오염, 독성화학물질 처리 등에 관한 전문적 사회문제에 관하여 충고를 제시하는 것이고, 후자는 기업의 관리자나 경영자에게 사회문제를 처리하는 일상적인 관리업무에 대하여 훈련을 제공하는 것이다.

3) 조직몰입단계

사회적 대응의 마지막 단계는 기업이 사회적 대응정책을 제도화하는 단계로서, 앞에서 학습된 사회적 대응정책을 전사적으로 받아들이고 정상적인 사업수행의 일부분으로 인정하여 정착시키는 단계이다.

사회적 대응모형은 기업에 대한 이해관계자의 요구나 사회적 기대에서 야기되는 사회적 이슈에 대한 대응활동을 제도화하는 것으로서, 기업은 사회적 이슈에 대하여 적극적으로 해결하려는 의지를 가지고 체계적으로 대응함으로써 사회적 정당성을 확보할 수 있게 된다.

2 사회환경 대응전략의 과정

기업이 사회적 환경의 압력에 대응하기 위해서 경영자들은 대응전략을 개발하고 이를 실행하기 위한 기업의 인적 · 시간적 · 재무적 자원을 할당하여야 한다.

1) 최고경영층의 철학

기업의 사회적 환경에 대한 대응은 경영자들이 사회에서 기업의 역할에 관하여 갖는 철학(가치관, 신념 등)에 달려있다. 사회적 환경에 민감하면서 이해관계자들을 전략적으로 관리하고 있는 경영자들은 기업을 하나의 사회적 · 경제적 기관으로 인식하고 있으며, 기업은 변화하는 사회적 환경에 적응할 의무가 있다는 견해를 받아들이고 있다. 그러한 경영자들은 변화하는 사회적 이슈에 대응하기 위해서 기업의 정책이나 관행을 보다 잘 수정하고 있으며, 기업의 직접적 · 핵심적 이해관계자들의 이해관계뿐만 아니라, 모든 이해관계자의 이해관계도 인식하고 고려하는 경향이 있다.

2) 사회환경 정책방향의 개발

기업이 사회적 대응을 효율적으로 실행하기 위해서는 전략적 사회대응정책 방향을 결정할 수 있는 지침을 개발해야 한다. 캐롤과 호이(A. B. Carroll and F. Hoy)는 기업의 사회대응정책을 성공적으로 실천하기 위한 다음과 같은 지침을 개발하였다.

① 정해진 목표와 행동 프로그램에 집중한다. 어떤 기업도 모든 사회적 책임영역을 실행할 수는 없으므로 성취가능한 분야를 선택하여 노력을 기울여야 한다.
② 기업의 제품이나 서비스에 관련된 행동 프로그램에 집중한다. 예를 들면 금융기관들이 같은 지역에 있는 대학과 제휴하여 그 지역사회의 대학생이나 주민들을 대상으로 금융경제, 은행거래, 재테크, 위험(채권)관리 등에 관하여 강의를 제공하는 것이다.
③ 지역사회에 밀접한 행동 프로그램을 개발한다. 인접한 지역사회의 문제나 요구에 대응할 수 있는 사회정책 프로그램을 개발해야 한다.
④ 종업원들의 참여를 촉진한다. 종업원들이 사회정책 프로그램에 개인적으로 참여하도록 촉진한다.

3) 사회환경 대응전략의 개발

최고경영층의 사회적 대응철학을 구현하기 위해서 기업은 사회적 대응전략을 개발해야 한다. 사회적 대응전략은 이해관계자에게 협력적이고 사회적 문제해결을 강조하는 것이어야 한다. 경영자들은 협력적이고 지원적인 모든 이해관계자들과 신뢰할 수 있고 개방적 커뮤니케이션을 통하여 호의적 관계를 유지하도록 강조한다. 또한 경영자들은 기업과 이해관계자들의 상호이익을 조정하는 조정위원회나 거래협회에 참여하여 협력의지와 활동계획을 발표하도록 한다. 그리고 경영자는 이해관계자들과 호의적인 관계를 유지하고 상호 유익한 문제해결전략을 추구하는 것이 기업의 장기적인 생존과 발전의 기틀이 된다는 것을 인식하여야 한다.

4) 사회환경 대응의 조직구조

기업이 사회적 대응전략을 보다 잘 실천하기 위해서는 외부환경의 도전에 적극적으로 대응하고 사회적 대응전략을 실천할 수 있는 조직구조로 변화시키는 것이다. 즉, 사회적 대응구조의 변화는 최고경영층의 가치와 신념, 그리고 그들의 대응전략을 조직에 반영시킬 수 있도록 조직구조를 개편하는 것이다. 예를 들면 기업이 지역사회에 보다 의미있는 자선활동을 지원하기 위해서 박애활동위원회를 설치하거나 또는 소비자들에게 보다 안전한 제품을 공급하기 위해서 제품안전위원회를 두어 운영하도록 조직구조를 개편하는 경우이다.

5) 라인경영자의 참여

기업이 사회적 대응전략을 효율적으로 집행하기 위해서는 라인경영자를 사회적 대응전략 형성과정에 참여하도록 하는 것이다. 라인경영자란 기본적으로 기업의 주요제품을 직접 다루는 생산부서와 마케팅부서의 경영자를 일컫고 있으나, 여기에서는 다양한 경영윤리나 사회적 책임을 직접 이행하여야 하는 각 기능부서(예: 생산, 마케팅, 인적자원, 재무, 회계)를 포함한다.

사회적 대응전략 형성과정에 라인경영자의 적극적인 참여는 그들로 하여금 기업의 사회적 대응전략을 깊이 이해할 수 있도록 하고, 대응전략 실천의 적극적인 책임을 맡도록 촉구하게 된다. 예를 들면 기업이 지역사회의 자선활동 프로그램을 위한 전략개발에 라인경영자와 종업원들의 자발적 참여를 유도하고 있다면 라인경영자나 종업원들은 자선활동 수혜자를 선별하고 적절한 공헌수준을 결정하며 자선활동 자원자의 선발에 있어서 보다 합리적으로 관리할 수 있을 것이다.

반대로 사회적 대응전략의 형성에 라인경영자의 참여를 촉진하지 않고 전문 스탭에 의존하는 경우에 그들은 편협하고, 탕어적이며, 소극적인 사회적 대응자세를 보일 것이다. 이러한 사회적 대응에 대한 라인경영자의 참여정도는 최고경영층의 철학에 영향을 받으며, 그 기업이 응용하고 있는 사회적 대응전략이나 구조에 일치하게 된다.

제3절 사회환경 대응의 실천관행

기업은 지역사회의 협력과 지원세력을 확보함으로서 그들의 방해나 저항을 회피할 수 있고, 기업의 이미지 개선을 통한 제품의 품질인정, 충성심 향상, 매출신장 등의 이익개선을 유도할 수 있다.

기업들은 지역사회나 이해관계집단에 대하여 광범위한 사회적 책임을 수행하고 기업시민정신을 발휘하면서 기업과 지역주민이 자연스럽게 그들의 생활에 동화되는 시민생활참가(civic engagement) 활동을 전개하고 있다. 여기에서 시민생활참가란 기업이 지역사회의 변화와 개선에 적극적으로 개입하는 활동을 의미한다.

최근에 선진기업들은 지역사회와의 유대를 강화하기 위하여 시민생활 참가활동을 지원하는 기업시민정신 전담부서를 신설하고 최고경영층 수준의 임원을 임명하여 지역주민과 상호작용하고 지역사회 프로그램을 개발하며 지역사회와 의사소통하는 등의 사회환경 대응활동을 전담하도록 하고 있다.

많은 기업들은 다양한 사회환경 대응프로그램을 개발하여 실천하고 있다. 즉, 어떤 기업들은 지역 학생들의 과학·기술교육 지원, 빈곤자 지원, 건강보호, 문화예술 지원, 경제개발, 환경개선, 재난구조 등에 집중하고 있다. 이 절에서는 대응행동의 유형으로서 기부금 제공, 박애활동, 종업원 사회봉사, 사회적 책임 표창, 사회행동 감사에 관하여 살펴보기로 한다.

1 사회환경 대응관행의 유형

1) 기업의 기부활동

기업들은 지역사회와의 관계개선을 위한 가장 중요한 활동으로 지역주민, 교육기관, 시민행동단체, 비영리자선단체 등에 대하여 여러 가지 유형의 자선기부행위를 실시하고 있다.

기업의 기부금 지원형태는 세 가지로 요약되고 있는데, 첫째 기업이 교회, 학교, 비영리단체 등에 지급하는 자선기부금이 있고, 둘째 기업이 주민이나 자선봉사단체에 회사의 제품이나 서비스를 제공하는 현물기부가 있으며, 셋째 종업원들이 지역사회에 시간과 노력으로 자원봉사활동을 실천하는 것이 있다.

미국의 기업들은 2011년의 경우 사회환경의 여러 분야에 자선기부금으로 146억 달러를 지원하였으며, [그림 14-2]에서 보는 바와 같이 그 중에서 사람의 건강과 서비스 분야에 53%를 지원하여 가장 높은 비중을 차지하고 있으며, 다음은 교육분야 17%, 시민과 지역사회 15% 순으로 지원하였다.

[그림 14-2] 기업의 기부금 지원순위

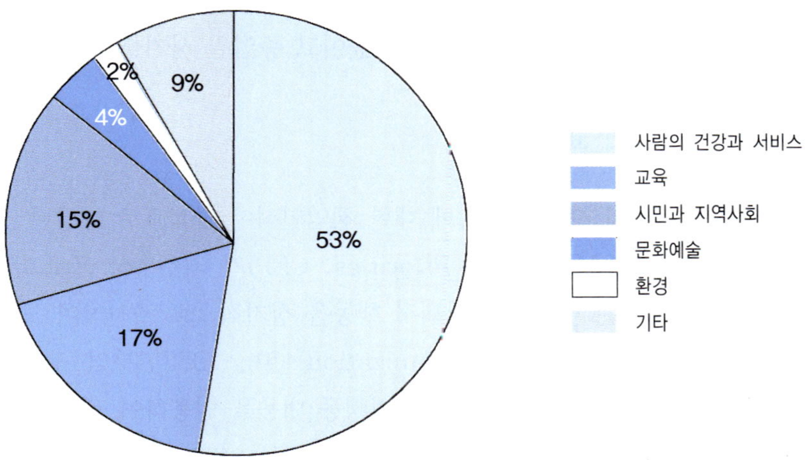

2) 기업의 박애행동

기업의 박애행동(corporate philanthropy)이란 기업의 자선원칙에 대한 현대적 표현이다. 오늘날 경영자들이 기업과 사회의 상호작용적 · 상호의존적 관계를 인식함에 따라 사회적 책임의 원칙이 보다 큰 의미를 갖게 된다. 이러한 상호관계의 이해는 기업이 정책결정이나 사업운영에 있어서 사회적 관심이나 박애활동을 발휘하도록 책임을 인식하게 된다. 사회의 중요한 박애적 기부행위의 예를 들면 많은 기업들이 학교를 설립하고, 병원을 운영하며, 예술활동을 지원하고, 청소년 건강과 환경보호 기금을 출연하는 등의 자선활동에 공헌하고 있다.

3) 종업원 사회봉사

많은 대기업들은 지역사회를 위한 자선기부금 프로그램의 개발과 함께 지역사회 봉사에 종업원의 참여를 제도화하고 있다. 최근에 어떤 기업들은 그 기업이 위치하고 있는 지역사회를 위하여 기꺼이 봉사하고 있으며, 그들은 지역사회 봉사를 기업 이미지 개선을 위한 방법으로 인식하고 있다.

종업원 자원봉사활동은 종업원들의 창의성, 신뢰성, 팀워크, 근속의지와 같은 행동특성을 개발하는데 도움이 되고, 종업원의 조직몰입, 조직충성심, 직무만족을 촉진하는 태도와 행동을 형성하며, 자원봉사활동을 실시하는 기업의 종업원 사기는 실시하지 않는 기업보다 3배가 높다는 것이다.[8] 따라서 강력한 종업원 지역사회 참여 프로그램을 갖는 기업은 수익성을 높이고 종업원 사기를 앙양하게 될 것이다.

4) 사회적 책임의 표창

미국에서 기업의 사회적 행동에 대한 책임인식이 극적으로 향상된 것은 경제우선위원회(Council on Economic Priorities: CEP)가 최우수상 프로그램을 제정하면서부터이다. CEP는 대기업의 사회적 행동을 정기적으로 조사하여 보고하는 기업감시기구(corporate watchdog organization)이며, 1987년부터 사회적 책임행동이 탁월한 기업들을 선정하고 그들의 책임행동 내용을 인용하여 표창하며 그들 기업의 적극성을 강조하기 시작했다. 한편 CEP는 기업들에게 다양한 사회적 무책임행동에 대한 불명예스러운 안내장을 보내기도 하고 있다. CEP가 2000년에 선정한 사회적 책임 우수기업은 〈표 14-2〉와 같다.

〈표 14-2〉 미국의 기업양심 수상자(2000년)

- 다양성 상: Denny's Restaurants, 미국의 여러 곳에서 가장 성공적인 사업경영 기업
- 세계윤리 상: Bristol-Myers Squibb, 세계적 의약품제조기업
- 종업원 임파워먼트상: Carris Reels, 종업원 지주제를 도입하고 있는 산업용 얼레(spool) 제조기업
- 환경보호책임상: Collins & Aikman Floorcovering, Ricoh Corporation, Horizon Organic Holding Corporation

자료: *Wall Street Journal*, April 27, 2000, p. A1.

8) J. E. Post, A. T. Lawrence & J. Weber, *op. cit.*, p. 91.

5) 기업의 사회적 행동 감사

오늘날 선진기업들은 사회적 대응관행의 일환으로 사회적 행동에 대한 감사를 실시하고 있다. 기업의 사회행동 감사는 기업의 사회적·윤리적 행동에 초점을 두며, 내부적으로는 기업의 사명에 대한 성과를 평가하고, 대외적으로는 다른 기업의 윤리행동이나 사회적 규범과 비교하여 평가하고 있다.

1970년대만 해도 경영자들은 기업의 사회적 행동에 대하여 중요한 기능으로 고려하지 않았으며, 사회적 행동 감사에서 나타난 결과들이 사회적 책임 전략개발이나 의사결정에 사용될 수 없는 것으로 믿고 있었다. 이러한 사회적 책임의 회의론에 대응하여 연구자들은 〈사회적 경영사례(기업시민정신의 원칙)〉에서 포함하고 있는 원칙들에 초점을 둔 기업의 사회적 행동감사 또는 행동평가 접근방법을 개발하려고 시도하였다.

이러한 기업의 사회적 행동평가에서는 기업의 이상적인 사회적 책임활동을 평가하고, 유사한 다른 기업들과 사회적 책임활동을 비교평가하는 방법을 이용하고 있다. Body Shop회사는 사회적 행동 감사에 Stanford대학 교수를 참여시켜 회사의 사회적·윤리적 성취에 대하여 독립적 감사를 실시하고 있으며, 주로 사명설명서의 질적 수준, 회사의 박애활동, 환경 및 동물보호 등에 초점을 두고 있다.[9]

21세기에 들어서면서 사회행동 감사는 환경책임, 종업원 및 고객의 안전과 건강, 지역사회와 지역개발, 사생활정보의 보호 등에 대한 기업행동에 초점을 두는 기업들이 증가하고 있다. 기업의 사회적·윤리적 행동책임을 주장하고 있는 세계기구들이 강조하는 사회행동 감사기준은 크게 세 가지에 집중되고 있다. 즉, 세계기구들의 사회행동 감사기준은 내부적으로는 기업의 경제적 이익을, 대외적으로는 사회적 이익 및 주요 이해관계자의 이익을 함께 추구하고 있다.

2 사회환경 투자이익 평가

기업들은 지역의 사회환경 대응활동에 대해 투자한 결과를 사업표준측정도구를 이용하여 평가하게 되는데, 기업과 사회의 관계에서 발생하는 이익을 사회투자 수

9) Kim Davenport, "*Social Auditing: The Quest for Corporate Social Responsibility*", in J. Weber and K. Rehbein(des.), IABS 1997 Proceedings 8th Annual Conference, pp. 196~201.

익률(return on social investment)이라고 부른다.

기계 같은 새로운 생산시설이나 노동력에 대한 투자는 단기간에 생산성 향상으로 나타나므로 쉽게 투자수익률을 곧바로 측정할 수 있으나, 이해관계자에 대한 금전 기부행위나 종업원의 자원봉사활동 같은 노력제공은 그 효과가 장기간에 걸쳐 나타나게 되고 측정이 매우 복잡하고 어렵다.

그러나 기업의 지역사회 관계개선 및 기부활동 연구전문가들은 [그림 14-3]에서 보여주는 바와 같이 사회투자 수익률 측정을 위한 네 가지 요소를 개발하였다.

[그림 14-3] 사회투자 수익률 측정요소

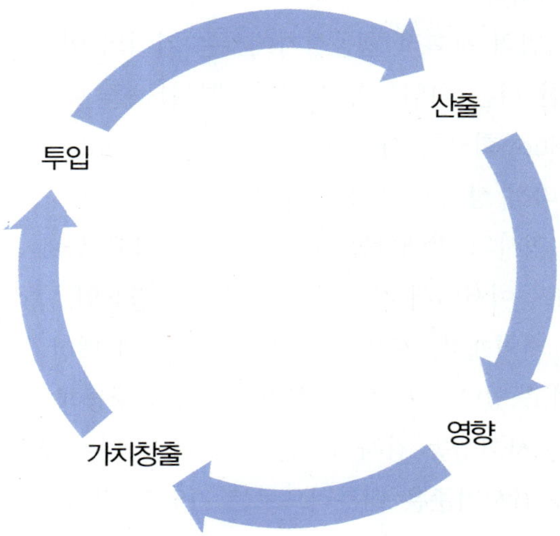

자료 : Effecive Community Engagement(2012); Committee Encouraging Corporate Philanthropy(2010), *Measuring the Value of Corporate Philanthropy: Social Impact, Business Benefits, and Investor Returns.*

(1) 투입(inputs)

투입은 기업이 지역사회의 주민이나 비영리단체에 제공하는 자원을 말하는 것으로서, 기부헌금, 종업원 봉사노력, 제품이나 서비스 현물제공, 물류지원, 의약품 제공 등을 포함한다.

(2) 산출(outputs)

산출은 지역사회나 주민들의 회사에 대한 기여행동으로 발생한 서비스의 측정수치를 말하는 것으로서, 지역사회로부터 제공받은 의약품, 치료, 의료교육훈련 등의 서비스를 포함한다.

(3) 영향(impacts)

영향은 사회적 대응프로그램 시행 이후에 지역사회와 주민들이 협력하고 기여하려는 의식과 행동의 차이를 말하는 것으로서, 지역사회 개인들의 회사에 대한 의식, 태도, 행동의 변화로 나타난다.

(4) 가치창조(value creation)

사회대응 프로그램의 실천으로 기업의 이익창출 기회를 말하는 것으로서, 해외사업기회 개척, 기업의 평판 상승, 유능한 인재의 유치 같은 가치의 창출이 포함된다.

[그림 14-3]에서 보는 것처럼 기업은 그의 기부행위로부터 이익창출의 기회를 얻게 되고, 그 기업은 더 많은 자원을 투입할 수 있는 능력을 향상하게 되므로, 기업은 투입 → 산출 → 영향 → 가치창조의 덕행을 실현하는 순환과정을 계속하게 될 것이다.

사항색인

ㄱ

ㅅ

ㅇ

인명색인

저자약력

□ 신철우

청주대학교 성학과 졸업
성균관대학교 대학원 졸업(경영학 석사)
중앙대학교 대학원 졸업(경영학 박사)
미국 Monsanto회사(Korsil) 최고경영자
서통투자자자문주식회사 대표이사
중앙대학교, 광운대학교, 한성대학교, 충북대학교 강의
경기대학교 경영대학원 교수
(전) 청주대학교 경영학과 교수
고용노동부 정책자문위원, 행정자치부 행정혁신자문위원, 충청북도 행정혁신평가단장
한국전력공사 고객만족 자문위원
충북지방노동위원회 위원

[저서]
『경영학원론』(삼영사, 2001)
『인적자원관리』(삼영사, 2003)
『조직의 인간행동』(탑북스, 2016)
『최신노사관계론(탑북스, 2015)

[논문]
『기업문화가 조직유효성에 미치는 영향에 관한 연구』
『노사의 안정적 협력을 위한 기업문화 전략』
『성공적인 연봉제의 도입 방안』
『장애근로자 고용의 경제성분석과 인사관리』
『조직문화의 진단을 통한 조직변화전략의 개발』
『목표에 의한 관리를 기초로 한 연봉제의 제언』
『한국 기업들의 팀제 실패요인에 관한 실증적 검증』
『덴마크의 노사협력에 관한 연구』

□ 전용진

우석대학교 경영학과 교수
중앙대학교 경영학박사
미래경제연구원 연구위원
Victoria University (NZ) 초빙교수
Massey University (NZ) 연구위원
Vietnam National University 교수
ERP 연구센터 소장
대한경영학회 이사
한국생산관리학회 이사
디지털정책학회 이사

□ **박하진**

대전대학교 경영학과 겸임교수
보광경영연구소 소장
대전대학교 대학원 경영학박사
효지도사1급, 인성교육지도사2급
ISO9001, 14001 심사원
한밭대학교, 건국대학교(글로컬), 한국교통대학교,
우송대학교, 우송정보대학, 대덕대학, 방송통신대 외 출강
대전시효지도사교육원 교수

[저서]
경영조직론(학현사, 공저)
인적자원관리(형설출판사, 공저)
조직행동론(형설출판사, 공저)
조직행동론(문영사, 공저)

기업과 사회

2016년 8월 20일 1판 1쇄 인쇄
2016년 8월 30일 1판 1쇄 발행

공저자 신철우 • 전용진 • 박하진
발행인 김광식
조 판 아람기획

07285
발행처 서울특별시 영등포구 선유로3길 10, 617호
도서출판 **탑 북 스**
등 록 2009.12.21 제 2016-000101 호
전 화 02)365-2223 팩스 02)365-2224

정가 25,000 원
ISBN 979-11-85343-09-7-93320